向海图强

唐钢党史厂志编纂委员会／编

北 京
冶 金 工 业 出 版 社
2023

图书在版编目（CIP）数据

向海图强／唐钢党史厂志编纂委员会编．—北京：冶金工业出版社，2023.8

ISBN 978-7-5024-9607-4

Ⅰ．①向…　Ⅱ．①唐…　Ⅲ．①钢铁厂—工厂史—唐山　Ⅳ．①F426.31

中国国家版本馆 CIP 数据核字（2023）第 155620 号

向海图强

出版发行	冶金工业出版社	**电　　话**	（010）64027926
地　　址	北京市东城区嵩祝院北巷 39 号	**邮　　编**	100009
网　　址	www.mip1953.com	**电子信箱**	service@mip1953.com

责任编辑　张熙莹　美术编辑　彭子赫　版式设计　彭子赫

责任校对　王永欣　责任印制　禹　蕊

北京科信印刷有限公司印刷

2023 年 8 月第 1 版，2023 年 8 月第 1 次印刷

787mm×1092mm　1/16；20.25 印张；14 彩页；463 千字；309 页

定价 229.00 元

投稿电话　（010）64027932　投稿信箱　tougao@cnmip.com.cn

营销中心电话　（010）64044283

冶金工业出版社天猫旗舰店　yjgycbs.tmall.com

（本书如有印装质量问题，本社营销中心负责退换）

唐钢党史厂志编纂委员会

主任委员： 谢海深　张　弛

副主任委员： 朱华明

委　　员： 孙国平　宋嗣海　崔晓冬　张明海
李宝忠　崔海龙　李毅挺　么洪勇
周国平　于春渊　张文利

主　　编： 朱华明

常务副主编： 李贺永

副 主 编： 宋长江　刘　杰　张卫华

执行编辑： 王　静　徐　帅　王福生　张继柱

唐钢的前身是日本东洋纺绩株式会社于 1943 年 4 月开办的唐山制钢所。图为唐山制钢所炼钢、铸钢、轧钢三个车间厂房。

唐山制钢所生产场景。

唐山制钢厂大门。

1950 年 5 月，唐钢第一次试验成功"转炉—电炉双联炼钢法"，在解决我国电炉炼钢原料问题上闯出了一条新路，受到国家重工业部嘉奖。图为转炉炼钢车间一角。

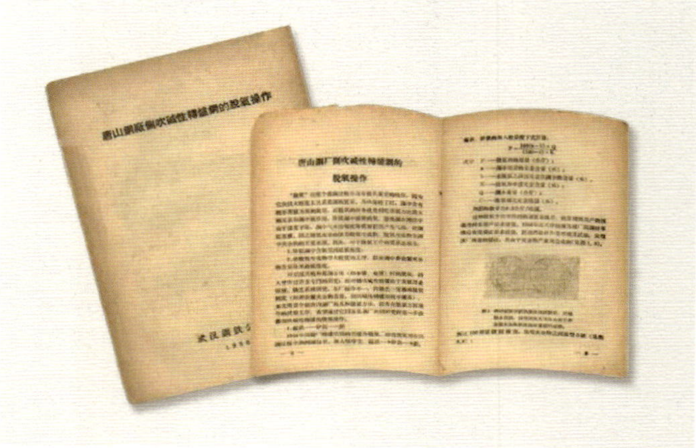

20 世纪五六十年代，全国各大钢铁企业纷纷学习唐山钢厂的转炉炼钢技术。这是武汉钢铁公司翻印的唐钢转炉炼钢工艺学习手册。

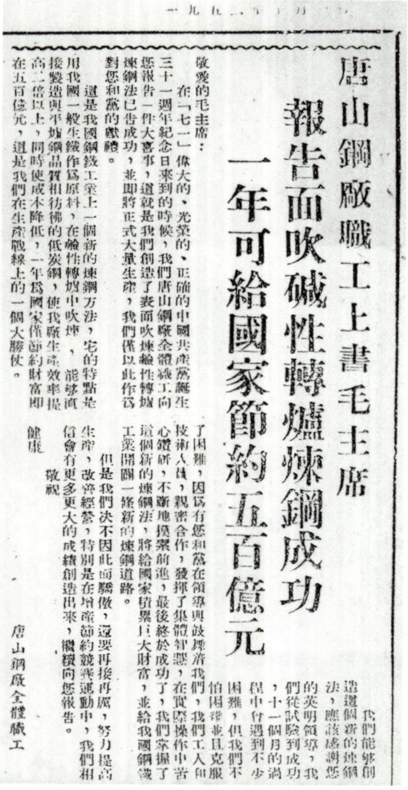

一九五二年七月

唐山鋼廠職工上書毛主席
報告面吹鹼性轉爐煉鋼成功
一年可給國家節約五百億元

敬愛的毛主席：

在「七一」偉大的、光榮的、正確的中國共產黨誕生三十一週年紀念日來到的時候，我們唐山鋼廠全體職工向您報告一件大喜事，這就是我們創造了表面吹煉鹼性轉爐煉鋼法已告成功，並即將正式大量生產，我們僅以此作爲對您和黨的獻禮。

這是我國鋼鐵工業上一個新的煉鋼方法，它的特點是用我國一般生鐵作爲原料，在鹼性轉爐中吹煉，能夠直接煉製造與平爐鋼品質相彷彿的低炭鋼，使我廠生產效率提高二倍以上，同時使成本降低，一年爲國家節約財富即在五百億元，這是我們在生產戰線上的一個大勝仗。

我們能夠創造這個新的煉鋼法，應該感謝您的英明領導，我們從試驗到成功，十一個月的過程中曾遇到不少困難，但我們不怕困難並且克服了困難，因爲有您和黨在領導與鼓舞着我們，我們工人和技術人員，親密合作，發揮了集體智慧，在實際操作中苦心鑽研，不斷地摸索前進，最後終於成功了，我們掌握了這個新的煉鋼法，將給國家積累巨大財富，並給我國鋼鐵工業開闢一條新的煉鋼道路。

但是我們決不因此而驕傲，還要再接再厲，努力提高生產，改善經營，特別是在增產節約競賽運動中，我們相信會有更多更大的成績創造出來，繼續向您報告。

敬祝

健康

唐山鋼廠全體職工

1952 年 7 月 1 日，唐山钢厂职工上书毛主席，报告试验成功侧吹碱性转炉炼钢的喜讯。

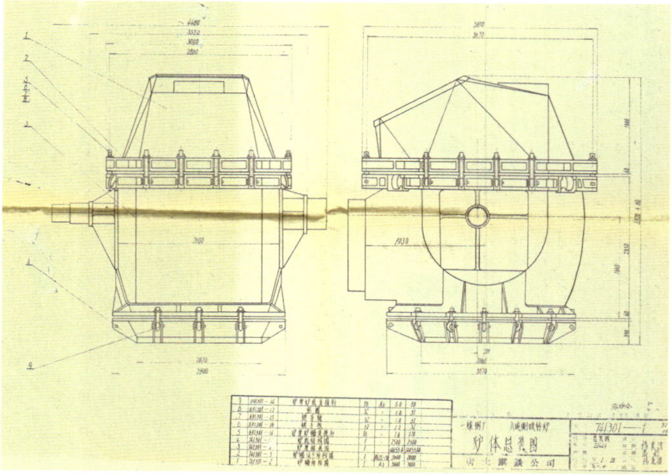

一炼钢厂 6 吨侧吹转炉炉体总装图（1976 年 4 月）。

20 世纪 50 年代唐钢总工程师肖来潮与职工们研究炼钢课题。

1953 年，唐钢耐火材料部研制开发高铝质耐火砖获得成功，这标志着我国耐火材料实现了由生产普通黏土砖、硅砖，向生产高级耐火材料的突破。

始建设于 1958 年，于 1960 年开始试生产的唐钢立式连铸机，是国内最早建成的两台立式连铸机之一。

1959 年 10 月 1 日新中国成立十周年之际，唐钢实现生产开门红，首创日产钢突破 2000 吨。图为报捷队伍行进在新华路上（震后改称新华道）。

1976 年 7 月 28 日唐山大地震后，唐钢人仅用 28 天就炼出了“抗震志气钢”。

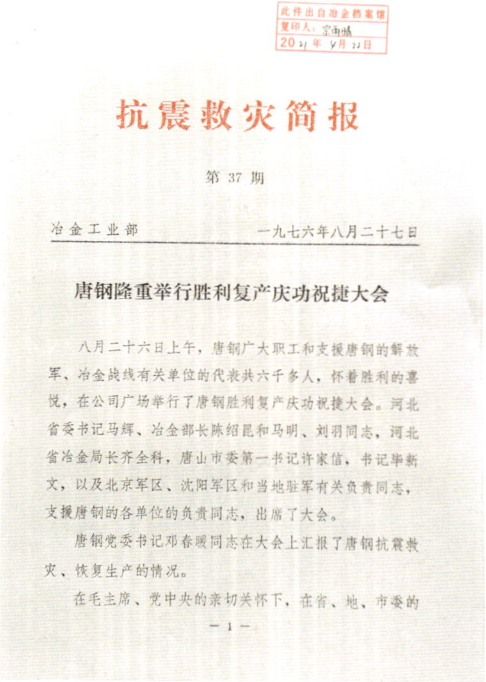

此件出自冶金档案馆
复印人：
2021 年 4 月 22 日

抗震救灾简报

第 37 期

冶金工业部　　　　一九七六年八月二十七日

唐钢隆重举行胜利复产庆功祝捷大会

八月二十六日上午，唐钢广大职工和支援唐钢的解放军、冶金战线有关单位的代表共六千多人，怀着胜利的喜悦，在公司广场举行了唐钢胜利复产庆功祝捷大会。河北省委书记马辉、冶金部长陈绍昆和马明、刘羽同志，河北省冶金局长齐全科，唐山市委第一书记许家信，书记毕新文，以及北京军区、沈阳军区和当地驻军有关负责同志，支援唐钢的各单位的负责同志，出席了大会。

唐钢党委书记邓春暖同志在大会上汇报了唐钢抗震救灾、恢复生产的情况。

在毛主席、党中央的亲切关怀下，在省、地、市委的

— 1 —

冶金工业部《抗震救灾简报（第 37 期）》刊发《唐钢隆重举行胜利复产庆功祝捷大会》信息。

职工欢庆“抗震志气钢”冶炼成功。

恢复生产后大批钢材准备外运。

1972 年 8 月 14 日，经河北省革命委员会批准，唐山钢厂改为唐山钢铁公司，1973 年唐钢正式改为公司建制。

1996 年 1 月 1 日，唐山钢铁集团有限责任公司挂牌成立。

1994 年 6 月 29 日，唐山钢铁股份有限公司正式成立。

2006 年 2 月 28 日，唐钢、宣钢、承钢联合组建唐山钢铁集团有限责任公司揭牌仪式。

▲ 时任唐钢党委书记袁瑞新、经理田锡恩等公司领导研究企业远景发展规划。

▶ 1995 年 12 月，唐钢结束模铸钢锭工艺，在全国率先实现转炉炼钢全连铸。图为二炼钢厂连铸车间。

▲ 1986—1995 年，唐钢开展大规模的改扩建工程建设，改变了缺矿、少铁、无焦状况。图为 1260 立方米高炉外景。

1998 年 9 月 26 日建成投产的 2560 立方米高炉出铁场景。

超薄热带工程是唐钢调整产品结构的核心项目，被视为唐钢的“生命工程”。该工程 2003 年 1 月投产、2004 年达到年产 250 万吨能力，成为世界上同类同期设备中达产速度最快、轧制规格最薄的生产线。

2005 年，唐钢产钢首次突破千万吨大关，这是当时的板材产品。

2002 年 9 月 30 日，唐钢与意大利达涅利公司、法国奥钢联克莱西姆公司、日本三菱商社等签订冷轧项目合同。公司董事长、总经理王天义出席签字仪式。

2003 年 3 月 13 日，唐钢举行国家级企业技术中心揭牌仪式。公司党委书记张永昌等领导出席。

2008 年 9 月，唐钢打响厂容环境治理工程战役，仅用 8 个月时间，成功实现绿色转型，被誉为“世界上最清洁的钢厂”。图为第二生活服务区。

2010 年，唐钢全面启动并布局非钢产业，提出了“做精主业、做大非钢、适度多元、持续创新”的发展思路，当年在消化主业 10 亿元人工成本的基础上实现盈利 800 万元。图为房地产产业。

2012 年 6 月，唐钢与德高和六大国际银行成功签订出口融资协议，开创了国内钢铁企业利用境外融资开展钢铁贸易的先河。图为 2.7 亿美元钢铁产品出口结构性资金协议签字仪式。

2015 年建成投产的高强汽车板项目是唐钢进入“十二五”后第一个重大产业升级工程，代表了此时期世界冷轧技术和产品的最高水平。图为高强汽车板生产线。

2018 年初，唐钢在成功开发生产锌铝镁产品后，从产销研用多方面迅速展开对该类产品的全方位攻关，在业内成功树立唐钢锌铝镁产品品牌形象。2019 年，该类产品市场占有率达到行业第一。图为高强汽车板公司薄规格锌铝镁生产线。

2019 年 4 月，河钢塞钢管理团队被中宣部授予“时代楷模”称号，成为钢铁行业参与“一带一路”建设和国际产能合作的杰出代表。图为颁奖现场。

2020 年 9 月 7 日，河钢集团党委书记、董事长于勇和总经理王兰玉等集团领导及参加唐钢新区投产仪式的嘉宾参观新区展示厅。

2020 年 9 月 7 日，唐钢新区正式投产运营，标志着集团拥有了世界级现代化沿海钢铁基地，实现了由城市走向沿海、从内陆走向深蓝的历史性转变。图为唐钢新区投产仪式现场。

2021年，唐钢铁钢测试中心在国内率先将激光切割技术应用于冶金行业样片制备分析和数据流程传输全程无人化。

2021年，唐钢自主研发的5G智能库区在高强汽车板厂区中间库投用，令该库区成为全国第一座无人天车智能库区，标志着唐钢在探索推进钢铁行业生产场景5G技术应用领域上取得显著进步。

唐钢新区全景。

2021 年 9 月 15 日，唐钢党委书记、董事长谢海深到重机装备有限公司现场办公，指导解决生产经营中存在的重点难点问题。

2023 年 7 月 18 日，唐钢总经理张弛等公司领导到炼铁事业部一号高炉作业区现场调研，慰问暑期坚守岗位的一线职工。

2022 年 12 月 9 日，国家工信部、发改委等多部门开展的 2022 年度智能制造示范工厂揭榜单位和优秀场景名单出炉，唐钢登榜“智能制造示范工厂”，此前唐钢高强汽车板有限公司入选国家智能制造示范项目，唐钢智能料场入选国家智能制造示范场景。图为唐钢智能料场。

2022 年 9 月 18 日，由中央广播电视总台和工信部共同打造的大型融媒体报道《智造中国》，走进唐钢，讲述智能时代钢铁是怎样炼成的。唐钢是中国钢铁行业唯一入选《智造中国》案例。

2023 年 1 月 7 日，中国施工企业管理协会官网公布 2022—2023 年度第一批国家优质工程奖入选工程名单，唐钢新区项目摘取国家优质工程金奖桂冠，是钢铁行业唯一获得金奖项目。图为远眺唐钢新区料仓及管廊。

1985 年 9 月，唐钢荣获“河北省先进企业”称号。

1988 年 4 月，唐钢荣获“全国五一劳动奖状”。

1991 年 1 月 12 日，国务院正式命名唐钢为国家一级企业。

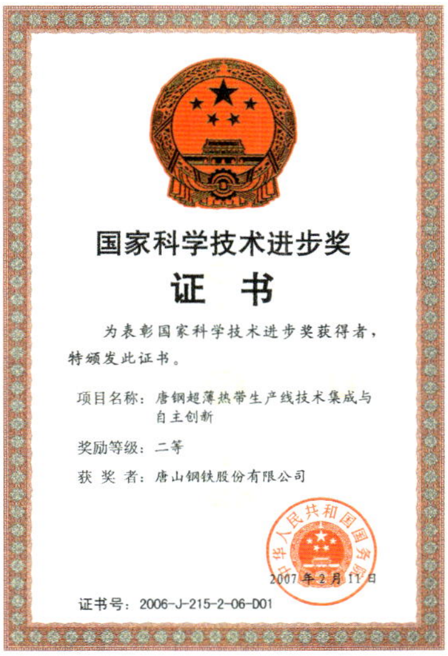

2007 年 2 月，“唐钢超薄热带生产线技术集成与自主创新”项目荣获国家科学技术进步奖二等奖。

2011 年 4 月，唐钢荣获“全国五一劳动奖状”。

2012 年 6 月，唐钢党委被中共中央组织部授予“全国创先争优先进基层党组织”称号。

2012 年，唐钢荣获“全国用户满意产品”奖。

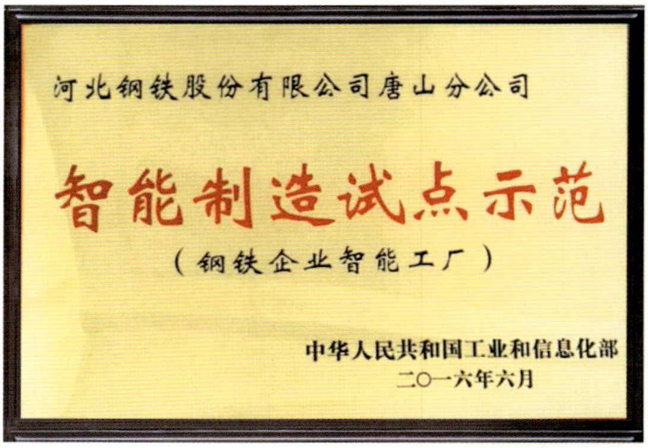

2016 年 6 月，唐钢“钢铁企业智能工厂”项目入选国家智能制造试点示范项目，并于 2017 年 4 月荣膺年度中国自动化领域十大最具影响力工程项目，为冶金行业唯一入选企业。

2020 年 11 月，唐钢荣获第六届“全国文明单位”称号。

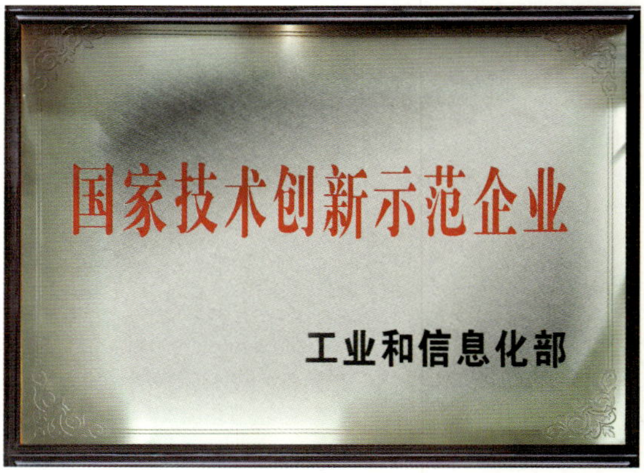

2020 年 12 月，唐钢入选“国家技术创新示范企业”，是河北省唯一上榜钢铁企业。

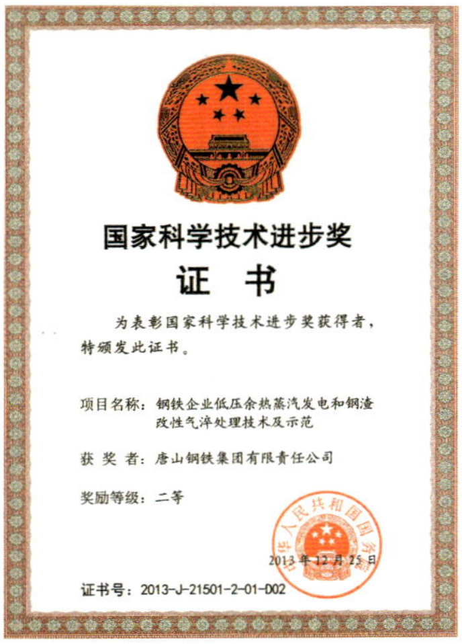

2013 年 12 月，唐钢完成的“钢铁企业低压余热蒸汽发电和钢渣改性气淬处理技术及示范”项目荣获国家科学技术进步奖二等奖。

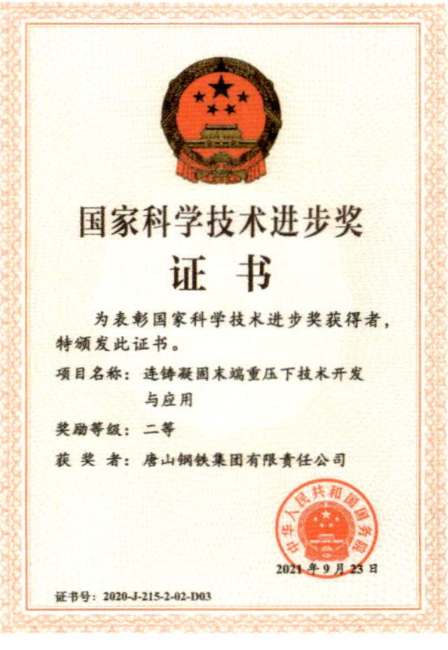

2021 年 9 月，唐钢参与完成的“连铸凝固末端重压下技术开发与应用”项目荣获国家科学技术进步奖二等奖。

1986 年 10 月 15 日，炼铁一期工程破土动工。图为 1 号 1260 立方米高炉建设工地。

1989 年 9 月 26 日，1 号 1260 立方米高炉建成出铁。

1996 年 7 月 23 日，棒材厂具有 20 世纪 90 年代国内先进水平的生产线全线贯通进入试生产阶段。

1989 年 7 月，唐钢建成第一条高速线材生产线。

1999 年 6 月 29 日，一炼钢厂 1 号 150 吨转炉投入生产。是年 10 月 20 日，2 号 150 吨转炉投产。

1999 年 10 月 26 日，二炼铁厂 265 平方米烧结机建成投产。

2000 年 5 月投入运行的氧气厂 3 号 1.7 万标准立方米 / 时制氧机组。

2000 年 6 月 20 日，唐钢第二条高速线材生产线竣工投产。

2001 年 3 月，炼焦制气厂 4 号 36 孔大型焦炉建成投产。

2003 年 1 月 29 日，热轧薄板厂 1810 毫米生产线投入生产。

2004 年 6 月 30 日投产的冷轧薄板厂彩涂生产线。

2004 年 6 月竣工投产的不锈钢公司 80 吨炼钢转炉。

2004 年 12 月 30 日，冷轧薄板厂一期工程全线建成。图为单机架生产线。

2005 年 10 月投产的不锈钢公司板坯连铸生产线。

2005 年 12 月 20 日竣工投产的热轧薄板厂 1700 毫米轧机生产线。

2008 年 4 月投产的不锈钢公司 1580 毫米生产线。

2006 年 8 月竣工投产的中厚板公司 3500 毫米轧钢生产线。

2007 年 9 月 8 日投产的 4 号炼铁高炉。

2007 年 11 月 16 日，唐银公司 1 号转炉开炉。

2014 年，唐钢全年出口钢材达到 404 万吨。图为冷轧 3 号镀锌生产线。

2015 年 1 月 15 日，高强汽车板公司酸轧产线第一卷产品成功下线。

2020 年 8 月 8 日，热轧事业部 2050 毫米热轧生产线一次热试车成功。

◀ 2016 年，唐钢新区选址在乐亭经济开发区京唐港 4 号码头北侧。2018 年，动工之前完成各项审批备案手续，项目建设依法合规。

▲ 2018 年 1 月 1 日，唐钢新区热轧加热炉开始打桩。

▶ 2018 年 3 月 1 日，唐钢新区高炉开槽破土动工，进入实质性建设阶段。

2018 年 4 月 10 日，唐钢新区 1 号高炉热风炉建设中。

2019 年 1 月 17 日，建设时期的唐钢新区高炉工地。

2019 年 1 月 17 日，建设时期的唐钢新区炼铁及烧结球团区域。

2020 年 9 月 8 日，唐钢新区 1 号 200 吨转炉冶炼第一炉钢。

2020 年 9 月 8 日，唐钢新区第一炉钢水浇铸的板坯。

2020 年 9 月，唐钢新区水处理中心调试成功并投入运营。

2020 年 9 月 8 日，唐钢新区第一炉钢水精炼。

2020 年 9 月 13 日，唐钢新区炼铁航拍图。

2020 年 9 月 13 日，唐钢新区 1 号高炉出铁。

2020 年 9 月 23 日，唐钢新区热轧事业部连铸机火焰切割现场。

2020 年 10 月 9 日，唐钢新区 2050 热轧生产线成品卷下线现场。

2022 年 1 月 7 日，河钢浦项汽车板项目正式开工。项目总投资 41.25 亿元，河钢和 POSCO 各占 50% 股份，是近年来中国钢铁行业单体投资最大的外商合资项目。图为项目工地。

唐钢新区鸟瞰全景图。

序

值此唐钢建厂80周年之际,《向海图强》文集出版，令人感慨万千，我为唐钢的崛起、成长、发展而欣喜，更为祖国钢铁工业的强大而自豪。

唐钢于1943年建厂，是在苦难中诞生，抗战胜利后收归国有，解放后回到了人民的怀抱。继而在自力更生的道路上奋斗成长；特别是在改革开放政策的指引下，走上技术进步、结构调整、全流程升级的进程。21世纪以来，特别是党的十八大以来，又走上了向海图强的光明大道。

我是1957年在北京钢铁学院大学毕业后，分配到唐山钢厂工作的，开始是炼钢车间的实习技术员。为什么选择到唐钢工作，因为唐山是中国转炉炼钢技术的发祥地。干转炉，应该到唐钢。在唐钢的火红岁月里，我得到锻炼成长，从转炉炉前操作工干起，历经值班技术员、转炉工段总工长、技术科副科长、钢铁研究所所长、副总工程师，直至公司副经理、总工程师，先后将近26年。在这26年里，在唐钢求实奋进、崇尚技术、追求革新进步的氛围和传统的培养熏陶下，我参与了碱性侧吹转炉、氧气顶吹转炉、氧气底吹转炉、氧气侧吹转炉等工艺技术和装备的试验开发，经历了镇静钢、沸腾钢、半镇静钢的研究和生产实践，经历了低碳钢、中碳钢、高碳钢的冶炼和批量生产过程，经历参与了低合金钢、微合金钢的试制与生产等一系列科技研发工作，其中反映了唐钢科技进步和发展历程，也使我逐步成长起来，为日后的工作、学习、研究打下了实践的基础。我感恩唐钢，唐钢是我的第二大学，唐山是我第二故乡。

在唐钢工作的26年岁月中，我体会到唐钢有着追求技术革新、技术进步的光荣传统。1952年在余景生、肖来潮、魏亚等前辈科技人员和广大职工的参与下，成功发明了碱性侧吹转炉炼钢法，被国家科委列为“国家级发明”，并先后传播到上海、马鞍山、南京、济南、安阳、杭州、邯郸、青岛、承德、略阳等地的地方骨干企业，为地方钢厂的建设、发展提供了技术支撑。

唐钢崇尚技术、崇尚钻研、崇尚实践的文化氛围，还体现在电炉炉顶用高铝砖的研发上，这在中国耐火材料界也是一件值得一提的盛事。当时由钟香崇（中国科学院院士）率领研发团队与唐钢古冶耐火材料车间的科技人员一起研发成功，转而进入批量生产，支撑全国电炉钢厂炉顶砖的供应，对全国电炉钢生产而言，也是必不可少的。

1957 年，我刚进唐山钢厂工作时，当年的产钢是 23 万吨左右，后来经过新建第二炼钢车间、中型轧钢车间等自力更生的发展，1979 年突破年产粗钢 100 万吨，进入中国十大钢行列。

改革开放以后，在技术发展路线上，摒弃了“大钢锭—850 毫米初轧机”路线，大力发展炼钢全连铸，高速线材工艺路线，进而发展大高炉取代化铁炼钢的工艺路线，形成了钢铁联合企业的格局。接着，唐钢进一步开放，引进了薄板坯连铸—连轧新技术，建设了超薄热带生产线，开始生产板带材，进入了大型联合企业的产品领域。其间，唐钢在工艺装备、生产流程上进行了升级改造，2005 年唐钢产钢量突破 1000 万吨，从只能生产棒材、线材、型钢发展到可以生产热轧带钢、冷轧带钢、涂层板和中、厚板的领域，成为典型的大型联合企业。

值得一提的是在 2008 年全球金融危机之时，唐钢没有盲目追求外延式扩张的数量型增长模式，而是投入资金进行了绿色化转型和结构调整，实施了厂区环境治理，生产组织模式调整等重要变革，更加注意全流程的清洁生产和节能减排、能源管理及全方位的成本管控，建成了对全国有影响的清洁工厂。

党的十八大以后，特别是 2017 年以来，唐钢进入“向海图强”的时期，以搬迁沿海新区为依托，进行区位调整，转型升级。以“高端化、绿色化、智能化”为建设目标，突出新一代钢铁制造流程的设计、建设，并于 2020 年 9 月一期工程顺利投产，形成了新一代钢铁制造流程的工程实践体系，相信具有新的竞争力。

党的二十大报告站在人与自然和谐共生的高度，围绕发展方式绿色转型、环境污染防治、稳妥推进碳达峰碳中和，作出了新的战略部署。唐钢新区要走在前、作表率，以“推动绿色发展”为题，锚定“双碳”发展目标，全力落实好钢铁行业碳达峰实施方案，形成可复制、可推广的智能化、低碳化发展模式，继续书写新的优异答卷。

《向海图强》文集回顾了唐钢80年发展历程，着重记述了唐钢新区建设者栉风沐雨、逐梦前行，在渤海湾畔兴建新的现代化钢城的过往，内容涵盖了建设期、投产期、达产达效期，值得记录与再现。

民族复兴，钢铁先行。中国钢铁行业正青春。期望唐钢人以党的二十大精神为指引，继续以“钢铁报国”的强烈使命担当，以“建设最具竞争力钢铁企业”为共同愿景，齐众心、汇众力、聚众智，坚定不移走好自己的路，心无旁骛做好自己的事，开创更加美好的未来。

中国工程院院士

2023年8月于北京

编辑说明

一、《向海图强》是一部由唐钢党史厂志编纂委员会组织编修，唐钢党委办公室主管、唐钢史志办公室主办的纪实体书籍。全书回顾了唐钢80年发展历程，重点记载了唐钢坚定不移贯彻新发展理念，按照行业最高标准，打造绿色化、智能化、品牌化精品钢铁基地，实现几代唐钢人历史夙愿的全过程。全景呈现唐钢高质量发展的时代脉动，充分展现新时代唐钢人拼搏奋斗、锐意进取的精神风貌，对于展示企业形象、赓续企业精神、汇聚发展能量具有重要意义。

二、《向海图强》以习近平新时代中国特色社会主义思想为指导，坚持解放思想和实事求是原则，在继承《唐钢沧桑》《唐钢大事记》《唐钢年鉴》等史志书籍求实风格的基础上，创新性加入纪实类文章和图文并茂的表现形式，多层级、多维度呈现唐钢历史镜像与文化投影，实现思想性、文献性、可读性的有机融合。

三、《向海图强》卷首设彩页，包括筑梦百年、唐钢荣耀、产线沿革、建设掠影等4个栏目，并设序；书中设逐梦深蓝、扬帆起航、乘风破浪、勇立潮头、峥嵘岁月、钢铁情怀、基业长青等7章；书末有编后语。全书共计40余万字，收录图片170余幅。全书文体语言、结构层次、计量单位均采用国家标准；数字、标点符号、计量单位等表述按出版物现行规定执行；货币种类除注明者外，均为人民币。

四、《向海图强》书中涉及主要机构、单位名称时，以当时规范称谓为准。

名称过长的，在不易产生歧义的情况下使用简称。书稿中出现的河钢、集团均指河钢集团，唐钢、公司均指唐钢公司。为避免表述重复，书稿中首次出现时用河钢、唐钢，再次出现时用集团、公司，易产生歧义之处则用河钢、唐钢加以区分。

五、《向海图强》利用的书稿、照片及资料，主要由唐钢各单位、各部室提供，部分出自中国冶金工业档案馆、唐钢技术中心档案馆、唐钢党委宣传部资料室。书中数据一般由供稿单位提供，因统计范围和口径的调整，部分数据不具有可比性；史实部分一律参考原始文件，对不完整的事件内容由唐钢出版物、部分当事人的采访记录等二次文献资料予以补充，经考证核实后载入，一般不注明出处；部分照片由于年代久远或机构人员调整无法考证拍摄者。

公司史志办公室

2023 年 8 月

目录

第四章　勇立潮头

第五章　峥嵘岁月

第一章

逐梦深蓝

炉火映丹心

——写在唐钢建厂 80 周年之际

“一切向前走，都不能忘记走过的路；走得再远、走到再光辉的未来，也不能忘记走过的过去，不能忘记为什么出发。”

这是习近平总书记 2016 年谆谆告诫全党同志的话。

在建厂 80 周年之际，为了不能忘却的纪念，让我们以时间为轴，以真实档案为纲，还原唐钢走过的历史印记，重温峥嵘岁月，追溯一代又一代唐钢人的炉火丹心。

唐钢名片

中 文 名：唐钢
英 文 名：Tangsteel
曾 用 名：唐山钢厂、唐山钢铁公司，等等
生　　日：1943 年 4 月
籍　　贯：陡河东岸
在册员工：2.78 万人
最好成绩：年钢产量 1686 万吨，年利润 35.51 亿元

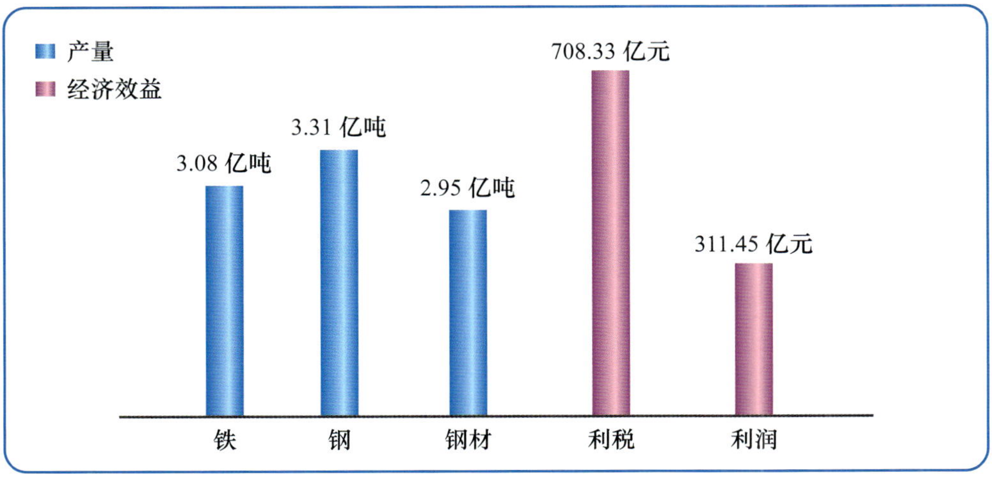

主要贡献（1949—2022 年）

名优产品： 矿山巷道支护用热轧 U 型钢、钢筋混凝土用热轧带肋钢筋、冷轧低碳钢带、连续热镀铝硅合金钢带、连续热镀锌钢带、热轧酸洗钢带、DP1180 汽车用冷轧双相钢、2000 兆帕级热成型钢、纯电动客车电池壳用钢、高建及船板结构用钢。

硬核担当： 参与了大国重器的制造和重点工程的建设，产品不仅应用于长江三峡、京九铁路、北京奥运场馆、雄安新区、港珠澳大桥、白鹤滩水电站、北京大兴国际机场等国内一流重点工程，而且享誉越南、巴基斯坦、印尼等国家的“一带一路”重点工程。高端板材相继为国内外知名汽车制造厂供货；家电板实现海尔、美的、格力、奥克斯等知名家电企业全覆盖。

风云初记【破旧立新　循光而往】

只有回首来路，才会知道已经走出多远。

说起唐钢的“前世”，尽管辛酸，却无法从历史上抹去。抗日战争时期，1943 年日本在唐山大城山下，陡河东岸，开办“唐山制钢所”。

驻足唐钢的开端之年，旧中国曾经遭受的苦难和国民的尊严尽失，我们在鉴证中看得真切。在公司档案馆，由于年代久远、历经地震与多次迁移，带有侵华印记的尘封实物早已所剩无几。残存的仅有职员名片和模糊的老照片，是那段旧中国与列强抗争历史的见证。

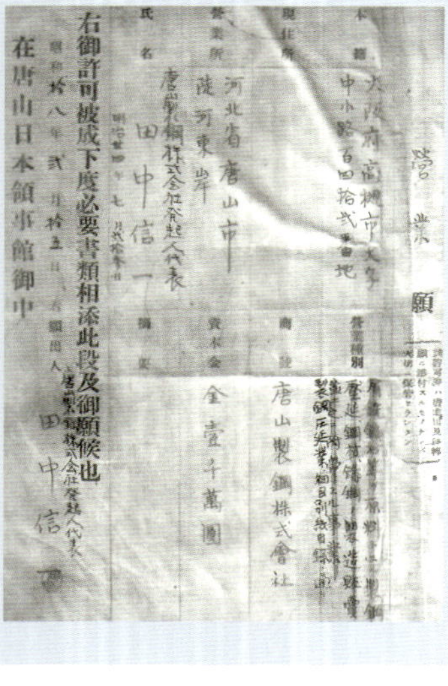
營業願
現住所 河北省唐山市
營業所 陡河東岸
氏名 唐山製鋼株式會社發起人代表 田中信一
商號 唐山製鋼株式會社
資本金 金壹千萬圓
右御許可被成下度必要書類相添此段及御願候也
唐山製鋼株式會社發起人代表 田中信
在唐山日本領事館御中

◎日伪时期的『唐山制钢所』营业执照

日本统治时期的唐山制钢所、国民党统治时期的唐山制钢厂，生产规模小，技术设备落后，到 1948 年 12 月唐山解放，共生产钢锭 3780 吨、钢材 3619 吨。

新中国成立后，唐钢在中国钢铁工业史上留下深刻而持久的印记。

“共和国转炉的故乡”是印记之一。

犹记 1952 年 7 月，一封喜报送进北京中南海——

我国炼钢技术取得划时代意义的技术进步——“侧吹碱性转炉炼钢法”在唐钢诞生！此后，这一重大技术成果获得国家重工业部的通报嘉奖，在我国冶金工业史上具有划时代的意义，开创了炼钢技术的新纪元，被国家科委列为“国家级发明”。在20世纪50年代至70年代，侧吹碱性转炉炼钢成为当时钢铁企业主要的冶炼方法。唐钢因此被誉为转炉炼钢的发祥地。

“抗震志气钢”亦是唐钢历史长河中难以磨灭的印记。

1976年7月28日，唐山发生震惊世界的7.8级大地震，唐钢被夷为一片废墟。这场毁灭性的自然灾害，给唐钢造成空前巨大的人员伤亡和经济损失。全公司1.82万名职工中罹难1788人、重伤1241人，固定资产损失约三分之一。人民解放军指战员和全国冶金系统26家兄弟单位派出的干部职工，驰援唐钢，与唐钢人一道，同舟共济抢险救灾，团结一致恢复生产，齐心协力重建家园。

在位于河北三河的中国冶金档案馆，我们启封了47年前的档案。唐山大地震后，我们上呈冶金部的文件中详细记载了这场史无前例的天灾损失和救灾过程。

透过1976年国家部委的一份份文件记录，我们看到了党和国家对唐钢震后的深切关怀，第一时间的会议记录、会议简报，客观反映了唐钢的抗震救灾复产情况。在一份手写的存档文件中，清晰地看到冶金部负责此项工作的同志在初稿的“志气钢”前面严谨地加上“抗震”二字。“抗震志气钢”的由来出自于此。

1976年8月26日《人民日报》对唐钢震后28天冶炼“抗震志气钢”进行了报道。1978年9月，邓小平同志视察唐钢，高度称赞：“唐钢工人阶级是地震震不垮的、困难吓不倒的队伍！”

这是由唐钢人书写的闪耀历史，从技术和精神维度，推动了中国钢铁的发展与进步。

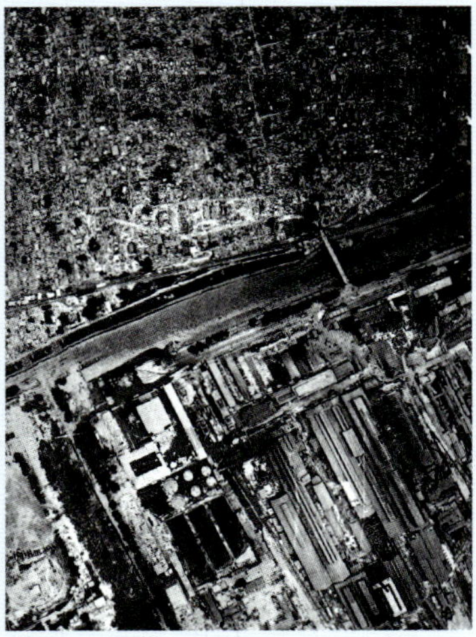

◎ 唐钢震后全景图。

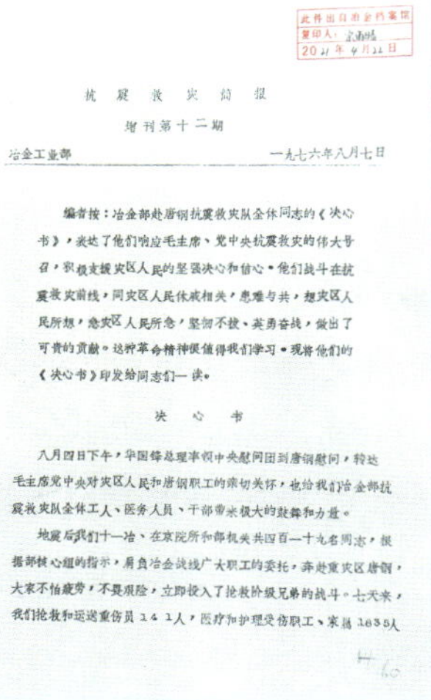

此件出自冶金档案馆
复印人：
2021年4月22日

抗震救灾简报

增刊第十二期

冶金工业部　　　　一九七六年八月七日

编者按：冶金部赴唐钢抗震救灾队全体同志的《决心书》，表达了他们响应毛主席、党中央抗震救灾的伟大号召，积极支援灾区人民的坚强决心和信心。他们战斗在抗震救灾前线，同灾区人民休戚相关，患难与共，想灾区人民所想，急灾区人民所急，坚韧不拔、英勇奋战，做出了可贵的贡献。这种革命精神很值得我们学习。现将他们的《决心书》印发给同志们一读。

决心书

八月四日下午，华国锋总理率领中央慰问团到唐钢慰问，转达毛主席党中央对灾区人民和唐钢职工的亲切关怀，也给我们冶金部抗震救灾队全体工人、医务人员、干部带来极大的鼓舞和力量。

地震后我们十一冶、在京院所和部机关共四百一十九名同志，根据部核心组的指示，肩负冶金战线广大职工的委托，奔赴重灾区唐钢，大家不怕疲劳，不畏艰险，立即投入了抢救阶级兄弟的战斗。七天来，我们抢救和运送重伤员141人，医疗和护理受伤职工、家属1835人

◎ 冶金工业部抗震救灾简报增刊第十二期。

改革开放【拥抱时代　换羽腾飞】

改革开放是时代的号角。在我们共同见证和参与的岁月，唐钢的巨变如涓滴入海汇聚成改革开放的时代巨浪。

党的十一届三中全会以后，唐钢以改革开放为动力，搞活内部机制，积极发展生产。1979 年，成为扩大企业自主权试点单位，试行企业利润留成办法，当年产钢突破 100 万吨，跻身全国十大钢行列。

让我们把历史的时针回拨到 20 世纪 90 年代。在渐进式改革开放的道路上，唐钢作为国家、地方的改革试点，用好每一次改革试点平台，一直努力走在改革的前列。通过规范的公司制股份制改造，推进主辅分离辅业改制、分离办社会职能，建立起现代企业制度。

1991 年，国务院批准唐钢为国家一级企业。

1992 年 11 月，唐山钢铁（集团）成立。

1995 年末，改制为唐山钢铁集团有限责任公司。

1997 年 4 月 16 日，唐钢股份在深交所上市。

近年来，唐钢争当改革尖兵，努力在高质量发展方面统筹施策，于 2023 年第四次上榜国务院国资委国企改革“双百企业”名单。

改革开放，为唐钢创造了有利条件、注入了强劲动力，促成了诸多历史性成就和巨变。伴随着前进路上一些重要的时间节点，唐钢的开放树立起一个又一个里程碑式的历史坐标。“三步走”发展规划的实施，使铁钢材配套综合生产能力达到 500 万吨；“三极支撑”发展战略的落地，让唐钢于 2007 年底具备 1500 万吨铁钢材生产能力。

时间从不辜负对拼搏者的允诺，从不吝啬对奋斗者的褒奖。唐钢在改革开放的道路上主动作为、增添动力、拓展空间。

2002 年 10 月，超薄带钢工程浇铸出第一块 SS400 普碳钢热轧薄板坯。

2003 年 10 月，在北京人民大会堂举行超薄带钢生产线竣工达产新闻发布会。

2005 年，首次突破年产钢千万吨大关。

2008 年，在业内率先实施绿色转型，被誉为“困境中诞生的钢铁花园”，中钢协专家赞其为“世界上最清洁的钢厂”。

2015 年 1 月，高强度汽车板项目第一卷退火板与冷硬板成功下线，标注了唐钢装备技术的新高度。

2018 年 9 月，全球首卷 2000 兆帕级别热成型汽车钢成功下线。

2022 年，唐钢新区入选中央广播电视总台和工信部共同打造的《智造中国》，系中国钢铁行业唯一入选案例。

……

走出去，开放的步伐愈发坚定自信。

在多瑙河畔的小城斯梅代雷沃，一个主要来自唐钢的团队盘活了一家钢厂，而一家钢厂又振兴了一座城市。2016 年 6 月，国家主席习近平亲临河钢集团塞尔维亚公司视察，要求把河钢塞钢打造成中国与中东欧国际产能合作和“一带一路”建设样板工程。牢记重托，不辱使命，2018 年创下建厂 105 年来产钢最高纪录，扭转了连续 7 年亏损局面，成为塞尔维亚第一出口创汇大户，使得百年钢厂重获新生，向世界贡献了发展钢铁产业的“中国方案”。2019 年 4 月，中宣部授予河钢集团塞尔维亚公司管理团队“时代楷模”称号。

改革开放，为唐钢不断定义新的发展方向和历史价值，让唐钢拥抱时代、换羽腾飞。

向海而兴【扬帆起航　未来可期】

对历史最好的纪念，就是创造新的历史。

渤海湾的清晨，熊熊炉火点燃朝阳，璀璨钢花染红曙光，一座拔地而起的海上钢城已然成为“梦工厂”。2020 年 9 月 7 日，唐钢新区 1 号高炉成功点火，唐钢从此实现了由城市走向沿海、从内陆走向深蓝的历史性转变。公司由此驶向转型升级的新航道。

◎ 唐钢新区投产仪式后，会场人员参观唐钢新区生产现场。

这一刻，载入史册，参建人员百感交集，思绪万千，无比自豪。随着一期项目的达产达效，二期项目的扎实推进，在这片崭新的热土上不断诞生更多惊喜。

在建设最具竞争力钢铁企业的路上，唐钢人深知，向海图强、绿色发展方能赢得未来。

2017 年、2020 年，唐钢分别入选“全国首批绿色工厂”“国家技术创新示范企业”。

2022 年 1 月，唐钢新区获批环保 A 级绩效企业，为城市绿色低碳转型树立了新标杆。是月，河钢集团和韩国浦项联手打造的高端汽车板合资项目正式开工，这一河北省推进钢铁产业转型升级结构调整和国企改革三年行动的重大项目成为唐钢人绿启新程、逐梦深蓝的又一新动能。

这就是正在发生的历史。

起笔，即是世界眼光；落笔，便为时代标杆。唐钢登榜 2022 年度“智能制造示范工厂”；唐钢新区项目成功摘取“国家优质工程金奖”桂冠，系钢铁行业唯一获得金奖的项目；唐钢“基于冶金流程集成理论打造绿色、智能、品牌化国际钢铁工厂”案例入选“2022 企业绿色低碳发展优秀实践案例”。

这一刻，渤海之滨，未来工厂乘风起航，吹响向海图强的集结号。全体唐钢人以打造“五个高地”、实现“五个一流”为目标，以舍我其谁的历史担当，持续发力“两个结构”再优化，充分发挥高端装备优势，以技术创新支撑产品升级，以市场驱动钢铁向材料转变，成就唐钢发展史上动人的一页。

新时代，我们躬耕在充满希望的渤海湾，我们的征途是星辰大海。

红心向党【信念如铁　薪火相传】

历史的峰回路转中，总有一些东西贯穿岁月、一脉相承。

74 年前，唐钢正式创建党组织，时称党工委，于 1953 年 4 月改为党委。历经十一次党代会、十一届党委领导班子领航掌舵，履职尽责，始终把好方向、协调各方，管好干部、带好队伍，坚持民主集中制，领导体制持续完善。

回顾史上历次市场危机和经营挑战，每一场冲击都是关乎唐钢生存与发展的战役。是什么让积重难返变为善作善成，又是什么让业内感叹我们的突破，打赢一场场攻坚之战？是唐钢党委的坚强领导，引航定向、淬炼党性，形成全员奋进的强大合力，成就金色丰碑。

纵观百年党史中的历次党内集中教育，特别是党的十八大以来先后组织开展党的群众路线教育实践活动、“三严三实”专题教育、“两学一做”学习教育、“不忘初心、牢记使命”主题教育、党史学习教育、学习贯彻习近平新时代中国特色社会主义思想主题教育，使唐钢各级党组织的创造力、凝聚力、战斗力大大提升。

无论什么时候，唐钢始终坚持党委和行政工作两手抓、两手硬，始终坚持与时代发展同进步、与职工群众共命运，党群系统各项工作有机融入企业生产经营管理各环节，贯穿改革发展稳定全过程，做到了党政工作同频共振、相得益彰。

漫步唐钢 80 载时光，那些无法被岁月冲淡的、浓缩了时光的，是精神的传承、力量的凝聚、价值的沉淀。我们弘扬“抗震志气钢”精神、久强精神，用行动践行“自强、奋进、创新、奉献”“进步慢了就是落后”“我们左右不了市场，但可以左右自身工作”“员工是企业不可复制的竞争力”等理念的内涵，用忠诚诠释对党的炙焰丹心，成为唐钢丰厚企业文化的标签。

信仰，是钢筋铁骨，是铜墙铁壁，是百炼成钢的动力源泉。

◎ 唐钢新区建设中的全球首座智能“无人化”料场。

唐钢在改革开放后之所以快速腾飞，源自广大党员和职工群众深植于心、外化于行的爱党爱国爱企情怀。一代代唐钢人时刻保持慎终如始，为公司的发展壮大殚精竭虑、枕戈待旦、披荆斩棘，扎根现场守初心。

犹记唐钢 1 号 1260 立方米高炉、60 万吨棒材工程、水处理中心工程获得建设领域质量最高荣誉“中国建筑工程鲁班奖”。素有唐钢“水立方”之称的水处理中心作为河钢集团“城市中水替代地表水、深井水作为钢铁生产唯一水源”项目成果，于 2016 年斩获“世界钢铁工业可持续发展卓越奖”。凭借在全球金属行业的高度影响力和低碳绿色发展前景，河钢浦项汽车板合资项目于 2022 年荣获标准普尔全球金属行业“年度最佳交易奖”。

80 年峥嵘岁月，既无坦途，更无捷径，一个个画面，一幕幕场景，有激情燃烧的豪情，有决战决胜的筋骨，镌刻于唐钢历史，承载了一段段炉火丹心的共同记忆。

犹记 2016 年 8 月受河钢集团委托，唐钢组织开展产品升级结构调整（沿海基地）项目前期工作，当月成立河钢产业升级项目筹建组，组内设立八个管理组和九个项目部，迅速开展各项筹备。四年间，亲身参与其中的党员干部，红心向党，争当铁军先锋，职工群众不舍昼夜，日夜拼搏奋战，用智慧与汗水让盐碱荒滩变身滨海钢城。

不惊渤海桑田变，来看云蒙漏泽春。在猎猎党旗下，神圣的誓言，无悔的承诺。我们信念如铁，目光如炬，矢志接续奋斗。

向史而新【铭记使命　致敬平凡】

回首来路，才知道走出了多远；亲历奋斗，才明白付出的意义。穿梭于过去和未来，唐钢人始终铭记光荣与梦想。

荣光里，有赶超进位的新高度，弯道取直的新坐标。1994 年，唐钢实现转炉全热装铁水炼钢，结束了公司延续 50 多年化铁炼钢的历史；1995 年，率先实现转炉炼钢全连铸，彻底甩掉了模铸钢锭落后工艺。上述两项技术工艺重大革新，对于提高炼钢工艺系统整体技术水平具有划时代意义。

荣光里，有闯关夺隘的新里程，凯歌而行的新进步。1996 年、1997 年，“高速线材生产线开发与创新”“河北省炼钢连铸技术推广”成果被国家科学技术委员会分别授予国家科学技术进步奖一等奖和二等奖。“唐钢超薄热带生产线技术集成与自主创新”“钢铁企业低压余热蒸汽发电和钢渣改性气淬处理技术及示范”“连铸凝固末端重压下技术开发与应用”研究成果分别获得 2006 年度、2013 年度、2020 年度国家科学技术进步奖二等奖。

荣光里，有不平凡又流光溢彩的发展画卷。1977 年，唐钢获评“全国优秀企业”。1988 年，被授予“全国先进集体”称号，荣获“全国五一劳动奖状”。1986—1989 年，连续 4 年保持河北省第一利税大户。1991 年，被命名为“国家一级企业”。1996—1999 年，每年实现利润总额均在 2 亿元以上，始终保持全行业前四名。2011 年，再次被授予“全国五一劳动奖状”。2012 年，唐钢党委被授予“2010—2012 年全国创先争优先进基层党组织”称号。2020 年，唐钢荣获第六届“全国文明单位”称号。

岁月为证。在一代又一代人的接力跑中，唐钢人把钢铁报国志写在昨日、当下与未来。戴明予、黄墨滨、余景生、赵乃斌、肖来潮、殷瑞钰……无论平凡还是伟大，都是历史的书写者。每个人都了不起！

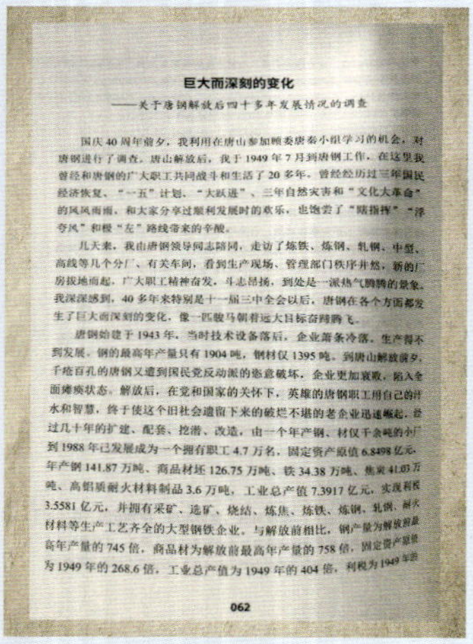

巨大而深刻的变化

——关于唐钢解放后四十多年发展情况的调查

国庆 40 周年前夕，我利用在唐山参加顾委唐秦小组学习的机会，对唐钢进行了调查。唐山解放后，我于 1949 年 7 月到唐钢工作，在这里我曾经和唐钢的广大职工共同战斗和生活了 20 多年，曾经经历过三年国民经济恢复、“一五”计划、“大跃进”、三年自然灾害和“文化大革命”的风风雨雨，和大家分享过胜利发展时的欢乐，也饱尝了“瞎指挥”“浮夸风”和极“左”路线带来的辛酸。

几天来，我由唐钢领导同志陪同，走访了炼铁、炼钢、轧钢、中型、高线等几个分厂、有关车间，看到生产现场、管理部门秩序井然，新的厂房拔地而起，广大职工精神奋发，斗志昂扬，到处是一派热气腾腾的景象。我深深感到，40 多年来特别是十一届三中全会以后，唐钢在各个方面都发生了巨大而深刻的变化，像一匹骏马朝着远大目标奋蹄腾飞。

唐钢始建于 1943 年，当时技术设备落后，企业萧条冷落，生产得不到发展，钢的最高年产量只有 1904 吨，钢材仅 1395 吨。到唐山解放前夕，千疮百孔的唐钢又遭到国民党反动派的恣意破坏，企业更加衰败，陷入全面瘫痪状态。解放后，在党和国家的关怀下，英雄的唐钢职工用自己的汗水和智慧，终于使这个旧社会遗留下来的破烂不堪的老企业迅速崛起，经过几十年的扩建、配套、挖潜、改造，由一个年产钢、材仅千余吨的小厂到 1988 年已发展成为一个拥有职工 4.7 万名，固定资产原值 6.8498 亿元，年产钢 141.87 万吨、商品材坯 126.75 万吨、铁 34.38 万吨、焦炭 41.03 万吨、高铝质耐火材料制品 3.6 万吨，工业总产值 7.3917 亿元，实现利税 3.5581 亿元，并拥有采矿、选矿、烧结、炼焦、炼铁、炼钢、轧钢、耐火材料等生产工艺齐全的大型钢铁企业。与解放前相比，钢产量为解放前最高年产量的 745 倍，商品材为解放前最高年产量的 758 倍，固定资产原值为 1949 年的 268.6 倍，工业总产值为 1949 年的 404 倍，利税为 1949 年的

062

◎戴明予在著作《探索与发展》中刊载的撰写唐钢经验的文章。

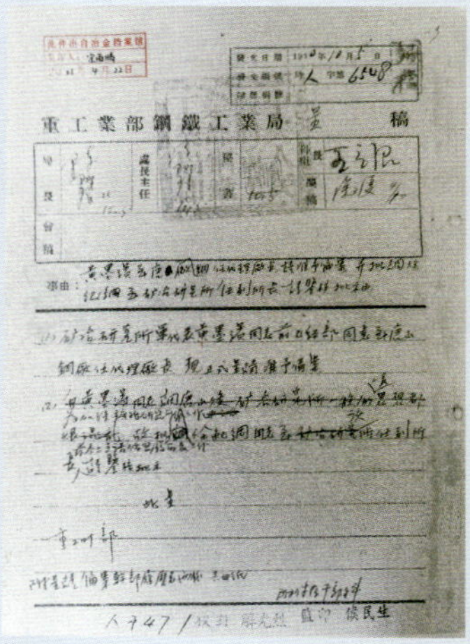

◎冶金档案馆收藏的重工业部批准黄墨滨任唐山钢厂代理厂长的文件。

穿越岁月沧桑，我们感谢奠基者，感谢每一位对唐钢作出贡献的干部职工！我们永远铭记党和国家的亲切关怀和爱护；永远铭记重工业部、冶金工业部、中国钢铁工业协会和省委省政府、市委市政府历任领导的指导、支持、帮助；永远铭记唐钢的奠基者与创业者的高瞻远瞩和艰辛探索；永远铭记国内外同行、业内专家的悉心指导和广大投资者、客户

的信赖与厚爱；永远铭记唐钢广大职工、离退休人员及其家属多年的辛勤耕耘和无私奉献。

炙焰炼初心，铁肩担使命。数十年历程，每一次向历史回眸，都是一次精神洗礼。同历史对话，可以让我们更好地认识过去、把握当下、面向未来。

溯往思来，向史而新。正如中国共产党的先驱李大钊所说："黄金时代，不在我们背后，乃在我们面前；不在过去，乃在将来。"

循心而往，向海图强。历史的前方是将来，一切都是新的，等待我们去开辟、去创造。

丹心寸意，皆为钢铁情；炉火更红，共筑新家园。

这是我们的新时代，这是每个人的新征程。

向高处攀登，向远方前行。

让我们向未来进发！

执笔人：公司党委书记、董事长　谢海深

公司党委办公室主任　李贺永

公司史志办公室　张卫华

从盐碱荒滩到滨海钢城

——唐钢新区建设发展回眸

渤海之滨，海岸线旁，一座现代化的滨海钢城巍然屹立。

七年前，伴着大海的潮音，唐钢在乐亭经济开发区正式开启告别老区、开辟新区的逐梦之旅。

随着沿海经济带的加速崛起和京津冀一体化战略的实施，在新时代大浪淘沙的洗礼中，催生了唐钢区位调整、转型升级的新区建设，昔日荒凉的沿海滩涂如今已变成唐山乃至河北经济版图上的一颗明珠，一幅向海图强的恢宏画卷正在这里徐徐铺展。

历史性选择与新时代设问
面朝大海，能否春暖花开？

面朝大海，能否春暖花开？这成了唐钢对“十三五”开篇的一个设问。

2016 年是“十三五”规划开局之年，也是推进供给侧结构性改革的攻坚之年。在钢铁产业可持续发展与城市共融的双重挑战下，河钢集团深入落实省委省政府决策部署，以河北省钢铁产业结构调整为契机，积极优化自身产业布局。正如集团党委书记、董事长于勇所讲：“河钢的区位调整，是深入贯彻落实习近平总书记关于‘坚决去、主动调、加快转’重要指示精神、落实省委省政府重大决策部署的具体实践，是中国钢铁工业加快转型升级的重要组成，是我们坚决贯彻落实新发展理念、全力推动高质量发展的行动体现。”

作为集团核心骨干企业，唐钢坚决贯彻落实集团转型升级和绿色发展的安排部署，将退城搬迁、区位调整提上议事日程，迅速启动城区钢铁生产向唐山沿海转移这一重大事项。

实施退城搬迁前，唐钢产业布局系由路北区、开平区和丰润区构建的唐钢本部，以及位于海港区的唐山中厚板材有限公司、古冶区的唐山不锈钢有限责任公司、开平区的河北唐银钢铁有限公司、开平区的高强汽车板有限公司、滦县的唐钢美锦（唐山）煤化工有限公司组成，总体生产规模达到铁钢轧综合配套 1800 万吨，主要产品为热轧薄板、冷轧薄板、镀锌板、棒材、线材、型材等，其中精品板材占产品总量的 70%。

唐钢退城搬迁缘起于时代背景和自身发展的需要等诸多方面。

压减落后钢铁产能是推进供给侧结构性改革的重要举措之一。2015 年唐钢关停本部北区 1 号 2000 立方米高炉，2016 年关停唐银公司 1 座 450 立方米高炉，拆除本部南区 2 座 55 吨转炉，提前实现 2016 年和 2017 年化解钢铁过剩产能任务目标。唐山钢联焦化有限责任公司 5 号、6 号 2 座焦炉于 2016 年实施关停。

何谓正当其时？如何再次出发？

2016 年 6 月，省政府出台《关于钢铁行业化解过剩产能实现脱困发展的实施意见》。是年 8 月，省委省政府研究通过《河钢产业升级及宣钢产能转移总体方案》，并成立省推进河钢集团产业升级及宣钢产能转移工作领导小组，全面组织推进相关工作。

唐钢坚定地把目光投向大海，其退城搬迁的价值和意义决不局限于自身发展的需要。据了解，在我国大量铁矿石需要进口、每年大量钢材需要出口及北材南运的大背景下，交通便利程度成为钢厂有利的竞争条件之一。国内钢厂逐渐向沿海、沿江发展布局，成本、环保等优势更加明显，有助于调整钢铁产业布局，纠正钢铁产业区域布局失衡问题，推动国家钢铁产业转型升级。

基于唐山沿海这一地缘优势，项目选址于渤海之滨，乐亭经济开发区。依港而建，距离京唐港四号码头 1.4 千米，这样的地理位置会为企业物流成本带来巨大优势，新上的先进装备可满足国内高端品种需求，解决诸多环保难题，与已有的中厚板公司等企业可形成集群化发展之势，同时可盘活唐山老城区东部经济，带动当地经济迅速发展。其必要性和可行性不言而喻。

向海进发
在开辟新局中赢得未来

风，从海滨吹来，带着咸味……

之前，这里不过是洪荒的万年海浪淘洗沉睡下的一片盐碱地。800 年前命名的县域，17 年前始建的经济开发区。每一位亲历新区建设的干部职工至今仍记得最初来到这里的场景。毗邻京唐港，四周偌大的荒滩旷野，远眺能够清晰地望到长长的海岸线。偶尔驶过的车辆在颠簸中不断激起阵阵尘土。

从盐碱荒滩到滨海钢城，意味着唐钢要在开辟新局中赢得未来。

“要把区位调整看成一种机遇，把历史倒逼看成一种跨越。任何一个经济体和海洋连在一起，就等于和世界连在一起。公司要通过这次区位调整，为中国钢铁企业转型升级、高质量发展打造一个全新模型。”集团总经理王兰玉的这番话极大地鼓舞了唐钢干部职工，带上心中的梦想和对项目建设的热望，奔赴大海，慨然前行——

历时数百个日夜的谋划、调研、起草、修改，唐钢新区的设计方案擘画了公司未来发展的宏图。项目分两期建设，坚持“减量提质增效”原则，杜绝高盈利期高大上的奢华配置，最大限度利旧，尽可能降低投资成本。严格遵循“六位一体”钢铁绿色转型发展思想，践行高效扁平化管理理念，致力于打造世界一流的绿色化、智能化、品牌化的沿海钢铁基地。

其中，一期工程铁钢轧综合配套年产 700 万吨规模，主要建设 3 座 2922 立方米高炉，2 座 200 吨转炉和 3 座 100 吨转炉，2050 毫米热轧带钢生产线和高线、棒材等长材生产线及相关设施。

只有以时间节点为坐标，方可环环相扣、节节取胜——

2017 年 4 月，河钢乐亭钢铁有限公司注册成立，唐钢全面负责新区的组织建设及生产运营。

2018 年 3 月，河钢产业升级项目炼铁高炉破土动工，建设工作由此拉开序幕。在此之前，完成产能置换、备案、环评、能评、安评、燃煤替代、土地、规划等前期各项审批手续，项目建设依法合规。

布局有序，落子有声。随着项目推进，精兵强将汇聚、多路大军集结，每天都有大量的工程机械进场，吊车、卡车穿梭来回、川流不止，大型挖掘机挥舞长臂忙碌作业，间或传来的鸣笛声划破天际，让沉寂多年的海滨有了时代的回响，钢韵海律的音符唱出了向海图强的最强音。

为保证新区与老区无缝衔接、生产经营平稳过渡，唐钢于 2020 年 8 月对老区实施全面关停，紧锣密鼓谋划推进 2020 年 9 月投产事项，28 个工序区域都在拉满“进度条”。

然而，如期践诺，又何等不易！不能因有困难而不为、有阵痛而不前。

◎ 唐钢新区项目建设现场。

任务之重，时间之迫，让领导小组、指挥部、筹建组人员一筹莫展。别无他法，只能想方设法使新建项目装备投产和退出装备的关停时间相匹配。这是没有退路的单选项，唯有主动争取获得各级政府的支持和批准。为此，省国资委、集团及唐钢多次向省工信厅、省发改委等部门沟通汇报产能置换调整方案，最终确保了投产时间与方案落实。

“在新区建设过程中，唐钢管理团队、广大建设者协同作战，科学推进，按照集团定位，高起点、高标准打造现代梦工厂，展现出强烈的大局意识和担当精神。你们用事实向集团交上了一份满意的答卷，没有辜负集团的信任。”集团党委书记、董事长于勇在唐钢新区投产时给予唐钢干部职工高度评价。

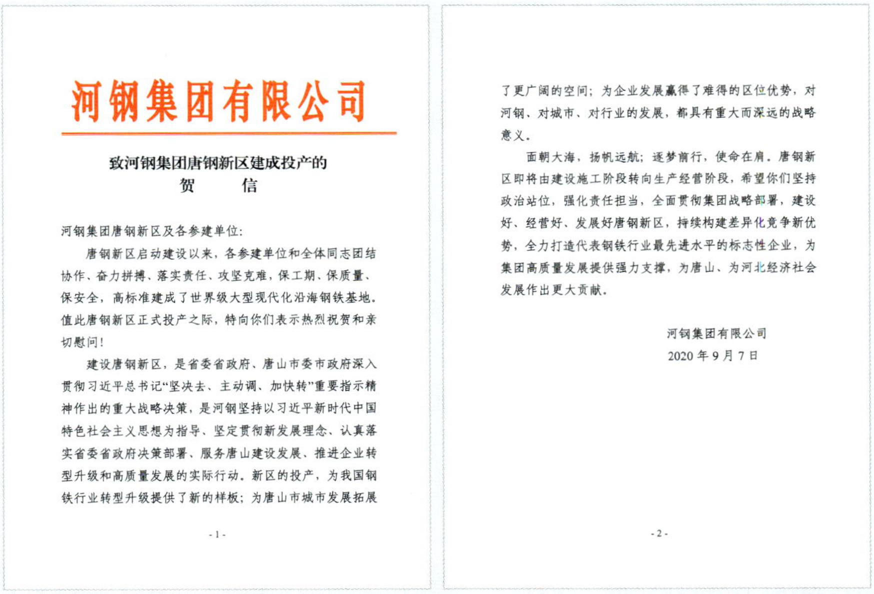
河钢集团有限公司

致河钢集团唐钢新区建成投产的
贺　　信

河钢集团唐钢新区及各参建单位:

唐钢新区启动建设以来，各参建单位和全体同志团结协作、奋力拼搏、落实责任、攻坚克难，保工期、保质量、保安全，高标准建成了世界级大型现代化沿海钢铁基地。值此唐钢新区正式投产之际，特向你们表示热烈祝贺和亲切慰问!

建设唐钢新区，是省委省政府、唐山市委市政府深入贯彻习近平总书记“坚决去、主动调、加快转”重要指示精神作出的重大战略决策，是河钢坚持以习近平新时代中国特色社会主义思想为指导、坚定贯彻新发展理念、认真落实省委省政府决策部署、服务唐山建设发展、推进企业转型升级和高质量发展的实际行动。新区的投产，为我国钢铁行业转型升级提供了新的样板；为唐山市城市发展拓展

- 1 -

了更广阔的空间；为企业发展赢得了难得的区位优势，对河钢、对城市、对行业的发展，都具有重大而深远的战略意义。

面朝大海，扬帆远航；逐梦前行，使命在肩。唐钢新区即将由建设施工阶段转向生产经营阶段，希望你们坚持政治站位，强化责任担当，全面贯彻集团战略部署，建设好、经营好、发展好唐钢新区，持续构建差异化竞争新优势，全力打造代表钢铁行业最先进水平的标志性企业，为集团高质量发展提供强力支撑，为唐山、为河北经济社会发展作出更大贡献。

河钢集团有限公司
2020 年 9 月 7 日

- 2 -

◎ 图为集团的贺信。

让我们记下这段浓墨重彩的历史时间：

唐钢新区 2050 热轧产线于 2020 年 8 月热试投产。

唐钢新区 1 号高炉和 1 号转炉于 2020 年 9 月投产试运行。

唐钢新区 2 号转炉于 2020 年 10 月投产试运行。

唐钢新区 2 号高炉于 2020 年 11 月投产试运行。

唐钢新区长材轧钢系统高棒线于 2021 年 1 月热试投产。

唐钢新区长材轧钢系统中型线于 2021 年 2 月热试投产。

唐钢新区 3 号高炉于 2021 年 4 月初投产试运行。

……

心中有目标，脚下有方向，唐钢人向前向上的力量蕴藏在每一寸生机勃勃的土地上，向着新区的未来无限伸展。

2020 年 9 月至 2021 年 6 月期间，新区一期项目陆续建成投产，标志着在唐山市区连续生产了 70 多年的唐钢老区顺利完成了向唐山沿海搬迁转移的任务，唐钢新区作为唐钢老区的接续企业掀开了历史的新篇章。

时代向前，我们向上
凝“新”聚力赋能未来

作家柳青说：“人生的道路虽然漫长，但紧要处常常只有几步。”对唐钢来说，新区建设既是调整布局与优化结构的关键步骤，也是换羽腾飞、向海图强的历史性嬗变。

事非经过不知难。回望来路，任何一个项目的建成从来都不是一蹴而就的事，更何况一个涉及数百亿投资的全新钢厂的建设。在公司的统一指挥、协调、调度下，参建各方拧成一股绳、下好一盘棋，在基建施工现场、每一处装置调试中，大兵团效应释放出了强大的协同行动能力、组织动员能力、实施执行能力。

从项目设计到土建施工、从设备选型到安装调试、从产线热试到项目投产，建设者们列出时间表、按下快进键，一路过关斩将、跨过层层关隘。当一个又一个建设项目相继串点连线、串线成片之时，他们体验到了跑表计时、到点验收的实在成果。

参建者目标之坚定、对于时间理解之深刻，所有人感同身受。他们细分工程最小单元，全程管控，盯人、盯事、盯细节。短短一年多时间，项目就取得突破性进展。2019 年 7 月，跨湖林河一、二号桥 T 梁架设完毕，炼铁 1 号高炉本体耐材砌筑完毕，炼钢项目车间外上料通廊安装完毕；同年 12 月 31 日，热轧主厂房主体钢结构安装完毕……把项目从“纸上”落到“地上”，犹如一场接力赛，个体速度与团队默契的结合几近完美。

向海图强，对唐钢人来说，不是一句口号，而是不断用行动证明。广大干部职工始终站在攻坚克难最前沿——

项目建设资金不足，他们就精打细算严控成本，以科学适用为要，不求最贵、最新，但求最适配、最经济、最合理。

建设质量难监管，他们就时刻保持“开机”状态，“蹲守”现场，全身心守护每一条螺丝、每一台设备、每一条产线，向一切缺憾说“不”，不允许有一丝一毫的偏差或失误。

遇到复杂性施工图，他们现场拜师，主动向专业人士请教，深钻细研多运用；年轻人专业技术薄弱，就边学边干边揣摩，将理论知识活学活用到建设现场。

建设工期紧张，他们就开启“5+2”“白 + 黑”模式，把节假日变成工作日，办公室变成“家”，日夜盯守现场，换来了项目建设的“唐钢速度”。

……

这是一段难以忘却的记忆。

一期工程建设期间，从市区指挥部到天鹅湖生活区再到厂前区，经历了三次搬迁，不回家的日子越来越多。时间哪去了？都给了工作，留在了现场。陪伴家人的时间少之又少。在我们征集的1700余份新区建设微信问卷中，有职工说，开槽打桩、设备调试，我都参与了，查资料、跑现场，真恨不得一天能有48小时；还有职工说，这是他终生难忘的经历，也是最大的荣幸，从中经历了、成长了，再遇到比这更难更复杂的项目都不在话下；还有职工说，累并快乐着，条件艰苦但内心充盈，因为这里有热火朝天、施展才华的大舞台，吸引着每一个建设者……是参建者“一日不为、三日不安”的责任，为新区全程保驾护航。

◎唐钢新区炼铁事业部一号高炉。

这是一场风雨无阻的进军。

新区项目里有很多子项目支撑，即使参建者们精准发力，但过程中仍然会遇到这样或那样疑难问题。遇到节假日基建现场没水没电没食堂；岗位人员不足，技术力量薄弱；疫情反复肆虐；沟通协调工作量大，需要联系设备厂家、施工单位的事项接连不断，分身乏术。有职工一次不间断驻守现场调试长达10余天；有年逾五旬职工依然每日坚守施工现场；有职工为保高炉投产奋战至深夜才返回驻地；有职工主动请缨深夜奔赴现场参加高炉检漏堵漏；有职工顾不上照看刚出生的孩子仍然坚守岗位；有职工在母亲去世时没能见到最后一面；还有职工把千里之外的父母接到乐亭照顾年幼的孩子，克服后顾之忧……是参建者“时不我待、只争朝夕”的紧迫感，为新区投产争取了宝贵时间。

时光的表盘上，总有一些耀眼的时刻，标注着唐钢新区历史的进程。

镜头一：2020年9月7日，新区1号高炉投产现场。这一刻，所有唐钢人的热血犹如沸腾的铁水在激荡奔涌，多少人眼眶浸润、心潮澎湃。参建者不负肩头沉甸甸的使命，开辟了沧海桑田之上的新战场。他们是新区的创业者，用智慧和汗水描绘了唐钢的未来。

镜头二：2022年1月7日，河钢集团与POSCO（韩国浦项制铁公司）合资建设的河钢浦项汽车板项目开工。此项目以建设中国最具竞争力的汽车钢板生产基地为目标，产品以高档次汽车面板为主，兼顾高等级高强钢和家电板，其中未来倾力打造的优质钢材，将成为打入顶级汽车主机厂的明星产品。

这是唐钢立足时代之基、应对市场之变的一个缩影，在这片新家园的沃土之上，剑指高端才能赢得主动、赢得优势、赢得未来。

历史性抵达，开创性进发
提交属于唐钢的硬核答卷

如果有人问“十三五”时期唐钢最为出彩的历史性变迁是什么？新区建设，毋庸置疑。它在“十三五”开篇起笔，在“十三五”收官建成。

前辈说，历史性的抵达，换个角度看就是开创性的进发。困难越大，挑战越多，唐钢人的责任感与使命感越强。

“要坚定不移地推进产品升级和客户端优化。要按照集团建设‘五个高地’（技术高地、创新高地、产品高地、智能制造高地和绿色发展高地）的要求，充分发挥新区装备优势、激发活力、挖掘潜力，推动公司高质量发展再上新台阶，力争在较短时间内达到‘五个一流’，即一流装备、一流人才、一流效率、一流产品、一流业绩。”唐钢党委书记、董事长谢海深所提目标契合了新时代发展的需要和集团的要求。

唐钢新区投产以来，化危机、应变局，战市场、斗疫情，铁钢轧系统顺利实现达产目标，向全面达效努力迈进。经过全系统逐步消缺优化，生产运营稳健顺畅。2022 年，唐钢产钢 1270 万吨，实现利税 27.47 亿元。其中新区产钢 840 万吨，实现利税 5.21 亿元。公司区位调整后发优势加速显现。

最难走的路是上坡路。多年前，唐钢更多考虑发挥千万吨级大钢的体量效应，而近年来则在“两个结构”再优化上下大力气，即从体量优势转向结构优势、质量优势。干部职工聚焦新目标持续发力，产品开发成效显著，结构明显优化。其中 2050 热轧产线作为具有国际先进水平的生产线，可满足全品种全规格热轧卷板生产需要，主要产品为高端汽车板、家电板、建筑工程及海洋高强用钢。截至 2022 年末，平均机时产量提高到 880 吨，达到行业领先水平；双高品种比达到 41.6%，并继续呈现提高态势。累计开发管线钢、汽车空心稳定杆、电工钢、汽车用高强钢、工业纯铁等 90 多个新产品。

从唐山市主城区到渤海之滨，变化的、突破的又何止这些。

坚定不移将新区打造成环保绩效 A 级企业，矢志不渝传承好唐钢“世界最清洁钢厂”宝贵经验，将企业绿色发展提升到新高度。以高起点建设为目标的唐钢新区，依托前沿的装备和管理优势，采用 130 多项国际先进的环保新工艺、新技术，在绿色低碳生产中发挥着至关重要的作用，实现从源头减排、过程控制和末端治理的全覆盖，整个生产链条全工序做到超低排放。作为全国第一批“绿色工厂”与“智能制造示范工厂”，唐钢始终不遗余力加大环境治理力度，截至目前，在生产建设资金非常紧张的条件下，已投入百亿元用于新区各类环保项目。2022 年 1 月 6 日，唐钢新区获批环保 A 级绩效企业。这是唐钢从城市走向沿海，从内陆走向深蓝，奏响“绿色之梦”与“蓝色之梦”的交响曲。

新区的建设，淬炼了唐钢人战风斗雨的钢铁意志、勇往直前的顽强斗志、锚定目标的坚定决心。2022 年春天突发的这轮疫情，数万名干部职工用 53 天的坚守奋战实现一分钟未停产的历史印记，挺起了钢铁般的坚硬脊梁，当年 4 月新区铁、钢、材产量同比增长 22%、17%、17%，实现逆势高产的斐然业绩。

时间已经给出这份唐钢答卷。迎着晨光，在宽敞笔直的新区厂内中心轴——钢城路，一列拉运巨大铁水包的火车稳稳驶过。这一刻，炉火正红，映照唐钢新区创业维艰的进行时。

在拔节生长、活力四射的新区二期现场，机械轰鸣、塔吊林立，如今进入争分夺秒抢工期的关键时刻。它是职工眼里的希望之地。新区二期项目铁钢轧综合配套年生产规模约 400 万吨，计划分两部分实施。其中第一部分拟在一期项目现有厂区内建设 1 条 1580 毫米热轧带钢生产线、1 台 500 平方米烧结机、1 座 3200 立方米高炉、1 座 230 吨转炉。年内 1580 项目和一期未建结转的 2030 冷轧项目即将建成投产。二期第二部分工程适时启动。

回首来时路，整装再出发。

大城山脚下，原本机器轰鸣的钢铁之城，在新区投产的前夜退出历史舞台。厂房犹在，钢花不再飞溅，轧机不再回响。在新时代浪潮的规划中，唐钢力求更好地传承和延续历史文化，展现工业记忆和钢铁特色，依托 80 年历史文化底蕴，打造专属文化印记。

以行百里者半九十的清醒，不懈推进退城资产处置。唐钢老区搬迁涉及腾退的土地包括南区、北区、炼焦、后屯和零星地块。科学合理安排地上资产处置，进一步优化盘活资产。同时积极协调配合地方政府，有序推进土地开发工作，弥补搬迁损失。

妥善安置职工，为高质量发展添能蓄势。彼时唐钢在岗职工 2.7 万人，退城搬迁涉及安置职工 1.34 万人，占在岗职工的近半数。这项工作不仅关系到企业职工的切身利益，也事关公司未来和谐发展。新区投产前后，在头绪多、任务重、难度大的情势下，以全员安置为目标，按照转岗不下岗、转业不失业的要求，倾力抓好职工队伍结构调整和人员优

◎ 唐钢南区鸟瞰图。

化，做到不把冗余人员推向社会。经过努力，累计为新项目配置职工 1.01 万人，整个安置过程中职工队伍始终保持稳定。

这是全体唐钢人共同写就的优异答卷。

历史若镜，岁月淘沙。在建厂 80 周年之际，唐钢再次扬帆起航。在亘古蔚蓝的天际下，时代的车轮滚滚向前。我们在生机盎然的渤海湾，开启一个充满希望的未来，在新征程上不负期待、向海图强。

执笔人：公司总经理、党委副书记　张　弛

公司党委办公室主任　李贺永

公司史志办公室　张卫华

第二章

扬帆起航

铁血初心　炉火正旺

——炼铁事业部深入推进项目建设、达产达效工作纪实

“高效配置沿海资源　打造河钢发展新高度”醒目的红色条幅高高悬挂在炼铁事业部1号高炉平台，巨大的除尘管道向两旁延伸，令这座灰色的建筑更加雄伟。随着集团党委书记、董事长于勇一声令下，高炉中燃起熊熊火光。“我现在正式宣布，唐钢新区投产！”铿锵有力，言犹在耳。

◎ 炼铁事业部1号高炉。

1号高炉成功点火，标志着唐钢新区正式投产运营，更标志着河钢集团拥有了世界级现代化沿海钢铁基地，实现由城市走向沿海、从内陆走向深蓝的历史性转变。

作为公司最大的主体生产单位，炼铁系统在生产经营中占据着重要位置。自项目筹建以来，炼铁事业部以打造“五个高地”、争创“五个一流”为目标，扎实推进炼铁项目建设和达产达效等各项重点工作，为公司转型升级和高质量发展提供有力保障。

抢抓工期　高炉顺利投产

2020年，对于炼铁事业部来说，注定是不平凡的一年。这一年，是炼铁项目基建、生产的实践年，更是组建队伍实现两座高炉投产达产的成果年。在持续保持项目建设、疫

情防控“双线作战”的紧张状态中的炼铁事业部，面对即将迎来的诸多关键节点，更觉责任在肩，以时不我待的紧迫感，锚定工程目标，紧盯项目进度，精准施策、大力攻坚，全力以赴保证项目按期完工，顺利投产。

高速推进的项目进度，如何再加码、再提速？炼铁事业部用“细”和“严”做出了最好的解答。

为推进工程建设进度，炼铁事业部按照各区域施工网络节点计划，及时与总承包单位沟通，全面管控钢结构、设备安装等施工进度。细化施工网络计划，制定合理的周、月施工计划，着重落实周、日施工量，保障项目施工安全有序进行。在保证工程质量方面，突出一个“严”字。建立以施工自查、专业检查、部门联查“三位一体”，由总包方、监理、项目部组成综合质量联查的保证体系，强化过程管控，加大验收检查力度，全面保工程质量满足要求。

“马上就要投产了，我们一定要抓紧时间，做好充足准备，确保投产工作万无一失！”随着1号高炉投产日期的临近，这段话成了每次项目推进会的开场白。

工欲善其事，必先利其器。设备系统的安全稳定自然是投产准备中重点项目。炼铁事业部严格按照设备安装网络节点的管理主线，在设备安装、单体调试、消缺完善等方面全方位开展工作，发现并整改、完善项目300余项，为投产后设备稳定运行奠定基础。

此外，组织各生产作业区编制标准化作业指导书和部门级专项应急预案、作业区级现场应急处置方案，向设备部门提报开产工况和工艺备件，与公司相关部室共同确定物料进出场方案及生产建设并行期物流运输隔离方案，完成了各工序联动试车、烘炉、投产方案。在系统保障措施的加持下，2020年9月7日上午9点，1号高炉成功点火，唐钢新区如期投产。

聚力攻坚　高炉达产达效

“当前1号高炉处于投产初期，新产线、新设备、新工艺给生产组织带来不小难度。我们要充分发挥自身经验，结合生产实际，摸索适合高炉生产的科学高效工艺和管理措施，全力确保高炉快速达产达效。”1号高炉作业区炉况攻关会上形成了共识。

紧扣“投产即达产、达产即达效”目标，落实高效生产理念，炼铁事业部对标行业先进企业，眼睛向内，大力开展产线效率提升攻关。狠抓炉况顺行，落实精细化操作理念，加强岗位人员操作技能培训，完善高炉操作制度，统一四班操作。按照最优生产组织模式，建立高炉、烧结、原料三方协同工作机制，加强入炉原燃料质量管控。推进铁前炉料结构优化、指标改善和产量提升等课题攻关，提升高炉生产组织效率和运行水平；进一步加大冶炼强度，提升炉内富氧量和炉顶压力，确保各项技术经济指标持续优化；依托高效精准的信息化系统进一步优化排产计划，减少切换时间，提高高炉出铁作业效率。

攻关过程中，1号高炉作业区落实24小时值班制度，盯守在主控室内，监控高炉各项关键工艺参数运行状态，指导岗位人员操作，发现问题解决问题，成功找出了与高炉相匹配的最佳工艺路径，促进炉况持续进步，高炉稳步提产。自2020年10月12日起，1号高炉平均日产达到8200吨以上，实现阶段性达产目标。

优化工艺　助力指标改善

“近期，2号高炉炉况稳定、各项技术经济指标完成情况较好，这充分说明咱们操作制度调整方案达到了预期效果。”2022年3月16日，2号高炉作业区周工作例会宣布了这一好消息。与会职工都露出欣慰的笑容，一扫曾为炉况不稳而生的愁容。

2号高炉，可是炼铁事业部，乃至公司的骄傲。作为唐钢新区新投产设备，2021年炼铁事业部的2号高炉、2号烧结机首次参加“全国重点大型耗能钢铁生产设备节能降耗对标竞赛”，双双获得全国“优胜炉”称号。其中2号高炉是河北省内唯一获奖高炉！充分展示了公司“绿色化、智能化、品牌化”企业形象。

然而，随着近年来政府环保管控力度持续加大，受环保限产政策影响，进料组织受阻，入炉原燃料质量下滑，给炼铁事业部生产经营带来严峻考验。受影响的不光是2号高炉，全部三座高炉轮换休风，严重制约高炉生产高效稳定运行。面对现状，炼铁事业部优化调整高炉操作制度，落实精细化操作，增强炉况对原燃料的适应性，促使炉况恢复、指标优化。

炼铁事业部组织生产技术人员对三座高炉炉况进行分析总结，不断摸索科学合理的操作制度调整方案，持续改善炉缸工作状态。与此同时，狠抓精细化操作，结合生产实际情况，完善高炉作业区各项规章制度，对高炉关键工艺参数调整采取定量调剂，进一步统一四班操作，为实现高炉长周期稳定运行提供有力支撑。

“近期，高炉静压出现波动，燃料比有升高的趋势，我们分析主要是受环保限产政策影响，物料供应不足，导致入烧结构频繁调整所致，下一步要调整料制，适当开放边缘煤气流，同时减少入炉风量，确保炉况快速恢复正常状态……”2号高炉作业区一周炉况分析会一直开到了很晚。

为确保炉况持续稳定，2号高炉作业区由日班作业长牵头组织高炉主控岗位人员定期召开炉况分析会，对炉况进行趋势分析，准确把握炉况运行趋势，对炉况波动做到早发现、早调剂，结合高炉生产实际，共同商讨制定应对措施，通过大家集思广益，最终制定出标准化操作方针，下达至操作岗位严格执行，确保不因操作失误影响高炉生产稳定运行。通过优化高炉操作制度，落实精细化操作，有力促进了2号高炉稳定顺行、各项经济技术指标稳步提升。

可以说，唐钢新区新投产的这三座高炉，带着建设期的奇迹和投产后的荣誉，在内外部双重考验中，展现出强大的战斗力和创造力。巍巍高炉，风采依然，而那些一直为高炉建设、投产、顺行发过愁、动过脑、流过汗的职工们，也在战斗中练就了一身本领。

对标攻关　强化提煤降焦

“抗疫保产之战锤炼了我们炼铁人超强的战斗力，作业区全体干部职工克服因疫情给生产经营带来的重重困难，坚守岗位、坚定信心、齐心协力，确保了疫情防控和生产经营两不误。”“近期，我们持续开展的提煤降焦攻关取得满意成效，实现了高炉燃料比、煤比等各项技经指标持续改善……”2022 年 11 月 28 日，炼铁事业部 2 号高炉作业区月度工作例会开得振奋人心。

2022 年，炼铁事业部积极践行精益运营理念，强化对标挖潜，针对影响技经指标改善的关键要素，实施全系统、全方位、全口径、全过程消缺和管控，切实解决制约瓶颈。

年初，炼铁事业部组织高炉系统生产技术人员深入行业先进企业开展成本管控、工艺优化深度对标学习，回来后大家深有感触：“对方企业的高炉各项技经指标明显优于我们，通过对标交流，获益匪浅，不仅学到了先进经验，更开阔了视野、拓宽了思路，对今后的工作有很强的指导意义。”

随着原燃料价格持续上涨，燃料成本控制成为降低铁前系统成本的关键。通过对标，降本思路更加明晰，关键在于精细化管理程度的提升。炼铁事业部结合公司下达的任务目标，制定工作方案，将成本指标细化分解到作业区、班组和每名职工，大力推动成本核算到产线、技经指标到产线、绩效考核到产线，层层传导成本压力，充分发挥各作业区主观能动性，提升全员成本意识和产线成本控制水平，制定切实可行的措施，推动炼铁生产成本降低。

由作业区技术骨干组成的攻关团队，把攻关重点放在提煤降焦上。经过现场调研，分析梳理，攻关团队发现煤气利用率偏低是影响煤比、燃料比等技经指标优化的要因。而煤气利用率低的问题根源是焦炭质量存在波动。找到原因后，攻关团队解放思想、大胆创新，研究制定改善方案，决定从生产组织、操作工艺、原燃料结构等方面实施系统优化，开出多张具体改善“药方”。攻关团队优化高炉操作制度，采取开放边缘、稳定中心的料制调整方针，合理匹配边缘与中心气流比例，同时稳定中部冷却制度，摸索合理的操作炉型，使炉况逐步恢复稳定，提高了煤气利用率，燃耗逐步降低。此外，为了从根本上解决问题，攻关团队联合焦炭生产厂家技术人员组成跨区域协同攻关团队，瞄准提高焦炭质量开展技术攻关。他们通过优化工艺和技术创新，使焦炭热强度得到提升，为高炉提产降耗、指标优化提供原燃料保障。炉况恢复稳定后，攻关团队又采取大风量、高顶压、高压差、高富氧等手段，使煤比、焦比、燃料比等各项技经指标实现大幅改善。2022 年，炼铁事业部三座高炉平均煤比 136 千克 / 吨，同比提高 16 千克 / 吨，燃料比完成 522 千克 / 吨，同比降低 7 千克 / 吨。

四季更迭，时光荏苒，高炉中不熄的火光，映照出建设者、奋斗者们最美的身影。他们在海风中，在骄阳下，度过四季，书写建设传奇；他们在厂房内，在高炉旁，坚守成果，托起发展希望。他们有的是运筹帷幄的管理人员，有的是扎根基层的作业长，还有的是螺丝钉般坚守岗位的运转工、配管工、炉前工和操炉工……大家用时间、行动、成绩诠释着不可磨灭的新一代“铁人精神”，彰显着对企业深沉且饱满的热爱。

听！唐钢向海图强新征程的冲锋号已经吹响，炼铁事业部的全体建设者、奋斗者，已经行进在奋斗的路上，随着唐钢发展的脉搏再次谱写“铁血初心”的新篇章。

公司史志办公室　炼铁事业部　供稿

执笔人：王研　刘湛

正是扬帆搏浪时

——热轧事业部建设投产纪实

2020 年 8 月 8 日，唐钢新区 2050 热轧生产线热试车一次成功。

2020 年 9 月 8 日，炼钢区域全流程一次热试车成功。

热轧事业部全体干部职工永远铭记这一载入史册的日子。

在风雷激荡中挺立潮头，在勇毅笃行中写就华章。

接过唐钢转型升级接力棒的热轧事业部，千方百计克服新冠疫情带来的影响，抢进度、抓调试、保投产、保达产，在公司的坚强领导下，在全体职工的奋力拼搏下，推动项目建设按期投产，实现投产即达产的目标，不断做强做优各项指标。

与疫情博弈　抢出调试进度

2020 年开局，新冠疫情席卷全球。突如其来的疫情打乱了热轧事业部所有项目建设的推进计划。

疫情就是命令。按照疫情防控要求，该部暂停了所有施工项目，疫情防控小组随之成立，对施工单位的驻地进行消杀作业，不折不扣地落实好本单位职工防疫措施，设备调试工作不能停歇。

热轧事业部 2050 热轧生产线设备由德国西马克集团和日本 TMEIC 负责安装和调试。但疫情当前，外方专家不能来到现场参与设备调试。投产日期已经确定，调试进度不能耽误。该单位副部长高俊亮掷地有声立下了军令状：“不依靠外方专家自行进行设备调试。”回想起当时面临的任务和拼搏劲头，高俊亮眼中多了几分激动。

一声令下，一呼百应。为了减少上下班路途中人员接触，作业区骨干、设备管理室人员自发分成两组，每组连续上班 15 天参与调试，两组轮换进行，这样既落实了疫情防控要求，又能抢抓调试进度。以高俊亮为组长、设备调试骨干刘旭阳、设备管理室主任陈宗艳、粗加点检作业区作业长冯树启和精卷点检作业长卢阳在内的“5 人小组”则始终在现场紧盯调试进度。

“在设备安装阶段，设备技术员和作业区骨干全程跟踪设备安装过程，对设备的性能和调试机理一直在跟外方专家学习，这就为独自进行设备调试打下了基础。”想起那紧张的设备调试阶段，高俊亮对团队的执行力赞叹不已。

按照分工，粗加点检作业区和精卷点检作业区主要负责对设备调试前的状况进行确认，并梳理调试过程中出现的问题；调试牵头人刘旭阳和陈宗艳则主要负责设备的单体试车。试车前他们一一确认阀台是否连接到位、液压是否供给、设备的输出条件是否正确等关键信息，试车过程则要反复确认液压缸压力和行程是否合理。出现了问题就采取“头脑风暴”的方式齐心解决。

“调试过程主要就是调压力调速度，2050 产线所有设备的单体试车我们用了 2 个月时间全部调试完毕，等外方专家来到现场时难以置信地对我们竖起了大拇指。”高俊亮觉得那段时间虽然累，但是因为职工的努力，调试进度不仅没被耽误，还提前一个月进行了热试车，这让他觉得当初的一切付出都是值得的。

◎ 建设期的 2050 产线加热炉正在进行水梁浇筑。

与投产难题博弈 创出开局业绩

2020 年 9 月 7 日，集团党委书记、董事长于勇下达了“河钢集团唐钢新区投产！”的指令。热轧事业部告别三年的建设期，正式迈入生产经营阶段。

起跑就是冲刺，开局就是决战。

接过唐钢转型升级任务的热轧人，用实际行动践行着肩上的责任。9 月 8 日，新区热轧事业部炼钢区域全流程热试车一次成功，而 2050 带钢生产线则提前一个月热试车成功，从那一刻开始，钢轧系统全流程全力冲刺投产即达产的目标。

针对投产初期设备功能不稳定、人员操作不规范、部分智能化功能不投入的现状，如何应对投产初期的困境，实现投产即达产的目标？从推行标准化作业、组织设备攻关、加强专业间横向协作等方面入手，职工们给出了答案。

针对部分职工入职时间短、对设备不熟悉的现状，以作业过程为基本单元，组织作业区编制 325 个图文并茂的 SOP（标准作业指导书），用来规范职工的作业行为。作业长、值班作业长和班组长在每天的巡检过程中重点关注标准化作业执行情况。“标准化指导+严格的监督”模式，让来自不同单位的不同岗位人员的操作过程一致，筑牢管理根基。

在设备管理上，该部由设备管理室牵头成立了由生产作业区、点检作业区、自动化等部门组成的设备攻关组，专门针对投产初期设备存在的问题进行攻关。

“新买的车需要磨合期，设备也一样，新设备在刚刚运行时难免会出现各种问题，将磨合期的问题处理好了，后面的生产也就顺了。”事业部副部长刘双力分析了投产初期设备系统面临的问题，提早做好了准备。投产后的两个月时间，在转炉、精炼、连铸、粗加、精卷 5 个设备联合攻关组的努力下，连铸机辊道实现自动出坯功能、精炼炉喂丝机升降导管故障次数由每周 15 次降低至 1 次，通过对精炼炉底吹氩管路改造，底吹氩管路由每周更换 8 根降低至 0 根……

“设备运行稳定是产线效率提高的基础，应对并解决投产初期出现的问题是我们的首要任务。”刘双力对设备攻关的成果很是满意。自投产以来，设备攻关组解决了 23 项重点难点设备问题，一连串的成绩印证了他们的努力。2020 年 11 月 30 日，炼钢日产量达到 1.73 万吨，2021 年 1 月 1 日，日产量再次突破达到 2.01 万吨，创历史新高；连铸机平均拉速由 1.2 米 / 分提高到 1.5 米 / 分，平均拉速提高了 0.3 米 / 分，中间包快换连浇炉数达到 133 炉，连铸机作业效率显著提升；轧机机时产量达 825 吨，作业率最高达 82%，小时条数突破 33 条……

与产品博弈　助推品种结构优化

2020 年 12 月 17 日，热轧事业部主管品种调试的主任师信晓兵正在 2050 热轧生产线忙碌着，“昨天 X80M 高端管线钢已经在钢区浇铸完成，计划 21 日在 2050 轧线安排轧制，这个钢种是热轧管线钢卷中生产难度最大的产品之一，对热轧设备的极限能力和轧制模型提出了挑战，不能有任何纰漏。”虽然已经调试过了很多个品种，在面对新品种钢轧制时，信晓兵还是要亲自确认产前条件，以确保万无一失。这种工作状态也是信晓兵工作的常态。

自 2050 产线投产以来，8—9 月两个月的时间，由于设备和轧制模型都处于“磨合”阶段，在产品安排上主要以设备功能调试为主，并没有安排品种钢的生产。进入 10 月，该事业部将品种钢的调试和生产提上重要日程。

结合外方专家制定的技术协议、市场需求及客户需求，合理制定品种钢调试计划。“我们基本上利用外方专家白天的上班时间与他们一起对二级模型中的工艺参数进行修改完善，其余时间按照既定的模型组织轧制，产量和品种一起抓。”这段时间信晓兵已经适应了“白+黑”“5+2”的上班模式。

在高端品种钢的开发上，除了根据现有设备和工艺合理设定轧制方案外，还结合原单位的生产经验对可能出现的问题进行科学研判，最大限度减少非计划品，提高品种研发成功率。

11 月下旬，第一次试轧 22Mnb5 汽车钢。该钢种应用于汽车防撞梁，客户对产品的性能和成分有着极高的要求，根据原一钢轧厂、不锈钢公司的轧制经验，研发人员对轧制过程中容易出现“扁卷”的现象作出了预判。技术人员与技术创新部共同制定应对措施，通过缩短定尺、提高卷取张力、修改卷取温度等措施保证卷形和产品性能达到客户要求。

在“产线确认 + 科学研判 + 有力应对”的全新组织模式下，品种钢调试结出硕果。投产 3 个月后，2050 热轧产线成功轧制了 IF 钢、高碳钢、双相钢、高强钢、管线钢等 40 多个品种；集装箱板、700L、高碳钢等产品与客户签订首单的消息频频传来，产品结构和客户结构正在向着高端迈进。

2022 年，通过大力调整产品结构，更加关注本地市场开发，双高品种比例持续提升，年均比 40.5%，一对一直供比达 44.61%。开发中国重汽、北汽福田、厦门日上、兴民智通、唐锯公司、中铁十局等 6 家战略客户；与中联重科、新宏昌、唐鸿重工等 3 家客户实现稳定供货。集中试制 440CL、490CL、540CL、590CL 车轮钢，形成从 330~590 级别产品系列化；开发工业纯铁及工业纯铁薄规格板坯，综合售价较普材提升 533.56 元 / 吨；研发光伏支架镀锌结构钢应用于新能源领域，开发中车耐候钢、供首钢智新 TGW1300 和 TGW800 两个牌号电工钢，低合金高强钢产品实现 2.75~24.75 毫米规格全覆盖。

执笔人：热轧事业部党委副书记、纪委书记、工会主席、副部长　董贰军

打造滨海长材生产基地

——长材事业部建设投产纪实

站在唐钢新区办公大楼远眺，一座现代化的标准厂房拔地而起，一眼望去，红顶白瓦与碧海蓝天连接成片，现代钢铁工业的美徐徐铺展而开，气势恢宏，壮美如画。这里便是离海最近的厂房，位于厂区东南角的长材生产基地——长材事业部。

◎ 长材事业部厂区一瞥。

唐钢人带着建设国内最先进轧钢生产线的梦想，投入到项目建设中，力求将轧钢生产线建设成为国内“低成本、高效率”的典范，让传统轧钢工艺迸发“新活力”。长材项目自筹建以来，经过近三年的努力奋斗，主要生产线均已竣工并成功进行热试。

2018 年 7 月，完成长材工程可行性研究报告。

2019 年 4 月 29 日，长材项目打下第一根桩。

2019 年 9 月 19 日，转炉基础开槽。

2020 年 11 月 18 日 22:58，普棒生产线热负荷试车取得圆满成功。

……

历史凝固了这一个个瞬间。

从无到有，从一片滩涂到国内最先进的长材生产基地，他们克服了一个个从未遇到过的困难，攻克了一项项超出自身知识储备的工艺难题，这是长材人用智慧和力量凝聚而成的成果。

全力以赴 为项目筑牢基础

开局为重，敢为人先。长材事业部的筹建人员无疑就是这场战役的马前先锋。

长材项目源自河钢产业升级及宣钢产能转移，其产品定位是以竞争力强的低成本优质普钢产品为主，并兼顾将来产品升级和抵御市场变化的能力。

项目建设伊始，长材事业部就将目光放在了如何把“大路货”做优做强上，力求在项目设计阶段就充分考虑未来竞争优势。“既然起步比别人晚，那就要利用好后发优势，既要充分汲取好的经验，更要总结教训，实现弯道超车。”为此，已经工作三十多年的轧钢专家重新当起了学生，他们利用互联网了解国内最新前沿技术和工艺路线，了解在建的江苏国内同类型轧钢生产企业工艺技术，孜孜不倦咨询相关领域专家，不舍昼夜查阅中外各种资料。经过与设计院反复交流论证，最终确定了公司轧线工艺布局，组织编制了《长材项目方案》《长材项目产品大纲》等技术文件。

为了在最短的时间内完成招标工作，筹建项目组的成员以“白 + 黑”的精神状态努力工作，白天广泛征求业内专家、学者的意见，组织专业专家审核方案，晚上整理交流内容，优选设计方案。他们不放过每个设计细节，对于设计院和设备厂家提出的在一些不关键地方“稍微”降低标准要求的提议，他们的回复坚决统一：“达不到我们建设标准要求方案，决不采纳。”正是靠着这种一丝不苟、严肃认真的精神，仅用五个月，项目组完成 1237 页的技术协议编制，攻克了长材基地建设的第一道难关。

真正的挑战才刚刚开始。工程及设备概算投资估算对于他们来说是完全陌生的领域，作为“外行人”，在短时间内做出项目投资估算是不可能完成的任务，作为技术主管的李艳龙也曾想过放弃，但是长材人坚定的信念与不服输的精神驱使他战胜了内心的退缩。他一边夜以继日地学习工程造价的相关知识，一边搜集国内同类型产线的报价材料，逐项对比长材项目的工程量和工程单价，两个月的时间便高效完成了工程投资估算工作，且最终项目中标价格与估算价格偏差不足 1%，为项目后期工作开展打下了良好基础。

天下难事，必作于易；天下大事，必作于细。长材项目的顺利建设得益于技管人员对于工程细节的一丝不苟、精益求精。

在工程设计审查阶段，他们以极其严谨的态度，排查设计施工中的各项问题。“目前，设计方现场经验少，虽然图纸设计得很完美，但实际使用、维护却存在着很多不足，如果不在技术交流阶段把问题指出来加以修正，很可能给日后的生产埋下巨大的隐患。这也给我们技术人员提出了更高的要求。”长材事业部设备组组长张毅勃如是说。

在一次设备图纸审核中，张毅勃敏锐地发现了外方设计在设备投入实际运营后存在着巨大的缺陷，针对这一问题，“土”专家和“洋”专家进行了十多个小时的激烈讨论。最终，“土”专家凭借扎实的理论功底和丰富的现场经验，让“洋”专家们彻底折服，并一个个竖起了大拇指，用生硬的中国话不停地赞着："牛，真牛……"

在一次工程提报过程中，该部技术人员对于施工单位的工程量产生质疑，随即找出图纸进行测量比对，发现工程量确实多报了 30 平方米。"如果每个区域都差 30 平方米，那整个项目的偏差就大了。虽然是概算，但对项目主体来说也要力求精准严谨。"

正是因为有这样一群敢于担当、乐于吃苦的技术人员和管理人员，用辛勤汗水和聪明才智，掌握项目建设第一手资料，为工程建设的顺利开工提供着支持。

夜以继日　为建设争分夺秒

前进的战鼓振聋发聩，建设的号角响彻云霄！一个钢铁项目的建设从图纸设计到建成需要多少努力，周六上班，周日值班，中午、晚上加班，这已经是长材事业部参建职工们习惯成自然的日常作息表。

8 小时工作时间结束，接到施工现场有问题的通知，所有人都会第一时间赶到。为了让自己参与的项目早投产、早见效，每个人都是能多干一些就多干一些。

高线加热炉、精轧冲渣沟浇筑期间，新入职的大学毕业生李万东、栗萱与王春钢轮流值夜班，不畏冬季夜晚的严寒，紧盯浇筑质量和进度，历时三天三夜，盯守浇筑任务顺利完成。

三座转炉推炉阶段，每座炉体的拼装、吊运、推炉，都是重要节点一步紧跟一步地排期。为了节点的顺利完成，转炉作业区作业长徐伟在已经下班的情况下坚决留下来配合厂家工作人员的现场协调工作。当一座座转炉炉体推炉成功时，每个人都无比兴奋，那浸润着汗水的工装是他们辛苦付出的见证。

为了监督现场施工质量，棒材产线安排人员轮流值班，每天晚上各区域至少保证三人在现场。建设初期，没有宿舍，桌椅、泡沫板便是他们的临时休息场所，条件虽然艰苦，但每个人都甘之如饴，为建设默默奉献的赤诚之心日月可鉴。

这里没有惊天动地的豪言壮语，没有信誓旦旦的忠诚宣言，有的只是这些平凡的人，用平凡的奉献诠释着他们对唐钢的热爱，每一道产线、每一座耸立的厂房和纵横交错的管廊，都见证着他们战严寒斗酷暑的艰辛和劳苦，无声地诉说着他们一路走来的风雨历程。

精益求精　为工程保驾护航

在项目建设过程中，长材人以追求极致的态度严格要求，对投产前的每一处细节都精雕细琢，精益求精。

在加热炉液压站管道焊接过程中，炼钢点检作业长尚玉斌现场发现施工方焊工在焊接过程中只是用氩弧进行了表面焊接，管道没有完全焊透，以这样的标准，管道用不了多久就会振裂漏油，他第一时间提出了停工，要求对所有焊口进行返工，在与项目负责人交流后更换原有的施工队，并对所有已焊接焊口进行返工，确保施工质量。在查阅图纸时，他发现加热炉上料区管线液压站站内与站外配管连接不上，及时找到相关方技术人员，沿着土建的预埋件摸排到了管线的走向，进而确定了图纸存在错误，提前解决了现场问题，杜绝了事故发生，让产线投产至少提前数十天。

为了保障连铸机液压系统的稳定运行，连铸点检作业区点检员于宏武严把质量关，成千根的液压管件逐根检查，尤其是焊口部位，存在细小裂纹的一律剔除，避免了因此带来的重大设备隐患。

不论任何事情，要做就做精。这是刚走上工作岗位的连铸作业区技术员柳晓辉的工作理念，正是凭借这种一丝不苟、精益求精的态度，他刻苦钻研施工图纸，积极同施工单位技术人员请教交流，先后查出施工问题 40 余项，为连铸机日后良好运行筑牢安全防线。他还利用休息时间采用 ProCAST 软件模拟研究了不同连铸工艺条件下，铸坯温度场变化趋势、柱状晶和等轴晶转变规律及不同条件下各钢种的最佳工艺参数，为验证保证值和投产后连铸工艺参数的优化提供了数据支撑。

实实在在的长材人，强调细节、看重效果，一项项看似常规的工作，有力地支撑起项目建设，成为高质量项目推进的中坚力量。

勠力同心　为发展增势蓄能

疾风知劲草，烈火见真金。2021 年 12 月长材产品凭借优异的产品质量，获得了国内权威机构最优评价，企业品牌影响得到进一步凸显，本单位还荣获了国家级“建筑钢材质量品牌示范基地”称号。

捷报传来，长材人前进的步子迈得更快更大。

近年来，市场风云变幻，如过山车般大起大落。在全面投产后，长材事业部直面市场风高浪急，持续深度优化“两个结构”，不断提高产品档次及服务质量，合理对接产品市场，激发产线效能，发展韧劲儿持续坚挺。“市场不会适应我们，必须主动变化，才能抵住市场寒流，保证长材产品的市场占有率。”营销管理室主任卢彬坚定地说。

想要抵御“寒流”，单单加一件“衣服”是远远不够的。“智能化、信息化、数字化、制度化”一样都不可少。生产室主任魏军说：“我们将生产过程进行流程化、可视化管理，通过信息化系统推动体系建设，按照体系要求优化信息化系统生产运行模式，从原材料进厂、质量判定、成品运输、过程跟踪、计划排产等多方面进行系统的标准化开发及管理。”长材事业部深度推进设备标准化、精益化、信息化管理，切实用好设备全生命周期管理和在线监测系统，关键装备功能发挥和重要精度管理 100% 达标，根据新投产产线的具体情况，以更高标准开展提高机时产量和产线作业率攻关，努力使在线装备运转达到节奏最快、效率最高。

时间易逝，奋斗不止。2022 年，在空前严峻的疫情、经济环境和市场条件下，长材事业部后发优势加速释放：

——建材产品开发 95 个直供项目，工程直供量 18.4 万吨；品种线新客户的开发，月均订单达到 2 万吨，较 2021 年提升 1.5 倍；型材产品开发 4 家用户，订单量稳步提升。

——高线产线成功开发了镇静钢工艺生产埋弧焊丝新技术、TH10Mn2、H08Mn、H08Mn-GM、H08Mn-XHR、EH14 等埋弧焊丝品种和承压设备焊接用埋弧焊丝用钢 ER60-2、ER60-2C。

——全年棒材产线平均直轧率 65.55%，最高达到 73.77%，达到了行业领先水平；高线“一机双线”直轧实现机时产量目标 110 吨 / 时，直轧率达到 80% 以上。

——利用低温轧制技术低成本生产无钒细晶盘螺，采用形变诱导晶粒细化技术，在不添加钒合金元素的前提下，成功生产出满足国标要求的细晶粒盘螺钢筋，降低钒合金成本 30.6 元 / 吨，降低硅合金成本 4.9 元 / 吨，综合成本降低 15.5 元 / 吨。

面朝大海，春暖花开。在浩瀚的“钢铁海洋”中，一个自主创新的长材、一个技术先进的长材、一个产品一流的长材，已经奋楫出发、扬帆起航……

长材事业部　公司史志办公室　供稿

执笔人：周跃　高惠雅

攻坚克难 水电先行

——动力部建设投产纪事

2017年6月28日，我来到河钢乐亭钢铁项目部，当时的动力项目部仅40余人。面对沿海的一片滩涂，怀着干事创业的热情，朝着建设“绿色化、品牌化、智能化”行业未来工厂的目标，开启人生中一段意义非凡的旅程。

难忘瞬间：系统受送电一次成功

“建筑施工，水电先行”。任何工程的开始，施工用水电必须先完成，才能开展后续的建设。供电系统的临时使用和正式建设工程需要科学匹配，而当时所有的装备也仅在设计阶段，如何科学地规划供电系统是当时最大的难点。随着产能产线设计越来越详细，供电系统负荷也逐渐清晰，当时每一项工作都是分秒必争的，比如连夜进行供电系统规划，连夜修改各种审批文件，用最快时间完成了审批工作。

2020年4月13日23时08分，随着国家电网冀北局下达调度指令，公司通港220千伏总降变电站倒闸操作，现场设备带电运行，状态良好，一次受送电成功。公司通港220千伏总降变电站的受送电成功具有重要的里程碑意义，它标志着全厂有了稳定的正式电供应，新区项目建设正式由建设阶段转入投产前的设备试车、调试阶段，为新区早日建成投产打下坚实的基础。

时间向前调拨到当日8时，动力项目部一派紧张繁忙景象。在动力项目部统一协调指挥下，顺利完成了220千伏架空线路冲击、220千伏母线送电及PT二次核相、主变冲击、110千伏母线送电及PT二次核相、电压切换箱接线及切换检查、主变向量测试、所用变冲击及所用低压切换正式电源等任务。整个受送电过程历时15个小时。全程公司设备、工程、安全部门靠前指挥，监督指导，全体参战人员协同奋战，接令、操作、检查、记录、回令等各环节指挥得当、准备充分、操作准确、井然有序。

这次受送电一次成功，绝非偶然。

早在项目建设初期，动力项目部专门成立受送电领导小组，多次与国家电网及其下属部门沟通协调，最终选择220千伏侧母线采用双母线，110千伏侧母线采用双母线单分段，保证在一路进线或一条母线故障情况下不影响对下级变电所供电，极大地增加了系统可靠性。

除了决策和方向的果断准确，项目本身也十分“可靠”。综合保护装置采用了差动带光纤动差的保护装置，保护效果更加灵敏、有效、准确。10 千伏及 35 千伏采用小电阻接地系统，发生故障时更容易保护系统不受低电压影响。另外，技术人员反复论证，不断完善，只为送电方案趋近完美，并且多次开展受送电演练，确保万无一失。

值得一提的还有集中控制和视频监控中心的设置，远程操作结合智能状态视频监控，完全实现了电气设备的远程操作；除 2 座 220 千伏总降站外，其他 11 座 110 千伏区域变电站及 70 余座 35 千伏及 10 千伏变配电站，全部实现无人值守，减少了投运后的运行成本。

2021 年，随着“新三站”即棒材 110 千伏变电站（1 月 18 日）、二炼钢 110 千伏变电站（1 月 29 日）、二炼铁 110 千伏变电站（2 月 2 日）三个站室相继投入运行，缓解了变电站的负荷压力，同时也为长材和 3 号高炉的顺利投产提供了强有力的电源保障。

水处理系统安全达标投运

沿海的建设，降水是难点。建筑基础建设基坑的降水处理特别是大型蓄水池基坑、管井的处理等都必须制定专项方案。同时还要兼顾生产水系统的科学布局。动力部积极响应公司集中管控总体要求，将 1 号、2 号、3 号高炉水系统全部集控到 2 号高循泵站；在热轧旋流井渗水点封堵阶段，现场施工 24 小时不停歇，大家克服工期紧、任务重，加班加点紧盯现场，按时保质完成了封堵任务，确保热轧系统按时投产。2021 年，全厂水处理中水处理一期筹建的 7 台超滤和 7 台废水反渗透全部可以投运，达到了设计处理水量。高循水系统 3 号高炉进入热试阶段。长材水系统自 2021 年 6 月开始，已进入生产阶段。

◎ 唐钢新区水处理中心。

节能减排 打造 A 级绩效企业

新区建设之初，严格按照 A 级绩效企业标准规划。其中 2 号球团烟气净化系统主要包括 2 号球团脱硫脱硝系统、2 号球团电除尘系统和 2 号球团鼓风干燥除尘系统，其中脱硫脱硝系统采用循环流化床 +SCR 工艺形式，电除尘系统采用双室四电场形式，鼓风干燥除尘系统采用布袋除尘器形式。2 号球团烟气净化系统于 2021 年 4 月 5 日与 2 号球团主线同步正式投产。

余热回收方面，建设 2 台 65 吨 / 时烧结余热锅炉，利用烧结环冷机中的废气产生蒸汽，推动汽轮机组做功发电。烧结余热发电于 2020 年 11 月 1 日并网发电，目前实现吨矿发电量 19 千瓦时，减少了企业用电费用，实现资源优化配置，降低综合能耗、可比能耗和生产成本，增加企业的经济效益和市场竞争能力。

煤气发电 1 号、2 号机组采用超高压蒸汽发电技术，在国内冶金行业处于先进行列，1 号发电机组 2020 年 9 月 28 日并网发电，2 号发电机组 2020 年 10 月 18 日并网发电，目前实现日均发电量超 320 万千瓦时。

煤气发电二期建设 1 台 330 吨 / 时超高温亚临界煤气锅炉、1 台 100 兆瓦中间一次再热凝汽式汽轮机、1 台 110 兆瓦发电机组。2021 年 7 月 29 日，100 兆瓦煤气二期发电项目顺利投产运行，标志着集团内部第一台超高温亚临界煤气发电机组项目成功落户唐钢。每天可消耗 740 万立方米高炉煤气，年可发电 8.64 亿千瓦时，增加效益 4.32 亿元，每年节约标准煤 10.6 万吨，减少二氧化碳排放 26.5 万吨。

2022 年，动力部在全面抓好疫情防控工作的同时，以深入推进精益管理为依托，全面加强安全、设备、生产、能源、环保等专业基础管理，自发电比例、煤气回收利用率、吨钢水耗、水质合格率、大气污染物排放达标率等各项生产经营指标持续向好，实现全年达到 A 级绩效企业标准。通过鼓风机加级改造、1 号脱硫脱硝系统改造等技术手段进一步发挥技术力量和装备优势，实现动力系统降本增效、烧结机稳定高产的目标。

匆忙间 6 年已逝，随着电气系统、水系统、发电系统、环保系统的如期投入使用，一座钢铁行业未来工厂逐渐呈现于世人眼中。曾经那片安静的滩涂，如今已焕发出宝石般夺目的光彩。在这流光溢彩中，我经历了动力部谋规划、保工期、抓质量、稳生产的 2000 多个日日夜夜，看到了动力人投身建设、攻坚克难的动人身影。如今，这一幕又一幕，已随着这座现代化工厂的建设，转化为源源不断的动力，护航向海图强新征程。未来，我们将以更饱满热情、更高昂斗志、更充足干劲，继续做好公司“大动力”“大公辅”，助力公司高质量发展再谱新篇章。

执笔人：动力部党委书记、部长 范轶韬

匠心“雕琢”精品项目

——冷轧项目建设纪实

魅力钢城，再续新篇。

2017 年 2 月，随着河钢乐亭项目的深入推进，冷轧项目作为深加工产线如期展开。按照“打造成国内最先进的、质量一流的冷轧产品基地”的总体目标，项目部高标准、高站位，精益求精，攻坚克难，用匠人精神打造精品项目，为公司向海图强和转型升级贡献力量。

经验 + 运用　筑牢根基促发展

如何在项目建设中做到悉数洞察、不漏一环？他们抓住了成功开局的四字秘诀：经验借鉴。

早在 2016 年 8 月，项目部成立之初，就非常重视项目建设方案的调研和论证，以及市场考察等各方面工作。

一个项目的成功，丰富的经验至关重要。项目部通过精挑细选，确定 11 名管理和技术人才，他们大部分人员参与过唐钢冷轧一、二、三期及高强汽车板的项目建设，可以说是经验丰富、身经百战。

“从谈判阶段就要借鉴高强汽车板及其他冷轧项目建设的经验，吸取他们项目建设的教训，优化我们的设计方案，避免项目建设走弯路。”项目部领导直言初衷。

为此，在冷轧项目谈判及设计初期，项目部分管技术的副部长于世川带领团队对国内新建成的产线进行了多次考察，分析和研究其技术附件；组织潜在的总包商、单体设备供应商进行了多次技术交流；针对关键技术方案，多次咨询德高专家；最终总结完成 7 万多字的材料，为后续项目技术谈判提供了有力的支撑。

在冷轧项目领导班子的工作日志里，清晰地记录着他们的每一步：

2017 年 8 月，初步签订六条主产线技术附件。

2018 年 3 月，主产线开标、评标。

2018 年 7 月 6 日，主产线合同正式生效。

……

镀锌生产线的建设重点在于细节。带着建设国内外最先进镀锌线的梦想，项目部镀锌线设备主管田士海全身心地投入到了冷轧项目的建设当中，他把自己积累多年的工作经验应用在项目技术谈判和招标、评标过程中，从技术方案设计到设备选型，从零件材质的选择到制造工艺方案的确定，每个细节他都严格把关。他常说："细节决定成败。把握住每个零件的制造和装配细节，我们就把握住了整台设备的质量，进而我们就能建成质量合格的产线，为生产出高品质的产品提供设备保障。"

随着项目的深入推进，高强汽车板公司酸轧点检作业区作业长王刚被抽调到项目部。为不留遗憾地建设冷轧项目，他着手进行大量的调研，与首钢京唐、马钢、酒钢等单位进行多次对标，制定了《电气设备及施工用电管理办法》《施工现场停送电规定》等多项管理制度。合资谈判期间，他组织电气技术人员，对浦项提出的技术方案进行深入细致的研究，并与原方案进行逐项对比，总结分析两种方案的优缺点，为方案最终确定提供了可靠依据。

炉子组借鉴高强汽车板的生产经验，将连退炉子过时效段的第一组纠偏辊由单纠偏改为双纠偏，以达到避免品种切换时带钢在过时效段跑偏的目的。

科学技术水平的迅猛发展，智能摄像头、全自动控制设备、无人操作设备等"黑科技"逐渐走入冷轧工作者的眼帘。在项目设计初期，生产准备组组长赵金明在磨辊间建设中率先引入了智能化概念，他大胆提出轧辊信息"无纸化"的传递方式，使用扫描仪对所有轧辊芯片进行扫描，将轧辊信息直接传送至计算机管理系统，使轧辊从下线到磨削，再到装配上线，全程都在计算机管理系统的监控之下进行，彻底淘汰老旧的辊卡传递方式，显著提高了轧辊的加工效率，降低了事故率，同事们笑称他给轧辊安装了"ETC"，提高了整个磨辊间的运行效率。

2019 年 7 月，因与浦项合资谈判，冷轧项目一度暂停。如何以最小的代价、最低的费用实现项目重启，成为摆在项目部干部职工面前的必选题。2020 年 11 月，按照集团要求，与浦项合资装备由四条产线改为两条镀锌线。

"遇到了困难，不要埋怨自己，不要指责他人，不要放弃信心，不要逃避责任，而是要一起来战胜困难……"面对艰难的重启谈判，我鼓励参战人员打起精神，提振信心。他们本着为企业负责，为项目负责的精神，查阅大量法律文件，仔细研究近几年钢材及有色金属的价格变化情况，研究近几年海运市场价格变化情况，对各国的通货膨胀率也进行调研，根据双方来往邮件及对方提供的相关证明，对对方的实际完成情况也有了清晰的判断。正是凭借认真负责的态度、一丝不苟的作风、克服困难的勇气，执着专注、精雕细琢的专业精神，项目重启费由 6.4 亿元降至 3.9 亿元。

在大家的共同期盼下，项目于 2022 年 4 月 7 日正式重启。重启后，项目部锚定行业先进，带领全体职工战疫情、保安全、保费用、保质量、保工期……渡过一个又一个难关，也迎来一个又一个难忘的时刻，8 月 15 日举行开槽仪式，9 月 28 日立第一根厂房柱。

硬招＋实干　开启品质提升“新引擎”

质量是企业的生命。冷轧项目的建设者们深知，要想在强手如林的钢铁行业站稳脚跟，就必须未雨绸缪，从项目建设初期就要提高标准，以卓越的产品质量作为追求目标。五年来，项目部始终坚持以建设一流的精品板材基地、创唐钢冷轧品牌为一切工作的核心目标。

当好项目建设的质量守门人，对于冷轧人来说，无疑是一场马拉松长跑，容不得丝毫懈怠。在与普锐特日本进行酸轧产线的技术谈判中，本着打造“建设质量最优，产品性能最佳”产线的原则，项目部副部长王琛提出酸洗入口段采用 8 辊矫直机、酸洗工艺段选用 4 段式酸洗槽的建议。然而，对于供应商来说，一个小小的改动会涉及设计方案、设备选型等方方面面的修改，而且还要打破惯例。经过几番讨论后，最终的设计方案满足了项目部的要求。在连退平整机技术谈判中，镀锌连退项目组技术负责人苗锋提出连退六辊平整机需要采用一大一小两种工作辊辊径的方案来保证产品板形，但当时普锐特提供的六辊平整机只有一种工作辊辊径方案，经过多轮次的谈判协商，最终成功说服普锐特，将连退机组设计成可以使用两种工作辊辊径的六辊平整机。

一滴水只有放进大海里才永远不会干涸，一个人只有把自己和集体事业融合在一起的时候才能最有力量。

当项目谈判进行到第二轮时，项目部主管推拉酸洗技术谈判的刘树鹏接到项目变更要求：将推拉酸洗机组的年处理量由之前设定的 73 万吨提高至 98 万吨。“这项变更，需要对工艺设备的参数进行重新设计，工作任务量大，能否在预定时间内完成也是未知数。”刘树鹏想“必须打破原来的谈判计划，把时间挤出来”。经过再三权衡思考，刘树鹏对谈判团队的人员重新进行分工，带着敢打硬仗的决心投入到战斗中，每日从早上 7 点开始一直谈判到晚上 10 点，就连中午半小时的午休时间都放弃了。功夫不负有心人，终于按时完成了谈判任务。当技术附件签字完成后，一身疲劳的刘树鹏长舒一口气，感叹道：“只要有信心、有决心，就没有完不成的工作。”

“基础不牢，地动山摇！”项目部副部长赵休龙直言，一定要在项目建设初期将质量放在首位，全力以赴，不辱使命。

2019 年 5 月，冷轧桩基工程全面展开，面对酷热的天气和繁重的施工任务，赵休龙主动肩负起监督项目施工的重任，带领工程技术人员深扎施工现场，每天早上都比施工人员提前 20 分钟到达施工现场，勘查施工进度，合理安排分工，确认施工方案。由于长时间暴晒在阳光下，他的皮肤变得黝黑。“刚开始，脸被晒得通红、脖子被晒破了皮，汗水流下来去擦时生疼，现在皮厚了，也不疼了，黑色成了保护色。”赵休龙笑言。正是这种以身作则的工作作风，项目现场的施工安全、质量、进度等各方面工作都达到最优。

“把所有问题考虑在设计、施工阶段，现阶段无法实施的要做出预留，争取工程不留遗憾。”这是项目重启领导班子强调的标准和要求，也是各项目组推进工作所坚持的原则和理念。身为退火炉组组长的郭松岭更是积极的推动者、践行者。为了保证每个技术方案的科学性，他不仅自己沉下心去对标学习，还经常在团队内组织研讨，力求找到问题的最优解决方案。特别是在热基镀锌机组退火炉氢气含量指标的确定上，郭松岭带领技术团队对国内各大钢厂退火炉氢气用量进行了实地考察，对退火炉供应商提供的参数进行了详细分析，最终经过与供应商激烈的谈判，确定退火炉氢气含量为 5%，并预留氢气含量达到 20% 的能力。一个小小的改进不仅为公司节省大量的成本，同时也为未来的技术升级做了预留。

“建精品工程，展冷轧风采”。每个经过冷轧项目部门口的人，都会注意到这几个格外耀眼的大字。它时刻提醒着冷轧职工们，打造“冷轧精品工程”，每个岗位都有自己的责任和使命。以段志强为首的电气组职工们，不仅对电气设备参数了如指掌，还对国内各大钢厂电气技术应用情况进行深入的考察，以确保冷轧项目电气系统保持最优的设计；以苗锋、赵永平为首的主产线职工们，认真梳理各产线所需的辅料技术要求，精心编制招标计划、到货时间，提前与采购公司、质量管理部结合，明确原辅料入厂流程，确保原辅料按时入厂；以董学军为首的安全组职工坚持以厂为家，把施工现场当作担当作为的主战场，以细致的监督管理为项目安全推进保驾护航。

创新 + 施策　打好建设发展“组合拳”

几条生产线同步推进，涉及开标、技术交流、商务谈判、设计审查等方方面面，守正已是千头万绪，而要创新，更是牵一发而动全身。

如何在超前布局中赢得先机，项目部抓住问题的关键因素，以不等不靠的思想，推进自主创新，力争建设最优的冷轧项目。

2018 年 9 月，在设计审查工作中，项目部创新思路，对普锐特、安德里茨塞拉斯、法孚斯坦因等公司负责的连退、镀锌机组的机械、工艺、电气、退火炉、土建进行了设计审查，确定了机组的总平面图及各 TOP 点位置，详细讨论各站室的通风、机组消防等问题，发布会议纪要。在连退镀锌清洗段磁过滤器选型中，紧密结合高强汽车板生产中遇到的问题，对外方设计团队提出了一些具体要求，经过反复沟通修改，最终找到了科学的解决方案，圆满完成了设计审查工作。

在项目部副部长王琛的眼里，创新就是多动脑、勤动手。作为冷轧项目的“建设老兵”，先后参与过唐钢冷轧一、二、三期和高强汽车板的项目建设。对于“久经沙场”的他而言，比困难更多的是办法：“说实话，项目建设就是要综合施策，‘十八般武艺’全上，总归是要把困难消灭掉！”在设计审查前，面对大量的酸轧图纸，为了确保设计准确无误，他不厌其烦地进行检查，把图纸上的错误全部记录下来，在设计审查过程中，他认真审查普锐特提交的设计方案，在有限的时间内圆满完成设计审查任务。

理念一变天地宽。在项目建设过程中，项目部坚持创新引领，实现新工艺、新技术和新装备的广泛应用，S-GI、排渣“炉鼻子”等技术应有尽有，并聘请德高专家苏希尔进行技术咨询，为工艺设计、产品定位提供快速准确的咨询和指导，为项目顺利推进提供了全面的支持和服务。

建设现代化钢铁项目，就必须有“智能化”的装备。早在项目建设初期，项目部就对智能制造进行深入思考和清晰的规划：借助工业数字化创新能力，以体系化的协同网络建设为目标，基于“5G+ 工业互联网”平台，打造“绿色化、智能化、高品质”的智慧制造工厂。应用 5G、大数据等先进技术对产线进行数字化和智能化赋能，坚持先易后难、以点带面，分步分阶段实施，努力建成高度自动化的智能工厂。目前，随着项目的深度推进，2030 这座智能化绿色未来工厂的蓝图正徐徐展开，令人无限憧憬，无人库区及无人行车智能系统、自动包装系统、捞渣机器人、拆捆带机器人、取样机器人，正一步步在大家手中相继实现。

一个项目的建设，人才是最关键的指标。为此，项目部按照国内先进的年人均劳动生产率，提前编制人员组织机构，并设定岗位定员，对项目谈判期、建设期、投产期各阶段人员需求进行了编制。企业的发展进步，科技是第一生产力，人才是生产力中最具决定性的因素，项目部重视人员优化配置，提前做好人力规划，按照产线制定人员需求计划清单，优化整合各专业人员，最大程度地发挥每一名技术人员的潜能，提高工作效率。

回顾过去，硕果累累。展望未来，任重道远。六年来艰苦奋战的历程，记载了建设者无数的艰辛和汗水，多少难忘的面孔、多少动人的故事、多少见证奇迹的时刻，为项目建设留下了激荡人心的永久记忆。

执笔人：冷轧项目部党委书记、部长　张乃强

逐梦高端再向前

——高强汽车板公司建设投产历程回顾

2015年1月15日，冬日的暖阳普照着大地，唐钢高强汽车板项目部工地锣鼓喧天，一派沸腾景象，宣告着胜利的喜悦。这一天，项目三大主生产线之一的连退线热负荷试车成功，诞生了项目自开工建设以来的第一卷高强汽车板！欣喜、激动、感恩……高强汽车板项目部每一个成员内心百感交集，感慨万千。

从2013年4月14日公司高强汽车板项目正式启动至今，600多个日夜的坚守拼搏，迎来这座高大、整洁、先进的国际化工厂的拔地而起。这是公司“十二五”后第一个重大产品升级项目，肩负着公司优化产品结构、加快转型升级、提升综合竞争力的历史重任，寄托着全体唐钢人建设国际一流钢铁企业的梦想。这一刻，连退热负荷试车成功，第一卷高强汽车板下线，标志着项目由建设调试阶段全面转入竣工投产阶段。这一刻，我们为高强汽车板的顺利投产而自豪，这一刻，也更加坚定了我们为实现“建设世界一流汽车板生产基地”的目标而努力奋斗的决心。

回首风风雨雨的建设阶段，多少个不眠之夜是在这里度过，多少次病痛缠身都不曾回家休息，走过项目建设的每一处角落，无不凝聚着建设者们任劳任怨、无私奉献的血汗。在边安装调试边调整设计、连退机组与镀锌机组在同一厂房的不利情况下，项目从第一根厂房立柱竖起到连退线生产出第一卷产品仅用时13个月，创造了同类工程建设周期最短的世界纪录。

企业自身定位的高低，决定了它所企及的高度。高强汽车板项目自筹建伊始，便紧紧围绕公司提出的“建设世界一流的国际化管理、生产、技术、产品、销售平台”的总体目标，高站位布局，高起点谋划。建设初期，高强汽车板就提出只生产高端产品，不生产低端产品。投产后，海尔钢是我们迈向高端路上第一块“试金石”，厚度从0.4毫米到0.8毫米，宽度从1470毫米到极窄830毫米，海尔客户对于唐钢的“青睐”越来越多，产品规格跨度越来越大。一次，我们接到客户0.35毫米极限薄规格海尔钢订单，而此前生产极限是0.4毫米，虽然仅仅0.05毫米的突破，却让高强汽车板公司从此又多一种国内外市场炙手可热的畅销产品。在0.05毫米的攻坚战中，技术骨干、产线职工冲锋在前，不畏艰难。技术人员发挥自己扎实的理论基础和较强的专研能力，不断分析、研究、总结薄规格生产中出现的各类问题，保证0.35毫米海尔钢的顺利生产。

吉利是我们供货的第一家汽车主机厂。随着我们与吉利汽车合作的不断深入，供货产品牌号不断拓展，覆盖率大幅提升，我们依托产线的装备优势和几年来的技术积淀，在客户个性化定制方面不断突破。从管理制度、生产调度、工艺改进、设备革新等方面着手，对照客户要求有针对性地加以改进，不断优化工作流程，提升服务水平，为客户打造量身定制的产品。

与先进企业相比，我们的汽车钢起步较晚，虽然我们走进了汽车钢领域，但是距离“建设世界一流汽车板生产基地”目标还有很大差距，我梦想着，有一天我们的产品也能用到顶级世界品牌的轿车上。

2018 年底，一个令人振奋的消息传来，宝马汽车要来我们厂认证了，我们的干部职工既兴奋又紧张，像宝马这样的国际一线豪华品牌，他们对现场管理、产品质量要求非常严格，国内也仅有极少数几家企业能提供镀锌板材，想要跻身供货队伍，实现后发先至，谈何容易？

为了能顺利通过宝马认证，我们派出多名技术骨干，深入宝马总部进行实地学习，了解文件审查、仓储货运、现场要求等具体信息，千方百计识别宝马认证要求。

2019 年 3 月 13 日，宝马全球采购团队来我们产线，进行现场供应能力的审核。带队的是德国宝马全球总监，德国人的严谨是全世界出了名的，从他的眼神中，就能感受到他的苛刻与挑剔。在经历了为期 3 天的紧张而忙碌的审核认证之后，总监先生在认证总结中这样评价道：“唐钢是我见过的最清洁的钢厂，高效的管理与职工的敬业精神，让我们完全有理由相信，你们能够生产出宝马汽车所需要的产品。”就这样，我们成功地拿下了宝马汽车的认证，成为河北省唯一一家获得宝马汽车板供货资质的钢铁企业。

时至 2023 年，我们走过了十年时间，回顾过去，拼搏奋进结硕果；展望未来，龙腾九天正当时。如今的高强汽车板，已通过 22 家主机厂和配套厂认证，产品稳定直供宝马、菲亚特、上汽、吉利、长城等国内外知名汽车主机厂和佛吉亚、本特勒、博世等世界知名汽车零部件配套厂，家电钢领域实现向 LG、三星、西门子、海尔、美的、格力等国内外知名品牌供货。

在唐钢向海图强新的历史征程中，高强汽车板有限公司将一如既往地紧跟公司脚步，聚焦精益管理再出发，降成本、提售价，对标一流、深入挖潜，向建设“五个高地”、实现“五个一流”目标不断迈进，努力续写新时代更多精彩华章。

执笔人：高强汽车板公司党委书记、总经理　刘春雨

向新型煤化工转型

——佳华煤化工有限公司建设投产纪实

“焦炭成熟度很好，推焦！”2021年2月16日，在唐山佳华煤化工有限公司3号焦炉121炭化室前，佳华公司总经理张宝会站在推焦车上，在认真观察炭化室内焦炭颜色后，发出推焦指令。这是佳华公司顺利投产并送出的第一炉干焦炭。此时，焦炭是火红的，建设者的心也是火热的。现场的每个人都洋溢着的灿烂笑容，是每一个建设者收获的劳动硕果，也是大家辛勤付出的最好回报。

自2018年11月打下第一根试验预制桩开始，佳华公司便翻开了新的历史篇章，佳华人便开始了早日投产、向新型煤化工转型这一共同目标努力奋斗的新征程。

应运而生

坐落在唐山市海港经济开发区的佳华煤化工有限公司，前身是北京佳华焦化厂，于2004年成立，是一家中外合资企业，主要经营业务为加工和销售焦炭、煤气、焦油等。2016年1月，原佳华向唐山市中级人民法院申请破产清算。2017年5月，唐山市中级人民法院裁定原佳华进入重整程序。2018年8月22日，唐山市中级人民法院裁定批准唐钢对原佳华的重组计划。次日，佳华重整计划批准暨恢复生产启动仪式在公司举行，佳华管理人代表简要介绍了佳华破产重整情况，唐山市中级人民法院代表宣读了佳华重整计划批准裁定，管理人、唐钢、佳华代表共同签署了重整计划执行框架协议。同年10月10日，唐山佳华煤化工有限公司营业执照正式颁发，成为唐钢全资子公司。自此，新佳华应运而生。

佳华焦化项目是河钢集团产业升级和产能转移的配套项目工程，主要用于支撑唐钢新区大高炉生产需求，项目建设规模为年产干全焦240万吨，项目需将原有4座捣固焦炉及配套化产系统进行拆除，然后重建4座7米复热式顶装焦炉及其化产等配套系统。

加速起跑

万丈高楼平地起，从来都不是一蹴而就的事情。从项目设计到土建施工、从设备采购到安装调试、从产线热试到项目投产，佳华的建设者们一路过关斩将、跨过层层关隘，才有了佳华如今的模样。

“设备设计、招标，我都参与了，查资料、跑现场，那时候真恨不得一天能有 48 小时！”回想起干熄焦炉施工的日子，佳华总经理助理兼生产室主任周延明感慨颇深。“一切为了工作，一切只为工作！”早日投产成为佳华每一个建设者共同的信念，为此他们群策群力，想方法、找对策，一个个把自己变成了看得了图纸、跑得了现场、装得了设备的“全能型”人才。

不同于一般的项目建设，佳华的新生从“拆”出发。

“安全第一，预防为主”是不变的宗旨。“地上、地下的管线、储槽拆除前一定要分类制定切实有效的安全施工方案，越细致越好！”面对新焦炉建设的第一道难关，负责佳华筹建工作的建设者们打起了十二分精神。化工企业拆除的危险性和未知性不言而喻，而佳华要对原有 4~6 号焦炉的建构筑物和地下管道、储槽进行拆除难度可想而知。

炼焦作业区副作业长汪顶主要负责炼焦区域现场拆除和施工工作，点多面广，危险因素较多，特别是焦炉的护炉设备等需要保护性拆除，拆除难度很大。

怎样才能安全地完成拆除任务并且不影响建设进度呢？他们决定从佳华的历史资料中寻找答案。一方面与原佳华停产负责人沟通确认煤气等介质管道中介质是否吹扫干净，一方面搜集原佳华历史图纸，力求摸清旧设备历史安装情况，再逐一到现场核实确认。由于焦炉介质管道拆除的不确定因素太多，他们征得车间主任同意后，组织施工人员对所有管道进行了一次彻底清扫，然后才开始拆除作业。为了实现焦炉护炉设备的保护性拆除，汪顶每天深入拆除现场，和技术人员一起查阅图纸、摸排焦炉设备布置，定方案、改措施。哪里有问题，哪里就有他的身影。通过大家的努力，煤焦车间圆满完成焦炉拆除工作，实现了原 4×46 孔捣固焦炉护炉设备零损坏，为设备利旧奠定了良好基础。

为了加快项目进度，动力作业区作业长裴晓光，带领职工完成了总长 300 多米的主管网桁架上所有介质管道清扫拆除，涉及煤气管道、氨水管道、水管道、焦油管道、苯管道、轻油管道、电缆、电缆桥架等，种类繁杂且集中。同时，技术人员制定了详细周密的拆除方案和防护措施，并积极协调组织施工人员规范施工，保证了在 40 多天的拆除作业中，无任何安全、环保事故发生。

在热火朝天的建设热潮中，佳华建设者个个练成了“火眼金睛”。

佳华项目建设涉及多家设计和施工单位，交叉作业、多单位协调难免出现偏差。为了第一时间发现问题，避免给后期生产造成损失，佳华的建设者们全天候守在施工现场，监管施工单位布线操作，反复对照图纸和现场情况检查每一处接线、每一台设备。

2020 年 8 月，干熄焦系统施工进行到了即将调试阶段，各个部位的接线工作也紧锣密鼓地进行着。干熄焦作业区对该系统的施工更加关注，不放过一丝一毫。在一次施工方进行排焦系统电磁振动给料器的电气布线时，作业长周延明仔细检查了布线设计和电磁振动给料器后，发现设计的电气线路与电磁振动给料设备所需的电气需求严重不符，根本无法匹配，如果不立即更改设计将会造成生产中排焦系统无法排焦，干熄炉系统无法正常运行，进而影响上一工序炼焦作业区作业，甚至造成产线停产等严重事故。于是，他一方面立即叫停施工作业，一方面着手联系协调设计单位修改设计方案。依据现场设备线路需求，他提出将变频柜安装在现场，重新捋顺电气布线，最终实现了电气线路与设备需求相匹配。本着举一反三的原则，他又检查了其他干熄焦炉系统，发现三个干熄焦炉都存在同样的问题，周延明和同事们与施工方一起将这些问题一一改正。

焦罐是干熄焦炉生产的重要设备，它的质量好坏直接影响着干熄焦车间的生产顺行。为了保证使用的焦罐符合生产安全要求，周延明查资料、跑工地，到相关厂家进行实地考察，进行厂间对标，经过一次又一次的奔波，最终他发现用浇筑型焦罐替代衬板型焦罐能够消除衬板型焦罐受高温易脱落而发生的旋转密封阀卡涩问题。他的建议成功被设计人员采纳。

建设期哪有节假日？佳华建设者将厂变成家。

建设期遇到节假日怎么办？“工程进度要紧，确保佳华顺利投产是头等大事！”佳华的建设者们这么说也是这么做的。

“项目建设没水没电怎么行？”2018 年底，项目初建供水供电问题亟待解决，动力作业区接下了这一重任。

停产多年的老佳华设备老化，技术资料、图纸缺失，恢复供水供电困难重重。为了争取时间，大家将节假日变成了“工作日”，将办公室变成了“家”，一箱箱方便面陪他们度过了挑灯夜战的夜晚。一方面，他们积极与原佳华技术人员和设备厂家联系沟通，解决综保、开关备件、通信等诸多问题，一方面，带领施工人员进行恢复供电施工，恢复佳华 110 千伏供电，仅用 20 天时间！

恢复供水期间正是寒冬季节，大家一起逐设备、逐区域、逐管线进行摸排、规划、选线。对厂区 500 多个生产、消防、排污、生活阀门井、消防栓及消防设施进行了确认。在只有 4 名工作人员的情况下，仅用 1 个月时间就恢复了消防水泵站和生活水泵站，以及老佳华 80% 区域的消防供水和生活供水。同时恢复了老佳华一中变、二中变、三中变、五中变供电。20 天恢复供电、1 个月恢复供水，动力作业区的职工们把一个个让人不敢想的数字变成了现实，为新佳华项目的开工建设奠定了基础。

披星戴月只为践行“质量为先”。

2019 年，新年的喜气还没有过去，佳华设备部部长薛天英已经奔波在工作的路上。

在设备监制期间，他带领监制人员到设备制造厂进行监制，紧盯设备制造质量和进度。设备制造完毕，又马不停蹄地投入到在途设备跟踪、设备进场检验等工作之中。那时候，他们的生物钟已经由日夜，换成了设备相关的各个重要节点。在他们协调、监制、盯守下，设备按计划顺利进场，抢出了时间，更抢出了工程建设的主动权。

“工程进度要抢，施工质量更是至关重要！”面对每天大量大小设备组织进场的繁重工作，薛天英丝毫不敢松懈。他每天组织专业技术人员、总包单位、施工监理、施工单位、属地作业区等对进场设备进行严格的进场验收，不合格的设备绝不进场，验收合格的设备科学合理存放，避免二次倒运、磕碰损坏、雨淋水泡等现象，保持了佳华项目设备因存放不当而造成损坏为零的纪录。

因为他深知质量为先，只有在确保质量的前提下才能谈进度。遇到质量问题必须先整改后施工，在现有质量问题没有完成整改前严禁继续施工一直是他坚持的工作原则。正是像薛天英一样的建设者时刻保持着一丝不苟的工作作风，才保证了佳华项目建设向高质量、高效率、高标准的方向稳步推进；正因为他们对进场设备设施、施工质量的严密把控，才有了佳华过硬的产品质量。

即便是到了试生产阶段，也从未放下心中紧绷的弦。

2018 年底开始筹建，到 2021 年初炼焦、干熄焦等主要工序陆续热试投产，经历了日夜奋战的建设者们终于迎来了胜利的曙光，转眼佳华已焕然新生。

循环风机是干熄焦系统的“心脏”部位，肩负着带动干熄焦系统气体流动的使命。2020 年 10 月，循环风机试车，震动这一不和谐的声音打破了试车的喜悦，周延明马上叫停试车，分析震动原因。

经过多次现场调查分析，他发现震动很有可能是循环风机出口部位引出的除尘管道造成的。除尘管道距离风机出口太近，两台设备运行时互相影响。综合考虑现场因素，既要保证风机部位的除尘效果，又要消除震动，周延明考虑改变除尘管道位置，将其改到循环风机出口远端的换热器底部。改造以后，他组织相关人员再次进行了循环风机试车，震动的声音不见了，周延明脸上露出满意的笑容。

人员不足，技术力量薄弱，需要协调的设备厂家、施工单位太多……在佳华建设大局面前，任何困难都不是困难。当项目部决定动力所属 110 千伏电站及全厂高配室、高压变频器、综合水系统、生产水系统、消防水系统、雨水系统、污水系统、压空系统、溴化锂制冷系统的设备试车、系统运行投入全部由动力作业区独立组织实施时，作业长裴晓光毫不犹豫地答应了。

“专业技术薄弱不怕，我们可以边学边干！”作业区职工不分昼夜查资料、看图纸，遇到不懂的问题就向施工单位、设计单位技术人员现场请教。施工过程中，他们积极协调，耐心组织，力求在限定时间内完成试车任务。试车过程中，他们凭借一双双火眼金睛，发现了 10 千伏送电路由、溴化锂制冷介质温度等 30 多项不能满足生产需求的问题点，根据现场实际情况提出改造建议并组织施工人员完成施工，保证了 110 千伏受电项目、全厂高配室送电操作、空压机试车及全厂压空送气、溴化锂试车等全部一次试车成功。

2020 年 11 月，干熄焦锅炉打压完毕，即将进入洗炉阶段。洗炉是干熄焦锅炉开工前必不可少的工艺流程，需要通过蒸汽将锅炉内部锅筒内的炉水加热，对锅炉炉管进行酸洗钝化。

“不行啊，现在气温太低，炉水温度根本不能满足洗炉的工艺要求！” 11 月港口的温度已经很低了，负责洗炉工作的干熄焦作业区职工方雄对即将进行的洗炉分外担忧。

“别着急，建设过程中那么多困难我们都克服了，低温环境下洗炉也难不倒我们的。”主管师李文亮虽然鼓励着方雄，但也皱起了眉头，“外界环境我们改变不了，锅炉是不是可以改一改……”

说完，李文亮和方雄一起对洗炉全过程详细地研究、探讨。洗炉的炉水温度达不到工艺要求，他们就想方设法提高炉水温度。经过实验，李文亮决定对洗炉用蒸汽管道进行改造，他提出增加四根蒸发器上升管进汽管道，在对炉水升温的同时也改善了炉水循环效果。同时增加两根蒸汽管道用于直接加热洗炉用水箱，并对临时蒸汽和炉水循环管道进行保温。升温、保温双管齐下，保证炉水满足洗炉工艺要求。在全厂蒸汽量不足的情况下，组织施工人员 24 小时连续施工，仅用三天时间在气温较低的情况下完成了锅炉洗炉工作。

干熄焦烘炉前要进行的气密试验，是提高整个循环系统的密封性，保证干熄焦系统安全，降低系统烧损率关键环节。但由于试验是采用喷涂肥皂水，然后循环风机对系统增压进行系统查漏的方式进行，毫无疑问也受到了低温环境的影响。由于气温太低，肥皂水喷涂到设备表面就已经结冰，根本不能有效检测。于是，方雄提出对高处和迎风面进行遮挡，并增加采暖设备，利用温度较高的肥皂水进行试验，避免结冰现象，并协调施工方制定了低温情况下气密试验的施工方案。为了保证试验顺利进行，干熄焦作业区职工放弃吃饭和休息时间，利用温度较高的中午时间进行试验。一周时间内，共对干熄焦系统进行了四次有效气密性试验，全面检测了系统的密封性，并对发现的问题进行了处理，在低温情况下按时完成了烘炉前的准备工作。

焕然新生

九月的渤海湾，碧空万里，海水湛蓝。

一座以唐钢灰为主基调的现代化焦化工厂宛如一颗明珠，镶嵌在环渤海经济圈的中心地带。这是建成一年半的，焕然新生的唐钢佳华。

◎ 佳华厂区全景图。

带着使命和嘱托，佳华人在建设期克服了工期紧张、人员不足、经验不足、疫情影响等诸多困难，齐心协力、攻坚克难，交出了一份满意的答卷。

目前，佳华公司已建成 4 座 60 孔焦炉，年产焦炭 240 万吨，配套建设有 3 座处理能力 170 吨 / 时的干熄焦炉。依托沿海临港物流成本低等优势，在唐山海港经济开发区以“绿色、智能化”行业未来工厂定位，努力成为创新发展、绿色发展、高质量发展的典范，为唐山市优化产业布局，减轻城市环境压力，以及自身向临海临港转型，谋求更大发展空间。

新跨越，新征程。佳华公司一如既往担使命，朝着唐钢建设“五个高地”、实现“一流装备、一流人才、一流效率、一流产品、一流业绩”的目标，迈出更加坚实有力的步伐。

佳华公司　公司史志办公室　供稿

执笔人：刘瀛　刘珊　张卫华

追光前行　倾力打造决胜未来技术硬核

——技术中心聚焦“市场”“产品”服务公司创新发展掠影

渤海泱泱，十里钢城拔地起。2020 年 9 月 7 日，唐钢新区顺利投产。至此，河钢人告别了临海不临港的历史，实现了拥有沿海钢铁项目的夙愿。集团党委书记、董事长于勇在投产仪式现场讲话中强调:“要持续关注市场和产品，通过产品端带动全过程创新，倾力打造技术高地和创新高地。”

技术赋能——从“产线”到“用户”两端发力

唐钢技术中心坚决贯彻集团和公司领导的决策部署，以技术服务供应商的姿态服务产线和用户，一方面为产线研发高端产品、降本增效等技术赋能;另一方面与营销人员联动，一同推介公司产品，提升用户使用效果，将用户的关注点落实到产线的生产细节之中，像一条高效运转的链条，将“产线”和“用户”紧密连接在一起，在产线和用户两端发力，服务公司“五个高地”建设和高质量发展。

技术中心与生产经营主体单位一起担当压力，充分利用科技管理平台，协同公司内外资源提升企业技术竞争力,对生产经营主体单位及公司相关部室提供技术支撑并加强服务，强化在客户端优势技术及产品开发与工艺共性基础研究方面引领支撑作用。

产品开发服务不断深入。2020 年，在新区产线投产初期，以产线调试为主，由易到难开发车轮钢、大梁钢、管线钢、低合金高强钢、冷成型钢带等代表性品种，实现了生产流程贯通和对产线的极限能力的测试。2021 年，加大高端热轧品种研发的同时实现对原产线的高端品种的转移和承接。超高强大梁钢 750L 产品的研发标志公司已具备全系列高级别汽车大梁钢的批量生产及供货能力。定向开发核电专用钢向霞浦核电工程首次供货，填补了公司在核电用钢领域的空白。2022 年，2050 热轧产线研发电池壳钢、工业纯铁、车轮钢和双抗管线钢等新产品，管线钢、车轮钢、焊瓶钢和高强结构钢等品种实现系列化。其中，75Cr 产品包含了三个“首次”，首次生产公司最高牌号高碳钢，首次进行连铸双流同钢种不同宽度断面浇铸，首次生产同级别钢种最薄轧制厚度产品，75Cr 产品质量已达到同行业领先水平。长型材产品开发了多个 C 级别角钢，焊丝品种也更加丰富。做好高端品种开发和上量的同时，重点审视已开发产品的成本挖潜空间，新成分 1180DP 试制成功，各项性能指标达到行业先进，吨钢合金成本大幅降低。

客户端服务让公司产品更懂用户的心，工艺技术攻关解决产线难点问题。2020年，技术中心协助公司各事业部和市场部等多个部门对67项产品应用问题提供解决方案，全年完成15个主机厂及索尼1个家电厂的141个钢种、566个认证项目。在工艺技术改进解决产线难题方面，推进烘烤硬化钢过剩碳控制稳定性研究及改进，解决了中碳高铝钢的浇铸难题，完成板坯、带钢横断面温度均匀性评价，进行了高碳当量钢种酸轧焊接工艺固化、超高强钢切边工艺优化、连退全系列高强双相钢性能收敛等20余项技术攻关。2021年，协助各事业部、质量部、市场部等多个部门解决37个产品应用问题，涵盖边部质量、冲压、连接技术、涂装腐蚀等领域；在主机厂认证试模中发挥了强有力的技术支持作用。在工艺技术改进解决产线难题方面，解析、优化全公司首次使用的KR铁水预处理冶炼过程，缩短17分钟冶炼周期；首次提出阶跃式转速搅拌模型并成功应用，脱硫剂消耗降低22%。2022年为华晨宝马、上汽乘用车等17家主机厂钢种认证服务项目77项，涉及钢种228个，数据分析项目791项。搭建了全流程低成本紧凑型膜涂装耐蚀性评价平台，成功通过上汽乘用车、广汽及长城等主机厂的涂装腐蚀认证。在工艺技术改进解决产线难题方面，针对工业纯铁低锰低磷的特殊需求，开发转炉双渣冶炼模型，关键元素成品含量控制达到行业先进水平，并将双渣模型推广到高端车轮钢、管线钢等热轧产品。

高效连接——从“产品”到“服务”以人为本

技术中心一直把为公司培养传承有序、能打必胜的技术人才队伍作为工作的重中之重。技术中心班子当“教练型”领导，对科室工作严格要求，确保职能作用发挥并取得良好业绩成果；与此同时积极协调解决各种问题难题，分享成功经验，为职工成长解决实际问题，提供有力指导和帮助。

面对新毕业、新入职技术人员较多的实际，技术中心多措并举培养人才，将知识优势转化为实实在在的技术优势。从“产线”到“实验室”，再至“用户现场”，是他们连接“市场”和“产品”，开展“从材料选择建议到使用跟踪服务”的全流程技术服务。

陈彤现任技术中心热轧结构钢研究中心副经理。公司新区投产后，在汽车结构钢拓展市场初期，厚规格车轮钢被表面麻坑麻点问题困扰，这是行业里的“老大难”问题，他提出了降低轧制温度、增加强制水冷、提升轧制速度的一套综合措施，氧化铁得到了有效控制。

石晓伟现任技术中心炼钢技术研究中心副经理。曾在2021年4月12日获得世界模拟炼钢总冠军。2022年9月，在热轧事业部生产现场，他与同事们密切跟踪马口铁生产，通过采用炉后镇静+RH本处理的工艺，让钢水洁净度更高，更能满足用户个性化需求，吨钢成本降低3.5元，现有三种工艺路线根据用户不同需求灵活组织生产。

张茜现任技术中心用户应用技术研究中心主任工程师。自2016年4月开始，她全程参与仿真实验室的筹建，贯通“实物零件—空间点云—零件数模—成型过程仿真分析—工程化建议”的闭环分析方法。2020 年初，某知名汽车主机厂汽车认证中急需满足一项测试要求，此前并不具备这一能力，她带领团队改造实验设备、优化实验方法，进行了几十次尝试，攻克了汽车认证所需实验数据的难题。

客户经理吕浩被称为“用户服务能手”。一次处理用户诉求时，发现用户模具磨损问题，为此他制定落实修模方案，使用户模具单次使用寿命提高了 17 倍。为避免重新出现问题，他们在落料工序增加预成型，减小零件翻边时的压应力，这套彻底解决问题方案得到用户肯定。

搭建平台——服务技术高地和创新高地建设

公司技术创新模式是自主开发创新与产学研相结合，专注于服务技术高地和创新高地建设。技术中心先后修订和出台《产学研项目管理办法》《科学技术奖申报与评审管理办法》《专利管理办法》等一系列科技管理制度和相关管理办法，有效保证科技创新工作有序开展。

技术中心扎根自主研发科技项目，打好公司科技研发基础前置科研管理各项工作，协助技术研发人员细化、理清技术路线。强化省市科技项目指导，争取政府专项经费支持。在组织申报过程中，做到过程执行和结题验收全过程“保姆式”服务指导。“高强汽车板轧制关键技术及工业应用”等三个项目通过唐山市科技项目考察，获得专项经费支持超过 200 万元。2022 年共完成专利申请 272 项，其中发明专利 130 项，占比接近 50%，为形成具有公司自主知识产权的优势技术奠定基础。搭建技术人员学习平台，组织参加钢铁、能源、环保、智能制造等相关技术讲座，提升技术人员科学素质和业务水平。

公司依托国家企业技术中心，建有国家级国际科技合作基地、院士工作站、博士后科研工作站、河北省连铸技术创新中心等多项科技创新平台，同时基于河钢集团所搭建的研发合作平台，与北京科技大学、东北大学、中国钢研集团、昆士兰大学等国内外知名高校和科研院所建立深度合作机制。

◎ 2021 年 9 月 14 日，唐钢召开“新区流程优化与智能化运行项目”正式启动会。

受益于集团与中国钢研科技集团签署《唐钢新区流程优化与智能化运行项目合作协议》，在殷瑞钰院士的总体指导下，公司围绕流程优化与智能化运行工程总体设计与协同、炼铁－炼钢界面优化和动态调度、炼钢区段“一对一”层流高效协同运行、钢区界面优化和动态调度、板坯铸－轧界面流程优化及协同调度、板材全流程连续化程度分析平台、连铸铸坯质量分析与监控系统研究及开发等方面开展具体技术攻关工作。

这一项目对铁钢界面、炼钢区段、铸轧界面进行工序、流程的事件－时间解析和功能优化，完善优化信息化动态调控系统，在板材产线建立高效、协同层流运行机制，突破关键技术瓶颈，在国内率先实现全流程优化和智能化，完成提高流程运行质量、提高产品附加值的技术转型；工序周期明显缩短，将上游各工序作业周期缩短至连铸浇铸周期以内，为高拉速/恒拉速连铸创造多炉连浇的条件；通过实施基于过程数据的产品等级判定模型开发，打破传统质量判定管理的技术局限性，将推动钢铁行业在模型预测算法在质量分级管理中提升到一个新高度，在行业中具有显著示范作用。

近年来，唐钢科技创新成效显著，获得国家科学技术奖 2 项，省部级奖励近 50 项，拥有专利 1600 余项，其中发明专利 300 余项，并荣获“国家级技术创新示范企业”“国家级知识产权优势企业”等称号，其中获评的 2020 年“国家技术创新示范企业”，当年钢铁企业仅有 2 家入选，唐钢是河北省唯一一家上榜的钢铁企业。

执笔人：技术中心　孟令德

筑梦同行　共赢未来

——市场部做强营销增效益纪略

走向深蓝的唐钢，进入打造“五个高地”、争创“五个一流”的发展新阶段，“降成本、提售价”两大核心工作取得新进步，产品和市场走出一片崭新天地。

筑梦之路，唐钢营销团队深感重任在肩，脚下步伐从未懈怠，有目标明确、方向清晰的自信从容，也有对日益激烈的市场竞争的危机感、紧迫感。在“四个更加关注”营销理念引领下，公司营销团队以开阔的视野深度挖掘市场和客户，一方面加大经济发达地区信息捕捉力度；另一方面对周边资源也做足功课，实现底数清晰，积极在行业的变量中寻求突破，提速公司新一轮转型高质量发展。

拓市场，牵手周边优势企业

2022 年 8 月以来，面对外部市场需求低迷不振的局面，市场部对目标战略客户和周边客户的开发合并同类项，通过产销研联动，形成面向市场的强大合力。通过前期调研，获悉黄河以北最大的三家专用车生产制造企业之一、位于丰南经济开发区的唐鸿重工长期向行业先进钢企采购高强大梁钢，而公司高端热轧产品 700L 正能满足其需要。闻风而动，由生产、技术、质量部门组成的营销团队经过几个月的深度走访对接，全面了解了客户加工过程，清晰识别客户需求，通过多渠道的视频交流与现场交流，使客户对公司 2050 产线的先进技术和严格管理赞不绝口。

良好的开端源自真诚的服务态度和过硬的产品质量。从低碳、铌钛微合金化、增加铬元素的特殊成分，到经过优化的控轧控冷工艺，首次试用的 200 余吨钢卷，带着满满的诚意运到第三方工厂进行开平加工，最终以优异的整体质量呈现在客户面前。这批客户专属 700L 高强大梁钢，抗拉强度较常规产品提高 30 兆帕，屈服强度提高 20 兆帕，−40℃低温韧性提高 20J，晶粒度提高 1 级。过硬的检测数据，彻底打消了客户对公司区位调整后新建产线质量控制能力的担忧。

服务永远在路上。产品过关了，营销团队又在唐鸿重工与开平工厂间积极沟通，于三方合作中承担起关键的串联作用。“此次客户开发中，集团和公司给予了营销团队坚实的支撑。我们有信心发挥自身优势，服务周边优势企业，在双赢中为企业创造更大价值。”

市场部热轧战略客户开发中心副经理李宽说道。截至2022年末，公司已向客户供货450吨，全部装备在工程车辆上，路试表现良好。

高定位，催生产品丰硕成果

河钢集团总经理王兰玉对唐钢市场营销工作提出更高要求：按照“绿色化、智能化、品牌化”定位，以崭新姿态迎接低碳经济的到来，用发展建设的新业绩，塑造企业高端、绿色、智能的“未来工厂”新形象，不断提升品牌影响力。

与唐钢战略发展思路不谋而合的新能源汽车领跑者比亚迪，拥有着“科技、绿色、明天”的公司愿景，相同的经营理念使两家企业走到了一起。公司紧跟钢铁市场“环保、低碳”发展趋势，深挖比亚迪汽车需求，发挥研产销一体化优势，聚集生产、营销、研发各单元骨干力量，成立比亚迪汽车大客户经理团队，为客户开展专属定制化服务。以技术创新为支撑，采用EVI先期介入服务，加强产品研发、认证等多方面合作。将客户的差异化需求转化为生产关键控制点，为客户定制个性化专属技术工艺路线。

唐钢营销团队通过深入调研比亚迪汽车营销渠道现状与开发推进瓶颈，转变传统营销思路，建立了新型营销渠道：由经销商为比亚迪提供本土落地服务，由公司提供产品销售及技术服务，其灵活性与先进性优势更加明显。截至2023年2月，公司已实现16个牌号的认证通过及7个整车制造基地的批量供货，供货量达6.24万吨，唐、汉、宋、秦、元、海豚、海豹、驱逐舰、腾势等众多中高端车型均有公司产品身影。同时，通过深入挖掘客户潜在需求，推广了超高强钢980DP、1180DP等材料在比亚迪轨道交通事业部的认证。

在“碳达峰、碳中和”的大背景下，新能源汽车行业的快速发展对车用钢材的应用提出了更大挑战，更加看重车身轻量化和整车结构优化。唯有向高端化、智能化、绿色化发展，才能在市场中赢得生存空间，谋得长远发展。公司对此有清醒的认识，更有坚定的行动。

2022年，唐钢除了与比亚迪实现战略合作外，在汽车产品树品牌行动中持续发力，市场开发硕果累累。全年多达35家新客户实现成功订货。与神龙汽车、岚图汽车、东风乘用车、北汽越野车等9家战略客户达成合作意向、开展认证工作，顺利通过宝马、奇瑞汽车、岚图汽车、丰通纺织等战略客户57个牌号、134个零件的认证。

2022年8月4日，助推河钢集团与宝马集团签署《打造绿色低碳钢铁供应链合作备忘录》。这标志着钢铁与汽车行业联动减碳跨领域合作取得新突破，预示着华晨宝马2026年起锁定唐钢10万吨/年的绿色钢资源。公司产品将让宝马汽车更添绿色！

专研发，打造效益增长新引擎

2020年，唐钢把进军高端、培育新创效增长点的切入口放在了锌铝镁、镀铝板两大特殊镀层产品上，进一步提升研发能力，“单打冠军”产品开发实现新突破。年内成功打造了 0.3 毫米极薄规格锌铝镁、180 克 / 平方米镀层薄规格锌铝镁、240~300 克 / 平方米超厚镀层镀铝板 3 项“国内首发”产品，高端市场占有率和品牌影响力不断提升，成为国内具备 0.4~3.0 毫米全厚度规格镀铝板产品和 0.3~2.5 毫米全厚度规格锌铝镁产品批量生产能力的唯一一家企业。全年创效领军产品镀铝硅产品产量 5.5 万吨；锌铝镁产量 3.7 万吨，海尔、格力用锌铝镁家电板实现批量供应。到 2022 年底，这个数字已经攀升至 36.4 万吨，翻了三番。

◎ 营销人员正在查看根据客户需求优化工艺后的锌铝镁产品质量。

实现从“零”到有的不仅有“单打冠军”产品，家电板产品的成功也是唐钢人一步一个脚印踏实铸就的。2015 年公司开始推广家电钢，营销团队经过 8 年的努力使得家电钢销量从“0”发展到 2022 年的月均 3.5 万吨，稳定客户从“0”发展到 12 家，从最初三五个规格发展到上百个，从只有镀锌产品扩展到镀锌、锌铝镁、镀铝板、冷轧板等，覆盖率达 80%。产品端从 100% 普材到高端品种占比 40% 以上。客户端从国内客户拓展到合资品牌，从华北区域，拓展到华东、华南，甚至充分利用江海联运的优势，延长江向内部区域拓展。

随着新区 2050 轧线正式投产运营，公司全力以赴调结构、提售价，提升产品创效能力。从产线实际出发，确定了取消普材销售，以宽断面低合金作为基础品种，集装箱板、大梁钢、工具钢、管线钢、车轮钢、焊瓶钢等作为重点特色产品的销售策略。当年针对上述 6 大类品种进行了精准调研，确定目标直供客户 68 家，与 38 家客户签订总量 130 万吨的年度协议，深化客户合作。

2022 年 3 月，热轧事业部焊瓶钢客户代表接到山东某大型焊瓶生产企业想要试用唐钢 HP345 的订货意向，并及时将这一信息传递给市场部、技术中心等相关部门。

HP345 热轧焊瓶钢为《焊接气瓶钢钢板和钢带》（GB/T 6653）国家标准中最高级别牌

号，具有较高的力学性能、工艺性能和冲击性能。由于其使用环境苛刻，对其冶金质量、冲压成型性能和焊接性能有很高要求。由于 HP345 尚未在新区 2050 热轧产线进行过生产，因此焊瓶钢客户服务团队将这次首单试用看作一次非常具有挑战性且极其珍贵的机会。焊瓶钢大客户经理部积极与客户沟通。技术中心、市场部、质量管理部、热轧事业部召开产前准备会，就过程关键控制点、产品性能、表面质量及计划排产等问题进行落实。最终，该笔订单于 3 月底顺利交付使用，为公司进一步开拓焊瓶钢高端市场提供强有力支撑。

公司拥有了又一项从“零”到有的产品——焊瓶钢，与国内 80% 的焊瓶钢生产企业建立直接联系，并实现万吨级供货，产品质量得到客户认可。

正是这一次次“零”的突破，唐钢在高端市场中闯出了一片新天地，成为效益增长的新引擎。

转观念，打造服务型营销团队

于勇董事长说过，要进一步明确未来发展的定位和脉络，在钢铁向材料、制造向服务转变上下足功夫。唐钢的营销团队，再转观念、再拓思路、再提标准，不局限于已知领域，而是深度调研市场，紧紧追随客户步伐，以开阔的视野进一步深度挖掘市场和客户，为集团加快钢铁向材料、制造向服务转变助力。

如今，公司营销团队已从最初简单的钢材销售发展到为客户提供定制个性化服务和技术支持。

2022 年 3 月 23 日晚，因疫情滞留保定的市场部技术专家陈波接到某主机厂车间主任的电话，“贵公司镀锌热成型钢的零件调试在明天可以安排进行，您看能否安排时间跟踪调试？”“放心，我一定会提前到达，并做好全程技术支持！”已在保定出差近 3 周，处理完工作事务正准备返程的陈波，又留下来参与调试。

镀锌热成型钢采用间接热成型工艺生产汽车零部件，在热冲压过程中采用特定的热处理工艺，产出的零件兼具超高强度和优异的耐腐蚀性能。陈波深入试模车间，全程指导产线操作，与客户共同查找问题，指导客户调整加热工艺参数设定，经过一系列的参数调整，后续零件再未出现问题。陈波的敬业精神和专业水平受到主机厂认可与赞赏，为后续公司与该主机厂的商务合作奠定了坚实基础。

陈波只是众多营销人的缩影，营销人员作为市场前沿的先锋队伍，是每一波市场发力的中坚力量。

随着唐钢打造“五个高地”、实现“五个一流”进程的推进，作为“前哨站”的市场部，将牢固树立营销发展大局观，努力调结构、树品牌、增效益，为唐钢走向深蓝，向海图强注入新动力，提供强支撑。

执笔人：市场部　韩明舰　祁烨

开创一流质量管理新篇章

——质量管理部以管理升级打造质量强企纪略

“质量第一”是企业永恒的主题。具有80年历史、现已圆满完成区位调整、转型升级任务、正在为打造“五个高地”、实现“五个一流”奋斗的唐钢人对此有着深刻的理解。

2021年8月，唐钢质量管理部成立，对这个世界级现代化沿海钢铁基地的所有产品的全过程质量履行管理职能。对于公司质量工作的创新管理模式，质量管理部有清晰思路：以高端产品为引领，以标准方法作保障，辅以完善的绩效机制，保证工艺质量管理有效和质量管理体系落地。

注重系统思维，搭建质量管理体系

质量管理部创建伊始，公司领导语重心长地对新班子成员说：“质量管理部的工作关系着公司未来的高质量发展，担子不轻，寄托众望啊。”领导的话语饱含对这个新部门的殷切希望，大家顿觉豪情满怀，又感重任在肩。

质量管理部业务职能涵盖质量管理体系、一贯质量管理、过程管控、产品认证、质量检验、理化检验、耐材专业管理等诸多方面。如何将质量管理要素进行有效组织、提升管理效果？如何让工艺质量管控流程优化、提升实物质量？如何通过管理创新降本增效、推动精益生产？……千头万绪，每个问题都关系着每条产线、每个产品和每个订单。压力不言而喻。那些日子，办公室灯光彻夜不熄。这些在技术质量领域摸爬滚打了多年的管理者们，经过深思熟虑，达成共识，确定了管理目标，即：以全面质量管理为抓手，全面推进技术升级和管理创新，将精益思维融入全过程质量控制，建立以“质量管理体系+自主管理创新+精益管理降本+客户贴身服务”多轮驱动管理模式，保障低成本下公司核心产品的多元化、品牌化、高端化。目标既定，所有工作也铺陈开来。

质量管理部聚焦市场和产品，突出效率和效益，采取精益化生产管理模式，对公司技术质量管理流程进行完善设计。凝聚着管理智慧的80多项创新制度相继出台，产品质量保障体系和质量改进运行体系日臻完善。

为了实现产品过程质量稳定可控，质量管理部成立专业部门，从标准化检查落实执行、措施落实有效性验证、过程关键KPI指标评价、难点质量问题持续攻关等，实施全流程一贯制管理。

同时，质量管理部组织搭建覆盖铁钢轧全流程的一贯质量管控平台，建立产销研一体化质量保障体系。依靠工艺优化和技术升级，实现精益生产和质量提升，聚焦产线重点、难点问题开展技术攻关，挖掘降本增效潜力，提高公司产品质量水平和效益水平。

2021 年，公司质量管理初显成效，废次降品率降低 14.14%；热轧 2050 产线一检合格率提高 7.72%、带出品率下降 26.67%；汽车主机厂发货量 11 万吨，合格率 90% 以上；长材产品成材率提高 5.22%。2022 年，公司三座高炉平均喷煤比较年初提高 36 千克 / 吨，平均燃料比较年初降低 7.6 千克 / 吨；一检合格率同比提高至 95.27%，废次降率同比降至 1.63%，宝马高端汽车钢合格率稳定在 90% 以上，同比提升 9.51%，连续 22 个月宝马主机厂零件问题率为“零”；理化检验中心通过中国合格评定国家认可委员会 (CNAS) 实验室评审，质量检验认定能力迈上新台阶，成功跻身国家级认可实验室名录。

抓好职工队伍建设，共同守护产品质量

走进质量管理部会议室，“团结 担当 创新 公正”8 个红色浮雕大字十分抢眼。这是质量管理部 600 多名干部职工的共同理念，也是唐钢质量人不懈追求的奋斗目标。在这条奋斗之路上，质量管理部眼睛向内，抓好队伍建设和文化建设，全力打造一支特别团结、特别能战斗、特别有劲头儿的职工队伍。

团结一心，其利断金。部领导班子成员定期沟通讨论，统一认识；各级干部通过宣讲交流、深入现场等多种形式，与全体职工全面沟通解决实际问题；科室作业区增进相互了解和信任，相互鼎力支撑。上下一心，团结协作，激发了全体职工的工作热情，大家同心同德，精益求精，共同筑起唐钢坚实的质量之基。

担当实干，不负使命。质量管理部的每一个职工，都是“产品质量”的守护者，分工把守在质量管理的各个环节，在检验、试验等具体工作中恪尽职守、彰显担当。特别是在疫情突发时期，质量管理部涌现了一大批坚守岗位、迎难而上、担当作为的先进职工，诠释了唐钢质量人敢担当、善作为的精神风貌。

创新改善，不断提升。质量管理部充分发挥一贯制管理职能，围绕公司中心工作，立足产线、作业区，积极从“岗位创新”“技术创新”“管理创新”三方面推进自主创新工作，稳步推进重点工作落地见效、质量指标持续改善，质量管理水平不断提升。

加强学习教育，提升队伍素质。利用智能学习云平台、学习交流会等多种方式，组织多专业培训，并对管理人员、业务技术人员进行考核，促进职工树立强烈的事业心和良好的职业道德，促进知识持续更新，全面推进职工素质的提升。不拘一格降人才，给各类优秀职工提供展示平台，形成人尽其才、才尽其用的生动局面。

执笔人：原质量管理部部长　裴宏江

第三章 乘风破浪

筑牢安全堤坝

——安全部护航唐钢新区建设纪实

项目建设离不开安全管理，尤其是集团产业升级和产能转移这样的大工程。2017年唐钢新区指挥部开始组建，作为重要管理部门的安全部也随之成立。安全管理的目的就是消除隐患，预防各类事故，管理过程中涉及人、物、环境等诸多因素，所以安全部自成立之初便将专业管理与区域管理相结合，更好地为新区项目建设保驾护航。

从安全管理专业划分、建立安全管理制度到制定现场工艺、设备等的具体安全管理要求，再到现场安全监督、检查，安全部的建设者们将新区的安全堤坝一次次加固筑牢。

固本强基，人为本

安全管理，以人为本。

开篇起步，万绪千头。面对新工艺、新设备、新环境，以人为本的理念始终装在每个安全管理者的心头："项目建设人是根本，职业卫生专业管理必须尽快落实执行！"

安全部成立之初，按照从业经历、工作经验等对部内人员进行了安全管理专业划分，通过上网查找资料，与兄弟单位交流等方式，调研各专业安全管理要求，识别需要建立的安全管理制度及工艺、设备、生产现场等安全管理要求。作为安全管理的重要组成部分，职业卫生专业管理更是在第一时间规范管理制度，并严格落实执行。

早在项目建设初期，安全部结合冶金企业职业卫生管理经验，在各事业部开展各工艺、设备等方面的交流、资料评审等过程中，有计划加入对项目建设中可能涉及职业病危害因素的设备设施、工艺流程、作业现场等方面的识别，并制定相应的职业卫生管理要求，建立起职业卫生专业管理和制度档案。与此同时，从新区职业卫生专业管理的层面，抓基础，抓制度，梳理建立职业病危害项目申报、职业卫生责任制、职业病危害监测及评价等11项管理制度，并在细抓各项制度落实的过程中，推动了职业卫生专业管理在新区各个项目的有效融合，为新区安全生产打下良好基础。

进入2020年，新区建设进入关键时期，主体工程陆续完工，设备调试工作有序进行，一时间大量职工进入施工现场，人数多、人员结构复杂、项目情况多变等诸多新情况给职业卫生专业管理工作带来了新的考验。有问题，有压力，自然也有办法和动力。安全部的人员时刻待命，认真跟踪各个项目的时间节点，随时掌握人员变化，积极组织各单位相关人员对可能产生职业危害因素的设备设施进行识别，识别可能产生的职业危害因素、接害时间、接触人员信息，以及现场防护措施等内容。在此过程中，还牵头组织与唐山弘慈医院签订年度职业健康体检合同，印刷职业健康个人监护档案等材料……大家按部就班，马不停蹄，那些新的变化、新的难题，在紧张繁忙的工作中，被逐一解决，专业管理更加自信、成熟。

2020 年 4 月，各事业部人员基本定岗，职业健康体检工作第一时间提上了日程。此前，安全部做足做细准备工作，采集需参加职业健康体检的岗位人员信息、接害种类、职业危害接触史等信息，并与唐山弘慈医院沟通，确定体检工作的各项安排及具体内容，确保每一名参检职工能够在最短时间接受到科学、细致的体检服务。7 月初，第一批 716 名职工顺利参加职业健康体检，职业健康个人监护档案初具规模，当年底共计 1903 名新区职工完成职业健康体检，职工职业健康档案基本建立。自 2020 年 9 月新区进入生产阶段以来，将职业病防护设施控制效果评价工作作为一项管理重点抓好落实，积极与技术服务单位配合，组织各事业部按照技术服务单位提供资料清单收集验收材料，逐步完善职业卫生档案及职业卫生管理材料。坚持以人为本的理念，从项目起步，到项目投产，从制度制定，到效果评价，在安全部职工的共同努力下，步步为营，贯彻始终，既保障了项目建设的顺利，也保障了职工生命安全健康。

教育强化，不松懈

职工安全意识和安全操作技能的提升离不开安全教育；安全生产知识的普及离不开安全教育；安全生产规章制度和安全操作规程的落实执行同样离不开安全教育。为此，多措并举，逐步建立和完善安全教育培训管理，且常抓不懈。

在安全部成立的第一时间，就开始着手整理识别上级安全监督管理部门关于安全培训的管理要求，并依据公司生产、建设实际安全需求，健全完善了《安全培训管理制度》《安全培训教材试题编制与审查管理制度》《师傅带徒弟管理制度》《安全培训过程管理和质量考评制度》等 11 项安全培训相关管理制度，为以后开展安全培训工作打下了良好基础。

制度是基础，师资是保障。怎么在短时间内，在人员紧张且工作极度饱和的状态下，组建一批高质量的师资队伍，全力投入到职工教育工作中去，成为了当时亟待解决的大难题。外边聘请老师，教育水平高，但需要考虑成本问题及是否了解新区项目建设和生产的基本情况；安全部的管理人员也可以上，但就这么几个人，24 小时不停歇地讲也不能做到新区范围的全覆盖……大家集思广益，办法一个个提出，又一个个淘汰，在不停地打破重建中，一个完美方案形成了：挖掘蕴藏在职工队伍中的教培力量，组建一支高质量的内训师队伍。这既保证了教师队伍人数，还能具备一定的教育水平，另外还节约了教育费用，可谓一石三鸟。

大家一拍即合，立即投入到内训师的选拔与培训工作中。内训师的选拔采取各事业部推荐、安全部审核的方式进行。是选拔就要有标准，为此在对各单位安全内训师资格摸底调查的基础上，编制完成了安全内训师培训要点、组档要求及培训试卷等，然后以此为标准对各单位报送的安全内训师资格进行了审核，并提出修改意见。随后组织各单位安全内训师进行了安全专业知识培训、考核工作，共选拔、培训出具有开展安全培训资格的内训师 238 名。

在培训安全内训师的基础上，还组织各事业部、机关部室按照《河北省安全培训实施细则》编制安全培训资料，完成厂部、作业区、班组、师带徒课件、试题库各 430 套、试卷 800 余套，并全部进行评审，合格后，作为培训教材。

无论是建设期还是试车投产以后，安全教育培训都至关重要，在常抓不懈的同时，与时俱进的培训内容、形式才能让培训事半功倍。为了保证培训效果，组织各事业部、机关部室自下而上对培训需求进行调研，根据需求情况编制公司年度安全培训计划，再分解成月度计划，并根据计划实施情况对培训过程进行跟踪管理。2020 年，制定全员培训计划 834 个，培训考核 1.05 万人次，并实现各单位培训、安全部监考的教考分离，严肃培训考核。

未雨绸缪，重消防

2017 年项目建设初期，公司面临施工建设中的灭火救援需求，项目建成投产后同样需要一支过硬的灭火救援队伍作保障，专职消防队的组建迫在眉睫。

安全部消防科自然担起了组建专职消防队的任务，他们积极与唐山市开平区消防特勤中队等单位进行对标，通过实地走访和面对面交流来了解消防队组建的注意事项、标准等具体情况，然后依据《城市消防站建设标准》确定了公司专职消防队建队标准，并获得了公司各级领导的批准。

标准有了，方向有了，构建队伍最基本的消防站选址在哪？人员从哪里来？买什么样、什么功能的消防车？……一系列的问题也随之而来。为了解决这些问题，调研、走访与设计院探讨设计方案成为消防科的工作重心。在公司消防工程建设中，大家常针对技术文件中的问题查资料、找规范，与技术人员分析讨论，不确定出最合理合规的方案决不罢休。

“如果我们选用最先进的技术，消防专用电话线和联动启动控制线的距离将可以分别从原来的 1.5 千米增加到 3 千米和 4 千米。这样有助于减少消防控制中心的设置。”2018 年 3 月，火灾自动报警系统规划方案讨论会上，大家对项目建设方案的改进建议达成共识。经过反复论证，在确保符合法律法规的前提下重新规划，决定将厂前区消防控制中心和全厂消防指挥中心合并建立，消防控制中心由最初的 7 个缩减到 5 个，既节省建设投资又节省了后期消防设施维保费用。

根据建站标准确定了消防车的配置需求以后，又开始了对消防车市场的调研。通过对比 5 家消防车厂家，从消防车排放标准、罐体容积、水泵扬程、压力等多方面了解技术参数，编制了消防车购置技术要求，最终购置了 16 吨泡沫水罐消防车和 12 吨水罐消防车各一部。

组建消防队除了硬件设施以外，过硬的消防队员配置同样重要。经公司批准，安全部组织以保安公司消防服务的方式组建消防队伍。2019 年 4 月，消防队成立时，37 名队员仅有 7 人从事过消防工作，其他队员全部是“零基础”。面对这种情况，安全部工作人员从消防知识、相关法律法规、救火常识学习培训和扑救技能训练开始，狠抓消防队技能提升。烈日炎炎，一群年轻人挥汗如雨，刻苦训练。他们从穿战斗服、车辆使用操作、各种消防救援器材的功能及用途、水带的连接、消防车的供水、消防炮的使用等基础知识开始逐项进行学习。在消防基础知识学习的同时，还将体能训练加入到培训内容中，通过长跑、负重跑、俯卧撑等训练迅速提高消防员的身体素质。2019 年 6 月，短短两个多月时间，一群普通的年轻人蜕变成了训练有素的消防队员，一支纪律严明、训练有素的应急救援队伍正式组建完毕。

“吹毛求疵”，排隐患

安全生产无小事，安全责任重落实。完善的制度固然重要，但现场的监督检查同样不可或缺。定期联查、不定期抽查，安全部为了能够将安全隐患扼杀于萌芽状态付出了不懈努力。

“作为一名从事安全监督管理工作人员，一定要扛起安全监管责任，不能因为监管不到位，给工程建设造成损失。”这是安全监督检查科的工作人员时常挂在嘴边的话语。

作为安全管理者，他们秉承“安全工作无小事”“百密而无一疏”的原则，严格施工安全监督检查，不管严寒酷暑、刮风下雨，他们每天都坚持到施工现场，检查重点建设施工安全方案、措施落实等情况。对高处作业、特种作业、吊装作业、脚手架作业等危险系数较大的施工现场检查中发现的问题，进行多方面的分析，拿出可行的整改措施，督促责任单位快速、有效地整改，坚决杜绝相同或相似的问题再发生。

“前几天检查你们有没戴安全帽的人员，每人罚了 50 元，今天查还有不符合规定的，罚款加倍，每人罚 100 元。”安全监督检查科的赵延军在工地巡检时严肃地开出罚单。施工方安全员不解地问：“这回都戴安全帽了，为什么还罚呀？”赵延军过去扯了扯他安全帽的扣子问：“你安全帽戴得标准吗？你再数数有多少人安全帽没有按标准佩戴。”

安全部组织监理和项目部，采取定期联查和不定期抽查的形式，开展不间断的隐患排查治理工作。根据阶段性的施工特点，先后组织了起重吊索具、夜间施工照明等检查。根据气候特点，开展了季节性专项检查，对大风、雨雪现场施工作业提出了要求。在春节、五一等节庆放假期间，开展节前、节后、停复工专项检查。对说情及要求适当降低标准的人员晓之以理说清利弊，对安全责任不落实的外协施工单位领导进行安全约谈，并要求限期整改。

检查和处罚都不是目的，真正的目的是让职工从心底提升安全意识。新区建设期间，安全部联查行动从未间断。哪里有施工，哪里就有安全部现场监督人员，他们用一双双火眼金睛排查出一个又一个安全隐患，然后再一一整改落实；他们用一次次检查，换来了公司建设三年零事故。

2020 年 9 月，唐钢新区顺利投产。一条条产线，一道道通廊，将“一纸蓝图”描绘成“现实画卷”。站在新的历史时期，安全部的所有工作人员从未忘记“筑牢安全堤坝”的使命初心，结合投产后的新形势、新变化和新问题，不断强化安全管理、做细安全工作，确保了公司安全生产形势持续稳定。

执笔人：公司史志办公室 王静 刘珊

谱写设备建设“交响曲”

——唐钢新区设备管理保项目投产纪实

2020年10月6日，温暖的阳光普照着燕赵大地，唐钢新区设备仓储管理室一片沸腾的景象，激光打印机完美雕刻出物料的数字身份，打印出第一个码，现场见证着这一历史时刻的干部职工脸上无不洋溢着收获的笑容。

三年时间1000多个日夜，项目建设的土地上洒满了参建人员的汗水，日夜讨论最优施工方案的声音缭绕在园区中，这是所有人心中不可磨灭的时光，他们用责任与担当谱写设备系统建设“交响曲”，弹奏出向海图强的华美“乐章”……

转变观念——以制度力量守护精品工程

工欲善其事，必先利其器。

面对复杂的建设环境和紧张的工期压力，只有勇于自主创新并善于创新才能占据主动并赢得先机。

在打造“绿色、智能、品牌”的现代化钢铁基地中，设备管理项目部摒弃传统陈旧的思维，在建设布局中不断强化自主创新意识，大力抓好设备前期管理工作，注重项目建设的质量与速度，完善设备功能，提高设备精度，为实现一期工程全线竣工投产目标保驾护航。

自筹建伊始，项目部就坚持高站位，应用多项创新型技术，建设了设备全生命周期系统平台，结合自身生产实际科学谋划设备管理思路，严密梳理设备管控各项业务流程；研发设备编码体系，规划管理模块设置，覆盖116项管理业务，使其成为点检员的帮手，设备管理的核心载体；实施设备在线监诊系统五大模块关键数据梳理，实现重点设备和易损设备的无盲点监测。

解放思想的关键，是职工勇于担当和敢于突破的行动力。

2020年7月13日，项目部接到紧急通知，要求第二批18套铁水包尽快排产，并于9月底到货。然而，供货商大连华锐重工集团股份有限公司正常生产周期需要5个月，无法满足交货期。为了确保2号高炉顺利投产，负责铁水包采购的李东海深感责任重大，立即前往厂家，实地落实各生产车间生产情况，从工段长、车间主任、生产科长到厂长再到经理，不厌其烦，一级一级进行沟通协调，并组建了微信联络群，每日随时随地进行详细工作计划督导，最终 18 套铁水包按计划到达了现场。

与此同时，项目部时刻关注着成本与效率，制定确保项目建设的层级措施，推行岗位工作标准化，以确保用岗位标准保证建设成本。

初建设备管理系统时，从炼铁到冷轧全工艺流程有上百万条基础数据需要处理分析保存，稍有疏忽就会导致基础数据丢失或错误。为此，计量管理室高级主管佟明博主持开发了设备 BOM 数据收集系统，及时准确地将数据通过网络上传至终端分类保存，进行信息的加工、储存、更新和维护，提升了后期设备维修效率。在佟明博看来，项目筹建就像持家过日子，必须学会精打细算，才能使项目价值最大化。在与智能计量设计院进行设计交流时，他发现计量设施汽车衡存在设计数量超出实际所需的问题，立即连夜组织各个项目部重新核算业务需求、规划物流路线和计量布局，在保证后期稳定生产的前提下将汽车衡设计数量由 22 个缩减至 10 个，为项目节约上百万的成本。

项目部突出加强制度建设，统一设备管理标准，制定了《介质管线管理分工界面》《电气管理分工界面》《设备制造质量管控流程》等 30 余项制度。为适应发展形势，以全过程、全设备、全人员、全费用管理理念为指导思想，将设备信息流、物资流、资金流三流合一，搭建设备状态管理系统平台，不仅能清晰梳理各系统的工作信息，让项目工作管理更加规范、流程更加便捷，还能全面、集中展示建设工作亮点。

面对项目建设实际，设备管理部业务主办黄旭伟起草了《设备制造质量管控管理办法》，制定了《基建期设备统一选型规范——电气篇》《电气站室装修统一标准》等管理文件，先后优化完善系统漏洞 20 余处，保证了系统顺利开发应用。在一次与制造商对标交流过程中，发现公司关键外购件与签订的技术协议不符，他大胆质疑，并协同各部人员一同前往设备厂家交涉相关事宜。在他的坚持和努力下，厂家最终同意按照原来的协议条款严格执行，使重大设备隐患消除在萌芽期。

管理工作除了以制度作为保障之外，还需要科学的方法和工具。2018 年 11 月，计划管理室高级主管李晨铭将工作重点转向了设备管理平台建设，秉持着设计审查“不打折”、坚持原则“不动摇”、周密计划“不松懈”三大原则，利用多年一线设备维护检修经验，细致梳理设备层级关系，严格编写每一份设计方案，在项目建设业务上深耕细作。在 SCR 脱硝增压风机变频器“二拖二”技术方案设计中，他敏锐地发现方案未考虑故障状态下变频器在启动完成后的状态，且电气系统图没有明确联锁保护，于是立刻组织技术人员进行方案论证，细化完善具体细节……“不放过任何细节，凡事敢于直面困难，高标准完成工作”，项目部正是以此为行动目标，创造了一个又一个奇迹。

凭借着全新的创业理念，在此后的三年时间里，无人值守智能计量系统、装备产业园项目、仓储库房管理室，一个个项目相继建成。

专注细节——以“工匠精神”护航建设品质

唯有本着精益求精、追求极致的工匠精神，才能不惧困难和挑战，实现项目建设尽善尽美。

“一个项目的成功建设，重点在细节，难点也在细节，我们只有从细节处入手，对方案设计、土建施工、设备安装全方位把控，才能保证设备质量。”唐钢新区总经理助理、设备管理部部长崔海龙说道。

在大家的眼里，他是设备管理的领航人，从模板设计、数据导入到后期运行调试，任何一个微小细节都不放过，每日深入现场查看设备安装情况，哪里设备安装调试有问题哪里就有他的身影，哪里设备运转有缺陷他都在现场指导，为了一个项目常常会加班到深夜，为了一个技术问题会和职工争得面红耳赤。技术上他是大家的老师，生活中他是大家的贴心大哥，为解决大家因为现场问题错过食堂饭点而饿肚子的后顾之忧，组织部领导每月集资购买方便面及火腿肠，使大家元气满满投入到项目建设和生产经营中。

“设备选型要科学、制造安装讲依据、设备调试重细节”。这是设备管理部炼铁专家曹汉礼守质量的关键原则，也是项目组的行动指南。在设备设计选型方面，为了达到设备统一选型的要求，项目组与唐钢国际工程技术股份有限公司多次协调，审核皮带机的设计图纸，核实皮带机托辊、滚筒、减速机的设计选型，本着类型相近、载荷上浮的原则合并型号，最终托辊种类减少了近 40%，滚筒由原设计 140 余种减少至 77 种，减速机由原设计 79 种减少至 53 种。

设备能否长期稳定运行，除了本身质量外，设备安装质量也至关重要。项目部深知这个道理，所以在项目建设过程中，他们不仅构建了一套全新的质量管控体系，更在职工中掀起了“用工作质量保工程质量，把项目建成全优工程”的热潮。

一次在对 1 号 360 平方米烧结机头轮监造巡检时，项目组发现因供应厂家制造原因，把第一套头轮每面 17 块的轮毂加强筋错焊接成 18 块，导致原本设计位置应相互错开的齿板安装螺栓和加强筋板位置冲突。项目组果断与供应厂家结合，现场设计讨论、提出处理方案，进行论证可行性及修补质量保证，并提出将第二套头轮加工提前进行车削加工工序的建议，找到了最优的设计方案。

风雨无阻向前进，项目建设的辛苦只有亲历者才深有体会。为了突破设备技术上的关卡，完成设备调试安装，无论是彻骨寒冬，还是似火骄阳，项目部接受着恶劣环境的重重考验，最终出色地完成了各项任务。在计量大厅、汽车衡建设初期，现场施工打桩时，设备管理部检修主办孙东胜发现汽车衡位置与周围排水管距离太近，唯恐影响将来汽车衡的精准，为此，他与唐山钢铁国际工程技术有限公司反复核算，与管道安装单位多番协商，通过变更图纸进行了彻底整改，并对剩余的汽车衡进行实地考察，测量与周围施工是否存在相互影响，成功防止了其他汽车衡出现类似问题的情况。

在新区装备产业园建设中，项目部成员都是机械、电气等专业出身，论起土建经验，最多也就是主持过家里装修，可以说对厂房、办公楼建设一无所知。面对困难，他们毫不退缩，从编写技术规格书开始，认真学习了解厂房建设的基本知识，逐字逐句推敲完善，在项目建设过程中，更是对施工质量高标准、严要求，精准跟踪每一道工序，每一个施工节点，主动向专业人士请教，将理论知识充分应用到实际，确保了海伦娜、普锐特车间及其附属办公楼等项目如期建设完成,项目组成员也从土建的“门外汉”成长为“行家里手”，从担当设计到主持审查再到打桩建设，一路成长为设备管理业务的“大拿”。

“质量是项目的生命线，没有过硬的质量，生产优质产品、满足客户需求只是空谈。项目建设者作为最直接参与者，唯有坚持工匠精神，从细节处入手，实实在在地提升质量才是对企业最大的贡献。”设备管理室主办赵瑜如是说。

紧扣关键——拼出建设“加速度”

常言道：热土难离；父母在，不远游；在家千般好，出外事事难。

唐钢新区建设者何尝不是这样，为顺利推进项目建设，设备管理部项目人员从市区指挥部到天鹅湖再到厂前区，三年时间经历了三次办公地点搬迁，投产越来越近，离家越来越远，陪伴设备、同事的时间越来越多，陪伴父母、妻儿的时间越来越少。

为了缩短建设周期，加快工程进度，项目部在公司指挥部的领导下，全面落实项目各项工作。一是成立现场技术攻关组、物料保供组、物料编码审核组等小组，全面加强设备管理技术服务和支撑，推进项目建设。二是坚持现场办公，每日进行审核制度、设备管理系统，随时解决项目推进中出现的困难及问题。三是加强物资采购工作规划，实施现场设备进度催交监制组织，保证了关键设备进度。

重大项目“日调度、周通报、月考核”制度，是设备管理部保障项目建设进程的法宝。三年来，他们坚持深入项目建设现场，严格对照排定的进度计划进行检查落实，对存在的突出问题，逐一拉出任务清单，明确责任单位、责任人、完成时限，进行挂账销号。

2020 年 10 月 6 日，历经 400 多个日日夜夜，在不断协调谈判中，数次检查完善后，设备管理部仓储管理室库房投入使用，望着库区一排排整齐的货架，一件件亲手入库的物料，仓储管理室主管部长张鹏杰激动得热泪盈眶。为打造出国内一流的验收、仓储服务室，项目组每周召开 2 次进度协调会议，主动深入职能监管部门，为施工单位办理好各种复产复工手续，保证了施工进度，也磨破了一双双工作鞋，见证了仓储库房从测量打桩到地基浇筑，从竖立起一根根钢构到彩钢封顶，从货架吊装到网络全面开通。

为了赶进度、守质量，平凡的建设者有着太多的感人事件。

工程建设早期，项目部接到了一个棘手问题，协调首钢宝业拆除 110 千伏变电站。然而，当时变电站是整个工地上唯一的建筑，环境很差，没有柏油路，也没有办公室，就连解决吃饭问题的食堂都不具备，项目部人员踏着积雪和黄沙，顶着冰冷刺骨的海风，数次深入现场，与乐亭开发区管委会、施工单位、设计院多番联系沟通，查图纸、查档案，最终如期把占位的变电站拆除，为工程顺利建设腾出了场地。

尽管唐钢新区还是一片荒凉，可打造的毕竟是现代化钢厂，有热火朝天、施展才华的大舞台。对于唐钢人来说，没有比获得一个能施展才能的工作岗位更重要了。

荒凉中的美景和正在拓展的事业深深地吸引了更多的建设者。2018 年 12 月，检修管理主办、电气专业高级工程师陈洪波加入了这个大家庭，负责公司电气设备管理工作。一到项目部，他就开启“超人”模式，白天穿梭于施工现场，监督施工质量，熟悉设备参数，收集技术资料，晚上“挑灯夜战”核对电气图纸，确保数据万无一失，凭借多年来电气专业的丰富经验，在详细掌握了设备供电线路的基础上，短时间内整合了两千余张电气图纸，绘制出整个热轧项目供配电系统图，为公司投产运营准备提供了关键数据支持。

吾志所向，勇往直前。无论是春寒料峭，还是雨雪风暴，项目建设人员都毫不退缩，始终坚守岗位，日夜奋战，排除一切困难，守工期，赶进度，保质量。2020 年 3 月，正式复工复产后，为了抢回因疫情而影响的施工进度，项目部与省安总包单位一同排定施工计划，制定工期节点，将施工网络计划细化到每日，施工内容细化到每日多少米多少块，部领导每日督战，力争做到日清日结，坚决保证无论干到多么晚，每个项目都不拖期，保证了设备项目如期实施。

“历史已经将我们推向更广阔的舞台，唐钢人必将在新时代有更大的担当，展现更大的作为。”正如河钢集团董事长于勇在投产仪式中所言，设备管理项目部在新区项目建设路上，凭借过人的智慧和无悔的奉献精神，在设备系统专业管理领域不断创新，用辛勤的劳动收获了胜利的果实。

设备机动部　公司史志办公室　供稿

执笔人：王浩　王静

三位一体　同筑精益

——唐钢全力打造精益运营新模式

大海行舟，每个旅者都希望找到一条最佳路线，用最短的时间和最低的消耗，安全抵达目的地。而对于企业来讲，无数条让我们为之探寻的最佳路线，则是横纵于生产经营全部环节中的管理流程。

多年来，紧随着企业的建设发展步履，唐钢不断创新、勇于实践，提出了“精益管理”“作业长制”“一体化管理”“PDCA”“风险管理”等管理新理念、新思路，优化了企业管理流程，激活了可持续发展动能。2021 年 12 月，在公司“转型升级、向海图强”的新形势和新情况下，在总结、提炼多年管理经验的基础上，公司“三位一体”精益运营新模式应运登场。经过实践，这种新的管理模式已成为公司在打造“五个高地”、实现“五个一流”目标进程中的一剂“强心针”，深深融入生产经营的每一个环节，正在流畅地、源源不断地输送着各种能量……

众所周知，创新的过程，也是总结提炼提升的过程。

所谓“三位一体”，实际上对唐钢来说并不陌生，很多管理词汇都是近几年的公司管理“高频用词”。比如，这次新模式的三个核心：“一体化运营管理体系优化”“作业长制深化”“精益管理导入实施”。然而，这些管理方法能否整合？如何灵活运用？如何在发挥好各自功能时又相互助益，最终形成“三位一体”的合力？……诸多问题被一一列出。在打造“五个高地”、争创“五个一流”的进程中，更加速了公司对于运营管理新模式的探寻。

“精益运营模式的推进工作要立足价值创造、造物育人两大核心基本点，严格坚持问题导向、结果导向、目标导向，秉持 PDCA+ 过程方法 + 风险思维的推进思路，强化专业管理责任及属地管理责任的有效落实，突破运营管理瓶颈，助力公司各项预期目标圆满达成。”公司副总经理高永春在推进启动会上对精益运营模式有了精准的诠释，并对公司推进办、公司部室及各推进单位提出了明确的要求。

构建推进理论架构，打好管理“地基”

“一体化运营管理体系是公司管理的核心指导思想，实现公司六体系的整合、统一势在必行，也是精益运营模式推进的第一步。”运营改善部体系管理科罗少云表示。

但想要整合后的管理体系各项标准、要求在岗位贯彻执行，光靠文件制度的建立是不够的，还需要一套完善的基层管理模式进行承接，同时需要科学的工具方法进行保驾护航。以作业长制为中心的五制配套管理模式在公司的推进工作已初见成效，进一步深化推进能够有效服务于一体化运营管理体系各项标准、要求的实施和落地。此外，导入并实施精益管理能够为一体化运营管理体系的持续优化及作业长制深化推进工作提供技术支撑和方法保障，使体系优化和作业长制深化工作突破瓶颈，通过深挖三者的内在逻辑，“三位一体”系统化协同推进，互相补充、互相支撑、互相促进，取得 1+1+1 大于 3 的效果，最终形成具有公司管理特色的、更为全面系统的、针对性更强的现代化管理模式。

整合优化运营管理体系，明确方向指引

项目推进之初，公司运营管理体系中，质量、职业健康安全、能源、环境、测量和两化融合等各管理体系独立实施，存在多头管理的问题，致使本应一致的职责、流程，却出现了不尽冲突、重复的问题，从而导致了流程阻滞、管理效率低下，基层产线因缺乏系统性的策划和组织，也出现应对多部门内审、检查，重复工作、重复记录等问题。因此推进初期的首要任务便是针对多个专业管理体系的整合工作，把各个专业管理体系统一策划，整合实施，将各个专业管理体系要求中的通用过程梳理清楚，统一优化，减少重复过程和相应的重复规定、重复要求等，同步进行记录、表单的整合优化，策划颁布公司一体化运营管理手册，组织建模编制、审批发布 75 个一级程序文件及 2345 个管理性作业文件，标志着公司运营管理体系进入一体化管理的新阶段！

深化推进作业长制，打造高水平基层干部队伍

“如今的‘三位一体’精益运营模式为公司一直以来的作业长制推进工作注入了新的活力，也为后续的工作打开了新的思路，绩效逻辑树、标准化履职模型等工具的实施为作业区管理提升提供了有效支撑。”热轧事业部优秀作业长代表白东明说道。

公司的作业长聘任遵循持证上岗的原则，每年都会进行作业长素质能力提升培训，但在公司作业长团队中，对一体化运营管理体系的基本思想和具体要求缺乏理解、对作业长制内涵与管理实务要求掌握不深的现象仍比较普遍，诸如此类的问题严重制约了作业区属地责任的落实，导致质量问题、交期问题、指标劣化等难以完全杜绝。因此需要通过管理运行实践和问题发现与解决，助推作业长素质能力提升，培育出一支素质过硬的作业长队伍，为公司未来发展提供基层管理人才队伍支撑。

深化作业长制推进落实的一个关键着力点便是聚焦绩效改善和人员能力提升。为避免盲目推进导致的一刀切、两层皮，公司推进办立足各单位实际情况开展一厂一策推进模式，

致力于激活和培育作业区自主管理能力，引导各专业管理协同共建，逐步打造出现场核心竞争力。策划发布《以“作业长制”为中心的五制配套管理模式推进管理办法》，明确公司以“作业长制”为中心五制配套管理模式推进工作的重心，细化职能部室与推进单位职责分工，提升现场管理水平，为公司作业长制深化落实提供制度支撑；充分发挥样板作业区的带头引领作用，13 个样板作业区实现精益运营模式各项工作全面推进，其他 76 个非样板作业区逐步分项导入推进，精益改善的氛围初步形成；编制下发《星级作业区评价管理办法》，为深入推进以作业长制为中心的五制配套基层管理模式提供具体载体，鼓励先进、树立典型、发挥示范作用，配套编写《星级作业区评价标准》，提炼一至五星级条款共 236 条；构建班组长以上技管人员的标准化履职模型，平均履职率实现 98.5%，发现并解决问题 10.3 万项；编制《作业长研习会实施方案》，组织公司各单位、专业部室成立作业长研习分会 15 个，共解决问题 333 项，分享案例 251 项，有效助力作业区基础管理水平整体提升；组织各单位分解输出事业部二级绩效指标库及岗位三级绩效指标库，依托信息化平台搭建指标数据持续监测机制，实现指标的趋势管控。

导入精益管理，为降本增效“提速”

精益管理的核心之一就是“消除浪费”,所谓“浪费”既包含不产生价值的工作（作业）浪费，又包含虽然产生价值，但所消耗的资源超出最低限度的浪费。以公司生产制造过程为例，炼焦、烧结、高炉冶炼、转炉冶炼、连铸和热轧、冷轧，甚至后工序的剪切加工等，都是增值的过程；但是过程中的异常停机、非计划检维修、倒运搬运、库存升高等都是浪费，应该尽可能优化直至消除。此外，针对生产加工等增值过程，诸如高炉矿耗、转炉金属料消耗、各种备件及辅料消耗、动力能源介质消耗等关键指标也有巨大的潜力可以挖掘。

为切实发挥精益管理对于公司生产经营的支撑作用，公司推进办一方面针对制约生产经营任务达成的瓶颈环节，组织公司级、厂部级、作业区级三级精益课题的立项攻关，以战代练，提升技管队伍能力。另一方面将精益管理的思维方法植入作业长制深化推进工作，激活作业区自主精益改善意识，在解决问题创造效益的同时培养高素质的职工队伍，持续培养职工追求精益求精的工匠精神，训练职工消除浪费、严控成本的改善能力，形成士气高昂、勇争一流的精益文化。

各课题组应用科学的分析工具，围绕产品质量改善、作业效率提升、功能精度优化等领域发现问题，确保课题的立项精准、有利经营，最终锁定提高高炉喷煤比、提升薄规格高强钢合格率、提升酸连轧机组效率等关键指标开展攻关，实现产线瓶颈环节的“精准打击”。2022 年共开展公司级课题 32 项、厂部级课题 133 项、作业区级课题 208 项，累计创效 4.3 亿元。其中“优化水系统管理，降低吨钢水耗”攻关课题通过优化加药制度、深挖设备潜能等措施的有效落实，将吨钢水耗由 2.77 立方米降至 2.35 立方米，年创效 1880

万元；“降低汽车板表面夹渣缺陷攻关”课题通过定制化调整工艺方案、优化转炉自动炼钢模型等措施的实施，高强汽车板连退线的夹渣降判率由15.3%降低至7.8%，年创效1100万元的同时极大提升了客户满意度。

公司策划推进“三位一体”精益运营模式以来，管理水平显著提升，带动产品、技术和客户多方位联动优化。2022年公司热轧带肋钢筋、热轧光圆钢筋产品顺利通过了冶金产品认证；冷轧低碳钢板及钢带、连续热镀锌钢板及钢带、低合金高强度钢冷轧钢板及钢带、双相钢冷轧钢板及钢带、高强度无间隙原子钢冷轧钢板及钢带、电池壳用冷轧钢带等产品顺利通过绿色产品再认证，并获评“五星”级绿色产品，顺利获得“建筑钢材质量品牌示范基地”称号。船用钢板通过八家船级社工厂认证。全方位开展满足用户个性化需求的产品认证，中厚钢板顺利通过了欧盟CE、PED认证。此外，公司通过了IATF16949汽车行业管理体系、能源、环境和职业健康安全、测量、两化融合管理体系监督认证，分析测试中心通过了CNAS国家实验室认可评定。与此同时，公司积极践行新发展理念，始终高度重视生态环境保护，下大力推进环境整治、节能减排和绿色低碳循环发展，被工信部命名为全国“第一批绿色工厂”。2021年，唐钢新区顺利通过评审，成为超低排放环保绩效A级企业，这是公司绿色低碳发展的里程碑。2022年公司导入推进“三位一体”精益运营模式以来，公司的管理水平与超低排放环保绩效A级企业管控要求实现高度匹配，在高产、高效、低耗的基础上实现持续达标排放。

舟行大海，同筑精益，唐钢的目标更加清晰，方向更加明确。在无数次精准抵达目的地的过程中，精益的理念已深植于这片热土，生根发芽，向阳而生，成为企业强大的生命力、创造力和战斗力，在唐钢向海图强的新征程中，护航发展，行稳致远！

执笔人：运营改善部（董事会办公室） 李罗

尽人力所能之事

——唐钢区位调整人力资源优化配置工作回眸

“我现在正式宣布，河钢集团唐钢新区投产！”2020年9月7日，在人力资源部会议室内，所有远程观看唐钢新区投产仪式的人员一起为激动人心的时刻高声欢呼，有几人还偷偷抹了一下眼角，一段过往重现于大家的心里。

那是2020年2月的张家口，乍暖还寒、天空阴沉，按照落实集团内人员转移战略部署，人力资源部安排到河钢宣钢接收第一批抽调到唐钢的248骨干员工，经过3天时间的档案核查和转接、三方协议签订、合同签订、组织见面会宣讲等工作，他们要踏上新征程，身背行囊和家人告别，现场气氛就像这天气一样沉重压抑，有说不完的嘱托，有说不出的担忧。就在5辆客车刚要发动准备出发时，远远的一位大娘紧迈脚步，不停地挥着手臂，她是特意赶来为孙子送来自己蒸的馒头，天气还冷但她前额已冒出豆大的汗珠，“我就怕赶不上你们啊，领导，给我孙子带上他最爱吃的馒头，从小到大他都没出过这么远的门，你们一定要带好他啊！”大娘一边握着工作人员的手一边颤抖地说着话。“大娘，我们单位后勤有保障，工作有人带，孩子到我们那有发展，放心吧。”这句承诺，绝不是空话，更不是敷衍。这份底气来自公司转型升级、向海图强的决心，也来自公司对于每个职工沉甸甸的责任。

2020年初，正值唐钢区位调整战略布局全面铺开的关键时期，“公司要坚持以经济效益为中心，铆足干劲提高老区生产经营水平，开足马力加快新区筹建速度，既要保障生产稳定顺行和筹建按期完成，又要保证职工队伍稳定。”公司领导在月末例会上做出了明确战略部署和工作要求。人力资源部的任务很重，人力资源配置面临老厂区满负荷正常生产、新区亟须技术管理及产线操作人员进驻的两难局面，全力满足新项目筹建人员需求、精简老区停产前人员配置、妥善做好富余职工安置保持职工队伍稳定，支撑区位调整战略顺利落地是人力资源整体配置工作中的难点与重点。难度，不言而喻；挑战，前所未有。

人力资源部结合公司区位调整战略布局，提出了“总体谋划、分步实施、多措并举、平稳有序”的工作思路，制定多项措施确保老区生产稳定运行：充分发挥党组织和党员队伍的先锋模范作用，做好员工思想动态疏导，营造比学赶超工作氛围，锁定目标，提质增产，全面提高产线高效运行水平；结合生产区域和职工素质现状，鼓励多能工培养，提高人工劳效。通过推行“区域工种、操检合一、能力提升”等模式，合并机构设置、压缩管理层级、弘扬工匠精神、提升员工素质能力，以横向合并合署、纵向延伸覆盖为基本方法，切实降低管理人员配置比例，实现员工配置精干高效、工艺一专多能；采取“单位间新老置换”方式，优化整体区位调整单位年龄偏大职工到存续单位，将年轻且有发展潜力的员工置换出来抽调至唐钢新区，激活老区与新区人员适配流动；以“合法合规、职工自愿”原则为前提，通过科学延长工作时间、合理支付加班工资，兼顾职工合法利益与企业生产不停摆；采用临时性用工方式，短期内解决用工紧张局面。

唐钢新区是公司发展的未来，新区进入投产前准备阶段，人员需求短缺形势严峻，人力资源部立即制定“一厂保一厂”包保责任制，到老区各个单位组织召开人力资源配置协调会，统筹各生产系统人员抽调具体事宜，采取对口抽调、相近调整、转岗培训等措施，将专业能力强、综合素质高、发展潜力大的优秀员工严格按时间节点合理高效匹配各条产线急需人员，真正做到“以事择人、专业匹配、人岗相适”。

“区位调整战略人员配置工作是公司阶段性发展面临的挑战，更是事关公司长远未来发展的时代命题。只有我们树立公司上下一盘棋思想，坚决去除本位主义，将公司整个人力资源统筹规划，充分调动一切积极因素，形成推动发展的强大合力，才能打赢这场迁徙之战。”在人力资源配置协调会上，定下了这样的调子。那时的工作人员每天一走就是3万多步，忙碌的身影穿梭在生产一线各工序。随着区位调整的进度，2020年累计为唐钢新区配置6781人（含存续单位派驻服务新区人员），全力保证唐钢新区按期投产达产，为河钢集团发展增添新动力。

在逐个单位协调的基础上，要求建立每周报表统计盘点机制，对现有员工队伍总量、核心骨干人才结构、用工分布情况、年龄结构、岗位结构、员工流动性等进行梳理分析，实施动态过程管理。制定完成《唐钢改造调整和转型发展项目职工安置计划实施方案》《唐钢改造调整和转型发展项目职工安置方案》和《公司区位调整的人力资源现状分析及人员抽调配置方案》，并经党委会审议通过，为公司实施区位调整战略提供坚实的人力资源支撑。同时深入排查化解各类矛盾纠纷，实施台账式、动态化管理，最大限度消除不稳定因素，积极预防和妥善处置群体性突发事件，完善各项应急预案，维护和谐稳定大局，保持企业健康持续发展。

“李助理，截至今天下班前，共收到报名简历126份。”负责人员调配的工作人员激动地说。我打趣地回道:“咱们得当好牵线红娘啊！”原来，人力资源部为打破人员流动壁垒，通过人力资源信息平台建立内部人力资源配置市场，模拟“市场化招聘”，这126人报名中厚板公司天车工招聘，下步将由中厚板公司与应聘职工进行双向选择，实现人才与岗位的最优配置，提高人员配置效果。根据存续单位人员需求，人力资源部共发布公司内部招聘启事30条，为中厚板公司、高强汽车板公司、信息自动化部、教育中心、河钢销售唐钢分公司、河钢普锐特、河钢化工等单位补充骨干力量500余人，推动人力资源有序流动和优化共享配置，提升人岗匹配效果，推动企业更好发展。

如今，一辆辆奔驰的客车，满载着一批又一批的钢城儿女在高速路上疾驰，向唐钢新区奔赴。此情此景，我感慨万千，感慨着上万名职工与老区告别的辛酸与苦楚，感慨着上万名职工开启新征程的激动和企盼。“转岗不下岗、转业不失业”的要求我们时刻不忘，“不让一名职工下岗失业、不让一名职工生活无保障、不把一名职工主动推向社会”的使命我们牢记于心。

尽人力所能之事，把合适的人匹配到合适的岗位，做到“人尽其才、才尽其用”是我们每一个负责人力资源管理的人矢志不渝的追求。在向海图强的征程中，我们将秉承这份追求，不断探索创新人才培养、人力资源建设，为职工提供更加广阔的发展空间，为唐钢的未来打造更加强有力的人才队伍。

执笔人：人力资源部（组织部、离退休职工管理部）副部长　李鹏

当好“财管家” 管好“钱袋子”

——财务经营部搭建高效财务平台助力新区智能化转型掠影

秋日的阳光照进办公室，桌面撒上了金辉，此刻的财务经营部费用结算主管董广辉与科室三名同事仿佛卸下了一副重担。2018 年 9 月末，唐钢本部 ERP 系统中近两万笔会计凭证分毫不差地迁移至新系统。17 天中，他们以惊人的速度，将原本加班加点也需要至少 1 个月时间才能完成的财务系统转录工作顺利完成了。

新项目按期高标准投产，快速进入正常生产经营状态，早日达产达效，离不开财务系统的高效运作。从资金筹措到结算付款，从成本核算到价格管理，财务经营部全体职工以保证项目按期投产和达产达效为核心，提高效率、强化对标，全力做好财务管家，破解制约项目建设、投产准备、生产调试、达产达效等难点问题，打通了竣工投产“最后一公里”。

跨界挑战——成本是这样控制的

在财务经营部，有段时间大家都说，成本主管冯文樵已经彻彻底底变成了“石灰窑产线工人”。

在项目建设中，唐钢摆脱传统思维模式，寻求新路径，挖掘新潜力，积极利用好社会资本，采用了多元合作等更加合理的融资手段。通过创新投资方式，引入专业化公司，实现互利双赢。环境除尘、钢渣处理、能源综合利用、固体废弃物循环利用等重点项目，均以此方式实施。2018 年，正是合作化新项目上马如火如荼之际，石灰窑即为首批面临成本核算和价格谈判的项目。

不懂生产工艺，就无法掌握谈判的筹码。可这个新鲜事物对于财务人来说，无异于一个盲区。“要想做好本职工作，就得先下功夫把自己变为专家。”此前的冯文樵正是凭借着骨子里透出的这股钻劲儿，逐步成长为财务成本管理的业务骨干，现在，他还要凭着一股韧劲儿，攻克石灰窑生产工艺这道难题。

推进建立成本比较优势，有效搭建费用管控机制，这是财务管理的重点之一。冯文樵与同事们高度关注同行业成本结构，深挖传统成本管理潜质，与行业先进企业、周边钢厂及集团内部各子分公司进行成本对标交流，为新项目的建设和投产搭建严格的财务管理框架。

他主动请缨这项任务。自 2018 年 1 月起，半年时间里，他跑到设计院了解石灰窑的初步工艺，再到生产现场向工人面对面学习，追着技术人员讨教经验，换来了“手把手”

教学的第一手资料。学习、调查、研究，再学习、再调查、再研究。奔赴马钢、宝钢湛江、山钢日照、日照钢铁等大型钢铁公司进行实地考察，厚厚一摞车票见证了对标学习的寒来暑往。在数不清的往返中，他克服重重困难，最终通过化学反应原理和生产工艺过程，研究出一套测算石灰窑原料消耗指标的方法，将每吨石灰的石料消耗由谈判初期的平均 1.87 吨降到 1.67 吨，高达 10% 的降幅，直接为公司每年节约费用 1600 余万元。同时，他按照石灰中活性钙的含量变化，确定了一套石灰价格调整机制，各项指标、消耗、价格的制定得到双方认可，仅此一项即节约成本上亿元。

任何时候，成本控制都是企业经营良性发展的重要一环。财务经营部强化结构性成本分析管理，在配矿配焦等主要原材料成本结构优化方面加大研究。强化费用管控能力，制定《费用归口管理制度》，完善各归口部门管控范围；制定《费用分类控制制度》，明确生产消耗指标和专业费用定位标准和对比标准。一系列管控措施贯穿于专业费用的提报、消耗、评价、改进全周期，有效杜绝了专业管理部门费用控制标准不严格、管控意识不足等现象，达到有效合理降低费用的目的。

在大家的共同努力下，他们将新思想、新理念应用到成本体系之中。在“会计师”与“工程师”两个角色之间迅速转变，在合作化项目价格谈判中啃下一块块“硬骨头”。每次项目招投标前，财务经营部都会提前与相关部室沟通探讨，查阅收集资料，开展运营成本测算、价格谈判、标书制定，先后完成了石灰窑、钢渣二次处理、环境除尘、脱硫脱硝、供配电、综合水处理、空压站等十多个项目的成本核算，为招投标工作决策和文件制定提供了依据。在降低财务风险的同时，也为公司合作化项目未来降低运营成本和提高效益创造了良好条件。

按下“快捷键”——平台是这样打造的

信息化是建立高效财务系统的必由之路。随着工程建设的推进，建立适合公司专业会计的核算系统迫在眉睫。而在此过程中，首要工作是根据财务工作内容划分业务单元，梳理业务现状，固化核算流程。为保证质量与进度，他们着手建立“用户—方案—实施—反馈”的高效沟通机制，为建立高效、便捷的财务核算系统提供可靠依据。

——财务人员成了“用户”。什么是“客商同码”？在外行人眼中，这个陌生词汇一头雾水，而在财务系统内部人员看来，由财务经营部费用结算主管董广辉牵头制定的这套解决方案，却是实打实的“明星产品”。

“这家供应商同时又是公司的客户，多种业务往来在系统内怎样核算？”在每周三定期组织的例会上，有人提出了一道“高分难题”。而这并没有令系统搭建人员感到难堪与困惑，相反，他们正是通过需求与实施“面对面”的方式，了解财务信息化建设亟待解决的实际问题，从而迅速编制出针对财务未来核算需要的业务蓝图文档。

往来核算、费用报销、会计报表、固定资产等核算业务的骨干财务人员全部成为了财务系统的“关键用户”。如同真正的客户走访一般，系统开发人员向他们开展业务调研，了解用户个性化的业务需求，简捷高效的实现方案就这样被制定出来。“客商同码”解决方案，就做到了在维护主数据时，根据客商的不同业务处理特点分别指定不同的统驭科目，同时引入“特别总账标识”的概念，使同一家公司的所有往来业务都能用同一编码及不同科目进行核算，完美解决了记账问题及报表统计问题。

——提前两月开账运行。财务作为企业高频数据处理中心，计算数据的可靠、稳定是根本。“长久运行不出错误”成了财务经营部全体人员秉持的信念。

首先要过的是测试关。有着近十年财务信息系统运行维护经验的董广辉带领业务人员，对实施开发的系统进行严谨细致的检验、测试。深入检查成本模块系统配置数据2000多项、账务处理信息14万多项，发现漏洞200多项。

其次要过的是集成关。“核算系统只考虑财务功能是不够的，还要兼顾与前端采购、销售、生产等业务的集成。”董广辉对此有着清醒的认识。倾尽全力打造的平台，将是各项业务无缝衔接的“集大成者”。单元测试、集成测试，无不考验着财务人员的系统集成应用经验与业务水平。

他们不是没有遇到麻烦。财务凭证生成过程中，系统配置错误、主数据对照关系错误、凭证生成信息错误接连出现，业务流转换、信息流传输等瓶颈频繁光临。最终，经过4个月的艰苦奋战，2018年9月1日，账务处理ERP系统正式开账运行，将计划完成时间节点向前推进了2个月。

自此，财务人员告别了从入账到报表制作的繁重工作，核算系统真正做到了数据录入、加工、产出高效运转。

——从毫无头绪到分毫不差。横亘在眼前的高山远不止一座。当财务人员奋力翻过了系统开发的陡峭悬崖，才发现前方仍有百仞三重。软件上线后，前期大量的工作数据需要从公司本部财务系统转录到新的财务系统。由于两套系统的配置内容、数据内容、数据格式、记账方法、报表逻辑等存在差别，跨系统数据转化和录入又成了阻碍后续工作推进的难关。

沉甸甸的凭证抱在手中，没有丝毫头绪。传统的前端手工录入手段，费工费力不说，更急迫的是难以保证数据准确性。沉默中，期待的目光再次聚焦，自行开发编写程序，才是将信息快捷高效导入新财务核算系统的有效通道。此时的董广辉等人责无旁贷，他们抽丝剥茧，理清思路，一边对新系统进行日常运维及调优，一边收集整理本部系统信息。懂业务，懂系统，懂程序开发，集中优势兵力奋勇攻坚，旁人难以想象的壁垒，以缩减一半工时的惊人速度打破了。信息迁移，分毫不差！

面对繁杂的全流程生产经营结算需求，财务结算巨大的工作量与精简高效的人力资源配置之间的矛盾日益凸显。财务经营部全体职工，在搭建财务协同平台的征程上奋力前行，以财务-业务一体化、财务结算自动化，让运营管理行云如水，全力保障唐钢全年各项目标任务顺利完成。

执笔人：财务经营部部长　骆艳

全力打造智能化“梦工厂”

——唐钢新区信息自动化项目建设纪实

曾几何时，梦想着鼠标轻点，一炉钢就新鲜出炉，一触按钮天车可以 24 小时无间断运转，一个开关机器人就取代人工进行检化验……

“十四五”开局，数字赋能、智能制造的春风吹拂唐钢新区大地，如今“智能车间”“梦工厂”已不是梦想。

在 200 多平方米的生产指挥大厅，一字排开的电脑和巨大的 LED 屏幕，能源环保、生产运行、物流状态、订单执行……所有流程尽收眼底，坐镇这里就能够洞悉和把控全厂的生产运营。

◎ 唐钢新区生产指挥大厅。

走进炼钢区域，平台见炉不见人。操作人员在主控室通过电脑画面数字化操作，自动炼钢、自动出钢、自动溅渣，通过观察系统中各种参数的变化曲线来判断汽化系统、干法除尘系统的运行是否稳定，依据这些数据，就能清楚地知道绿色化工厂的生产过程。

高起点布局　打造智能制造“新标杆”

为了一出生就赢在起跑线，他们始终遵循高站位布局，高起点谋划，坚持高质量落实，高效率推进，打造智能制造“梦工厂”。

项目自身定位的高低，决定了它所企及的高度。

唐钢新区信息化项目自建设初期，就紧紧围绕集团打造“绿色化、智能化、品牌化”精品钢铁基地的目标，经前期详细论证，引入新型检测技术、模型算法和无人化设备，打造了颇具竞争力的连铸平台机器人、智能检测技术、自动炼钢技术……使其一“出生”就赢在了起跑线上。

高站位布局，高起点谋划，就要高质量落实，高效率推进。项目从资源到技术再到人才，开启了“顶配”模式，在唐钢老区精挑细选出经验丰富、能力出众的11名管理和技术人才，负责信息化和自动化前期开发设计，他们全部为本科、硕士、博士学位，30%为高级工程师以上职称。在技术方面，与西门子、华为等行业翘楚携手，以数字化为支撑，在项目建设中广泛应用物联网、5G技术、云计算等先进技术，倾力打造国内钢铁行业首个覆盖生产全流程的数字化平台，这些都为项目建设奠定了坚实的人才和技术基础。

“在项目建设过程中，我们始终紧紧坚持高站位，紧跟国内外行业前沿，加强合作，集合各方智慧力量，保持眼界的前瞻性和技术的先进性。”项目负责人之一、信息自动化部部长李晓刚介绍说。

在以项目经理为核心，统筹规划模型组、硬件组、软件开发组及技术支持组的创新团队中，各小组按分工提供专业的业务和技术支撑，保证了团队在研发过程中，能针对各个难题逐一击破。

谁都知道，一个项目的成功建设，除了质量上叫得响，工程进度更是关键的指数。拼速度的关键，是为了降成本！整座“梦工厂”的建设，与其说是建在大海上，不如说是建在精打细算的成本控制之上。

信息化项目人员深谙这个道理，所以从项目筹备开始，就重视过程管控，严格实施倒排计划，每个人都按照工程进度做好年度、季度、周工作计划，列明当前进度、下一步工作重点、潜在供应商、需要解决的问题……正是在这样严格的工作制度下，项目部人员形成了“有计划、有风险、有反馈”的工作思路，确保了项目的选型、设计、建设、施工规范有序进行。

“速度必须快。工期拖得越长，不确定因素越多，离产出效益也越远。”数据中心主任孙博如是说。

2019年2月11日，农历正月初七也就是节后复工的第一天，孙博和其他设计人员、实施商及施工人员准时坐在了天鹅湖303会议室。老师傅们将孙博称作“福将”，说他来到港口，雾霾天很少来，雨雪天也不多，几年来顺风顺水，使得工程进度大大提前。其实不然，工程进度都是大家牺牲个人时间赶出来的，冬季施工条件受限，为了抓时间、赶进度，假期里孙博不是在打电话就是在视频开会，与设计人员讨论方案、实施商研究工期、施工人员论证可行性……“谁都想阖家欢乐，欢度新年，但我们的项目等不起啊”，这是大家共同的心声。从机房布局方案到临时电调试方案，从供电时间到机房试运行时间，逐项梳理敲定实施方案和时间节点，同时积极与设计院、实施商、监理三方进行沟通，推进施工蓝图的出图进度。翌年5月，中心机房终于建设完成，设备如期进场，孙博也露出了舒展的笑容。

在加快工程进度的同时，项目部时刻不忘工程质量，积极建立了质量控制机制，从方案设计、项目施工、设备安装等各个方面，全面严格把关，把责任落实到具体人，用工作质量保项目质量，把项目建成全优工程。在项目施工前，建立了信息自动化管理制度，将日常工作纳入考核体系，对项目进展情况进行督促检查、定期通报，及时发现和解决影响项目质量的重点和难点问题。在项目实施过程中，组织了多次技术培训和业务交流，通过不断学习最新技术，交流总结数字化工厂建设中的经验教训，完善数字化工厂的架构。

“项目建成后，我们的信息化技术不仅要树立行业领先理念，更要确保产出经得住客户检验的产品，这绝不是一件容易的事，我们必须在筹建阶段就着手，精心设计布局，为日后生产出国际领先的高端产品提供强有力的智能支撑。”李晓刚这样说。

1000 多个日夜的拼搏奋进　打通智能工厂“最后一公里”

他们向一切缺憾说“不”，不允许有一丝一毫偏差，他们不求最贵、最新，但求最适配、最具竞争力，只为打通智能工厂“最后一公里”。

2017 年 12 月，正是天寒地冻、寒风凛凛的季节，但在唐钢新区信息化项目建设场上却掀起阵阵热浪，之后 1000 多个日夜的拼搏奋进，换来了这座“未来工厂”的拔地而起。

如今，步入这座现代化钢铁之城，映入眼帘的是巍然耸立的现代化厂房、智能无人化料场、仓储区无人天车、产线工业机器人、作业工序集中管控……然而，在这种智能化气息的背后，是一个个技术人员的专注投入，一次次据理力争的谈判，一遍遍反复修改的方案论证……

“精益求精打造智能工厂，不留任何遗憾是我们对公司的庄严承诺，不管是与外方专家的技术谈判，还是各种方案的设计制定，我们始终本着严谨的科学态度和一丝不苟的精神，周密研讨，反复论证，向一切缺憾说‘不’。”项目负责人之一、信息自动化部副部长潘玉发说道。

很多人记忆中的原料料场也许是漫天的黄沙、黑脏的环境及工人手工的堆取，但在唐钢新区仓储区的综合原料场内，这些通通都不存在，取而代之的是干净整洁的厂房、一尘不染的料场区，先进的技术化手段，可视化、智能调度、全程追踪、智能排程、数字化管理这些“高科技”应接不暇。这个开创了国内外冶金企业原料料场无人化智能管理先河的项目，饱含着项目组对数字技术、智能制造的积极探索，但建设的路上并非一帆风顺。2020 年 7 月，在原料区域港口进料项目施工及自动化调试的关键时期，由于国外疫情的蔓延，导致德国西门子专家无法到新区现场进行调试，项目组马上开启备用方案，充分利用高科技手段，开辟了远程调试，每天通过视频等方式无间断随时传递各种信息。但是国内与德国有 7 小时的时差，国内下午 2:00 正好是德国早上 7:00。为了保证调试效率，技术人员就在每天下午 2:00 之前抓紧调整设备、梳理问题，2:00 后守候在网络前随时待命与外方专家进行交流，每天工作都要达到 12 小时甚至 16 小时以上。

“那段时间确实很辛苦，但是看到项目按期完成任务，我们感觉这些付出都是值得的。”自动化管理科骨干万振旭深有感触地说道。

不求最贵、最新，但求最适配、最具竞争力。这样的逻辑体现在项目上，更体现在智能工厂的整体设计布局中。

热轧自动化采用世界一流的实施商日本 TMEIC 自动控制系统，为了让行业首屈一指的先进技术在热轧生产线上生根发芽，结出丰硕的果实。2018 年，由项目负责人之一、信息自动化部副部长卢志强带队赴日本参加为期两个月的联合编程，在实际工作中，他们打破了日方制定的“朝九晚五”学习计划，硬是多挤出半个月的学习时间，并与日方多次沟通商讨，对系统进行优化设计，针对日方前期提供的功能说明与实际测试冲突问题，以中方的逻辑提出一键标定，只要按下一个按钮就能完成活门标定，这样系统更稳定，更具竞争力，也避免了设备调试走弯路……

用“梦想 + 实践”点亮钢铁制造智慧之光

他们将梦想与实践相结合，创新努力，默默奉献，用细心、耐心和不服输的“较真”劲头，在一片荒芜上筑造起智能化工厂，点亮钢铁制造智慧之光。

一个项目的成功建设，是一群人的共同努力，唐钢新区数字化工厂的构筑，倾注了信息自动化部全体参与者的心血。

从最初 11 人成长到 93 人，他们中有的是宣钢职工，有的是新进厂的大学生，有的是公司老区支撑人员，离家最近 2 小时、最远 5 小时。在三年多的建设期，他们告别了年迈的父母、相濡以沫的妻子和正在读书的孩子，把全部心思都放在了这座“新城”，共同见证了新区从一片滩涂到拔地而起的全过程。

信息自动化部部长李晓刚办公桌和沙发上，铺满了各种图纸资料、文件材料，为了保质保工期完成项目，他几乎没有午休过。从项目实施到投产，每天现场办公是他的必修课，从原料区到钢区再到轧区，详细了解每条生产线信息化设备运行情况，“信息化项目是服务于产线，只有深入现场，才能有针对性进行开发攻关，做好项目消缺。”在大家的眼里，他是一个问题导向、有技术范儿的领导者，不仅业务知识过硬，还特别喜欢与职工交流思想，为大家答疑解惑。

“信息化项目的建设需要技术水准和管理标准深度融合，最大限度发挥人才支撑作用，才能进一步助力未来工厂的建设。”他不止一次提到。

除了那些奋战在一线的工程建设者们，为这座“梦工厂”默默奉献的“幕后英雄”也不少。信息化管理科 80 后女科长孙雪娇秉承“一切为生产服务”的工作理念，充分发挥产销一体化优势，全力发挥信息化核心作用，为圆满完成竣工投产等各项任务提供坚强的技术支撑。新区投产三年多时间里，她不断学习专业知识，强化业务能力提升，把每周的工作计划细致到每一个子系统，建立了工期倒排机制，认真编制工程总体控制网络计划，细化分项计划，按照星级等级标注了难易程度及需重点协调解决的问题点，正是在这种精益求精的工作状态下，她从一名初出茅庐的技术员快速成长为技术骨干、管理人才，肩负着信息化业务管理，工作中也更多了一份干练与坚韧。其实，一个项目的建设，总有各种直抵人心的力量。2017 年 7 月，全国钢铁工业劳动模范、设备计量科科长唱春占也成为建设大军一员时，面对全新的环境，他每日都会从办公室出发，途经余热发电、铁前空压机站再到发电站，这一路线每天至少要走两趟，几乎每天都会占领部门同事微信运动的封面，成为名副其实的“运动达人”。2019 年项目建设进入关键时期，他带领团队分管动力自动化公辅系统 20 个项目 129 套 PLC 控制系统，为避免各项目的设计方按照自身习惯设计，将动力区域设备设计成“万国造”的现象，他先后编写了 12 项自动化仪表相关标准，保障了动力区域自动化仪表设备的统一性，保证了项目建设按期推进。

烧结球团作为首道工序，建设者也最早投入了战斗。2017 年 7 月，作业长卜建军就离开了宣化老家来到新区，发扬不怕苦不怕累的精神，放弃了一次次回家的机会，早出晚归现场督促，和总包方协调，解决了一项项问题。“最近工作强度很大，每天倒在床上后不到十分钟就睡着了，都没有时间想家”，烧结球团作业区骨干刘名揉了揉因长时间工作而酸痛的眼睛，叹了一口气说道，“就是苦了在老家的妻子和刚出生的儿子……”2020 年 10 月，刘名的儿子出生了，可面对施工滞后的问题，刘名却咬牙放弃了回家的机会，休息期间仍然坚守在岗位上，为的就是保证烧结系统生产的顺利进行。

工程建设期间，信息自动化项目组成员不断用责任与担当，为打造智能工厂贡献着智慧和力量。他们中有的一次不间断驻守现场达 10 多天，有的年逾五旬依然每日亲赴工地推进施工调试，有的为给高炉投产赢得时间总在深夜才从调试现场返回驻地，有的因值班人员不足会主动请缨深夜奔赴现场参加高炉检漏堵漏……

在所有建设者夜以继日的奋斗中，唐钢新区自项目投产初期即同步配备信息自动化支撑体系的顶层设计，应用大数据和云平台技术，将三维可视化虚拟工厂和实体工厂完美结合，打造国内钢铁企业智能制造标杆。构建五级智能制造一体化系统，获得新一代钢铁联合企业制造流程的工序匹配、界面技术、数字化设计、数字化信息物理融合等宝贵经验，实现全流程动态有序、窄窗口稳定运行，变经验生产为标准化、数字化、智能化生产，智能工厂的运行大幅提高了生产运行效率和产品质量稳定性。同时在生产节奏、工艺控制、物质能源协同优化、劳动效率提升等多个领域，实现管控智能化、预测预警、业务协同，在国内钢铁行业贡献了一座智能化典型示范工厂。

钢铁，因智能而变。随着项目建设进度的加快，参与唐钢新区建设的人也越来越多，从几百人到几千人，他们用同样的细心、耐心和不服输的“较真”劲头，在一片荒芜上筑造起智能化工厂，带来面向未来的更多期待。

公司史志办公室　信息自动化部　供稿

执笔人：张继柱　郭丽娜　张卫华

从“保运”到“物流”的蝶变

——物流分公司历史发展瞬间掠影

时光荏苒，岁月如梭。翻开历史的画卷，述说时代的变迁，从运输股、运输科到运输部、物流分公司，在与唐钢共成长、共发展的轨迹上实现了一次次突破，从过去单一的厂内铁路保产运输，发展成为现在的固定资产总额3.75亿元，集运输、仓储、加工、装卸、搬倒、配送、信息服务、特种设备维检为一体的大型现代化物流企业。近八十年间，物流分公司完成了从“运”到“赢”的华丽蜕变。

变革：强筋壮骨　蓄势待发

变者，天道也。

从最初的运输股、运输科到成立运输部，经历了整整30年。最初厂内仅有铁路300米，站台100米，只能同时存放3~4节铁路车辆。1954年9月，唐山钢厂从外地购进一台600毫米窄轨机车，这便是唐钢有史以来的第一台蒸汽机车。

◎ 蒸汽机车正在进行渣罐倒运作业。

什么是路，就是从没路的地方出来的，从只有荆棘的地方开辟出来的。

1973 年，唐钢改为公司建制后，正式成立运输部。1986 年，随着公司的发展，运输部也驶入快速发展的轨道。国产先进现代化行车控制设备 6502 电器集中正式投入使用，实现了铁路道岔自动控制。机务人员的作业方式发生了根本改变，彻底结束了“两杆旗、一盏灯”和人工手扳道岔的传统调车历史。1990—2000 年，整整十年，从 DX-862、WD-2000 无线电调车系统的升级换代，到铁路信号微机联锁系统应用于全部运输生产，铁路运输方式向现代化迈出了崭新的步伐。

2002 年，8 台内燃机车的投入运营，实现了唐钢铁路牵引动力由蒸汽向内燃的历史性跨越。这一壮举,不仅为唐钢的保产服务提供了保障,也预示着一个节能环保新时代的到来。

科技是第一生产力。随着唐钢的改革与发展，以实现铁路物流信息化管理为目标，运输部自主研发了独具特色的唐钢铁路运输专业信息化管理系统，并于 2008 年 9 月 1 日正式上线运行。调度指挥从以往的口呼复诵、手工图表逐步向铁路运输信息化过渡，实现了运输生产指挥系统的技术革命。随着铁路运输专业化管理系统的成熟运行，改变了原有生产组织模式，由原来的手工作业到现在的智能指挥、自动采集、自动生成，对机车作业、车辆变化实时跟踪、显示，实现了外部路车到达和发货自动扫描、自动识别、数据自动采集，调度计划智能编成，不仅提高了路车到达预确报质量，而且使运输作业效率有了大幅度提升，为保证生产指令快捷、准确地传递，助推企业发展增添了新动力。

2010 年，为适应唐钢生产组织模式的转变，铁路运输系统全面实施专业化集中管理。当年 9 月，炼焦制气厂、中厚板公司、不锈钢公司三个铁路车站铁运业务、设备及人员全部划归运输部集中管理。同年 12 月,集团销售公司负责产品储运、吊装管理的储运分公司、机动科整体划归运输部。至此,唐钢所有铁路运输业务全面整合,开始实施专业化集中管理。

牵引动力内燃化，调度指挥信息化，车辆装备重载化，工务装备大型化，铁路道口远程监控化……一系列变革，强壮了筋骨，做足了准备，企业物流已初具规模，箭在弦上，蓄势待发！

创新：物流链条　多元增效

创新，是破局开路的利器；创新，是点亮未来的希望。

2011 年 5 月 6 日，唐钢物流公司在原运输部的基础上正式挂牌成立，开启了唐钢物流发展的新纪元。物流公司在原有管理职能基础上增加了唐钢整体物流运输系统运行管理、原料和产成品仓储、货运管理、物流信息管理、对外物流协调管理、客户服务和物流异议处理等管理职能。整合后统一了唐钢的物流管理，彻底扭转了多头管理、职能交叉、数据不实、信息不畅的局面。

同年年底，生产制造部运输办公室职能、唐钢设备机动部调运科业务成建制划转物流公司，成为唐钢物流管理和物流费用管控的责任单位。随着公司转变生产组织模式和建立贴近市场的高效管理机制，物流公司深度分析物流成本，全面优化物流结构，完善制度，再造流程，发挥集中管控优势、比较优势、互补优势，实现了物流运行的系统优化，也为唐钢充分发挥临港、临资源、临市场优势，大幅降低物流成本创造了条件，经济运行效果初步显现。同年 12 月底，公司吨钢物流成本降低 36 元。

新的理念打造新的格局，新的挑战迸发新的活力。2011 年上半年，北成品库钢卷库区天车定位及物流管理系统上线运行，实现了板卷出入库、生产下线、倒库、盘库自动化，大大减少人力投入，提高了出入库效率及库存信息准确率。9 月 1 日—11 月 15 日，自主完成焦化站铁路信号微机联锁系统软件设计及施工改造，实现铁路线路扩容改造信号施工的自主设计改造新跨越。

2012 年 6 月，物流公司引入物流全概念和经营管理理念，开始构建全费用市场化核算和考核全新体系。以各基层单位为责任主体，将单位费用支出和经营收入一并纳入核算体系整体考核，彻底结束了以往干算分离的历史，打破了传统管理机制的弊端。

抓创新就是抓发展，谋创新就是谋未来。2012 年 7 月 25 日，物流公司依托唐钢区域、资源和规模优势，以及物流能力、管控能力和发展活力，取得了涵盖货运组织、站场经营等物流主业，以唐钢物流公司为依托的独立经营资质，初步形成“服务公司，面向用户，内降成本，外创效益”的综合服务型现代物流企业。一条完整的物流链条至此成功构建，为物流多元增效开辟了广阔空间。

物流公司落实唐钢“走进市场，服务用户”的决策部署，内挖潜力、外拓市场，承接地方铁路设备检修、承揽社会产品铁路发运等业务，自身创效能力日益呈现出稳步、健康发展的良好态势。2012 年承接的不锈钢公司热卷直供衡水板业铁路发货业务开始运行，迈出了走进市场、服务用户的第一步。同年 11 月，首次承揽市区周边丰南、丰润中小企业钢材产品铁路外发业务，掀开了本单位依靠自身独立经营资质、参与社会物流市场竞争的崭新一页。

发展：开拓市场　深挖第三利润源

为了使物流发展驶入快车道，物流公司不断加快物流信息管控系统建设，建立了包含信息处理、事务处理、物流预测、计划和控制、辅助决策和决策优化等多功能模块的物流信息系统，搭建了涵盖全面、业务公开、运作公平、成本清晰、数据共享、信息透明、管理规范的物流信息管控平台，实现全流程智能化、可视化物流管控，为物流业务经济运行提供了可靠的技术支撑。

2014 年，物流公司立足唐钢物流系统专业管理，牵头组织协调铁路、港口及唐钢供应、销售、生产等部门和单位，对降低运费、压减管理费、降损耗增效益和对外创效进行攻关，实施计划动态管理和铁路菜单制管理，提高了物料发运均衡性；加强物料直供组织，大幅降低了亏吨和二次倒运损耗。全年，完成吨钢降低物流费用24.47元，增效总额达1.78亿元。

效益是企业生存发展之道。2015年1月26日，物流公司与北京铁路局唐山货运中心对接，首次推出“一揽子”合作计划，并顺利实施，铁路运价享受“一口价”优惠政策。全年共降低铁路费用3050万元。

若要立于不败之地，外强，内更要精。2015年4月8日，物流公司率先在生产调度系统推行作业长制，实现了“调度集中、跨站作业、地面调车”，厂内铁路运输业务“集中一贯”的生产组织新模式，共优化出4台运用机车和64名岗位操作人员，大幅提高了铁路运输效率，吸引了众多单位前来学习对标交流，在业界产生强烈反响。

2015年，物流公司积极推进智能化物流系统建设，相继在高强汽车板库区从原料入库、产品下线仓储到产成品装车发货，实现天车无人控制，智能自动无扰运行，降低了人力资源运营成本54.7%，提高天车工作效率27.1%，为企业安全生产和效益提升提供了强劲动力。

在信息化、智能化时代的大背景下，2015年8月3日，物流公司“智慧物流”项目正式启动。项目先后完成1.0、2.0版本的迭代开发和上线，平台功能不断扩大。在唐钢四个“互联网+”项目建设与运营中，取得了起步最晚、进度最快、效果最好的领先优势；在集团内，引领了现代物流产业发展；在钢铁行业内，抢占了“互联网+物流”的发展先机。同时，也为日后集团供应链“铁铁智运”平台提供了核心支撑。

2017年，唐钢统一规范组织机构、变更单位名称，将物流公司改为物流分公司。为紧跟集团可持续发展步伐，物流分公司以驱动绿色物流为出发点，以扩大对外创效为落脚点，全力开发集装箱运输业务，2017年2月14日不锈钢公司铁路接卸集装箱改造项目立项开工建设，2018年2月竣工投产。一年间，不锈钢区域铁路集装箱运输项目累计创效482万元。2018年10月，物流分公司又成功开通唐钢老区第一列铁路集装箱原料进厂绿色通道，实现了焦炭、喷吹煤铁路集装箱的唐钢本部厂内接卸，创效成效凸显。

随着全国大宗物流“公转铁”的实施，唐钢积极落实打赢“蓝天保卫战”重大决策部署。物流分公司结合自身实际，加快推进唐山美锦铁路重点项目，2019年8月21日16:00，唐山唐钢美锦物流有限公司“公转铁”首列货运列车顺利开行，结束了工矿企业唐钢美锦焦化没有铁路运输的历史。该项目的开通运营，在保障企业内部物流服务的同时，对京津冀协同发展起到了良好的促进作用。

2020年9月唐钢新区投产后，一系列清洁运输举措及方案应运而出，恢复开通佳华站场“公转铁”运输，通过延伸管理千方百计协调皮带运输增量，颠覆传统启动新能源车运营，合理规划管道输送项目。短时间内，新区清洁运输实现了80%以上，有力支撑了环保绩效A级企业的获批，吸引了众多业内人员前来对标。

2021年，随着唐钢新区的达产达效，物流分公司主动跟进区位调整大势，将工作重心转移至新区，直接服务唐钢新区的钢材储运、冶金物料、设备保障、铁钢站和佳华站等

◎ 唐钢佳华铁路西进开通。

各区域。各项物流业务开展有序顺畅，成为新区生产建设不可或缺的中坚力量，在区位调整的变局中开好新局。

我们跟随着唐钢高质量发展步伐走入了 2022 年，物流分公司的视野更宽，格局更大，利用信息化等前沿技术手段，积极谋划构建唐钢“大物流”新格局。通过对数据进行集中管控，建立起企业的“大物流体系”；借助云计算、大数据、5G 等前沿技术，进行数据归真管理，实现物流产业的数字化转型和智能化发展；通过立足岗位，高效协作，统筹开展物流保产工作，确保了公司物流系统通畅高效；积极推进“综合调度指挥中心系统”项目建设，自主开发“大物流网络模型”，将物联网、数据挖掘、运筹学模型、预测模型等前沿技术融会贯通……这一年，物流分公司有一如既往的“守土有责、守土尽责”的姿态，有实现物流产业的数字化转型和智能化发展的美好前景，更有绘就公司“大物流”蓝图的责任和担当。

“山再高，往上攀，总能登顶；路再长，走下去，定能到达。”面对唐钢转型升级和高质量发展的历史机遇，物流分公司发挥物流专业管理职能，持续开展物流降费攻关工作。以物流业务优化为突破口，首次全面引入物流攻关工作机制，创造性地将横向到边、纵向到底的每项物流业务视为资源，实施二次开发、流程再造，深入挖掘降费空间，全力把费用链打造成价值链。

千淘万漉虽辛苦，吹尽狂沙始到金。通过物流体系的高效运转，物流结构不断优化，多年来唐钢物流成本持续保持集团最优，将物流板块打造成为企业发展的第三利润源，成为唐钢直面市场的强力支撑及非钢转型的有力实践。

执笔人：物流分公司　刘会军　刘立强

向深蓝挺进中打造维检铁军

——检修分公司区位调整纪实

题记：

这是一座山脚下的钢城，那是一片充满希望的沿海钢铁基地。时空轮转、山海之间，是唐钢人创造历史的坚强精神与书写未来的矫健步伐。公司区位调整以来，检修分公司勠力同心挺进深蓝。转战前夕，他们练本领、强队伍、打基础，将自己调整到最佳状态；在沿海基地建设和老区搬迁过程中，他们将积累的技术应用至新区，全力保驾投产、护航达产；进入新的发展阶段，他们步未止，主动调，加快转，运用精益管理、标准化作业、技术创新、管理创新、企业文化等一块块“船板”，造就一流维检铁军，在向海图强的道路上扬帆起航、拥抱未来！

磨炼队伍掌握技术 为转战新区夯实基础

“虽然要走，但我们要留下一个设备水平最高的产线、带出一支最强的队伍。”谈到公司启动退城搬迁进程的那一刻，检修分公司总经理周舰说道。早在2019年，检修分公司便组织开展了基础管理、核心技术、标准化作业和精益管理工作。对于区位调整，他们是有准备的。

“一支素质过硬、技术过硬、管理高效的队伍，到哪里都能够无缝衔接，迅速进入状态。”区位调整前多方发力、全面布局，强抓基础，有层次地推出5S精益管理和确认表等行之有效的管理手段，让管理“工具包”日益完善。

此后，生产组织效率和质量稳步提升，“AB角+确认表”检修组织模式初步形成品牌。经过“强力考核、稳固提升、补齐短板”三个循序渐进、奖惩并用、批评与帮扶并行的活动阶段，干部监督体系发挥了只紧不松的“棘轮机制”。党员干部履职尽责为企业谋发展、为职工谋幸福，基层组织的凝聚力、战斗力和创造力有效增强。工匠型职工队伍和高素质管理队伍的打造，颇具竞争力。

2019年，利润达到历史最好水平，2020年新增风电、桥机和大型备件等高附加值项目 28 项，产品外销到湛江跨海大桥、菲律宾水泥厂和古巴炼油塔等项目中，外部市场收入同比提高 347.8%。直至新区高炉点火，事故率连续三年下降并优于考核指标。其间，顺利通过中国船级社质量管理体系监督审核，这无疑是对企业整体状况的一种充分肯定。

但在检修人眼中，产线的高水平运行，才是对检修分公司最大的肯定。“技术是天花板，决定发展高度；队伍素质是‘压舱石’决定了我们的基础，要想在新区建设中发挥自己的作用，离不开这两项。”为打造高附加值产品、高附加值技术，他们按下研发攻关的快进键。

与一钢轧厂成立液体天车、轧机间隙、精度和液压治理等四批 43 个焦点课题组，卷取机过钢量从 40 万吨提升到历史性的 60 万吨。烧结机漏风率由 51% 降至 42%，台时产量增加 30 吨！通过三维建模和空间对比，实现不锈钢公司连铸机在线高精度弧度调整，1580 等轧线刚度大幅提升。得益于确认表标准化作业的推进、基础管理的扎实和顺畅的耐材技术攻关流程，耐材事故率连年下降，直到历史性降低为“零”，生产保障作用凸显。

这一切，为产线打造了定心丸，也推动了业务结构和市场结构向高端调整。高精度空间测量业务已覆盖产线各型设备；在线加工技术占据检修技术的“头部”业务，打破大型设备长期外委修复的局面，关键设备掌握在了自己手中。

此时的检修分公司，已经为进入新区“强身健体”，做好了施展拳脚的准备。

精益求精全面创新　高质量服务保驾护航

“即便是五节柜摞起来围成的休息室，也是干净整洁的。”检修分公司党委书记姜伟拿出一张张照片讲道。2020 年刚来到新区，还没有专门的区域，条件不好，但照片中各类物品定置码放、制度文件更新上墙；军事化早会、内务整理中的职工口号响亮，着装整齐，显现出检修职工特有的精气神！这让人想起了那句“斯是陋室，惟吾德馨”！检修职工虽然条件艰苦，但他们一直保持着在唐钢老区 5S 精益管理时培养出的习惯、练就的素质。

施工中的检修职工实行 5S 精益现场管理，焊把线、气焊带横平竖直，三不“落地”、两不“见天”，保障了施工安全及质量，向新区递上了一张高端靓丽的检修名片。一方面打造最佳检修现场、最佳库房，规范班前会、推进创新改善提案活动，大力开展精益管理；另一方面推进标准化作业，让每步操作都形成确认表，并提升改进。

其实，在精益理念上，通过近年的推进，已经由现场向生产检修环节纵向延伸。产品建立一元化订单流程，单位时间生产效率提升 15%；出厂合格率达 100%。维保期间工作效率提升 20%，项目质量达标率 100%、检修工期兑现率 100%。耐材采购价较基建期降低 7.88 元 / 吨。为唐钢新区生产达效提供了有力支撑。

2020 年，检修分公司接收佳华高压供电系统，其设备陈旧老化，既没有现成的图纸、设备故障率也高，由于功率因数低能耗很大，还面临着被国家电网处罚的风险。但此时的检修分公司“兵强马壮”。作业长、班组长按照层级履职清单迅速进入工作状态，成套的现场标准被迅速制定出来，职工们按照早已成为习惯的标准化作业检修着设备。仅一年，功率因数问题不仅解决，还超过国家标准，电力系统设备事故率为零。2021 年，佳华公司新建的变电站及配电室投运后，点检运行维护工作也交给检修分公司。

职工们将素质素养带到了新区，一批此前打造出的技术、攻关经验，也在加速应用到新区产线。检修分公司以专业技术为引领，以设备主人的姿态积极参与设备调试保驾，将空间精度控制、故障预警、增材制造修复等高端技术应用至产线，提高产线作业效率和运行精度。

圆满完成新区日常维保、定修大修及耐材保障工作。完成原料区皮带抢修、钢区 2 号转炉倾动减速机漏油处理等紧急检修，展现了检修铁军风采。

高标准承接新区厂房钢构、佳华料仓等装备制造 140 余吨。全方位进行耐材交底及对接，将热轧事业部钢包龄提高到行业最好水平。采用超声速喷涂、激光熔覆和在线修复等增材制造修复技术，延长备件使用周期，使新区高炉开口机横键寿命提高 3 倍，备件费用降低 50%。

围绕延周期、降消耗、提效率等问题，与各产线成立课题组，开展专项攻关，迅速掌握新区关键设备功能精度保持技术。其中，热轧定宽机锤头、夹送辊、卷取机芯轴定期快速更换技术，将更换时间压缩至原来的一半，为唐钢新区生产达效提供了有力支撑。

积极承接各类项目与工程，以“零事故、零延期、低费用”完成老区南区动力阀门、北区 1 号烧结机脱硫管道拆除等，为公司节省外委拆建费用 560 万元。

练就技艺造船出海　搏击风浪迎接新挑战

随着新区生产的逐渐稳定，检修分公司也在朝着保产线高质量、高效率、稳定生产的方向努力。将产线作为生存之本，积极建立服务思维，全力保障设备稳定运行，为释放产能、提高产品品质提供支撑。

检修分公司对设备进行分类分析，完善 AB 角模型、制定新区设备确认表 3000 余项，其中定宽机锤头更换、AGC 缸及 AWC 缸更换等项目，使检修时间成倍缩短。运用在线监测技术和离线检测技术，为产线出具预报，发现设备故障隐患。将设备问题扼杀在萌芽，实现精准检修，降低检修成本。

在高生产节奏下，一系列耐材“卡脖子”问题被解决，铁沟、钢包、中间包寿命全面提升，尤其是热轧事业部全精炼无碳钢包的包龄对标首钢京唐的 125 炉，达到了行业领先水平。

向着公司提出的打造“五个高地”、实现“五个一流”目标，检修分公司以专业技术为引领，分类定档、瞄准目标，建立技术创新委员会，确立热轧事业部定宽机、卷曲等关键设备在内的 7 大攻关项目，在技术创新的同时，优化创新体系，形成行业一流的技术研发团队。

为打造一流检修队伍，做好技术传承接替，检修分公司通过课题攻关、技术创新、提案培训让关键技术人才脱颖而出，为做到精准检修提供支撑。同时，以精准施策、直达病灶为原则做好工人序列和管理干部的评定，激发积极性。

干部队伍通过干部评价体系、履职清单、管理标准化等，形成守土尽责、担当创新的企业文化。职工队伍通过多能工培训、工匠培养、实操培训、5S 精益管理等，形成技能扎实、多面、素质过硬的检修队伍。

过硬的队伍投入到新区维保。在疫情考验下，实现一岗双责、层级管控，圆满完成 2050 线大修、热轧事业部 1 号转炉大修、耐火材料保供等任务，做到了防控不漏、工作不乱、队伍不散。在非常状态下实现疫情防控、安全检修、施工质量、文明施工、工程进度与职工生活保障的全面胜利，保证了生产稳定顺行。

面向未来，检修分公司将在新区这片热土上，面向大海，挺进深蓝，持续打造一支全面过硬的维检铁军，为新区提供成套高端服务，为产线提升产量、提高质量提供强有力支撑，抢占周边市场的专业技术高地。

执笔人：检修分公司　靳志伟

钢铁动脉向海谋篇　蓝色音符奏响乐章

——气体公司沿海布局空分装备纪实

蓝色是液态氧的颜色，是河钢标识的颜色，也是大海的颜色。在唐钢向海图强的路途上，气体公司全力保驾护航，如同冶炼系统的大动脉，源源不断地输送着氧、氮、氩这些动力介质。不管是建设、生产还是运营、管理，每个环节都凝结成一个个跳跃音符，奏响着一曲曲动人乐章。

工业气体是冶炼钢铁的基础原材料，被誉为“工业的血液”。随着唐钢新区铁钢轧的建设，气体公司的配套设备设施也在紧锣密鼓投建，主要涉及一套 6 万标准立方米 / 时、一套 4 万标准立方米 / 时制氧机组的安装，一套 4 万标准立方米 / 时制氧机组的搬迁，既要坚持保工期、保质量、保安全，又要与防控疫情协同发力。可谓时间紧、任务重。

直击建设现场：26 个月三座空分塔傲然屹立

2018 年 10 月 26 日，气体公司 6 万标准立方米 / 时制氧机组开槽动工，标志着配合唐钢区位调整投资建设的空分项目正式拉开了建设的序幕。

区位调整、向海图强是唐钢历史上的一件大事。为配合公司发展战略，做好氧、氮、氩等气体介质的供应，气体公司统筹安排，把新项目建设作为重中之重，全力协调推进。在乐亭沿海，为确保工程如期竣工按时投运，气体公司建设者全力以赴，加班加点奋战在一线。老区生产设备部、工程技术部、安全部、财务部和综合部协调联动，为项目建设提供最大力度的支持与服务。他们克服困难、迎难而上，为公司向海图强贡献智慧、挥洒汗水。

◎唐钢新区制氧区。

经过一年多的日夜奋战，2020 年 9 月 4 日，6 万标准立方米 / 时制氧机组正式对外输送氧气。这是气体公司历史上产能规模最大的一套空分装置，从零基础建设到投入运行，用时不到两年。

就在 6 万标准立方米 / 时制氧机组建设即将完成的同时，新项目第二套装置——4 万标准立方米 / 时制氧机组于 2020 年 6 月 7 日开工建设。前有 6 万标准立方米 / 时制氧机组打下的坚实基础和成功经验，第二套装置的建设显得更加得心应手。是年 12 月 5 日，4 万标准立方米 / 时制氧机组建设完成投入运行，创造了气体公司空分建设速度最新纪录；随后，从气体公司炼钢制氧作业区搬迁利旧来到新区制氧的原 1 号 4 万标准立方米 / 时制氧机组也顺利完成安装调试，投入生产序列。短短两年零两个月的时间，一座现代化工厂从沿海滩涂上拔地而起投入运行，三座空分塔巍然屹立在乐亭经济开发区的海边，见证了企业的发展进程，为唐钢向海图强贡献着气体力量。

致敬参建者：你们是“第一支撑”

一个党员就是一面旗帜。项目建设初期，气体公司派出 7 名建设者，其中 6 人是共产党员。他们用自己的实际行动诠释着共产党员的责任与担当，也带动着唯一的一名“党外人士”。从场平、开槽、打桩、基础施工到设备监造、设备安装、设备调试，项目建设者全面参与，每件事都亲力亲为。他们按区域分工，团结协作，打破了原有的工种的界限，毫不计较个人得失。“年轻人，辛苦一点不算什么，多干一点也不觉得吃亏，还多学本领了呢。”年轻的仪控技术人员孟庆宝这样说。

如今说来云淡风轻，当时的艰难只有他们自己知道。项目建设初期，这里只有一片滩涂，到处是沙地、水塘和芦苇，水塘中偶尔自投罗网的几条鱼和一些蛤是生活中难得的乐趣。两个冬冷夏热的集装箱就是他们的临时居住的“家”。无论是夏天下雨还是冬天下雪，他们的“家”都会变成水帘洞。夏夜里，雨水打在集装箱上，发出叮叮当当的声音，经常吵得人无法入睡。工地没有食堂，附近也没有饭店，吃饭都成了一件困难的事。他们自己都记不清，究竟吃了多少袋方便面，又有多少顿饭根本就没有来得及吃。盯不完的现场，忙不完的工作内容，白加黑、五加二的工作模式，有时一天只能睡三四个小时，这一切都考验着每个人的脑力和体力。坑洼不平的场地，没有车辆可以代步，他们只能用双脚丈量着工地上的每一寸土地，伴着沙尘穿梭于工地的每一个角落。每天两三万步是再正常不过的存在。用风餐露宿来形容他们的生活状态，用忙碌而充实来形容他们的工作状况再恰当不过了。

宝剑锋从磨砺出，梅花香自苦寒来。正是由于项目建设初期就全面参与其中，他们对这里的一切了如指掌，偶尔还自豪地向新来的同事介绍某个设备所在的位置以前是什么样子。对于这里的设备，他们不只是了解，更是充满了感情。看见的、看不见的仪表管路和内部设备，都深深地刻印在他们的脑子里。按照他们的话说，也许这一辈子也只能碰上这一次机会，能够从零起步建设多套空分机组。这是难得的宝贵经验，是青年技术人员个人成长的高效催化剂。

伴随着项目的建设进程，气体公司及时抽调各方技术骨干，支持新区制氧的建设运营。这样的历练也为企业培养了一批具有实战能力和建设经验的人才。如今，这里的人员越来越多，技术力量越来越雄厚，生活和工作条件也越来越好。三套空分机组稳定运行，将氧、氮、氩等介质源源不断输送给生产用户。

如今的钢城风华正茂，上市的气体公司仍需风雨兼程。“在新装备投用、新项目建设、新市场开拓快速推进的攻坚阶段，我们将主动应对区位调整带来的挑战，全面落实上级和公司各项决策部署，以效益为中心，以精益管理为抓手，以对标挖潜、技术升级为载体，稳生产、降成本、提指标，加大市场开发力度，增加外销收入比重，发挥经营机制优势，为唐钢高质量发展再作新贡献。”气体公司党委书记孙昌焕在谈到下步工作时决心坚定。

天更蓝、海更宽，钢铁动脉跳动得更加铿锵有力，向海图强的宏伟蓝图更加绚丽清晰。在向海图强的新征程中，气体公司全体干部职工带着自信上路，守着初心前行，一路攻坚克难、开拓创新，为沿海新区的生产经营和增利创效贡献着气体力量，让蓝色音符随大海的波浪一起闪耀环渤海湾。

气体公司　公司史志办公室　供稿

执笔人：马明杰　张卫华　王静芳

从“清零”到“满仓”

——采购分公司专业采购护航“向海图强”

2020 年 9 月 7 日，在碧波荡漾的渤海湾，一座崭新的未来工厂——唐钢新区顺利投产。作为原燃料保供部门，河钢采购唐钢分公司在公司区位调整中，牢记“保供、降本、创效、服务”宗旨，用专业采购精准把控库存与资源，为公司“转型升级 向海图强”奠定坚实物料基础。

时间回转到 2020 年 8 月，公司区位调整正式拉开帷幕，炼铁、炼钢各条主产线进入停产倒计时。

河钢采购唐钢分公司按照总体部署，在保证生产需求的前提下，稳步推进降库工作，开展了彻底的物料核查工作。大大小小千余种物料，每一个品种都要仔细盘核，工作量之大、过程之烦琐可想而知。

“为生产提供最优服务”，这一理念早已根植于分公司每位职工心中。公司区位调整在即，降库是首要任务，要是连自家“家底”都摸不清，这不相悖于分公司的服务理念吗?所以，分公司职工在做好正常保供的同时，盯现场、盘库存，耐心细致、加班加点，短短一个月的时间，把每一种物料的库存数量、应用产线及生产可用天数等关键数据都逐项核实清楚，登记造册，为降库工作夯实了基础。

摸清了家底，分公司明确降库目标，制定时间表，扎实推进工作。长期低库存管理的辅料、合金等物料，品种虽多但存量较少，与生产紧密配合，根据每日消耗与库存数量，缩短采购周期，减少采购数量，加大供应商发运协调，提高供应频次与效率，用高效服务保证生产的同时平稳降库。

公司生产使用的主原料、采购量动辄几万吨的煤焦，是降库工作中最难啃的硬骨头。时任分公司副总经理、分管煤焦采购的郑国富，在煤焦降库专题会上立下军令状：“生产不停，煤焦就要稳定供应；生产即停，库存就要清零。”

于是，分公司从专业服务的角度，协同生产、物流等部门，以采购提前期的设定、物料运输的协调、日发运计划的落实为重点，稳扎稳打，步步为营。

——理顺保供流程。与煤焦各供应商积极沟通，得到供应商理解后，迅速理顺请车批车、装车发运、在途运输等各个环节，保证流程顺畅。

——精细发运管理。将发运计划再细化，精确到每天、每时，专人负责，驻守供应商现场加强协调，保证各物流环节紧密衔接。

——有效抵御风险。充分预估影响煤焦安全供应的可能性，逐项分析找出问题根源，制定翔实有效的解决方案，保证突发事件快速处理，增强抗风险能力。

——煤焦低库运行。逐步缩短煤焦采购提前期，实时发运全流程监控，实现采购、库存、消耗三个关键节点数据信息共享联动，满足生产需求的同时煤焦库存稳步降低。

2020 年 8 月 31 日，分公司以专业高效的采购服务，按期实现了降库目标，特别是每月几万吨采购量的焦炭，最终库存不足百余斤，真正做到了“生产即停、库存清零”。

在“清零”的同时，如何把握新资源，保驾护航唐钢新区生产，成为摆在分公司面前另一个重点工作。

2020 年 9 月，分公司原料科的职工分外忙碌，他们正全力筹备公司新区生产使用的“首单物料”——石灰石粉和白云石粉的询比价工作，但在理化指标为 Ca50 的石灰石粉的定价中却遇到了难题。

原料科职工在摸市场时了解到，Ca50 石灰石粉在国内根本没有市场，也就是说，市面上根本摸不到 Ca50 石灰石粉的价格。没有市场依据可循，Ca50 石灰石粉怎样定价?

办法总比困难多。原料科从供应商的原料入手，深入了解越南和中国广西等地的石料市场，把钙含量高于 50 的石灰石市场价格作为基准价格，加上生产石灰石粉的加工费用，再综合运输、筛分环节的耗损和税率、财务指标换算等因素，和生产、财务部门协商后，得出 Ca50 石灰石粉的“测算价格”，作为价格谈判的基准。

果然，在 9 月 3 日的物料询比价中，三家供应商报价均高于“测算价格”，挺价意愿非常强烈。我们则以“测算价格”为基准，从成本构成、运输运费等方面与供应商展开多轮次谈判，最终，首次询比价以低于“测算价格”3 元 / 吨的优势，成功锁定了 Ca50 石灰石粉新资源。

随着唐钢新区各产线的陆续投产，分公司始终如一深耕原料市场，牢牢把握住山西焦煤、开滦集团、河南能源、赤峰中色等战略供应资源，开发多家品质信誉好、供货能力强的新渠道，用“满仓”的优质原料，护航唐钢向海图强新征程。

执笔人：采购分公司　李春莲

800 多天的坚守

——保卫部护航唐钢新区建设纪实

大海碧波，百舸争流，催人奋进，唐钢新区正犹如一颗明珠在钢铁经济的浪潮中磅礴发展，逆势而上，闪耀渤海湾。800多天的坚守，这里也见证了值守卫士们不平凡的一段经历。3月23日，笔者采访了队员们，倾听了他们驻守的故事。

故事要从2018年7月说起，原来，为了保障河钢乐亭项目建设稳定顺行，保卫部承担起长期值守现场的艰巨任务。

酷暑中的值守

治安保卫工作看似简单，然而真正高质量地做好却不是件容易的事。队员们告诉笔者，施工建设期间厂区共设有3个大门，每个大门都必须设岗并派人24小时驻守。然而，对于这些执行力极强的保卫队员来说，时间长短不是问题，人员短缺能够坚持，但有一个难题，即便是铁打的人也很难克服，那就是露天。

由于施工期间执勤设施不完善，门卫起落杆全部都要靠队员手动起落，每天进出车辆较多，而当时已经入夏，要在高温酷暑中看守，一个班下来汗水根本就没断过，别提多遭罪了。

为了顺利完成上级交办的任务，保卫队员不怕吃苦、克服困难，在高温酷暑下依然坚守在本职岗位履行着职责，从不懈怠查车流程。队员们说，有时候热得受不了，他们就换换岗，找一个背阴的地方乘乘凉，但难熬的是夜班，又闷又咬稍不留神就会被可恶的蚊子“亲”上一口，一个夜班下来都不知道被蚊子咬了多少疙瘩。就这样，他们硬生生地扛过了一宿又一宿。大家伙的辛苦，领导都看在眼里，通过与有关部门协调，终于调来临时岗亭。此后，保卫队员们开始了冬天连暖气、夏天补屋漏、闲时搞内务……到后来连临时监控都安上了，有效确保了保卫任务的圆满完成。

杜绝“闯关”“偷渡”

有经验的保卫队员们都知道，白天防“闯关”，夜晚巡“偷渡”。

所谓“闯关”，是说白天经常有自称是施工方的外来人员以办事为由企图进入厂区，偶尔也有想要“拾荒”的大爷大妈前来拜访，对于这种情况，保卫队员严格执行治安保卫管理规定，绝对禁止无关人员进入厂区。

夜巡“偷渡”则是为确保厂区设备设施不会丢失，值守的保卫队员们夜间要不定时不定点地对重点区域防范进行巡视，这远比白天的工作更加困难。由于有些重点防范区域地处偏僻，夜里经常有流浪猫狗经过，为了不放过任何一点可疑情况，稍有响动队员们便会前去查探一番，一晚上少说也要巡个六七趟，可以说他们是以高度的责任心和使命感，全心全意做好治安保卫服务。

明确职责　提升防控能力

笔者了解到，进入河钢乐亭项目现场，保卫部主要负责门禁管理、巡逻、治安防范及配合公安机关执行临时工作等。面对点多面广、人员少、任务重的考验，该部结合有限的人员配备和岗位实际，科学合理地制定了保卫工作计划，为项目建设有序推进奠定了坚实基础。该部实行“区域自治、平安共创”的管理模式，定期组织各单位签订《治安保卫协议书》，夯实治安责任，在持续抓好门卫、巡防、生产保卫“三支队伍”建设的同时，实行“三级联防”（公司级、厂部级、车间级）管理机制，调动各事业部形成齐抓共管治理格局，并适时与属地公安机关协调联动配合，建立联防巡查机制，促进厂区各项工作安全稳定运行。同时，加强门禁管理力度，严防闲杂人员出入，对进出物资实行“逢车必查”，并安排巡防大队采取车巡与步巡相结合的方式，24 小时不间断地对设备存放地、电缆库房及重点易发案部位进行重点巡逻防护，及时消除厂区治安隐患，全力以赴为项目建设保驾护航。特别是在疫情期间，全体保卫队员克服困难，以队为家，部分人员连续 15 天坚守在工作岗位，全力保证了各执勤区域的工作质量。

800 多个日日夜夜，在保卫部全体职工的共同努力下，圆满完成了各项保卫任务及上级交办的其他工作任务，其间共整改各类治安隐患 3000 余项，防范盗窃 1000 余起；移交公安机关 20 余起，有效维护厂区的正常生产秩序。

执笔人：保卫部（武装部） 廉伟

全心全意为新区服务

——唐钢新区后勤服务保障工作纪实

2022年加速“转型升级 向海图强”号角吹响之时，我的思绪立马被拉回到了2019年，那是我们最困难的一年，更是我们重任在肩不放弃，为之奋斗的一年，也是我们斩断后路向前冲，为之振奋的一年。

2019年，公司将新区后勤管理服务工作交给了我们行政福利处，作为单位的领头人我既激动又兴奋，这既是公司对我们工作的肯定，同时寄予的希望与信任也给我们带来了巨大的压力，500多人的行福处，既要保证老区后勤服务水平不降低，还要以更高的标准和专业素质，为朝气蓬勃的唐钢新区做好后勤保障，困难重重啊！开弓没有回头箭，领下任务，我就坚定一个信念：俯下身子，干实事，坚决打好第一仗。

任务就是命令，主动出击不等不靠。马上组织领导干部、相关科室负责人召开誓师会，强调四点：一是处领导班子、机关科室、责任单位全面下沉到新区，摸清底数；二是各项服务工作标准要高于老区，一点不能含糊；三是制定工作方案，落实时间节点；四是不要提困难，办法总比困难多。大家必须向难而进，没有退路。

新老区双线运行，需要人力和物力作支撑，当时面临的最大的难题是，各部门人员配置严重不足，“遇到难处找公司，还要我们干嘛，这不是行福处的作风”。井没压力不出油，人没压力没干劲，方针已定，除了自己的事自己干，没有别的路可走。

在工作会议上，我们鼓励干部职工把责任扛在肩上，困难踩在脚下，以坚定的信念、勤勉的态度、实干的作风，不等不靠，主动作为。全处上下同欲、高度统一，领导亲历现场指挥，左培新副处长索性长住新区作战，带领着相关科室的干部职工，连续三个多月不回家，对接后勤业务，协调处理繁杂的事宜，以“身正”做在前，带领这支队伍不令而行，奋发图强，没说过一个“苦”字，没要过一分报酬，我们在不动用公司人力、没向公司要一分钱的情况下，挖掘内部潜力，激发内生动力，全面完成了新区整个后勤接管任务。

面对困难，直面迎击向前冲。最先介入管理的是新区厂前区食堂，2019年初，厂前区食堂内部工程尚未完工，外围道路没有铺设，为了掌握第一手资料，做个明白人，在没有厂方要求的情况下，我们带领职工7月就进入食堂，一直到12月开业，近半年的时间里，职工白天穿梭在施工现场盯进度和施工质量，参与内部线路分布，机器设备定位，炊具用具进厂、售饭系统安装等，天天灰头土脸，没地歇会脚，没碗热水喝，晚上对着冷饭、冷屋、冷天气，制定工作计划和起草管理标准，笔记本上密密麻麻的字，记载着食堂诞生的步伐，凭着一竿子插到底的“牛脾气”，和工作“较上劲”。苦盯死守不回家，“监督、协调、同干”是他们的“三板斧”，处理一桩桩事务，解决一个个难题。临近开业时，食堂从老区抽调30名职工进驻食堂做开业前的准备工作，现场保洁的，物料储备的，开业制作的，一人多岗，一岗多责，日工作时间超过16个小时，连续5天吃住在食堂，晚上就和衣躺在临时搭建的“床”上，凭着这股子“杠劲”，换来12月8日厂前区食堂开业供餐开门红，以出色的业绩赢得职工、厂家认可。后来相继接收7个食堂，月总关联交易达200多万元。

服务第一是我们的宗旨，随后接管浴室、厂容清扫、职工住宿均达到了“标准要高，专业要强”的预期目标。承接的4个浴室、40.67万平方米的厂区主路保洁，1032间的职工住宿的管理工作，这一仗我们打赢啦。2021年实现收入1.93亿元。

接手新区后勤服务，艰辛的日子留下了很多感触。职工是企业的财富，他们踏实勤勉，朴实无华，像一颗钉子，虽然不起眼，却牢牢地“盯”在岗位上，他们不仅仅是平凡的服务者，更是最美的后勤人。

◎ 唐钢新区职工生活区一景。

职工对服务品质的要求是我们后勤工作不懈的追求，为向海图强走向深蓝的唐钢新区职工服务，我们很荣幸。无论何时，我们谨记全心全意为职工服务的理念，为新区建设和发展贡献力量。

执笔人：原行政福利处党委书记、处长　郭洪莲

第四章

勇立潮头

向海图强，“未来工厂”引领未来

渤海湾，碧波成顷，潮声阵阵。

2020 年 9 月 7 日，这片海域迎来了极具深远意义的一天，紧邻京唐港散料码头的唐钢新区顺利投产。至此，唐钢人告别了临海不临港的历史，实现了拥有沿海钢铁项目的夙愿。

唐钢新区是省委省政府落实习近平总书记“坚决去、主动调、加快转”重要指示精神，坚持新发展理念推动河钢转型升级高质量发展的重点示范项目，也是集团竞争力全面提升的重要工程。唐钢新区顺利投产标志着实现了从城市向沿海的历史性转变。

集团坚决贯彻落实党中央、省委省政府的决策部署，在省委省政府、唐山市委市政府的大力支持下，实施产业升级和产能布局优化调整，以坚不可摧的凝聚力和强烈的历史担当精神，经过两年多的不懈努力，将唐钢新区打造成世界级现代化沿海钢铁基地，体现出行业未来的崭新高度，并树立起一座巍峨的精神丰碑！

牢记使命，勇于担当　抓住历史机遇实现华丽转身

地处京津冀地区的特殊区位，河钢承担起更多的历史使命和责任。作为大型国有企业，河钢要以强烈的担当精神，坚定不移地落实好党中央、省委省政府的战略部署。

这片辽阔壮美的海域，见证了唐钢人赓续传承的担当基因。

党的十八大以来，习近平总书记对河北产业转型升级高度重视，要求河北“坚决去、主动调、加快转”。河北省全面落实习近平总书记的重要指示，将去产能特别是去钢铁产能作为河北推进供给侧结构性改革的重头戏、硬骨头，以及调整优化产业结构、培育经济增长新动能的关键之策。

集团地处京津冀特殊地理位置，是我省最大的国有企业，集团钢铁产业区位调整、布局优化，不仅是省委省政府去产能、调结构、促转型的重要决策，更是贯彻落实新发展理念的具体实践，也是我省向党中央交出的一份答卷。

省委书记王东峰、省长许勤高度重视集团区位调整、转型升级工作，亲自谋划、亲自部署、亲自推动，要求集团充分发挥国有企业排头兵作用，主动作为，敢打必胜，在贯彻

落实习近平总书记重要指示精神和中央决策部署中作表率，在推进我省转型升级、结构调整，特别是钢铁产业区位调整中勇担当。省委省政府多次召开会议专题研究深入指导，省委省政府领导和相关部门大力协调，唐山市委市政府全力支持，为集团未来的发展提供了有利条件、创造了良好环境。

企业区位调整是一项涉及地方、企业、职工利益的全方位系统工程。

难度，不言而喻；挑战，前所未有。这不仅是集团自身阶段性发展面临的挑战，更是事关集团长远未来的时代命题。压力之下，该何去何从？

“河钢要坚定不移地与党中央保持高度一致，坚定不移地贯彻落实省委省政府在去产能和区位调整上的重大战略决策，在积极贯彻落实省委省政府决策部署方面作表率。”集团党委书记、董事长于勇话语铿锵。

这是河钢坚定不移的选择，也是历史的传承和回响。2008年，唐山市推进城市生态转型，唐钢将外部环境倒逼视为契机，边生产边治理，仅用8个月时间就打造出了“世界最清洁钢厂”，为钢铁行业绿色转型树立了典范。

站在历史的发生地回望历史，来时的路愈发清晰。从打造“世界最清洁钢厂”到打造“一带一路”建设样板工程，翻开河钢发展的奋斗长卷，每到重大选择面前，唐钢人都用舍我其谁的担当、浓浓的家国情怀和壮士断腕的气魄，将企业的生存发展置身于时代的大发展之中，担当起更多的历史使命和责任。此次面对区位调整带来的新一轮挑战，唐钢人再次义无反顾、坚定坚决。

有怎样的眼界，就能看到怎样的远方。对于集团区位调整中的“排头兵”——唐钢，从城市中心区转移到乐亭经济开发区的沿海地带，建设现代化的沿海钢铁企业，唐钢人有着更深刻的理解和思考。

站在企业看唐钢新区建设，这是由传统企业向高科技企业转型的机遇期和窗口期，不仅赢得了更好的发展区位，而且能够通过置换现有资源，实现区位再优化、结构再优化、债务再优化。

站在城市发展看唐钢新区建设，将为城市发展腾出空间，钢厂和城市发展空间的矛盾被彻底解决，真正实现了双赢。

站在行业发展形势看唐钢新区建设，国家进入新的发展时期，未来势必对高密度的钢铁产业布局进行相应的发展规划和区位调整，在当前阶段推进企业转型升级，是面向未来谋求更好发展的必然选择。

在历史前进的逻辑中前进，在挑战中发现蕴藏的机遇，集团以更加成熟的姿态和从容的气度，将区位调整作为进一步提升综合竞争力的重大机遇，诠释着“从不白白浪费一场危机”的战略智慧。唐钢人以主动作为、不辱使命的奋斗者姿态，吹响了区位调整的号角，一场历史性的变革正在时代发展的洪流中拉开序幕……

以超前的理念，全新的眼界
着眼于未来培育差异化竞争优势

唐钢新区是在一张白纸上绘制的一幅科学、美丽的蓝图，其竞争力要从设计和建设阶段开始培育，从投资方式、设计方式、建设方式等方面，用现代化的理念打造出世界级现代化沿海钢铁基地。

这片充满生机活力的钢城热土，记录了唐钢人为梦想不懈奋斗的深沉力量。

唐钢新区是集团着眼未来倾力打造的首个沿海钢铁基地，承载着唐钢人建设沿海钢铁基地的梦想与期盼。

“唐钢新区要从项目建设初期就着力培育自身竞争优势，从投资方式、设计方式、建设方式都体现出现代化的理念。”早在启动之初，于勇董事长就清晰指明了唐钢新区建设的目标、方向和路径。

在项目建设期，就着眼企业运营时期的竞争力，其背后是长远的战略考量：未来，沿海项目基地将面临新一轮比以往更加残酷的竞争，必须着力培育自身差异化的竞争优势。这一更为重要、更具长久意义的战略擘画，赋予了唐钢新区新的规划路径。

“机制设计对企业发展的影响要远远大于企业自身的管理，沿海项目在体制机制设计之初就要体现出差异化优势，极大地激发企业创造力。”

“无论是区位布局、设计理念和产品高度，还是绿色制造、智能制造、安全环保水平，都必须达到行业最高标准。”

“鼓励多元投资，推进股权多元化，把项目建设成为一个股权合作项目，实现‘放下包袱’‘轻装上阵’。”

……

建设方式的转变，是对当今钢铁新内涵的深度解读，是一次突破、一次革命。面对历史性的要求，唐钢新区的年轻团队坚定贯彻落实集团决策部署，从项目建设和生产运营两个维度着力打造符合未来发展的商业模式和竞争力，新理念、新思路扎实落地。

创新投资模式，全力降低投资成本。通过在专业领域引入专业化的公司开展社会化投资合作，赋予投资者经营权或者股权等，实现双方共赢的合作。在环境除尘、水系统、石灰和气体、工厂照明、高炉冲渣水余热利用、固体废弃物循环利用、余热余能发电等项目中创新采取 BOT、BOO、BOOT、EMC 等多种合作模式，实施全新的社会化投资合作 20 余项，降低直接投资 50 余亿元。

此外，创新供应链融资方式，减少建设期资金支付需求；通过融资成本共担方式，降低双方供融资成本，改善融资结构；充分发挥资金的使用效率，为项目建设提供有效的资

金支持……多措并举下，唐钢新区通过投资方式的重大创新，实现了国内同等规模项目建设投资最优化、资金利用效率最高。

“如果把企业建设比作一个人，多元投资方式这一重大创新，就像是这个人一出生就赢在了起跑线上。”唐钢新区财务经营部副部长张文利说。

这样一组看似“枯燥”的数字，却充满着旺盛的“生命力”：在物流运输、人工成本、财务费用、绿色制造、产品定位等 5 个方面，唐钢新区可以实现吨钢成本降低“5 个 100 元”的目标，以成本的差异化优势打造行业的标杆，真正做到以低成本支撑高端产品的生产。

超前的理念和超强的执行力，让唐钢新区构筑先期竞争力的步伐愈走愈坚实。

厚植得天独厚的区位优势。将厂区选在环渤海经济圈中心地带的唐山市乐亭经济开发区，紧邻京唐港、毗邻曹妃甸，具有区位和临港资源优势。

以紧凑的工艺布局构建高效节能优势。建设完善的皮带管道运输系统，物料从码头直接取运到智能料场，矿粉通过 70 千米的封闭管道直接入厂，吨钢成本可降低 100 元以上。同时，生产出的成品可以直接装船出海，快速交付海内外用户。

打造更扁平、流程更短、效率更高的管理优势。构建以价值创造为导向的流程驱动型扁平化平台组织管理模式，取消传统的科级编制，将事业部作业区作为最小管理层级，实现人均劳效 1500 吨 /（人・年）以上。

唐钢人用全新的思维、全新的视野和全新的方式，为这座承载着唐钢人梦想的“未来工厂”积蓄起强劲的动能和应对未来竞争最恒久的底气！

践行绿色发展，以行业最严标准
再现“世界最清洁钢厂”风采

唐钢在转型升级、结构调整，特别是绿色制造方面已经成为中国钢铁行业的一面旗帜，唐钢新区要进一步提升环保标准，使能源效率和环保标准达到世界领先水平。

这方充满诗情画意的碧海蓝天，诠释了唐钢人对绿色发展的无限追求。

站在京唐港 4 号码头就能看到唐钢新区全貌。全封闭无泄漏皮带运输通廊将码头和料场连接起来，宛如凌空架起一座巍峨壮观的钢铁长城，连缀起大海的沧桑壮美与现代工业的波澜壮阔，也从根本上杜绝了对环境的影响。

唐钢新区以打造国家 A 类环保企业为目标，从设计、施工到经营，处处体现着最高水平的绿色发展理念。

执行最严格环保标准，环保排放指标达到国际最先进水平。

随着国家环保标准的不断加严，唐钢新区按照更严的标准进行优化升级，所有排放指标比目前行业最严的“唐山市超低排放标准”的指标数值还要优化 10%。

应用国内最先进的绿色环保技术，为绿色发展提供强大保证。

实施脱硫脱硝等130多项国内最先进的绿色环保生产技术，采用一级能效设备、增加除尘模块等措施，实现生产单元烟气全净化和污染物高效处理。

数字化助力能源管控，在行业内首次实现能源、环保、动力远程集控。

建设高效智慧能源环保管理系统，依托实时监控、协同管理、趋势分析等技术手段，实现环保管理的全流程、全区域覆盖。

建立全国首家能源环保管控中心。实现环境除尘、脱硫脱硝系统操作远程集中控制。建设重点污染源、高架源配置在线监测设施和视频摄像，实现大气固定排放源集中、可视化管理；开发固废资源综合利用系统，对全过程污染物进行系统管控。

物料实现全封闭运输和实时监控。成品运输火车集港、非公路运输率达到98%以上。

先进的工艺、严苛的标准、数字技术的支撑，为绿色环保提供新的解决方案，更多绿色环保领域的“首发首秀”，标注出行业绿色发展的新高度。

众所周知，钢渣处理是环境治理过程中难度非常大的环节。而唐钢新区通过采用目前行业内最为环保的新一代辊压热闷处理钢渣技术，使钢渣处理过程粉尘排放浓度达到10毫克/立方米以下，实现了钢渣尾渣100%综合利用。不久的将来，此区域作为唐钢新区的参观点向世人开放。

践行绿色发展理念，精耕绿色发展，内涵和外延不断拓展，节能环保实现可控运行、经济运行，并可以创造出巨大的效益。

废水零排放，固废危废全部进行无害化处理；固体废弃物综合利用，对水渣进行处理利用实施超细粉项目；余热余能循环利用，煤气发电、余热发电、余压发电等工艺，使自发电率超过90%。

坚持把节能减排与社会公益结合起来，更具情怀与温度。钢厂余热每年可满足建筑面积500万平方米的居民供暖需求。回转窑建设不仅实现内部尘泥的资源化利用，还将向附近区、县及钢铁企业开放，承担起固废资源化的社会责任。

从拆除“功勋炉”打造世界最清洁钢厂，到以“极限标准”打造与城市和谐共生的唐钢新区，唐钢人将绿色铺展成发展最亮丽的“底色”！

建设智慧工厂，实现弯道超车
引领行业智能制造和数字化发展

新一代信息技术的发展正在催生新一轮科技与产业革命，面对数字技术与制造业的跨界深度融合，唐钢要在新一轮科技革命真正进入工业领域并迎来大发展的时代走在前列。

这座充满未来气息的智慧工厂，饱含着唐钢人对数字技术、智能制造的积极探索。

当今，我国经济驶入“数字化”发展新赛道，有着多年自动化、信息化实践的唐钢人，对数字化、智能化有着自身独到的认识和更高的标准。唐钢新区与西门子、华为等数字技术领先企业合作，以数字化为支撑，在项目建设中广泛应用物联网、5G 技术、云计算等先进技术，搭建了 18 个信息化平台，倾力打造国内钢铁行业首个覆盖生产全流程的数字化平台。

走进唐钢新区这座现代化钢铁之城，数字化的气息扑面而来。

在 200 多平方米的生产指挥大厅，三块巨型屏幕实时显示着包括能源环保、生产运行、物流状态、订单执行等信息，在后台发挥作用的“机房”——通过云计算、大数据、人工智能、物联网等数字化技术的集成应用，统一发出指挥生产“指令”。该机房的准确性达到 99.96%，是国内钢铁行业准确率最高的。

指挥中心“指令”的每一个单元、每一个工序，无不体现着数字化和智能制造的成果与实践。

建成国内最智能的“无人化”自动料场，开创了国内外冶金企业原料料场无人化智能管理的先河，实现受卸、储存、配料、筛分、输出等智能化作业。

在原料智能检化验系统，从取样、制样分析检验到数据上传，全部由工业机器人智能化完成。

打造“智慧物流”，自主研发集成精益生产管控系统和智慧物流系统，实现了从供应商采购原料到厂内物资转储，再到产成品运输到客户的全产业链智慧物流管理。

创新设备管理模式，研发采用三码联动体系对重要设备在线监测，实施关键设备在线监诊全覆盖，实现了关键设备全生命周期管理。

……

数字化的原料管理、可视化的综合调度管控、智能化的物流调配和设备管理，彻底避免了人工干预，确保数据分析高效精准客观，标准化管控、精益化管理扎实落地。

其实，数字化、智能制造的意义远不止于此。从高炉工序到转炉工序，铁水温度每降低 1℃的成本是 0.3~0.4 元 / 吨；库存周转率每减少一天，每年的财务费用可降低 1800 万元……每一个数字背后都是价值和效益，无怪乎有人打趣：“一座千万吨级的钢厂，一个数字一天的价值就可以是一辆顶配奥迪车。”

海量的数据资源已成为新的生产要素，是无形资产和战略资源。“下一步我们将与互联网企业巨头展开合作，实现数据资产挖掘，这对整体推进钢铁工业数字化、智能化进程具有开创性的意义。”唐钢新区总经理助理薛军安说。

“数字”被赋予更多元的价值,正加速推进钢铁行业由“制造”向“智造”的华丽转身。

唐钢新区在实施数字化的基础上，构建最先进的智能制造体系。建立智慧营销管理系统，实现与生产计划系统联动。实施全过程质量管理，形成了纵向从操作到管理、横向从铁水到成品，实时高效、全方位严密的智能化质量控制与管理运行模式。深度优化完善现有模型，引进先进模型，实现炼钢区域转炉自动炼钢、自动出钢、自动溅渣的全流程智能化。

“数字化加速钢铁工业实现‘柔性制造’，一条标准生产线能够在不同周期、不同时刻生产出不同的产品，更好服务客户。”唐钢新区副总经理李毅挺说。

智能制造不仅服从于市场、服从于客户、服从于效率，更实现了效益的提升。以唐钢新区产销系统平台为例。订单信息输入系统后，系统自动根据整体生产的成本消耗和市场价格测算出订单的效益情况，营销部门根据测算结果轻松选择效益最大化的订单组织生产。智能化订单效益测算，确保每一个订单都盈利。

站在“数字化”的风口，倾力打造引领行业智能制造和数字化发展的先锋企业，转型升级的全新路径和更加广阔的发展空间已经开启，迸发出引领未来的崭新活力……

打响产品品牌，形成比较优势
打造极具先进水平的行业标志性企业

要站在产品创新和科技创新的高度，将唐钢新区打造成中国钢铁行业的一个技术高地、创新高地、产品高地。

这些闪耀着金属光芒的产品，凸显出唐钢人勇于领跑的战略指向。

此前，对于唐钢新区技术创新部部长杨晓江来说，最大厚度 15 毫米、最高强度级别 1200 兆帕的推拉酸洗产品只是专业书上的一个数字，在国内绝无仅有。随着唐钢新区的建成和发展，以高强厚规格为主的推拉酸洗产品将成为其“王牌产品”之一。一个产品，折射出唐钢新区瞄准高端、定位高端、发力高端的蓬勃脉动。

“唐钢新区要按照行业最高标准，瞄准打造极具盈利能力、极具技术含量、极具产品高度、极具品牌效应的精品钢铁基地，努力成为集团发展和盈利能力的强支撑。”于勇董事长语气坚定、语含深情。

读懂四个“极具”，也就读懂了唐钢人对于深耕高端的执着笃信，以及对“产品高度代表企业高度”的深刻理解。

唐钢新区以宝马、奔驰、大众等世界知名汽车主机厂为重点客户群，将产品定位为以“皇冠上的明珠”O5 板为代表的高档次汽车宽幅面板和高强汽车用钢为主打，以高级别管线钢、高强车轮钢、高强工程机械用钢、结构用热基镀锌板等为重点的高端特色产品群。其中，汽车用钢实现品种系列最全，其他产品品种均能生产行业最高级别产品。

唐钢新区汇聚全球创新要素，全力对接高端，处处激荡着迈向高峰的奋进足音——

信息，跟踪前沿。借鉴国际领先的档案信息平台，构建数字化新型档案管理和情报系统，形成集情报、档案、图书、资料、信息“五位一体”情报档案信息平台，跟踪世界前沿技术和产品研发状态，精准把握行业发展趋势。

研发，比肩一流。以构建一流国家级汽车板实验室为目标，投入数亿元建设12个专业实验室和280余台（套）高端检测分析设备，可以满足全品种全规格汽车板研发检测和产品认证需求。

工艺，致力引领。与西门子、普锐特、西马克等世界一流企业合作，采用238项行业前沿的新工艺、新技术，集合并形成高级别、高强度、高品质薄板材及长材生产制造流程，使整个生产链条具备强大的后发技术优势。

一流产品需要一流的技术支撑。在炼钢工序，转炉副枪+烟气分析+声呐化渣自动炼钢技术，将达涅利·康利斯的副枪和声呐化渣技术及普锐特的烟气分析技术进行有机结合，形成了特有的世界顶尖控制技术；在轧钢工序，采用先进的高强钢制造技术，冷轧处理线采用快速冷却控制技术和快冷后感应加热技术，处于国际领先水平……集团提出“所有成熟的、稳定的先进技术一定要在产线上有所体现”的要求，得到了响当当的落地。

梧桐栽下凤凰来。投产前，已经有一些高端汽车厂家抛来“橄榄枝”，表示了合作的意愿。这令唐钢新区的管理团队非常振奋，“客户的积极看好和十足信心，源于河钢集团的品牌影响力，源于唐钢传统的技术优势，也源于唐钢新区的自身优势，这让我们对引领未来充满信心。”

未来可期，未来已来！

执笔人：河钢集团党委宣传部　刘双媛

唐钢：在蔚蓝之滨　为世界添绿

海风习习，静听涛声渐近。在渤海之滨俯瞰，一座现代化的工厂屹立于滩涂之上。这里是面向未来的钢铁梦工厂——唐钢新区。

自 2022 年 1 月初新区获批环保 A 级绩效企业以来，唐钢全面提升环保管理理念，严格按照超低排放相关要求，进一步加强环保管理力度，充分利用先进的环保综合管理平台，实现各工序污染物源头减排、精准管控，绿色制造在同行业中处于最优水平，为城市绿色低碳转型树立了标杆。

深植绿色基因　探索低碳转型路径

3 座直径 120 米、2 个直径 100 米的全封闭料仓，2 个近 600 米长的拱形封闭全自动无人料库。散装物料输送皮带在全密闭式通廊中日夜运转，成为连接起新区与京唐港散装码头的大动脉。

唐钢新区铁钢轧全流程主体设施，布局紧凑，车船直取。自项目谋划、定位之初，唐钢就将环保工作纳入企业建设发展的重中之重，明确把“绿色化、智能化、品牌化”作为项目建设的总目标。选址乐亭经济开发区，即是为了充分利用天然的临海临港优势，为企业赋予绿色发展的强大基因。

从“世界最清洁钢厂”到环保 A 级绩效企业，唐钢发展的每一步都踩着绿色发展的时代鼓点。迈进“十四五”的门槛，“生态文明建设实现新进步”成为经济社会发展的主要目标之一，国家向“广泛形成绿色生产生活方式，碳排放达峰后稳中有降，生态环境根本好转，美丽中国建设目标基本实现”的远景目标踏出坚定脚步。公司将绿色低碳发展的理念融入项目建设、生产经营全过程，在国家生态文明建设的乐章中，奏出属于自己的独特音律。

——建设全球首座智能“无人化”全封闭料场，搭载数字化管理技术和鹰眼抓拍自动启停的抑尘设施，总体控制水平达到世界领先。总长约 70 千米的皮带机经过二次封闭，与 19 套除尘系统及 25 套车辆清洗装置，共同构成强大的清洁网络，解决了钢铁企业普遍面临的燃料、矿料在存储、运输时的粉尘扬尘难题。

——烧结、球团工序均采用国际先进、国内领先的带式焙烧工艺，烧结机头、球团烟气治理采用效率更高的循环流化床+SCR技术，以及二氧化硫、氮氧化物、重金属等多种污染物同时处理的逆流活性炭脱硫脱硝技术，排放值远低于国家超低排放标准。

——正式投运国内首发的“氢能重卡项目”，率先在唐山地区大批量使用电动重卡替代燃油重卡，清洁能源运输成为唐钢物流运输方式的主流。

从设计处理能力达2500立方米/时，采用最新型抗污染反渗透膜和国内最先进的臭氧去除高盐水COD技术、膜浓缩技术的水处理中心；到配套建设LT干法一次除尘、湿法电除尘系统，稳定实现超低排放的热轧事业部炼钢系统；再到采用环保导料槽等专利技术及高效袋式覆膜布袋，将无组织排放变为有组织回收净化的高炉出铁场和矿槽……遍布厂区的环保设计，处处彰显着唐钢践行绿色发展的决心和信念。深入研究探索低碳转型路径，致力于做“碳达峰、碳中和”的先行者，一系列敢为人先的大动作，为加快推进减污降碳注入了新动能。

高新技术加持　赋能绿色环保生产

“力争2030年前实现碳达峰、2060年前实现碳中和。”在这场全社会面临的世纪大考之下，唐钢是坚定不移的答卷人。各类高新技术的应用，为生产全过程加上了节能减排的“保护罩”，“含新量”转化为“含绿量”，让钢铁生产更加清洁高效。

5月26日，炼铁事业部1号高炉作业区，操作工正在电脑前调节冶炼工艺参数。“高炉内型经过了优化设计，采用高比例球团冶炼技术，炉料结构球团比例可以达到60%以上。”在钢铁流程总排放量中，球团工序的粉尘、二氧化硫、氮氧化物的排放占比分别只有烧结工序的14%、18%和20%。唐钢选用更加绿色环保的带式焙烧机生产线来提高球团入炉比例，正是为了减少污染物排放，实现源头减排目标。

走进长材事业部高棒产线，通红的钢坯从连铸工序下线后，“绕”过加热炉，直接进入轧机。国内领先的高拉速一直轧工艺，为生产做了“减法”。免加热直轧和炼钢与轧钢高效协同界面控制等技术，大量节约了能源消耗。“新工艺能够降低坯料烧损，减少废气排放，达到高效率、低能耗轧制的目的。”深植于企业血液中的环保低碳文化，让产线岗位职工心中也有了“绿色账本”。

“源头减排”，是唐钢绿色发展规划中被反复着重强调的高频词汇。相对于排放后再治理，从工序生产源头采取的控制手段，无疑更加富有前瞻意义。值得一提的是，公司的环保设施、环保技术一直处于持续优化升级中。无论是高炉热风炉、轧钢加热炉新增末端治理脱硫设施，进一步降低二氧化硫污染物排放，还是配套国际领先水平的烧结烟气循环技术、新增烧结料面喷蒸汽设施，降低20%以上的一氧化碳排放——新技术的广泛应用，让唐钢用生动案例一次次讲述着绿色低碳的“唐钢故事”。

能源循环利用　启航低碳持续发展

5 月平均自发电比例 85%，达行业领先水平，这为降低能源成本提供了巨大的支撑力。醒目的数字背后，隐藏着什么样的发展逻辑?

在普遍的认知中，绿色环保意味着高投入。新区的建设中，唐钢用于绿色发展和能源环保方面的总体投资达 100 亿元。但在唐钢人看来，环保不光是为了守住企业的生命线，更是对绿色生产生活方式的主动体认和融合。积极寻找绿色低碳与生产经营之间的“最大公约数”，让环保成为降本增效的其中一块拼图，是公司探求可持续发展的新路径。

能耗最低化、效益最大化。新区自设计之初，便充分吸收借鉴国际、国内先进生产工艺，构建出高效节能、绿色环保的智能化工厂。在这里，使用过的能源介质从需要治理的排放物变为可循环利用的“金疙瘩”，余热、余压，都成为创效的宝贝。

在高炉系统，生产过程中产生的煤气余压回收后，可以用于发电。热风炉余热回收，则利用烟气预热助燃空气和煤气，节省燃料、提高热风温度，或者作为制粉系统干燥用气，降低干燥剂的氧含量和混风烟气炉的燃料消耗。

在钢轧系统，转炉、加热炉分别采用干法一次烟气净化回收系统和双蓄热技术，使得烟气余热被高效回收，既降低了烟尘排放量，又提高了煤气回收量，一举两得。

实现碳达峰碳中和目标，意味着一场广泛而深刻的系统性变革。在这场必须面对的挑战中，唐钢正以绿色发展的理念、开拓务实的行动，展现着负责任的国企担当。全面绿色转型，是唐钢与清洁美丽世界握手的方式。

海阔潮平，天蓝水清。“双碳”目标指引下，一幅更加清晰的绿色图景正在蔚蓝之滨徐徐铺展。

公司党委宣传部　能源环保部　供稿

执笔人：王研　任宏宇

勇攀产品新高峰

坚定不移加大新产品、高端品种开发力度，是企业未来生存发展之本。

2022 年，受国内外多重因素冲击，钢铁行业面临有史以来最为严峻的形势和巨大的经营压力。在全行业勒紧裤腰带，过好“紧日子”，抵御寒冬之时，公司把眼光放得更加长远，铆足干劲、迎难而上，精准下好产品研发这盘“棋”，稳扎稳打、厚积薄发，以期抓住悄然而至的市场机会。

“靠普通材以量取胜的时代已经一去不复返，唯有靠更高端的品种、更优良的品质、更丰富的规格，才能在市场夹缝中赢得生存空间，谋得长远发展。”唐钢人对此有清醒的认识，更有坚定的行动。2022 年以来，公司以市场为导向推进技术升级，将新区后发优势转化为实实在在的竞争力，深度挖掘装备优势，加快品种开发速度，真正让“一流装备生产一流产品，一流产品创造一流效益”，不断提升公司的品牌影响力和效益水平。

倒逼管理提升　产品升级硕果累累

2022 年，公司眼睛向内、苦练内功，深化研发体系建设，在用户和产线“两端”发力，充分识别用户差异化需求，关注最新行业发展前沿趋势，坚定不移做好高端品种开发、上量工作。

“紧跟市场发展趋势，深挖客户需求，品种研发才能更有方向，公司的高端产品市场竞争能力才能变得越来越强。”12 月 6 日，技术中心热轧结构钢研究中心副经理陈彤介绍，依托集团科技创新平台和首席科学家团队，技术中心发挥科研院所、高等院校等合作研发平台资源优势，遵循在现有品种结构上，将新产品的研发方向与市场结构调整和客户需求保持同步的理念，加快推进双高产品研发。陈彤与热轧结构钢研发团队在今年完成了桥壳钢、车轮钢 420~590CL、耐候钢等品种的产品研发工作。产品以稳定的性能为多家高端企业批量供货，高端品种开发增量驶出“加速度”。

——关注细分市场客户需求，打造多款明星产品，为客户提供材料解决方案和全套技术支持。开发符合主机厂需求的低铝双相钢 HC420/780DP 等汽车用钢产品；开发连退耐候钢 SPA-C、出口搪瓷钢 DC04-EK 等市场急需产品，其中 0.5 毫米超薄规格 HC420LA 低合金高强钢规格减薄达 28% 以上；应某主机厂要求，利用热成型产品的良好冲压性能开发了不同级别的热成型钢 T550HS+AS 和 T1000HS+AS，用以制作加强件，填补该类产品省内空白；开发高鲜映性彩涂基板，满足高端客户需求，成为目前国内唯一具备批量供货的企业，累计供货近千吨。

——大力提升产品研发和技术创新能力，实现新材料研发、制造、行业引领技术的重大突破，“钢铁向材料、制造向服务”加速转变。热轧产品种类不断扩展，开发高碳钢 50Mn、75Cr、铁道车辆钢 Q450NQR1、电池壳钢 MRT-2、工业纯铁 CT-05 等新类型产品，其中桥壳钢 Q460QK 及电池壳钢 MRT-2 的开发提升了前沿类产品数量。关注高端产品生产，注重品种系列完善，管线钢 L245~450M，车轮钢 420~590CL、高强结构钢 Q235C~550C 等品种开发基本实现系列化；开发高端工业纯铁，最高纯度达到 99.95%，满足高端客户需求。

推进营销模式转变 深度挖掘市场

聚焦市场和客户，更加关注本地市场、细分市场、新产业和新业态市场、个性化和小众化市场，以更加开阔的视野做好老客户的需求拓展和新客户的开发工作。

关注本地市场，关注近在咫尺的资源，是实现经济效益最大化的重要渠道。“唐山冶金锯片有限公司是中国第一家冶金圆锯片生产企业，经过近 60 年的发展，已经成为全球较大的冶金锯片生产企业。该客户目前新建产线对产品要求更高，正好发挥公司技术装备优势，实现客我双赢。”市场部热轧战略客户开发中心销售经理李宽说。精准把握客户需求是赢得订单的关键，根据客户对产品性能和质量稳定性要求，李宽与销售团队立即将公司主打产品的新品种作为主要推介产品，重点围绕产线智能化、技术创新研发能力、全流程质量管控开展技术交流，对客户使用过程中的难点、痛点，提供技术服务建议，彻底打消了该客户签订首单前的所有顾虑。

“以研产销一体化思维为客户制定专属个性化服务，将解决客户产品需求作为组织营销、技术、质量及生产单位共同推进技术升级的关注点和出发点，不断培育客户忠诚度。”李宽表示，新品种 75Cr 工具钢因其良好的综合力学性能和高硬度、高耐磨性，立即获得了唐锯的青睐，目前已小批量供货 170 吨，也为下一步更多新产品的合作奠定了良好基础。除此之外，通过设置专属服务代表、差异化价格政策等提升高端客户使用经验，做好高端客户开发和增量，提升客户黏度，并充分发挥以售后服务倒逼产品质量提升的作用，持续保持客户满意度处在较高水平。

——牵手高端客户，推动“两个结构”优化。热轧汽车大梁钢产品实现了与中国重汽、北汽福田等 4 家汽车及高端装备制造企业的首次供货；工程机械用钢实现了与中国 500 强企业、全球领先高端装备制造企业中联重科的多次批量合作；车轮钢实现了与国内钢制车轮领先企业厦门日上批量合作；管线钢成功开发 12 家客户；冷轧 2 吉帕热成型钢批量供货一汽红旗、一汽奔腾、长城等多个车型，新增比亚迪、一汽股份、博世汽车等3家汽车客户正式批量订货，客户黏度进一步增强。关注小众市场，大力在制罐、焊丝用钢、气瓶、环保设备及汽车结构用钢等领域进行客户开发，年累计销量117万吨；关注新产业新业态的发展，开发领域内重点客户，电力、电器、新能源、光伏用钢等完成销量37.6万吨。

——大力开拓京、津、冀、晋、鲁、豫等周边市场，以市场调研和区域调研为导向消除"灯下黑"，真正做到"东方不亮西方亮"。系统分析周边市场资源投放情况，持续挖掘新客户与新需求，热轧产品以大梁钢、车轮钢、高强钢等品种为重点，热轧管线钢全年销量由2021年的1.12万吨提升到10.25万吨；工程机械用钢由1.54万吨提升到6.16万吨；锌铝镁由23.83万吨提升到32.4万吨；超高强钢由2.8万吨提升到6.25万吨，长材品种实现了神钢、金桥无锡公司、安徽鸿路、日照通用焊材、天津祥和瑞、保定中机等客户的开发，月订单资源量提升至2.56万吨。型材开发了河南平煤神马、陕西建机、王滩镇煤矿、江阴市联江金属等用户，中型产线月均产量提升至4.5万吨，超额完成2022年度公司营销目标任务。

夯实质量基石　打造高端产品金招牌

产品质量保证是夯实客户与公司紧密合作关系的基石。公司通过不断完善工艺质量管理体系及二方、三方产品认证，整体质量管控能力不断提升，厚植品牌优势，为企业发展赋能蓄力。

高端镀锌外板对表面质量有着严苛的要求，成品外板面若是存在黑点、波纹等可见缺陷，将直接影响最终客户的购买需求。以高端汽车板为核心，公司质量管理部与技术中心等部门组成联合攻关团队，对外板成分、性能和工艺参数进行优化，带动产线整体质量控制水平再提升。"采用防尘、增加炉内防氧化气氛、稳定锌液液位等工艺改进措施，重点解决了客户关注的黑点等缺陷，连续22个月为某高端客户主机厂供零件问题率为零，本年度通过多家主机厂试验料验证。"质量管理部汽车板管理室产品质量主管工程师褚明义介绍，各项提质攻关进行以来，高端汽车镀锌板合格率稳定在90%以上。镀铝板产品以高端家电板为质量提升攻关目标，质量缺陷整体发生率由年初的3%以上降低至0.7%。锌铝镁产品以深冲压电机壳用钢为目标，本年完成订单识别、质量判定标准和生产控制要求，持续降低维持生产必需的过渡卷用量，节约过渡卷用量50%。

——以质取胜，推进产线管控升级。开展公司多部门联合攻关，优化生产流程、提升产线控轧控冷等工艺控制能力，普棒成材率由98.19%提升至100.54%，高棒成材率由99.89%提升至101.37%，高线综合成材率由98.22%提升至98.40%，中型综合成材率由93.70%提升至96.01%。棒材综合负差率从3.57%提升到4.03%，棒材综合直轧率从8.58%提升至63.88%，两线综合直轧率从2.78%提升至31.12%。60~200规格大角钢一检合格率从 75% 提升至 95% 以上，打造普材质量优势。

——创新质量管控体系推进模式，夯实产品质量保障基础。2022 年以来，公司牢牢把握质量对“产品”和“市场”的影响，创新质量管控体系推进模式，建立质量管理体系评价基准，将质量管理体系标准要求有效融入业务，完成钢筋产品中冶（MC）认证监督审核、高强汽车板有限公司绿色产品再认证监督审核、钢筋绿色产品认证审核、出口欧盟的 CE 认证审核，支撑产线质量基础管理快速提升。质量检测方面，通过中国合格评定国家认可委员会（CNAS）实验室评审，跻身国家级认可实验室名录，18 个检测标准（方法）全部合格，高效精准满足公司的化学成分分析和物理性能分析需求，为产品质量和竞争力提升提供数据支撑。

——高效推进认证工作，提升公司品牌建设。认证工作的有序推进是检验质量体系建设的“试金石”。2022 年，公司积极参与制（修）订国际及国内各类标准，以全方位创新理念构建并完善全流程标准体系，积极推进二方、三方产品认证及创优创奖工作，助力公司品牌建设。积极推进高端产品认证工作，组织相关产品认证 113 项，其中汽车主机厂 74 项，配套厂家及家电厂家 39 项，包括宝马汽车、比亚迪汽车、上汽乘用车、厦门日上车轮集团股份有限公司、中联重科建筑机械（江苏）有限责任公司、宁德时代、珠海格力电器股份有限公司等主机厂、配件厂及家电厂，涉及牌号 80 多种，样片 3900 多片，样卷 120 吨，数据包 50 多个；强化生产质量管控信息化、自动化优势，将好的生产经验转化为控制标准，源源不断地生产出更优质的产品，热轧结构钢获得全国用户满意产品称号，公司获得 2022 年全国用户满意企业（2A 级）称号，彰显公司品牌“硬功夫”。

沧海横流方显英雄本色。面对这一年的挑战，唐钢全体员工凝心聚力、勇于担当，扛起了公司新产品研发和市场开拓的大旗，将危机转化为企业蓬勃发展的良机。面对未来，在技术升级新发展阶段，公司蹄疾步稳，朝着建设“五个高地”、实现“五个一流”目标勇毅前行！

执笔人：公司党委宣传部　许文昊

绘就海上钢城新画卷

——唐钢环保创 A 工作纪事

新年伊始，河北省生态环境厅传来重磅利好消息。2022 年 1 月 6 日，唐钢新区获批环保 A 级绩效企业，让公司全体干部职工对完成新一年生产经营目标任务又有了新的信心和底气。

近年来，唐钢在区位调整、转型发展之路上，破困局、开新路，吹响创评国家环保 A 级企业的号角，厚植绿色发展优势，加快从城市走向沿海的步伐，有力保障了年度生产经营目标和阶段性发展目标的实现，开启了“向海图强、逐梦未来”的崭新篇章。

直指难点，每个人都是环保的参与者、受益者

2019 年 12 月，国家生态环境部发布：重污染天气期间环保绩效 A 级企业可不减排。这项精细化分级管理举措，可以让企业和市场均受益，而不单单是为了应对重污染时的应急响应。知悉这一重磅政策性信息后，唐钢积极构建适应生态文明要求和制造强国战略的钢铁企业绿色发展路径，把环保创 A 工作纳入重要议事日程，集全公司之力推动创评工作。一方面，环保创 A 有利于减污降碳，对全社会的环境治理起到全方位的整体推动作用；另一方面，环保创 A 有利于保障公司生产经营目标任务的顺利实现，对公司做好做实日常节能减排工作起到正向激励作用。

环保创 A 关乎公司生存与发展。它不仅考量企业的末端排放浓度，而且更对生产工艺、所用燃料、治理技术及运输方式等各方面均有相当严格的标准和要求。想要顺利通过绝非易事。今日的钢铁企业竞相走上绿色发展之路，无论国企还是民企，都在下大力气抓好能源与环保，环保创 A 工作的竞争日益激烈。彼时的公司，正处于新区建设与老区退城两线并行的阶段，各项工作纷繁复杂。

千难万难，只要重视就不难；大路小路，只有行动才有出路。

2021 年，公司党委书记、董事长谢海深多次在不同的会议上反复强调：“公司将环保创 A 工作作为压倒一切的工作来抓，为企业发展创造良好经营环境。我们要在新区这张白纸上，描绘绿色发展新画卷。”

“要在环保绿色低碳发展上，以国家和行业推进碳达峰碳中和为契机，以创建环保 A

级企业为抓手，全面实施绿色低碳制造流程，实现新区环保 A 级企业创建目标，全面巩固提升公司在全国钢铁行业的绿色发展地位。”公司总经理、党委副书记张弛如是说。

公司相关部室和生产单位，强化系统观念，排除干扰把握主动，整体一盘棋做谋划、同部署、抓落实。确立了以新区为重点，带动美锦煤化工有限公司、佳华煤化工有限公司、高强汽车板有限公司及其他非钢企业，同步全方位开展创建环保 A 级企业，力求节能减排贯穿于生产经营全过程和各个环节。全体干部职工都在环保创 A 中行动。

担当使命，接过绿色发展的接力棒

多年来，公司在能源环保领域积累了一定的技术优势和管理基础，在改善厂区生态环境、创建和谐共融的绿色钢铁企业道路上一直走在前列。自 2008 年起，高起点、高站位、高标准进行厂区整体规划治理，曾获评“全国绿化模范企业”“全国生态文化示范企业”“清洁生产示范企业”“中国最具影响力绿色企业品牌”，并入选全国首批“绿色工厂”，被中钢协专家评价为“世界上最清洁的钢厂”，受到钢铁行业高度关注和一致好评。

这是公司的历史积累和创评优势。

进入新时代，地处京津冀的唐钢，把绿色发展作为自身发展的生命线，环保创 A 工作因此承担着更多的政治责任和历史使命。向临海临港转型，谋求更大发展空间，是公司迈出探索适应生态文明要求和低碳绿色发展路径的坚实一步。自 2020 年 8 月 31 日起，老区区域烧结、高炉、转炉、棒材、型钢逐步停产。是年 9 月 7 日，新区高炉投产。

公司新区成为环保的重中之重。所有项目快速达产达效的目标就是“绿色化、智能化、品牌化”，力争以最低消耗和最小排放完成钢铁生产全过程，争当钢铁行业碳达峰碳中和的先行者。整个新区按照循环经济构建能源转换体系，提高资源循环使用效率，实施全循环生产工艺，建设国内最先进的智能化能源环保管控检测中心，行业内首次实现能源、环保、动力远程集控，吨钢能耗指标达到行业先进水平。

生产工艺方面，应用新型节能蓄热式加热炉、综合水处理及钢渣二次处理等 130 余项行业先进工艺、节能环保新技术，各工序能耗均优于国际先进指标，实现大气污染物低于《钢铁工业大气污染物超低排放标准》最低限值、工业废水全循环利用、工业固废资源化利用、危废 100% 安全处置及钢铁生产全过程节能减排，实现绿色发展。

能源利用方面，实现了余热、余压的高效能源转换，最大程度减少能源浪费损失，新区炼钢、轧钢、烧结蒸汽和高炉冲渣水等余热资源全部回收利用，利用余热余能余压发电，自发电比例超过 90%。

脱硫脱硝方面，采用国内最先进的循环流化床 +SCR 脱硫脱硝工艺和逆流活性炭脱硫脱硝工艺技术，使烧结、球团机头烟气污染物烟尘、二氧化硫、氮氧化物排放浓度优于唐山超低排放标准。

向海而行，厚植绿色发展底色

公司新区建成后，如何践行集团建设“五个高地”的要求，厚植企业绿色发展的底色？怎样把环保创A工作持续推向深入，为打造“未来工厂”的梦想蓄力加码？又如何瞄准“五个一流”的目标，全面发力、多点突破，按下从内陆走向深蓝的“快进键”？

瞄定打造绿色引领的典范，新区实施源头减排、过程控制、末端治理，所有排放指标设计比行业最严排放标准进一步优化10%，同时，流程布局设计紧凑高效，助力碳消耗和排放最小、效率最高，形成了节能环保独特优势。

新区发挥环保数字化智能集控优势，对环保数据实时监控，按照超低排放限值的80%对指标异常变化实施提前预警和精准调控，保证各项环保指标长周期稳定运行。

新区以改变传统运输模式作为推动低碳环保的切入点，积极构建清洁运输新局面。2021年7月5日，启动“氢能重卡运输线”首发式，首批投放49吨氢能重卡30辆，标志着我国首条氢能重卡运输线正式投运。这一举措与原有的封闭通廊、管状皮带、铁路运输等形成绿色物流综合体系，进一步保证了公司生产经营全过程、全方位、高标准的清洁环保和绿色低碳生产。它开辟了氢能重卡车辆应用的新领域，构建了行业绿色运输新模式，使得厂内清洁运输比例达到85%以上，远高于80%的环保A级绩效标准。

这仅仅是公司环保创A工作中以技术创新赋能的一个缩影。

脱硫脱硝工艺、低氮燃烧技术+烟气除尘脱硫超净系统工艺、LT干法电除尘、干法固定床脱硫+低氮燃烧技术等一项项领先工艺成为公司绿色发展的基石。

面对日益严格的排放标准，新区脱硫脱硝项目克服新冠疫情影响，按下“加速键”。在建设期间，严防严控外来人员，对首批复工人员实施封闭式管理，复工不停滞、建设不止步。动力部作业区骨干人员与疫情防控专员连续奋战7天，通宵达旦，舍弃休息时间争分夺秒抢进度，保证整体施工顺利进行，为脱硫脱硝系统投运后的稳定运行排除技术缺陷、消除安全隐患。

坐落于开平工业园区的高强汽车板公司，在环保创A上一直走在基层单位的前列。该公司注重加强环保技术体系管理，制定《退火炉烟气在线监测管理办法》等一系列制度，成立能源攻关小组，对上百个烧嘴进行全面检查，逐个测量烟气成分，逐级调整空燃比，并更改控制程序，将以往的控制精度从0.1精确到0.01，使各类污染物排放量降低到国内超低排放标准。2020—2022年，连续三年被纳入河北省“战略性新兴产业发展正面清单”，其达标排放、污染治理均达到领先水平，在重污染天气应急减排期间不停产、不限产。2022年获评“重污染天气绩效引领性企业”，年底晋升为环保绩效A级企业，高质量发展成效进一步凸显，为公司快速效益提升助力添彩。

一份份亮眼的绿色发展成绩单，带动了公司技术与产品的全面进步、全面过硬。2020

年 12 月，公司被国家工业和信息化部纳入“2020 年国家技术创新示范企业名单”，成为河北省唯一一家上榜的钢铁企业。“多成型特性超高强双相钢关键生产技术及全流程柔性化工艺控制”项目的实施，实现了 780~1180 兆帕超高强全覆盖。2022 年 12 月，唐钢登榜“智能制造示范工厂”。此次唐钢登榜智能制造方面的国家级榜单，进一步彰显出企业在数字化、智能化转型之路上的强劲创新力、持续拓展力和对高质量发展的卓越追求。

环保创 A 工作的纵深推进，让绿色成为公司高质量发展的底色。今日的唐钢，站在新起点，肩负新使命，锚定目标，向海而行，奋力迈向新高度，闯出一片新天地，绘就海上钢城的全新画卷！

执笔人：公司史志办公室　徐帅　张卫华　王静

科技赋能，为“智造”注入强劲动力

——唐钢新区流程优化和智能化运行项目开展一年回眸

进热轧脱硫站平均铁水温度比课题开展初期提高 25℃；铁水包周转率从 2.4 次 / 天提高到 3.0 次 / 天以上；板坯热装平均温度比课题开展初期提高 79℃；以 7 月产量和品种结构测算，单月降本约 1898 万元。

2022 年 8 月 22 日，河钢集团关于“唐钢新区流程优化和智能化运行项目”（下简称“项目”）阶段汇报会在北京举行，一组组成果数据令在场人员喜悦和振奋。

项目正式启动一年来，经过各方协同推进、共同努力，打造世界级新一代全流程智能工厂典范的目标更明、信心更满，依靠科技创新和技术进步实现技术领先的道路，河钢人走得愈发笃定、铿锵。

强强联手，致力于打造行业标杆

随着时代发展，中国钢铁工业面对保证资源能源供给、实现低碳绿色、保护环境生态、融合信息化和智能化技术等诸多挑战。中国工程院院士殷瑞钰深入思考钢铁工业的发展趋势，提出了一个新的冶金学科学术领域——冶金流程工程学。新的理论体系将冶金学的知识上升和拓展到流程层次，站在工程科学的立场上打通制造流程。此外，他对工程哲学的研究也取得了丰硕成果。

向海图强，唐钢新区作为践行新发展理念、推动河钢集团转型升级高质量发展的重点示范项目，拥有一流的流程、装备、信息化和人才基础。河钢集团党委书记、董事长于勇明确指出，把唐钢新区打造成代表中国钢铁工业乃至世界钢铁工业先进水平的技术高地、创新高地、产品高地、智能制造高地和绿色发展高地。

一个秉承“科技兴邦”的前沿科学理论，一个传承“钢铁报国”的“未来工厂”，一经携手，便注定谱写出精彩篇章。

上年 4 月，河钢集团与中国钢研科技集团签署《唐钢新区流程优化与智能化运行项目合作协议》，决定与殷瑞钰院士团队联手推动中国钢铁工业智能化发展。9 月，项目正式启动，各项工作有序展开——

统一思想，凝聚合力。多次召开交流会、协调会，项目各方深刻理解项目实施重要意义，河钢集团站在引领全行业智能化发展的高度做顶层设计和战略规划，唐钢把项目提升到整个公司战略层面上进行安排部署。

深入调研，充分交流。殷瑞钰院士带领项目团队，深入开展课题准备和设计工作，6个月内开展了2套问卷调查、5次现场调研和1次运行实绩数据分析。

明确方向，细化任务。明确方向目标、关键问题、技术路线和研究内容，在总体设计协同、工艺优化、界面优化和动态调度、质量优化、数据分析平台等5个层面设置7个课题。

加强管理，完善架构。成立项目指挥部，河钢集团副总经理王新东担任总指挥，唐钢班子成员上场督阵。集中优势资源，设5个专业组，支撑项目运行，解决关键问题；设7个项目经理部，具体实施项目课题。

各司其职，高效协同。中国钢研专家团队和唐钢各部门专业技术人员共同开始了现场业务调研和技术攻关。唐钢每周组织课题调度会，并制定双周滚动计划；中国钢研每周向殷瑞钰院士作专题汇报；河钢集团每月组织项目推进会，协调解决问题，管控课题进度和质量。

创新引领，锻造产线“顶端对话”硬实力

初秋的唐钢新区碧空如洗，蓝天下一列拉着铁水包的火车从炼铁3号高炉下缓缓驶出。技术攻关团队密切跟踪着铁水运输过程的每个作业环节：火车准时到，铁水进入热轧脱硫站的温度达到1395℃。项目攻关以来，该指标平均值较攻关初期提高25℃，经测算，实现吨钢成本降低7.44元。

“唯有科技创新和技术进步，才是企业发展的灵魂。”唐钢深刻理解河钢集团技术升级新发展阶段的战略目标，明确发力点：“依托项目，学习国际一流的工艺技术和先进理念，积极推进工艺创新和管理创新，破解产线难题，锻造与一流企业同台竞争的硬实力。”

项目凝聚了殷院士多年的理论研究成果和工程实践经验，抓住了制约唐钢新区流程优化与智能化运行水平提升的关键问题，其“靶心”在产线。瞄准“靶心”，精准发力。各课题组按需求分析、概要设计、详细设计、开发测试、功能上线的项目流程制定了详细的工作计划。

界面优化、动态调度是智能化运行关键环节。炼铁－炼钢界面优化和动态调度课题组为了给铁水“保温”下足了功夫。从高炉出铁控制技术研究到铁水温度波动因素分析，从建立温度预测模型到界面物质流匹配模式优化，唐钢生产制造部副部长马新光与课题组成员一道，进行了大量的数据分析，并一遍遍推演、模拟、试验。

看似寻常最奇崛，成如容易却艰辛。面对全新的“一包到底”生产组织模式、全新的铁运线路，唐钢生产制造部调度指挥中心主任陈鸿斌多次与专家交流，针对8个运行场景与2个应急场景，进行了为期一个月的铁包周转全流程模拟。那段时间，他跟随机车跑遍

了铁路沿线的每一个角落，鞋子穿坏了 3 双，机车运行数据记满了本子……

克服多个难题，课题组最终确立了炼铁－炼钢界面包括出铁、炉下配包、接铁、空重包组列等在内的综合运行工艺规则库，实现了指标跃进、成本降低。

板材炼钢区段“一对一”层流协同运行课题，涉及铁水脱硫、转炉炼钢、钢水精炼、连铸等多个工序环节，全流程、系统性和跨部门协同在课题推进中也十分重要。

唐钢热轧事业部副部长张军国带领课题组与殷瑞钰院士团队密切配合，梳理各工序工艺技术条件，发现大型转炉冶炼周期长是实现目标的难点所在。

为突破难点，团队改进作业步骤，改造氧枪喷头，优化工艺，自主开发转炉一键式自动出钢，实现转炉周期稳定控制在 30 分钟以内，而国内先进钢企 200 吨以上大型转炉冶炼周期约为 40 分钟。目前,该课题组初步建立了两条刚性层流运行专线,典型钢种“一对一”层流专线率从攻关初期的 38% 提高到了 66.3%。

除铁钢界面区域、钢区界面区域，铸轧界面通过板坯排队优化，热装率也得到显著改善，提高了 15%。

管中窥豹可见一斑。经过一年多的攻关，项目课题中期各项任务均已完成，需求分析及概要设计阶段任务全部完成。各课题组以物质、能量、时间、空间、信息“五维”为核心，从全流程视角进行工序优化和跨工序协同，各个工序、界面和流程的能量损失和物质消耗得到明显优化。经测算，全工序吨钢成本降低 31.94 元。

生根开花，汇聚建立新比较优势的核心力量

项目的实施为唐钢科技创新和技术进步工作注入了全新的理念,带来了新的思维方式,以及新模式、新路径。

一年来，除收获了降本增效的“真金白银”，更多更深层次的改变也在悄然发生——

思路更宽，眼界更广。落实“把工程做到极致”的工程哲学理念，各单元对主工艺以外的细节研究得更加广泛、深入和细致。职工主动统计各工序最小单元动作时间，并优化各最小作业单元顺序。钢区动态调度课题开展后,天车作业区规范天车运行的各动作点位,提高作业效率；通过改进水口更换方法、细化和分解钢包热修微观流程作业、推进钢包滑板多连滑等措施，大大缩短钢包准备时间。炼钢调度室完善天车作业规程 12 项，缩短空包待吊时间。

密切协同，刚性连接。在冶金流程工程学的理论指导下，各工序摒弃“各自为战”的思想，跨工序、跨部门或多工序、多部门协同工作，从工序生产、组织调度、运维服务等整体协同更加密切、高效。通过开展铁钢区界面优化攻关，炼铁与炼钢之间的工序衔接更加紧密，铁水包周转率达到 3.0 次 / 天以上。

固化标准，管理精准。运用科学理论工具，将已经确定的优化工作纳入标准、作业文

件中，实现工艺、生产模型与智能化软件的充分融合，努力达到“管理靠制度规范、制度靠流程落地、流程靠系统固化”。

开放环境，培养人才。项目实施过程中，企业为科技创新和技术进步创造了全新的开放式环境，营造了崇尚技术进步、尊重科技人才的浓厚氛围，技术人员深度参与到智能制造的创建过程中。通过在课题中的摔打和磨练，企业培养了一批既懂工艺流程又懂信息化工作的复合型人才。

殷瑞钰院士为项目下步开展指明了方向：“智能化发展是新时代钢铁工业高质量发展的强大杠杆之一，是技术进步的核心。智能化的定义是要构建一个数字物理融合系统，是一个系统性、全局性、开放动态性的命题。智能化系统必须是整体系统性、动态协同性、自感知、自学习、自决策、自执行、自适应的大系统的智能化。”

“项目的不断推进和取得的累累硕果更加坚定了我们实现最终目标的信心！”唐钢人更加信心满满，将依靠科技创新和技术进步实现技术领先，努力创建数字化、智能化的未来工厂，打造“五个高地”，实现“五个一流”。

渤海之滨，波涛阵阵。一个绿色化、智能化、品牌化的“钢铁巨人”正在昂首阔步，砥砺前行。

执笔人：公司党委宣传部　温明

立足资源禀赋　释放后发优势

高端装备优势释放助力技术升级，1200 兆帕级的热轧马氏体钢 1200MS，热轧超高强大梁钢 750L，纯锌热成型 T1500HS+Z 等数项行业领先产品相继研发亮相；流程优化与智能化运行项目阶段性成果喜人，多项关键技术指标实现了历史性的突破，皮带疏港比例提升至 90% 以上，吨铁结构降本实现 17.05 元；整个生产链条全工序实现了超低排放，清洁运输比例实现 92%，自发电比例达到 86.27%，唐钢绿色低碳发展再登新高。

2022 年，公司始终与集团战略发展同向同行，以有力举措、强大执行，全力打造“绿色低碳、智能制造、高端材料”的现代化钢铁基地，产品高端化、工艺前沿化、产线智能化、流程高效化、环保绿色化水平持续提升，多项纪录再被刷新，多项指标领跑行业，以过硬的实力成为高质量转型发展新赛道上的领跑者。

深挖装备技术潜力　高端研发加速落地

2022 年 12 月 1 日上午 11 时，刚刚结束与某高端车轮公司产品技术交流视频会议，公司技术中心热轧结构钢研究中心专业专家、博士何先勇喜悦地与记者分享公司车轮钢当前的市场开拓情况：“目前，公司汽车车轮钢实现 255~590 级别产品系列化，与国内四大上市车轮公司其中的三家成功牵手，并在持续加深合作中。在产品需求量小、竞争加剧的车轮钢市场，公司产品已经展露出领跑的姿势。”

车轮钢全系列产品研发、批量生产不到 1 年的时间里，已经实现从最初的每月 2000 吨产能，到现在每月近 9000 吨的跨越，并且供货范围和供货数量都在持续加大。

“不仅是车轮钢，2022 年，在高端优势装备的硬核支撑与技术升级共同助力下，公司多个系列产品都已打入行业前端。”公司技术中心主任助理巨伟锋深有感触地说。

2050 产线应用世界顶尖的高效转炉自动炼钢技术，有效提高钢水质量的 RH 真空处理技术；棒材产线高拉速—直轧工艺，实现多种冷却模式精度控制超快冷工艺，行业先进水平的智能化全自动检化验系统……产线效率快速提升，钢水质量不断优化，热轧带钢宽度、厚度及板形实现精准控制，控轧控冷能力持续强化，冷却速度最高可达 90℃ / 秒，检验过程高效，实验数据安全、精准。

今年以来，公司以市场需求为导向，在高端装备的强力支撑下，立足技术升级新发展阶段，以更充足的底气和更强大的动力借力发力，装备潜能优势持续释放，研产销水平再上台阶，高端产品纷纷登台与一流企业同台竞技。

全局出发，重点着力，为公司提高市场竞争力和市场占有率提供支撑。创新完成1200兆帕级的热轧马氏体钢1200MS的攻关研发，其厚度最薄可达到4毫米，代表着公司产品不断向轻量化、低碳化快速发展的趋势，为进一步稳步拓展汽车用高强钢市场提供了强大助力；实现了255PL~590CL全系列车轮钢产品的设计开发，实现了L245~555M管线钢系列开发，实现了低合金高强钢从355级别到690级别的系列化全覆盖。

挑战自我，冲锋高端，全面提升公司产品行业影响力。聚焦高端客户，开发了突破省内低合金高强产品厚度规格极限的0.5毫米超薄规格HC420LA低合金高强钢，多次供货国内最大的汽车座椅及顶饰系统供应商；关注个性化和小众化市场，组织对供中车异型槽钢、高强矿用支撑钢、高强气保焊丝、制绳用硬线钢的开发论证，实现8种小品种焊丝稳定供货；抢抓市场急需缺口，开发连退耐候钢、出口搪瓷钢，研发替换奥钢联进口材料的纯锌热成型T1500HS+Z产品；瞄准专用品种，开发塔基角钢、工程机械角钢、高强埋弧焊丝等产品，实力供货国家重点工程；以硬实力在行业赛道上领跑，开发铝硅高鲜映性彩涂基板，成为国内唯一具备批量供货厂家……

技术升级让高端装备“新技能”不断解锁，工艺装备潜能强力释放，产品研发“全面开花”，为开拓更广阔市场积蓄力量。低温冲击要求等级最高的耐−40℃低温冲击Q345qE桥梁钢，低温冲击韧性达到行业领先水平热轧超高强大梁钢750L，定制化首发的高导滑750L实现了800兆帕厢体用钢……一项项行业叫得响的高端产品被研发成功。

流程布局双优发力　效率成本相伴前行

向海图强的征程中，公司一直在踔厉奋发、赓续前行。2022年，公司流程优化、布局优化等顶层设计，持续释放出强劲的发展动能。

“今年以来，我们完成了30余项技术标准、操作规程，铁水包调度运行、钢区‘一对一’层流运行、生产排程等40余个运行规则知识库全面建立，各工序的生产流程优化得到极大改善。我们的下一个目标是‘全部见成效’。”全程参与流程优化与智能化运行项目的公司生产制造部生产计划中心科长李长海说道，他的眼神中露出坚定的光芒。

一年的时间里，流程优化与智能化运行项目提升工作取得了令人惊喜和振奋的阶段性成果。通过全流程、全方位、全员参与和系统性解决方案的有效实施，公司新区实现了岗位规则意识的提升和规范化操作模式的改善，有效形成了上道工序为下道工序负责的工序服从态势。目前，公司新区全工序吨钢降低成本31.94元，热轧KR的平均铁水温度提高25℃，KR深脱硫周期缩短至30分钟以内，转炉冶炼周期稳定控制在30分钟以内，板坯热装温度提升近100℃……一项项关键技术指标实现了历史性的突破，达到国内领先水平。

“集团和公司领导高瞻远瞩的整体优势布局现在已经看到了明显的成效，当前，公司新区皮带疏港比例提升至 90% 以上，皮带疏港带来的物料运输及时性、成本大幅降低及环保节能多重优势，让我们在当前市场‘严冬’的环境下，具备了强大的‘抗寒能力’！”谈起今年以来皮带疏港工作的进展与取得的成绩，生产制造部汽运物流管理室科长姚松由衷地感慨道。

当前，依托公司整体布局优势，港口外矿几乎实现全皮带疏港；佳华煤化工有限公司生产的焦炭，通过跨厂区的皮带通廊运输到炼铁事业部 3 座高炉；高炉产出的水渣通过皮带外运至钢建公司，仅此三项物流、人工、信息化等综合成本大幅降低。

从最初的多方适应磨合到皮带疏港比例提升至 90% 以上，生产制造部管理团队与各道工序人员通力协作，分析对策，制定措施，将厂内物料库存下限从 7 天调整至 3 天，大力控制汽运量，流程疏通与降低成本双管齐下，挨个打通、解决、消除流程中的堵点、难点、痛点，最终形成合力。11 月，皮带疏港比例提升创下 97% 的新高。

最初的布局优势在资源开发保产、结构优化降本方面呈现出极大的便利，一年来，公司新区铁前供应链的建设持续向前推进，全力保证了单品种低库存运转及资源高效衔接，研山三系列精粉 SiO_2 由 6.5% 降低至 5.0%，日替代进口精粉 0.35 万吨，巴卡配比降低至 10%，钢渣、氧化铁皮、杂料等二次资源的配加比例不断优化提高，实现吨铁结构降本 17.05 元。

与此同时，公司生产制造部原料管理室采取多项措施加大降本砝码，下半年开始压缩 10% 的计划审批生产量，每周五进行小批量物料采购，再根据实际生产情况实时调整，在满足生产的情况下，有效降低库存。

“我们现在就是拿出采购走钢丝的勇气与魄力，将原料库存最小化。”公司生产制造部原料管理室司新国博士形象地描述当前降本的有力举措。

走钢丝既要有勇气更需要有智慧，还要有保障应急方案和措施。生产制造部与铁前系统提前沟通，做出保产方案，一旦出现原料供应紧急情况，就及时进行高炉入炉结构短时调整，舍小取大，确保产线稳产、库存降本两不误。当前，公司新区直供物料周期由原来的 10 天降至 5 天，燃料供应周期降至 7 天，焦炭库存较年初降低 2 万吨 / 日。

蓄力绿色环保发展　打造行业典范标杆

2022 年 12 月 1 日上午 9 时，在公司新区能源环保管控中心，能源环保部环保二科科长刘春晖看着环保管控数据平台屏幕上动态显示的环境指标，自豪地介绍说：“公司有组织排放量不仅满足国家级环保 A 级绩效企业标准，新区厂界内的空气质量指标现在已经优于全省平均指标！我们一直在努力，全力打造出唐钢特色的绿色发展行业标杆。”

随即，刘春晖拿出 11 月刚刚汇总出的一组环保指标数据：公司新区烧结机二氧化硫排放水平达到 10 毫克 / 立方米以下；球团工序二氧化硫、氮氧化物排放水平达到 5 毫克 / 立方米、20 毫克 / 立方米以下；高炉热风炉、轧钢加热炉新增末端治理脱硫设施，进一步降低二氧化硫污染物排放……

2022 年初，公司新区正式成为环保 A 级绩效企业，百余项世界最先进的绿色环保新工艺、新技术，实现了从源头减排、过程控制和末端治理的全覆盖，整个生产链条全工序实现了超低排放。

一年来，公司始终把绿色化发展作为自身发展的生命线，持续推进各项环保工作提升。公司新区各生产环节关键位置都配备了有效的污染治理设施和检测点，300 余套 TSP 装置 24 小时进行环保检测，按照超低排放限值的 80% 对指标异常变化实施提前预警和精准调控，厂区环保工作实行网格化管理，发现预警，及时进行现场处理，各项日常及应急保障措施精准、到位，形成闭环管理，确保各类污染物超低排放。同时，充分发挥布局优势，通过火车、新能源车及皮带通廊加二次封闭运输大宗物料，最大程度减少汽车运输，清洁运输比例实现 92%，较国家级环保 A 级绩效企业标准高出 12%。

在公司新区环保成功评 A 的基础上，公司集中对中厚板公司、美锦煤化工有限公司、佳华煤化工有限公司三家单位组织实施环保提升项目。截至当前，中厚板公司环保提升项目正在持续完善评 A 工作。美锦煤化工有限公司、佳华煤化工有限公司已完成唐山市生态环境局的绩效初评，正在等待省厅材料复核批复，公司整体环保工作迈上新的台阶。

先建绿水青山，再创金山银山。在持续推进环保工作的同时，公司能源各项工作也频传喜讯，新区自发电比例达到 86.27%，余热余压资源得到高效利用，干熄焦发电超过吨焦 150 千瓦时，烧结余热发电达到吨矿 20 千瓦时，炼钢饱和蒸汽发电达到吨钢 15 千瓦时，TRT 发电达到吨铁 50 千瓦时……指标均达到行业先进水平。

绿色发展、节能降本，双向奔赴。今年以来，公司全方位统筹规划能源最优利用途径，充分利用布局优势，为煤气发电提供了充足的煤气资源，高效亚临界机组持续满负荷运行，发电效率达到 41%，吨钢发电量达到 450 千瓦时；关注细节介质控制，优化环保设施随主体产线匹配运行，严格执行介质随产线标准化启停规范，吨钢电耗降低至 518 千瓦时；精打细算每一笔支出，深读细研购电政策，选择最佳购电方式，开展峰谷用电和发电优化组织攻关，大幅降低购电电价。截至目前，公司新区外购能源成本降至吨钢 114.84 元，较年初降低 40%。

弄潮儿向涛头立，手把红旗旗不湿。在向海图强、踏浪前行的广阔征程中，唐钢全体干部职工信心如磐、步履铿锵，始终以“不破楼兰终不还”的决心坚定地朝着打造“五个高地”、实现“五个一流”的目标大步前行……

执笔人：公司党委宣传部　王涛

锤炼成本“筋骨” 强健发展韧性

成本，企业的立身之本。

2022年，唐钢经历了冬奥会、两会的环保限产，经历了突发疫情的封控，经历了两端市场的剧烈波动。考验接踵而来，如何化解来自外部的冲击？

“当我们不能左右市场时，可以左右自己的工作。面对钢铁市场的深刻变化，我们在关注市场和产品的同时，还必须把成本牢牢掌控在自己的手中。”集团关于做好成本工作的表述，让公司对于发挥成本传统优势、对冲外部变化的信心更足。

逆境往往是激发潜能的“孵化器”。百年不遇的大考面前，全行业面临的危机之下，苦练内功是以不变应万变的不二法则。一年中，公司顶住压力、深挖潜力，以成本“瘦身”为经营“减负”，锤炼强健“筋骨”，提升自身抵御风险能力。

磨砺以须，倍道而进。以更低投入创造更大效益，已成为刻入钢城的基因。

“企业最终的竞争力是生产成本低、产品售价高”

集团2022年工作会议上，成本作为关键词被多次提及，并被提升到企业最终竞争力的高度。公司迅速贯彻落实集团要求，将狠抓成本控制、费用管控，作为实现新一年生产经营大提升的手段。外部环境风起云涌，前行的航道上有急流也有险滩。钢铁巨轮要想行稳致远，必须把成本优势发挥到最大。我们的降本工具箱中，又有哪些工具可用？

——依靠技术升级深挖降本潜力。

在完成装备升级、产品升级之后，公司迈入技术升级新发展阶段。技术作为当前阶段最为先进的“生产力”，要在成本控制中辐射出更大的效能。

一次技术升级，实现了减少废钢采购成本、降低钢种冶炼成本的双重作用。在热轧事业部，由专业部室和生产单元协同开展的RH工艺路径攻关如火如荼。制定和完善废钢加入量标准，优化低碳钢RH路径冶炼工艺，最终使该部低碳钢RH路径吨钢成本较LF路径降低7元以上。

技术升级降低了辅料和能源消耗，让产品更绿色、成本更低。

在长材事业部，模型化冶炼工艺有了新突破，使钢铁料消耗同比降低10千克/吨；成功推进转炉氮氧混吹试验，同时应用提碳降锰新工艺，使HRB400螺纹钢合金成本综合降低 12 元 / 吨；改造升级分钢装置、编制钢轧供坯匹配模型、实施全流程钢坯保温技术、开展连铸高拉速技术攻关，盘螺生产工艺路线由单线直轧切换为双线直轧，HRB400E 盘螺吨钢成本降低 20 元。

技术升级让高端产品的研发不再依赖高投入，品种创效捧回了实实在在的“金元宝”。在质量管理部，低成本 Ti 合金化 TQ355B 产品的优化设计、批量试制、量产及产品推广工作，是技术升级的重头戏。截至 11 月，公司共生产此类品种 34.41 万吨，累计降低成本 1307.8 万元。

依靠区位优势激发降本动能。

渤海之滨，京唐港畔，漂洋过海而来的物料经皮带运输直接进入厂区，精品钢材下线后迅速装船发运。退城搬迁，让公司拥有了无与伦比的区位优势，为低成本制造创造了更多可能性。

一年来，公司深入研究并延伸沿海物流管理，增加皮带运输，减少二次倒运，降低物流成本，努力把沿海物流优势发挥到最大。通过实施优化布港、改造设备、严控汽运量等措施，皮带日疏港量显著提高。1—12 月，京唐港进口料皮带疏港比例达 83.92%，并在 11 月创下 97.17% 的历史新高。

临海临港、水陆联运，也为原料供应和钢材外发提供了便利。特别是在突然暴发的新冠疫情之下，交通管制、发运受限，公司主动适应政策新要求与生产新变化，千方百计实现高效运输。全年，物流分公司为客户保供钢材 1061.8 万吨。对于保障生产稳顺和满足客户需求来说，这种优势带来的成本降低和价值创造，是难以估量的。

切实把区位优势和资源优势转化为发展优势和经济效益。这一年，公司充分利用自身良好条件，坚持推进低成本运营，为可持续稳定发展充足“电量”。

“要把降成本作为生产经营当务之急，刚性推进”

集团安全生产经营工作专题会议深刻分析了企业当前的症结所在。随着国家经济结构的调整，供给侧结构性改革向纵深推进，钢铁市场已然发生了深刻变化。公司清醒认识到，生产经营的短板在成本端，降成本成为当务之急，必须在短期内取得立竿见影的成效。牢固树立“过紧日子”思想，把每一笔钱都用在刀刃上、用在紧要处，是企业求生存求发展应有的意识。

成本端的短板在铁前，提煤降焦是核心。在钢铁生产流程中，高炉炼铁能耗成本占总成本的比例约为 70%，是绝对的“大头”。因此，从长远意义上讲，优化原燃料结构，降低铁前成本，不但是高炉炼铁自身可持续发展的关键，也关系着整个企业的良性循环。

不断抛出的提煤降焦“锦囊”，让铁前燃料成本实现大幅降低。全年，炼铁事业部高炉工序通过优化工艺制度、严抓外围管理、实行精细化操作，燃料比降至 522 千克 / 吨，煤比提至 136 千克 / 吨；烧结工序通过推行厚料层操作、细化配碳量制度、实施燃料分级入仓等措施，固体燃耗同比降低 1.28 千克 / 吨。

“过紧日子”思想一旦成为全员共识，迸发出的能量是巨大的。全工序各项技经指标的持续改善，为“降本永无止境”做出了生动的注脚。

产线效率大幅提升。年内，中厚板公司 3 座高炉 17 次突破单日产量纪录，轧钢二线、型钢产线 3 次突破单日产量纪录；长材事业部中型、高棒和两条高线产线均破日产新高；公司镀锌、连退产品制造周期比去年分别缩短 2.6 天、1.2 天。没有效率，效益只是空谈。产线要成为“生金”线，各工序的全速运转为摊薄成本率先夯实了基础。

能源实现有效利用。截至 12 月，新区、中厚板公司自发电比例分别提升至 86.27% 和 55.79%，均达到历史最好水平，其中新区自发电比例处于行业先进水平；动力部对高炉煤气、转炉煤气、焦炉煤气的回收利用率分别达到 99.8%、100%、100%，为炼铁事业部一号烧结机配套的电除尘器除尘灰和脱硫脱硝设备产生的废活性焦，均回收至烧结工序参与配料。从能源消耗到能源回收，公司用低成本思维，蹚出了钢铁行业循环利用的道路。

质量控制能力增强。高强汽车板有限公司锌耗正差率同比降低 3.05%，最终实现可比变动加工费同比降低 35.59 元 / 吨；与去年 12 月相比，炼铁事业部烧结矿碱度稳定率由 86.2% 提高至 99.3%，焦炭反应后强度由 66.94% 提高至 68.48%。随着控制水平越来越高，生产过程中消耗的原辅料、因质量缺陷造成的非计划品越来越少，成本也随之下降。

企业经营最终要靠利润和结果说话。强化对标学习，突破短板束缚，技经指标全面改善、迈向行业一流的背后，是公司对成本控制的不懈追求。

“降成本不仅在于管理能力和技术水平，更在于自身意识和重视程度”

集团强调，要在降成本工作上统一思想、高度重视，彰显出团队的责任和作为。面对严峻的市场形势，真正树立全员经营意识，实现“千斤重担人人挑”，让各道工序、各个岗位，都能够将降低成本、增加效益作为自身的工作逻辑，成为公司继续前行的“必选项”。

破除保产意识，在库存控制中敢于“走钢丝”，最大限度降低库占资金，保持健康现金流。在铁前，采取季度与月度库存推移、单品种物料峰值控制、降低计划申报、同品种替换、消耗前期资源并停止贸易矿采购、降低直进物料可用天数的降库措施；在钢后，推行低库存运行常态化模式，优化钢轧联排，加强非计划品、呆滞品的过程管理及处置速度。分工序施策、针对性管理效果显著，11 月，公司库占资金完成 40.34 亿元，较年初降低 18.96 亿元，含铁料库存、燃料库存较年初分别降低 55.4 万吨、27.23 万吨。

研判政策与价格走向，采购全力跑赢市场，在源头把住成本“脉门”。能源环保部深入解读购电政策，择优选择供电局代理购电的方式，使电价持续低于直购电，1—12 月，新区节约电费累计达到4345万元。同时，开展峰谷用电和发电优化组织攻关，降低峰谷购电差，进一步削减电价，前12个月累计降本1175万元；河钢采购唐钢分公司优化库存方案，持续跟踪生产情况和市场变化，实施动态采购与弹性管理，降低成本513万元。

搭建高效组织架构，优化生产组织流程，数字智能助力指标更优。依托中国工程院院士、钢铁研究总院名誉院长殷瑞钰团队，开展“唐钢新区流程优化与智能化运行项目”，运用冶金流程工程学理论，围绕“铁－钢、炼－钢、铸－轧”三大界面，以物质、能量、时间、空间、信息“五维”为核心，从全流程视角对产线实施数字化智能化提升。热轧事业部KR铁水进站温度、转炉冶炼周期、板坯热装率等指标达到国内领先水平。全流程系统优化思维和工艺人员挖掘运用数据理念，为指标优化和成本控制找到了新的入口。

科学匹配工序间的生产衔接，保障能源收支平衡，降低能耗。充分发挥新区、佳华煤化工有限公司、中厚板公司3个区域煤气资源互通优势，实现高炉、转炉和焦炉3种煤气零放散；将锅炉发电检修、年检与产线大修、年修统筹考虑，避免煤气收支不平衡导致的能源浪费，生产组织避峰就谷，实现峰值时段少用电、多发电；提升直轧比例，使连铸钢坯无须经过加热炉，直接进入轧机，棒材、高线产线综合直轧比例分别达到65%、30%，燃耗分别降低24元/吨、15元/吨。

推进成本日核算、管理考核到产线，提升成本精益管理能力，让经营思维、成本意识成为职工自觉。热轧事业部将重点成本指标分解落实到科长、作业长绩效指标中，建立日通报、周分析制度，促进“回浇余”比例、轧钢变动成本加工费、转炉钢铁料和造渣料消耗等成本指标显著优化；设备机动部深入推进“三位一体”设备管理，建立横向评价机制，提高点检、检修、操作岗位的责任心，通过三方联动促进自检自修，全年节省检修费用1688.37万元；信息自动化部强化数据归真，梳理完善业务流程及数据整合规则，推动日清日结落地，利用能源管控系统平台和精细化管理平台，推进能耗分析到产线，为降本提供精准的数据支撑。

海阔凭鱼跃，天高任鸟飞。面对不确定性加剧的外部世界，唐钢保持“乱云飞渡仍从容”的定力、坚定“长风破浪会有时”的信心，一步一个脚印做好自身工作，全面降低成本，增强发展韧性。

思路再宽一些，步伐再快一些，驶过风高浪急的星夜，黎明正在前方。

执笔人：公司党委宣传部　王研

向高而攀　向新而行

——唐钢以技术创新为引领提升企业竞争力侧记

2023年2月14日，唐钢新开发生产的一批1200兆帕级高强双相钢下线，产品的力学性能、折弯性能、表面质量、极限扩孔率等指标优秀，达到国内先进水平。产品经后道工序加工后，将被发往知名汽车主机厂，用于制造前防撞梁。

“一般来说，开发这类高端产品周期在一到两年，而我们只用了6个月。”唐钢技术中心技术工程师艾兵权高兴地说。

在产品品种开发驶入快车道的同时，公司各系统也在持续加大重点工作推进力度：铁前系统专项攻关组正在去年吨铁燃料成本大幅降低基础上进一步开展攻关，确保本月吨铁成本环比再降11元；营销系统15个技术营销服务团队正奔赴在周边产业聚集区，持续加大本地市场开拓力度……

持续强化科技引领，聚焦“四个更加关注”，刚性推进“降成本、提售价”两大核心工作，公司区位调整后发优势正加快释放。

持续推进技术升级　给力高端产品开发

2月7日，唐钢技术中心专家杨玉厚博士与团队成员分享了他的喜悦：唐钢X80M管线钢在中石油集团华油钢管公司试制钢管成功，高级别管线钢千吨级认证取得阶段性成果。同时，X90、X100相继开发成功，公司进入高级别管线钢生产“俱乐部”；从X42到X100全覆盖，产品实现了系列化、品牌化发展。

“不只管线钢，在高端装备的硬核支撑与技术升级共同加持下，公司多个系列产品打入行业前端，并展现出领跑姿态。”技术中心主任助理巨伟锋介绍。

区位调整、向海图强，唐钢拥有了行业一流的先进装备和工艺配置，具备了其他企业不可比拟的后发优势。如何最大限度把这些优势转化为产品优势和效益优势？公司打出了技术升级这张“王牌”。

唐钢在深入落实《河钢集团技术升级实施方案（2022—2025年）》的基础上，瞄准行业一流，全面谋划新区产品定位和发展方向，元月份落地实施《唐钢新区品种发展规划》。推进自主研发课题“项目制”、产学研课题“揭榜制”，打造优势互补、资源共享、协同创新、统一管控的科技创新模式，全力支撑产线高品种、高牌号产品全系列化生产。依托科技创新平台，借力集团首席科学家团队、殷瑞钰院士团队资源，积极学习世界先进的钢铁工业新模式、新路径、新思维方式。积极应用世界顶尖的高效转炉自动炼钢技术、RH 真空处理技术、超快冷工艺等一批前沿技术。此外，公司还积极推进人工智能、工业机器人、5G 等前沿技术在关键场景应用，以打造智能化示范工厂为抓手，赋能产品品质和生产效率双提升。

装备、人才、技术、创新等全要素发展优势竞相迸发，高创效产品和潜在市场铁基新材料研发捷报频传。

公司在 2022 年新开发 97 个品种基础上，产品开发不断加速，1 月又有 12 个品种首次试制成功；高碳钢、电池壳钢、工业纯铁等多品种实现“从 0 到 1”的突破；管线钢、车轮钢、高强结构钢等品种实现系列化；镀铝板国内市场占有率第一，成为国内唯一一家批量供应高鲜映性彩涂用镀铝板的钢厂。

研发成果得到了巩固，制造能力实现了跨越，高端产品研发不再依赖高投入，品种创效捧回了实实在在的“金元宝”。

以钛合金化 700BL 大梁钢产品为例，技术中心分阶段稳步推进品种开发上量——用户需求精准识别，定制化设计，小批量试制和量产，市场联合推广，以及针对用户反馈优化改进工艺。“该产品去年 9 月开发，目前已经实现稳定上量，1 月接单近 5000 吨，累计降低合金成本 300 多万元。”该产品项目经理郭晓雨兴奋地说。

每一个新高度都是一个新起点，每一个新起点又会创造更新的高度。

2 月 3 日，热轧事业部技术质量室主任董跃星和同事们，高标准完成了某知名车企首单汽车内板生产任务。“我们已经做好了为河钢浦项和 2030 产线投产提供高品质、稳定可靠基板供应的准备！”董跃星对未来充满信心。

刚性推进“降成本、提售价”　重拾成本优势

2 月 21 日，唐钢新区会议室，管理、技术、生产、采购等各单位相关负责人齐聚一堂，正围绕进一步降低铁前成本展开头脑风暴。

“铁前成本约占钢铁生产总成本的七成，去年降本工作取得了显著成效，今年要把更多的技术力量投放到关键点上，力争高炉燃料比降至 510 千克 / 吨以下，煤比达到 160 千克 / 吨以上。”交流会上，大家思想统一、目标明确。

公司深入贯彻落实集团决策部署，深化“铁前系统是钢铁企业生产组织经营的基石”的认识，聚焦产线堵点和瓶颈问题，通过技术攻关打开更大降本空间。

领导班子下沉一线督战，技术团队夙兴夜寐攻关，锦囊不断被抛出，并迅速落地生花、有序推进。钢轧系统围绕金属料消耗、辅料消耗、成材率、负差率等指标，持续改善攻关；

能源系统组织各相关单位进行环保运行成本核算，落实多项降本措施；环保设施优化运行工作持续加力……

数字中有大乾坤。截至 4 月底，公司铁水包加盖率达到 100%，铁水进 KR 温度较之前提升 25℃；煤气达到全回收，自发电比例最高可达到 85% 以上；2050 产线成材率达到 98.2%，较去年提升 0.44%；皮带疏港比例由 60% 提升至 90% 以上，物流优势充分彰显。

与此同时，公司强化经营意识，以精益管理内嵌，在库存管理上演了精彩的“走钢丝”。

铁前系统提高站位，刚性落实低库存运行模式；精确研判市场，结合每日物料库存量进行物料小批量、多批次采购，全力做好物料的进、消、存工作；采取更灵活措施，利用、平衡好平均 3~4 天的物料库存量，快进快出；科学制定料场布局与运送路线，在时间和空间利用率上达到最大优化，确保供料稳定。

钢后系统，秉承“产清即清，可发即发”的工作理念，优化钢轧联排，全力周转产品高质量下线、外运，加强非计划品过程管理及处置速度，有效降低库存量。

“推进低库存运行并不是简单的降低库存，而是以低库存运行为抓手，推动各项工作提高标准、提高效率、提高响应速度，提高超前性、计划性，从而从容应对市场波动。”唐钢生产制造部副部长帖新锋表示。

精益管理理念下的全工序降库，让企业在奔跑开局中轻装上阵。1 月，库占资金较去年月平均水平降低了 13 个百分点，大宗物料周转从 7 天缩短至 3 天。库存成本的持续优化为企业技术研发、技术投入、良性运转提供了有力支撑。

聚焦“四个更加关注” 打开更大市场空间

兔年开工伊始，集合了唐钢营销、技术、质量各口骨干精英的专项对接团队，已经与唐锯集团相关负责人围坐一桌，就前期产品使用情况及下一步新材料研发进行技术交流。

“唐锯集团是我国冶金锯片行业领军企业，对供货商的选择极其谨慎。我们强大的装备、技术和订单保障能力，成为了客户认可我们的关键，为其量身定制开发的新品种 75Cr 工具钢受到客户青睐。”技术中心热轧专用钢研究中心副经理吕耀强说道。

落实集团突出“四个更加关注”要求，紧扣市场变化脉搏，营销视野更前瞻，手段更多元，内涵更丰富。

深入调研，统筹方案。开展市场调研和区域调研，系统分析周边市场资源投放情况；将新产品新客户划分六大类别，分类推进、挂图作战；规范客户开发工作流程及评价规则；明确新客户开发目标及售价梯次优化目标。

完善制度，优化机制。将周边市场、新产业新业态市场等的销量提升纳入项目制管理，增设相关项目；制定“四个更加关注”领域客户开发及销量提升专项管理办法；对客户开发和销量提升工作实行日调度、周总结和专题推进。

技术支撑，提升服务。深度分析已有客户，完善客户分级管理服务体系；设置专属服务团队，把解决客户和产品问题作为关注点和出发点，从技术创新研发、全流程质量管控、智能化生产保障等方面系统发力，更精准高效地开展用户技术服务。

前瞻研发，健全数据。与河钢材料院对接，开展前瞻性用户技术研究。丰富完善汽车、家电、工程机械等用钢领域的材料数据库，12 个系列、52 个钢种、658 项数据上线，具备了为客户提供全方位材料选型服务能力。

依托技术升级，在全生产要素的强大支撑下，抓住更多近在咫尺的资源，公司对接新产业、新业态，以及个性化、小众化市场的能力不断增强。

1 月，公司周边市场销量达 57.49 万吨，连续 5 个月月均销量突破 50 万吨；“四个更加关注”工作推进以来，新开发客户 57 家。同时，研发塔基角钢等专用品种，抢占角钢细分市场份额；深化与比亚迪汽车合作，月供货量突破 1 万吨；在光伏等新产业领域，锌铝镁产品持续上量；研发中车异型槽钢等产品，实现 8 个小品种焊丝用钢稳定供货。

以科技为第一生产力，以人才为第一资源，以创新为第一动力，处于“走向深蓝，向海图强”新发展周期的唐钢正开足马力，扬帆远航！

执笔人：公司党委宣传部　温明

第五章

峥嵘岁月

毛主席宴请咱劳模

【编者按】

在百年党史文萃中，我们读过毛主席与上海工人共庆“五一”，读过71岁的他在最后一次公开生日宴用稿费宴请劳模的故事。在唐钢历史上，有首个国庆纪念日受到毛主席接见的全国劳模却鲜为人知，他就是为“转炉—电炉双联炼钢法”作出突出贡献的赵乃斌。重温老一辈革命家尊重劳动者的往事，让我们感受到了工人阶级的光荣与“咱们工人有力量”的豪迈。

引子：国庆纪念日的历史由来

新中国第一次真正意义上的国庆纪念活动是在1950年。

记忆中1949年10月1日的开国大典，毛泽东在北京天安门城楼上宣告中华人民共和国中央人民政府成立，彼时的“10月1日”尚未明确成为新中国的国庆纪念日。

国庆日的提出者与建议者是首任教育部部长、民主促进会主要创始人马叙伦。1949年10月9日，在中国人民政治协商会议第一届全国委员会第一次会议上，通过了《请政府明定十月一日为中华人民共和国国庆日，以代替十月十日的旧国庆日》的建议案。

1949年12月，中央人民政府委员会第四次会议通过决议指出：“自1950年起，即以每年的10月1日，即中华人民共和国宣告成立的伟大日子，为中华人民共和国国庆日。”这就是把“10月1日”确定为中华人民共和国“生日”,即“国庆日”的来历。从1950年起，每年的10月1日成为了中国各族人民隆重欢庆的节日。

赵乃斌当选“全国工业劳动模范”

1948年自东北全境解放后，东北解放军大举长驱入关，山海关、秦皇岛等地随即获得解放。唐山守敌国民党青年军八十七军慑于百万解放大军雄威，于12月12日晨仓皇弃城向天津方面窜逃。唐山解放。

刚刚回到人民手中的唐钢破败不堪，生产处于停产和半停产状态。当时的冶炼技术还比较落后，炼钢设备主要是电炉，唐钢以原有设备为基础，组织工人和工程技术人员对炼钢生产工艺进行大胆改革。

1949 年 9 月，时年 34 岁的炼钢工程师赵乃斌来到了唐钢火红的炼钢炉前，成为了一名钢城技术骨干。

他一面和职工们全力恢复生产，一面钻研技术创新。1949 年 11 月 5 日，唐钢试验成功 1 号化铁炉，后来又试验成功酸性转炉。1950 年 5 月，赵乃斌与张叔和、肖来潮、孙欣棠等人合作，利用原有贝塞麦炉和电炉设备，取贝塞麦炉冶炼时间快和电炉精炼的长处，实行酸性转炉与电炉“双联”炼钢法，即以高磷铁为原料，化铁后铁水先在转炉内粗炼然后返到电炉精炼。“转炉—电炉双联炼钢法”，解决了国内酸性转炉不能使用高硫、高磷生铁的难题，同时开辟了电炉炼钢炉料来源新途径。唐钢受到国家重工业部的通报嘉奖。

1950 年 9 月，赵乃斌当选“全国工业劳动模范”，并有幸作为劳模代表，参加 9 月 25 日至 10 月 2 日在北京召开的全国工农兵劳动模范代表会议。

出席全国工农兵劳动模范代表会议共有 208 名工业代表，唐山地区在 300 名市级劳动模范中，优中选优，最终仅有 3 家企业的 3 名劳模代表入选，另外两家企业和劳模代表分别是唐山铁路工厂的孙连旺和唐山开滦煤矿的葛庆祥。

党中央、政务院（现为国务院）将全国工农兵劳动模范代表会安排在新中国成立一周年纪念日的前夕召开，是精心谋划的，就是为了让这些共和国的英雄和模范们参加新中国成立一周年纪念日的活动，享受党和人民政府给这些英雄和模范们的崇高荣誉，使他们有成就感、获得感、幸福感！

聆听中央领导作报告

全国劳模会期间，党和国家领导同志刘少奇、周恩来等先后到会给劳模们作报告。

9 月 26 日下午 3 时，全国工农兵劳动模范代表会议和全国战斗英雄代表会议的全体代表聆听了中央人民政府副主席刘少奇和中央人民革命军事委员会聂荣臻代总参谋长的报告。

9 月 30 日下午，在天安门西侧的中山公园，周恩来总理作了题为《为巩固与发展人民的胜利而奋斗》的政治报告。

如此面对面地聆听中央首长的讲话，赵乃斌激动不已，在首长们的报告中，他深深地记住了两个词“胜利”和“人民”。

中央领导的报告中回顾了新中国成立一周年的伟大成就和解放战争的伟大胜利，精辟地分析了国内外的形势，总结了中国人民取得胜利的原因。同时强调指出，这样巨大的胜利绝不是历史上的偶然现象，而是中国人民近百年来无数次革命斗争的必然结果。没有千千万万人民的支持，绝对不可能取得这样巨大这样迅速这样彻底的胜利。这个胜利使人民成了中国土地上的主人！

毛主席宴请劳模欢度中秋节

9 月 27 日，恰逢是我国的传统节日中秋节。晚上，毛主席设宴招待出席全国工农兵劳动模范代表会议和全国战斗英雄代表会议的全体代表，出席宴会的还有朱德总司令、刘少奇副主席、周恩来总理等党和国家领导人。

赵乃斌和其他劳动模范整晚都沉浸在幸福、兴奋中。他们做梦也没有想到，作为一名产业工人，能和新中国的最高领导者们一起欢度新中国刚成立一周年的中秋之夜，在一起喝酒，在一起交谈，在一起欢乐。

一切仿若梦中，一切却又那般真实。

登上天安门观礼国庆阅兵

1950 年 10 月 1 日，赵乃斌怀着激动的心情，和大家早早就登上了天安门右侧的观礼台，看到那雄伟的天安门城楼上高悬着中华人民共和国国徽和毛主席的巨幅画像，天安门城楼东西两侧横挂着“中华人民共和国万岁”和“世界人民大团结万岁”的巨幅标语，宽广的天安门广场站满了接受检阅的部队。

群众游行队伍过来了，手拿鲜花的群众走到天安门右侧劳动模范、战斗英雄席位时，响起了“向战斗英雄学习”“向劳动模范学习”的震天口号声，许多鲜花都投向了劳动模范和战斗英雄手中。接到鲜花后，赵乃斌一直兴奋地挥着双手。

游行队伍历时 3 小时 25 分之久才全部从检阅台前通过。庆祝大会于下午 4 点 25 分结束。回驻地稍事休息吃晚饭，赵乃斌和劳模们又兴高采烈地集合到天安门广场参加国庆之夜的活动，观看那五彩缤纷的焰火和精彩的文艺节目。那一刻，除了幸福，赵乃斌更感到了无上的光荣，他知道，这不仅是他个人的荣誉，更是唐钢的荣誉！

10 月 2 日全国劳模大会在京闭幕后，近百位英雄模范应 20 多个机关、部队、学校、工厂等单位邀请，作了英模事迹报告。

10 月 2 日下午，赵乃斌在北大红楼民主广场向来自北京大学、辅仁大学、国立高工等学校的 2000 多名同学介绍了唐钢钢铁报国的精彩故事。

他生动朴实的讲述，让学子们了解到了新中国的钢铁步履，受到了实在的具体的教育，也让唐钢在他们心中留下了深刻的印记。

带着祖国的荣誉，回到岗位上的赵乃斌和全体唐钢人一道又开始新的技术创新和探索。

1951 年，唐钢提出用碱性转炉单独炼钢的大胆设想。消息传出后，引起唐山市委的高度重视。市委领导、北方交通大学唐山工学院教授亲临现场，各方配合，协力攻关，打响了空气侧吹碱性转炉炼钢的攻坚战。

执笔人：公司党委宣传部　王宇

忆中型轧钢厂“75·13”夺高产大会战

在风云激荡的公司发展史上，曾经有一个功勋卓著、业绩辉煌的二级生产单位，它就是中型轧钢厂。

中型轧钢厂自1960年1月22日建成投产，到2020年8月29日停产外迁整整60年。这60年辉煌历史中，凝聚着几代中型轧钢人的青春与智慧、忠诚与热血。他们的艰苦奋斗不该被历史所遗忘，他们无私奉献的精神代代相传！

中型轧钢厂主要产品是大角钢、工字钢、重轨、轻轨、槽钢、山型钢、矿用支撑钢及方坯等。这些产品在当年全部是经济建设所需的紧俏国家统配物资。直到1975年，具备这种生产能力的企业，在全国仍屈指可数，在河北省更是独一无二！尽管当年该厂的技术装备水平只相当于日本同行业三四十年代的水平，但在物资匮乏的年代，仍属凤毛麟角，其地位在河北省举足轻重。甚至，曾一度占据唐山全市百分之四十的产值。

那个时候，中型职工在自豪与骄傲的同时，深感职责神圣，任务光荣。全厂每名职工无不尽心尽职，竭尽全力完成生产计划！屡创高产，屡作贡献。突出的表现就是：在1975年唐钢发起的“75·13”高产战役中表现尤甚！

“75·13”的由来源自贯彻中共中央75〔13〕号文件精神。1975年的仲夏时节，以毛泽东同志为核心的党中央，发出了“要把国民经济搞上去”的伟大号召，立即得到全国的响应！全国冶金系统一马当先。冶金工业部部长陈绍昆迅速主持召开了贯彻中共中央75〔13〕号文件精神全国电话会议，在全国共设十几个分会场。会上，陈绍昆部长作了慷慨激昂的动员报告，鞍钢弓长岭铁矿等单位作了发言表态。会后全国冶金系统很快掀起了大干快上的高潮。

唐山钢铁公司“75·13”高产战役随之应运而生！口号是：全年确保产钢85万吨，产材85万吨。其中，中型轧钢厂责无旁贷，又是重头戏。全厂、班（工段）、班组三级誓师会、动员会层层召开。鲜红的决心书、挑战书、保证书立刻贴满了各个车间内外的宣传栏。厂部领导班子成员全部下到一线分关把口，靠前指挥。机关男女干部分组三班倒，一律到生产一线擂鼓助战。生产维修系统人人竭尽全力保设备正常运转，保生产顺利进行。生活后勤系统保24小时食堂备有热饭、热菜、热水、冷饮供应。

誓夺高产胜利！一场斗志昂扬、干劲冲天的大会战如火如荼进行中。

全厂沸腾了！在生产最紧张时刻，老轧钢工出身的党委书记李凤，上前替换下650轧钢机操作工，亲自顶岗挥叉翻钢！主帅身先士卒，将士个个拼命。各生产班组无一人不奋力向前，无一人不用心尽职盯岗。几天之内，全厂生产纪录就一再刷新。一时间“火红的喜报把炉前装扮，沸腾的车间气象万千！”全厂工人争先恐后贡献公休日，你追我赶做好事，更有一大批青年工人向党组织递交了入党申请书。机修女工白兰萍，下了班不回家，换上劳保大头皮鞋，主动请缨到轧机一线，干起轧机操作工盯岗翻钢，一直坚持到深夜……

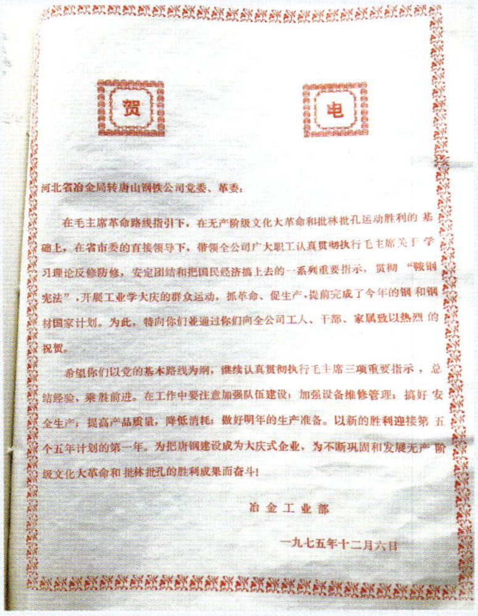

贺　电

河北省冶金局转唐山钢铁公司党委、革委：

在毛主席革命路线指引下，在无产阶级文化大革命和批林批孔运动胜利的基础上，在省市委的直接领导下，带领全公司广大职工认真贯彻执行毛主席关于学习理论反修防修，安定团结和把国民经济搞上去的一系列重要指示，贯彻“鞍钢宪法”，开展工业学大庆的群众运动，抓革命、促生产，提前完成了今年的钢和钢材国家计划。为此，特向你们並通过你们向全公司工人、干部、家属致以热烈的祝贺。

希望你们以党的基本路线为纲，继续认真贯彻执行毛主席三项重要指示，总结经验，乘胜前进。在工作中要注意加强队伍建设；加强设备维修管理；搞好安全生产；提高产品质量，降低消耗；做好明年的生产准备。以新的胜利迎接第五个五年计划的第一年。为把唐钢建设成为大庆式企业，为不断巩固和发展无产阶级文化大革命和批林批孔的胜利成果而奋斗！

冶金工业部

一九七五年十二月六日

◎ 1975年12月6日《夺钢战报（号外）》中登发的冶金工业部贺电。

职工们信奉：发展生产有铁的法则，那就是没有投入就没有产出！尤其是新装备、新技术、新工艺的投入是万不可没有的。但在彼时，这些全没有，还要把生产更多更快地搞上去，那就只有拼当时的设备和人们的体力了。而这种做法很有局限性，挑战了人、机极限。当时的场景让人想起毛主席《七律·到韶山》中的名句“为有牺牲多壮志，敢教日月换新天”。

正当全厂职工忘我苦战的时候，二班650轧机机前操作工、共产党员李敏晕倒在了工作岗位上。机前操作工是该厂一线生产岗位中最苦最累最危险的岗位。工人要在1000多摄氏度高温的炽热钢坯前操作，加之轧制速度快，身、手、腿、眼都得格外留神，稍不注意就容易出现重大伤亡事故。曾有很多人在这个岗位上盯岗，一个班盯下来，就败下阵来，要求调岗。但李敏不愧是党员先锋，他在这里一干就是几年，毫无怨言直到晕倒在岗位上。工友们第一时间闻讯赶过来并查看情况。“李敏！李敏！李敏！”白发苍苍的二班党支部书记、七级老轧钢工孙佩亭抱着自己的爱将一声声地呼唤，瞬间老泪纵横！紧接着，二班轧钢机工段长、共产党员严百顺又晕倒在岗位上……这就是那个时代中型轧钢厂的工人们，是我们唐钢工人的代表。在国家最困难最艰苦的年代，他们用各自的忠诚和汗水，甚至付出生命的代价，苦苦支撑着共和国的经济大厦！他们的历史功绩和无私奉献的精神，永载史册！

这场高产会战，在全面超额完成生产任务的凯歌声中胜利结束。在总结此次高产战役的座谈会上，公司驻中型轧钢厂工作组组长、党委组织部副部长许贞讲出了肺腑之言，他高度评价了中型轧钢厂在“75·13”高产战役中的优异表现，高度赞扬了全厂广大职工的无私奉献精神。他动情地说：“这次高产战役中型轧钢厂职工们的突出表现，证明了一个事实，那就是：中型轧钢厂的职工队伍，是唐钢最优秀的职工队伍！”顿时，会场上一片欢腾，响起热烈的掌声。这掌声，他们当之无愧！

许多年过去了，但凡健在的老中型人有谁能忘记得了曾为之献身的中型轧钢事业？2011 年深秋时节，在唐钢文化广场落成之时，早已淘汰的中型轧钢厂 650 轧钢机静静地矗立在文化广场的中心位置。熟悉那段历史的人，每次面向它，都会勾起沉淀已久的回忆。在公司党委组织离退休老同志参观文化广场时，曾担任过中型轧钢厂党委书记的王洪柱，技术副厂长张鉴湖，厂党委委员、党办主任张秀娟走到轧机前，与公司老领导孙维凡一起，深情地凝望承载着他们青春与奋斗的轧机，浮想起那段久远难忘的记忆。就在 650 轧机旁合影吧，留下对中型轧钢厂永恒的记忆，尤其是对“75 · 13”高产战役的片段。有一种回不去的青春，叫作年代。岁月流逝，越走越远，曾一起并肩作战的，都成为回忆的过来人，但无论青丝还是白发，他们的内心始终不变的是对唐钢的热爱！

执笔人：原气体公司党委书记　李志成

震不垮的钢城

47年，并不是一段多么遥远的光阴，但是，只有亲历者才知道唐山大地震曾有过怎样的残酷与惨烈。被压在废墟下的，不仅仅是大地震的遇难者和幸存者，还有更多唐山人民的生活和命运。

在这场罕见的灾难中，唐钢损失惨重，历经20多年的创业成果毁于一旦。震前固定资产原值2.43亿元，震中损失三分之一。全公司1.82万名职工中，有1788人震亡，1241人重伤。遭受严重破坏的重要设备39台，通用设备被破坏或局部破坏的673台，生产全部中止。

天灾面前，来不及擦干泪水的唐钢人一边参与人员搜救，一边克服高炉移位、厂房倒塌、设备严重损坏等困难，仅用28天时间，就炼出了震后的第一炉钢。

钢城之殇

凌晨，夜班的孙凤云正在天车上，配合着地面上的同事码放钢锭。突然，操作器失灵了！身边的设备开始剧烈地摇晃。孙凤云一边试图操作，一边跟地面的同事抱怨。就在此时，厂房断电了。

那一天是1976年7月28日。当时的唐山已经“入伏”，晚上燥热得很。唐钢宣传干事刘磊在睡梦中被热醒了，准备到院里凉快一会儿。一炼钢厂段耀庭一家人正在熟睡。

当时的孙凤云、刘磊、段耀庭和千千万万唐山人一样，压根没有想到，一场巨大的劫难已然逼近。这个看似平常的夜晚，成为他们生命中最沉重的一夜。

时针指向凌晨3点42分53.8秒，一道奇异的蓝光，划破夜空的寂静。东经118.2度，北纬39.6度的地下16千米处，一股来自地球内部的力量喷涌而出。唐山，一个土地面积占全国万分之一，人口数量占全国千分之一，工业产值占全国百分之一的工业城市，顷刻间被夷为平地。

天车上的孙凤云被颠得如同簸箕里的米糠。“我就感觉，车间厂房里几十年攒的灰尘似乎一下子全向我扑来，呛得我不敢睁眼，不能呼气。”不知过了多久，孙凤云借着炼钢炉里火焰的光芒，返回到地面。逐渐适应后，她隐约看到，厂区里生产厂房、库房、食堂不断倒下，一轧厂方向蹿起了一把大火，“不少女同事被吓得大哭不止，大家一边哭，一

◎唐山大地震导致唐钢高炉扭曲、厂房倒塌，损失巨大。

边救人，一边扑灭火。”

天蒙蒙亮时，疲惫的孙凤云骑车回家，经过各街区的房屋全部塌了，她的家也未能幸免。邻居哭着告诉她：“快点儿回家吧，你家一个人也没出来！”几乎崩溃的孙凤云扔掉车子，冲进自家的废墟。在邻居的协助下，大弟弟被救了出来，紧接着是双腿被砸断的母亲，父亲和小弟弟不幸遇难。

刚走出屋门的刘磊听见身后一声巨响，回头看时，宿舍已成为废墟。那一刻，刘磊几乎以为自己是身在梦中。然而，脚下剧烈的颠簸和远处不断传来的巨响唤醒了刘磊。他第一时间就想到，身后的宿舍住着从沈阳来唐山探望他的父亲。他开始发了疯一般用手扒开面前的废墟。手指甲磨掉了，手掌也都磨破了，刘磊终于找到已停止呼吸的父亲。短暂的呆滞和悲伤后，刘磊顾不上痛哭，开始帮着找其他埋在废墟中的人。

段耀庭挣扎着从废墟里爬出来的时候，发现妻子已身受重伤，4个孩子还都在废墟里。忍着伤痛的段耀庭开始循着周边微弱的呼救声救人，救出一位重伤的同事后，他陆续发现了自己的孩子。然而，灾难已经无情地夺去两个儿子和一个女儿的幼小生命，仅留下了一个女儿。段耀庭回忆说：“当时我们住的东联合工房二街共有1200多口人，地震一瞬间就夺去700多人的生命。”

誓炼“志气钢”

震后，党中央国务院迅速派遣解放军、医疗队进入灾区抢险救灾，并陆续从全国各地抽调人力物力，支援救灾重建工作。唐钢时任领导班子立刻召开紧急党委会，提出争取8月底出钢的要求，并将这一任务交给以劳模王益元命名的“王益元小组”。

“王益元小组”是当时中国钢铁业响当当的“王牌”班组。地震发生之前，王益元已被任命为唐钢党委副书记，不在小组工作。为保证8月底出钢任务的圆满完成，他带头投身到恢复生产的任务中。

摆在王益元和工友们面前的，是一个不折不扣的烂摊子。

震后的唐钢遭受重创，转炉熄火，高炉移位，多处厂房倒塌，设备损毁严重。更危险的是，当时6级以上的余震不断，在厂房中作业还要时刻防备新的险情出现。王益元回忆道：“8个组员中，两人遇难，6名幸存者均有不同程度受伤。有的头上包着纱布、有人腿上缠着绷带，段耀庭还拄着拐。”

当时有不少声音认为，唐钢已经瘫痪，不可能再生产了，攻关小组立下誓言：“我们一定要在一个月内恢复生产，炼一炉‘志气钢’，为唐钢人争一口气，争做唐山恢复重建的排头兵！”小组成员冯林棣、段耀庭、王庆立等人匆忙安置了家，震后第二天就投身到生产任务中。

◎唐钢人以气壮山河的英雄气概抗震救灾，排除一切困难，努力提高生产水平。

当王益元地震后首度进入一炼钢厂时，首先映入眼帘的，是东倒西歪的几个储油罐。这六七个储油罐里装的是焦油，每个罐的容量高达四五百吨。地震中，这些油罐出现泄漏。车间到处都是油，连排水沟、电缆沟里也是油。

“当时形势很明朗。要炼钢就要用水，要用水就必须把沟里的油捞出来。”王益元说。时值8月酷暑，天气非常热、他和小组成员毫不犹豫地跳进了齐腰深的水里捞油，黏腻的油糊在每一个人身上、脸上。劳碌一天的组员甚至不能洗一洗身上的油腻。“当时缺水啊，连吃的水都紧张，哪有水洗澡？再说，也顾不上啊。”

就是这样一支心灵和身体受到双重创伤的工人队伍，在炎炎夏日中，连续奋战在油污中多达数日，不少人连续几天不合眼。

党中央国务院和全国人民也从四面八方伸出了援助之手。据记载，当时共有包括首钢、上钢、22冶等共计26家冶金企业对口支援了唐钢重建。当时某部队12团政治处主任包宗骥，从本溪带来了半个团的战士，为唐钢恢复生产作出了极大贡献。

受地震影响，一炼钢厂转炉里的钢水同炉衬、炉渣凝固在一起，成为一个几十吨的大铁块。“当时的炉衬是碱性的，等生产用水恢复后，大家就端着洗脸盆，在炉子外四处浇水，把炉衬粉碎之后掏出来。”王益元回忆说，当时已经通电，工人就把炉壳吊起来，最终把铁块取了出来。

为了保证第一炉钢的成功，王益元带领着小组成员对所有设备进行检修，力求各项工作万无一失。在解放军和各地援建队伍的帮助下，地震后几天，车间的油污清理干净，厂房得到初步加固，与生产有关的电、风、水、氧系统也全部修复。

1976年8月25日，终于到了出钢的日子。时至今日王益元依旧清楚地记得那个日子：“当时围观的多达上千人，记者就有近百名。”在千百双眼睛的注视下，炼钢组组长段耀庭带领着组员一丝不苟地加温、加料，手心里都是因紧张而冒出的冷汗。

作为现场总指挥，王益元的心更是提到了嗓子眼：“当时大家心里都很清楚第一炉钢全国人民都在看，只许成功，不许失败，我本人主要比较担心生产问题。毕竟余震还在持续，关键设备又都经过地震。”

第一包铁装炉时，王益元及时进行了取样监测，除温度稍低外，其他都比较正常。于是王益元吩咐，炉再多吹一分钟。中午 12 时 20 分，唐钢震后第一炉钢成功出钢。围观人群中发出欢呼，闪光灯次第亮起。王益元取样检测的身影，被永远定格在胶卷上。

此时，距离地震发生 28 天。唐钢人圆满完成了一个月内出钢的郑重承诺。

据了解，当天所出“志气钢”的钢锭被轧制成螺纹钢，送往唐山重建的施工现场，成为了唐山市再度崛起的脊梁。

抗震精神薪火相传

解放前，唐钢年最高钢产量仅 1904 吨。解放后，唐钢人满怀建设新中国热情，积极发展生产，加快技术改造。1952 年，在国内率先试验成功侧吹碱性转炉炼钢技术，使唐钢成为转炉炼钢的发祥地。1953 年，在国内率先试制成功高铝质耐火材料。1958 年，又在国内试验成功了侧吹碱性转炉富氧炼钢技术。1960 年,作为国内首批建设连铸机的企业，为我国推广连铸技术摸索和积累了经验。到 1975 年，唐钢的年钢产量达到 82.5 万吨，比 1970 年翻了一番。

在企业快速发展的同时，唐钢人逐渐形成了“三不倒”的企业文化特质：有了困难吓不倒，有了钉子碰不倒，有了成绩夸不倒。应该说，如果没有这种“面对困难不低头，泰山压顶不弯腰”的强烈精神追求，唐钢人是不可能在身心遭受沉重打击的情况下，在满目疮痍、余震不断的废墟上重新站立起来的。

正是由于有了这种精神，劫后余生的唐钢全面恢复生产。1979 年，钢产量突破百万吨大关。1991 年，晋升国家一级企业，2005 年跻身国内千万吨级大钢行列。2008 年，绿色转型焕发勃勃生机，成为全行业学习的榜样。2020 年，在渤海湾建起一座集绿色、智能、品牌化的现代化钢铁材料制造基地，告别临海不临港的历史，实现唐钢人拥有沿海钢铁项目的夙愿。

唐钢崛起并发展的历史，是唐钢人一次次挣脱困局、突破困境的历史。在“志气钢”精神的鼓舞和感召下，一代代唐钢人把岁月编进奋斗的年轮，把年华绘成奉献的画卷，把人生谱就拼搏的乐章。往事并不如烟，历史将会永远铭记震不垮的钢城岁月。

公司史志办公室　改编

部分内容摘自《国资报告》

晋升！国家一级企业！

1991 年 3 月 15 日，冶金部副部长徐大铨为唐钢颁发一级企业证书，会场响起阵阵热烈的掌声。

时任公司党委书记袁瑞新代表 5 万余名职工作了表态发言。他表示，全体干部职工要切实增强一级企业意识，培育一支过硬队伍，创造一流工作水平，万众一心，再攀高峰。

一时间，公司晋升为国家一级企业成了职工茶余饭后议论的“热点”。许多职工说，我们怀着急切的心情等待着这一天，想不到这一天这么快就提前到来了！

国家一级企业的评定源自强化企业管理，确保国家级企业的先进性。“七五”期间，国家把提高产品质量、降低物质消耗和增加经济效益，作为考核工业企业管理水平的主要指标。国务院《关于加强工业企业管理若干问题的决定》中指出：“国家一级企业的主要标准是：主要产品质量指标达到 70 年代末 80 年代初的先进水平。”其中，对企业等级的具体标准、上等级规划和实施细则作出明确规定。

时间追溯至四年前。公司于 1987 年晋升为国家二级企业，标志着公司这个老企业在管理中的进步，欣喜之余公司更加清醒地认识到自身存在的薄弱环节。为了晋升国家一级企业，公司对企业升级工作统一实行目标管理，相应制定了 300 多项达标措施。广大干部职工认真按照公司各项部署，拿出“不达目的不罢休、不获全胜不收兵”的精气神，按照一级企业的要求狠抓晋等达标，形成了千军万马齐上阵的热潮。

安全生产是影响公司企业晋级晋等的关键。为此，公司把安全生产作为企业头等大事来抓，一改往日抓下头多于抓上头的方法，首先抓领导，一级抓一级。首次把肇事轻伤纳入经济责任制考核。为强化自我防范意识，公司先后组织了上百场安全演讲，同时采取了多种形式进行安全教育，效果显著。

公司在调整产品结构、提高产品实物质量方面下了大功夫。由于公司以生产普钢为主，产品比较单一，在市场发生突变之时，生产经营受制较大。对此公司在财力极端紧张的情况下，投资 2 亿多元用于开发新产品和建设国际标准生产线，使公司产品质量得到很大改进。

自公司晋升二级企业之后，各二级单位瞄准更高目标奋力攻坚。

——1988 年，中型轧钢厂克服原料不足、成本升高的客观条件，努力挖潜，加强管理，翌年 1 月企业升级四项主要指标均超过一级标准。

——1989年，一炼钢厂从生产实际出发，按一级企业标准组织攻关，注意发挥QC小组作用，攻克了影响炉龄提高的难关。同年1—11月，平均炉龄达到336.2炉，比上年同期增长45.6炉。

——1989年，一轧钢厂围绕产品创优，开展全面质量管理，产量、双标率、成材率、工序能耗继续保持国内同行业先进水平。

——1989年，一炼铁厂在设备管理上认真坚持“预防为主，操、检并重，用户第一，服务生产”的原则，前9个月，全厂设备管理指标超过了国家一级企业标准。

……

努力就会有收获。1989年11月17—18日，冶金部年度国家一级企业预考核汇报会在公司北戴河休养所举行。会上，部有关司局负责同志对唐钢各项指标完成情况逐项进行了评价，对公司升级工作给予充分肯定，并着重对安全质量问题提出了具体改进意见。会议结束后，唐钢已基本达到国家一级企业考核标准，在当时河北省尚属首家。

部考评组对唐钢企业升级工作的总体评价，使人们既感到欣慰，又添忧虑，欣慰的是，经过几年来公司上下的共同努力，进步很大，向正式进入国家一级企业的行列迈出了关键的一步；令人忧虑的是，按高标准要求，我们一些指标完成不够理想，水平仍有待提升。

这次预考核会议结束以后，公司立即制定了相应措施，确定了1990年工厂方针是以“治理整顿，深化改革”为指针，两个文明建设一齐抓，管理、技术齐并进，双增双节创效，建设高水平的一级企业，即当年的奋斗目标。

1989年底，公司在《1990年工作纲要（摘要）》中第二部分重点工作里提出：“加强各项管理工作，建设高水平的一级企业。”这一部署大大激励了全体唐钢人的斗志和信心。“集结号”已经吹响，广大职工统一思想，快速行动，一场声势浩大的攻坚战役拉开序幕。

电炉炼钢厂抓管理、严奖惩、重培训，打质量翻身仗见成效；一炼钢厂强化管理，提高连铸水平；二轧钢厂抓管理工作、促晋等升级，各项工作再上新台阶；二炼铁厂抓设备、攻基建，新建设备趋于正常运转；炼焦制气厂严格执行三勤四稳操作法，按标准化作业，生产和各项工作有条不紊。

为了公司晋升“国一”，全体党员干部和职工群众心往一处想、劲往一处使，攥紧“十指拳头”，变“难题清单”为“使命清单”，终于使各项工作取得成效。

1990年10月18—21日，冶金部、河北省联合考核组对公司进行了国家一级企业考核。在为期四天的工作中，通过听取汇报、现场考察、召开座谈会、查阅资料、核实数据，对有关企业升级指标和各项管理工作进行了全面考核。

公司二炼铁厂高炉中控室是考核组来二铁的必到之处，这里具有现代化管理控制系统，当班职工向考核组人员提供了高炉运行情况和各组数据，无一不体现了主体装备的现代化优势。

在中型厂，考评组对公司的质量管理工作给予了很高的评价：“难怪你们在国家、部、省、市的多次实物质量抽检中项项合格，因为你们有一支敢于负责、认真监督、严于把关的质检队伍。有这样一支监督队伍，你们的产品让人放心。”

一轧钢厂是按国际标准生产产品的工厂，在这次“国一”评审中，产品质量考核组成员赞不绝口，说出由衷之言：“真像个国际化标准线的样子了！”

来到每一处生产现场，考核专家们都禁不住赞叹。

经过考核，考核组一致认定：唐钢 1989 年度各项升级指标全面达到了国家一级企业标准，各项管理工作符合国家企业十项基础条件、五项先决条件和国家一级企业的“五有”要求。考核组将把这一考核结果提请冶金部审查通过，并报国务院企业管理指导委员会审批，建议命名唐钢为国家一级企业，至此，五万名职工的辛勤汗水已浇灌出丰硕成果。

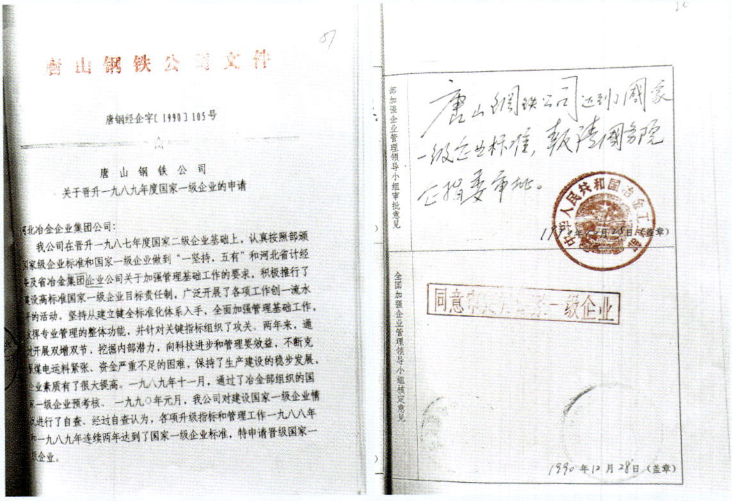
唐山钢铁公司文件

唐钢经企字〔1990〕105号

唐山钢铁公司
关于晋升一九八九年度国家一级企业的申请

河北冶金企业集团公司：

我公司在晋升一九八七年度国家二级企业基础上，认真按照部颁国家级企业标准和国家一级企业做到“一坚持，五有”和河北省计经委及省冶金集团企业公司关于加强管理基础工作的要求，积极推行了建设高标准国家一级企业目标责任制，广泛开展了各项工作创一流水平的活动。坚持从建立健全标准化体系入手，全面加强管理基础工作，发挥专业管理的整体功能，并针对关键指标组织了攻关。两年来，通过开展双增双节，挖掘内部潜力，向科技进步和管理要效益，不断克服煤电运料紧张、资金严重不足的困难，保持了生产建设的稳步发展，企业素质有了很大提高。一九八九年十一月，通过了冶金部组织的国家一级企业预考核。一九九〇年元月，我公司对建设国家一级企业情况进行了自查。经过自查认为，各项升级指标和管理工作一九八八年和一九八九年连续两年达到了国家一级企业标准，特申请晋级国家一级企业。

部加强企业管理领导小组审批意见

唐山钢铁公司达到了国家一级企业标准，报请国务院企指委审批。

年　月　日（盖章）

全国加强企业管理领导小组核定意见

同意　一级企业

1990年12月28日（盖章）

◎ 晋升国家一级企业考评材料。

10 月 21 日，在公司晋升国家一级企业考核总结大会上，评审考核组专家和各部门领导对公司的工作既有加油鼓劲又提出了殷切希望。

“唐钢通过了国家一级企业考核，这是唐钢继 1986 年晋升省级先进企业以来，跨上的第三个新台阶，四年跨三步，可敬、可喜、可贺！”时任河北省计经委副主任谭祖舜高兴地说。

时任河北冶金企业集团公司副总经理宋家骥对于公司晋升“国一”的工作给予充分肯定：“唐钢通过这次一级企业的考核，说明我们唐钢经过几年的艰苦努力，工作有成绩，管理有进步，企业素质提高到了一个新的水平。”

“这一成绩的取得，不仅是唐钢的光荣，也是唐山市的光荣，因为你们是唐山市进入国家一级企业的第一家。”当时的唐山市副市长么金铎发表了热情洋溢的讲话，对唐钢顺利通过国家一级企业考核表示祝贺，并代表市委、市政府对公司提出了新的希望：“把通过国家一级企业的考核作为新的起点和前进的动力，进一步发扬过去的好传统、好作风，不断向新的更高的目标攀登。”

企业的晋等升级也给普通职工带来了实实在在的好处。1991 年 3 月 9 日，唐钢为在晋升国家一级企业工作中作出贡献的广大职工晋升半级浮动工资。这个惠及全体的奖励政策，在公司引起了强烈反响，职工们喜悦之情溢于言表。大家纷纷表示：国家一级企业的获评，不仅让自己切切实实地享受到了福利，还增强了自豪感和使命感。未来将一如既往地与企业站在一起，荣辱与共、风雨同舟，共同开创唐钢更好的未来！

设备机动部　公司史志办公室　供稿

执笔人：赵东利　王福生　张继柱

艰难的起飞　历史的跨越

——唐钢“七五”改扩建工程建设回顾

【编者按】

“七五”改扩建工程是唐钢历史上的第一次起飞，它的历史重要性不言而喻。曾在1985—1989年间担任公司改扩建办公室主任的袁志明，为我们重温了那段艰苦创业的峥嵘岁月，再现了老一辈干部职工在异常艰苦条件下忘我奉献的优良作风。

改扩建起因：乘改革东风，越是艰难越向前

1985年，唐钢打响了“七五”改扩建的战役前奏。这一年是唐钢的重大创新改革年，也是历史性转折年。唐钢自此艰难起飞，实现了历史性跨越，为日后的发展奠定了坚实的基础。

还原这一年的历史数据：唐钢生产取得辉煌成绩，生产钢123.29万吨，商品材坯105.12万吨。

这两个数字和全国其他大型钢铁企业产量相比较，并无惊人之处，但对于唐钢来说，实在难能可贵，是实质性的进步。

唐钢是始建于1943年的老企业，彼时的设备国内外先进的为零，一般设备占72.8%，应淘汰设备占27.2%；生产不配套，无矿、缺铁、无焦，每年要外购生铁90万吨、铁精粉50万吨、焦炭40万吨来维持生产；几十年来，一直沿用化铁炼钢的旧工艺。

新中国成立后的三四十年，唐钢人凭着“自强、奋进、创新、奉献”的拼搏精神，一方面不断地挖潜、改造、革新，千方百计地增加产量，尤其是二炼钢厂的技术改造，为唐钢的发展打下了坚实的基础；另一方面不断加大设备负荷，一再提高设备利用率，使众多装备一直处于超负荷运转状态：一炼钢厂年设计能力24万吨，而1985年实际达到27万吨；一轧钢厂年设计能力12万吨，实际达到29万吨，是设计能力的2.4倍；一炼铁厂年设计能力14万吨，实际达到31万吨，高炉利用系数位居全国第一。

但随之而来的问题摆在干部职工面前：这种超负荷的运转，虽能取得短期经济效益，但是能否长久如此？唐钢人的干劲越来越大，奉献越来越多，这种精神上的强化能否代替

物质上的改观?

答案自然是否定的。几十年的事实不言而喻，唐钢虽然竭尽全力，但和国内外钢铁企业日新月异的变化相比较，设备和工艺越来越落后。它如同一台 19 世纪的老式蒸汽机车，再不补充新的动力，将很难拖起身后日益加长的列车。

必须从根本上摆脱落后的状态，为唐钢开辟一个广阔的发展空间，成为唐钢几任领导挂在心上的大事，他们时时刻刻都在思考下一步的出路。他们心系的是企业的未来发展，殚精竭虑的是如何做大做强做优唐钢。

然而，旧体制的局限性束缚了唐钢的发展，计划经济时代的弊端显而易见。工艺装备的落后，让唐钢领导班子施展拳脚的空间大大受限。

1978 年 12 月党的十一届三中全会后掀起了改革浪潮，猛烈冲击着旧的经济体制，把公司带进了一片广阔的新天地。过去企业不敢想的事，可以想了，过去企业想办而不能办的事，可以办了，体制活了，人们的思维也从封闭、僵化走向开放、活跃的空间。

唐钢人再也按捺不住改革的激情，他们不失时机地对现有设备和生产工艺进行了一系列的改造、革新，尝到了甜头。成功的尝试，使唐钢人胆子更大了，信心更强了！他们要放开手脚大干一番。他们着手进行大规模的改扩建工程，要为唐钢开辟新路，增加后劲，要为国家钢铁事业的振兴，去奋力一搏!

这轮大规模的改扩建，是公司有史以来的第一回。不仅需要胆识、需要魄力、需要资金,更需要严谨科学的态度和踏实肯干的作风。急流勇进的改革势头,日益激烈的商品竞争,使公司没有丝毫的回旋余地，公司要生存、要发展，就必须义无反顾地走改扩建这条路。

这是一条充满风险而又艰难曲折的路，也是一条通往光明的路!

唐钢人懂得：路是靠自己走出来的，项目是干出来的！越是充满风险，越能激起人们干一番事业的决心；越是艰难曲折，它所达到的顶峰越光辉灿烂!

唐钢要进行大规模改扩建，约需资金 14 亿元，这个数目相当于公司当时固定资产的 3 倍多。这么多钱从哪里搞？向国家要？不行！自己借钱搞？这个大胆的想法就意味着要冒巨大的风险！如果负债建设搞不上去，就意味着唐钢就是破产三次，也还不清这天文数字般的债务!

有人踌躇，有人疑虑，但更多的人是在严肃地探讨、认真地思考、反复地论证!

在公司领导班子会上，经理田锡恩说:“在改革的浪潮中，要想四平八稳地求发展根本办不到,企业要发展就要敢于冒风险,风险既是压力，也是动力,这个风险,我们冒定了。”

“改革本身就伴随着风险，在老路上徘徊一点风险也不冒，带来的将是更大的风险！”公司党委书记袁瑞新赞同地说道。

两位公司领导掷地有声的话，代表了唐钢党政领导班子成员的一致决心，也道出了 4 万多名职工共同的心声!

思考变成计划，决心变成了行动！经过唐钢几任领导的不懈努力，终于勾画出改扩建的蓝图——

建设一座 1260 立方米的高炉，早日结束化铁炼钢的历史！

开发棒磨山铁矿及相应的辅料矿山，建设自己的原料基地！

上一套高速线材轧机，提高成材能力！

建设一座麦尔兹双膛活性石灰竖窑，为炼钢提供精料！

引进一套钢渣处理设备，变废为宝！

建设两座 36 孔大焦炉，实现焦炭自给！

上四套连铸机，提高成材率，解放炼钢能力！

到“七五”末，达到钢产量 150 万吨，铁产量 105 万吨，实现钢铁初步配套！

这一规划不仅科学务实，而且非常契合唐钢发展实际。唐钢人终于冲出了旧体制的樊篱，乘着改革的长风，踏上了一条曲折惊险而光明在望的路。

艰辛建设历程：“起飞项目的每一次都是第一次”

借款负债搞改扩建，唐钢变成了真正的投资主体。这种体制的改革给唐钢带来了一个个新的课题——怎样筹措资金？怎样缩短工期，降低造价？怎样提高工程质量和投资效益……这一连串的问号困扰着唐钢人。对于旧体制下习惯于国家投资、国家建设，建好建坏，建快建慢，都与我关系不大的老唐钢来说今天才悟出了这些问题的分量。这是生命攸关的大事，是关系着公司兴衰的大计。怎么办？

在一个个方案面前，唐钢领导班子反复研究，苦苦思索，终于得出了这样的结论——只有生产关系的变革，才能促进生产力的发展，沿用过去“一统到底”的基建管理体制，显然不能适应“七五”改扩建的规模。不打破旧的管理体制，唐钢的改扩建就迈不开步！

当即，拍下了“必须改革旧的管理体制”的重要一板。

于是，在公司内部采用了统一指挥、分级管理的方法，成立了改扩建指挥部，重点工程又成立了项目指挥部，充分发挥两个积极性。对于国家重点基建和重要技改项目，公司统管；对于中小技改项目，公司宏观控制，各二级单位对工程从开工到验收的过程全面负责。

扩建炼铁工程是唐钢改扩建总体规划的主体工程，规模大、工期紧，困难从开工之日起就接踵而来——

征地困难，复杂的地方关系难以处理。

施工图纸设计满足不了进度要求。

资金不落实，工程款一拖再拖。

设备材料几度告急！

施工力量严重不足！

解决这些问题的过程，有严肃认真的讨论，也时常有各方的扯皮。症结在哪里？根子还在体制！

建立一个甲、乙、丙三方合一的管理体制，是解决这些问题的根本出路！时任唐钢主管基建的副经理赵林根找到了症结。

于是，他协助田锡恩经理，建立了以甲方为主、甲乙丙三方领导参加的工程联合指挥部，按照现代化管理方法，制定了总体控制网络计划，统一领导，统一部署，统一指挥。联合指挥部下设九个专业服务组，进驻现场办公，服务于施工第一线。

新的管理体制把甲乙丙三方的责、权、利捆在了一起，使三方心往一处想，劲往一处使，拧成一股绳。为了共同的目标你追我赶，携手并进。

艰难困苦面前，领导者是开路先锋。

田锡恩经理在工地安营扎寨。

承担主体施工任务的二十二冶金建筑公司经理李铁柱随即把办公室搬到了现场指挥部。

唐钢副经理赵林根、二十二冶副经理李壮城也把铺盖卷搬到了工地。

两个单位的主要领导在阵地前沿靠前指挥，把雷厉风行，实事求是，不推不拖，说干就干的作风带到了工地。原来是小事不过天，大事不过三（天），这回改成了大事不过天，小事不过点（一个小时）。一次在工程例会上，有一个单项设计要变更，因对图纸吃得不透，反复讨论拿不出一个合适的方案来，有人提出明天再接着研究，田锡恩经理严肃地说："不行，散会后晚上查图纸，今天必须定下来！今天能做到的事，决不能拖到明天！"就这样，设计人员连夜查阅了图纸，拿出了解决方案。

分管基建工作的副经理赵林根，压力可以说比谁都大。大的战略方针制定，要先拿出自己的意见，当好经理参谋，具体的工作部署，他则要考虑得更多更细，每一项工程的主攻方案都要靠他去组织实施。他辗转反侧，彻夜不眠，为高炉的建设殚精竭虑。

二十二冶一位分区指挥汇报工程进度拖期时，想强调一下客观原因和甲方创造条件不够，话刚出口，便被李铁柱经理截了回去，"谈自己的主观原因，找我们内部的问题，不能扯皮，甲方也有困难，条件差我们也要上！"李铁柱经理毫不客气地批评，不仅仅是对二十二冶的教育，对唐钢参建者也是很大的触动。

从此，在现场，在会议上，埋怨指责的话说得少了，更多的是顾大局识整体，抢困难，让方便，相互理解支持。

设备材料送到每个工号，预算人员带着本子住在现场，当天报，当天批。一次工程例会上，烧结区急需 300 平方米玻璃，二十二冶在会上拿出了预算，唐钢负责预算同志经认真核实后，立即签了字，第二天玻璃就送到了工地。设备材料处为了保工程提出，施工单位缺什么、短什么到唐钢的库房里来拿，两家变成了一家。

人心齐，泰山移。扩建炼铁一期工程在甲乙丙三方的共同努力下，到 1987 年 10 月一举追回了由于外部影响拖欠了半年的工期。

并肩战斗的身影：“为了第一次起飞，我们随时听令”

成功的经验迅速推广到其他几个重点工程，高速线材工程和棒磨山铁矿工程也相继组建了“三位一体”的组织领导体制，很快掀起了前所未有的施工高潮。

伴随施工高潮的到来也同时考验着唐钢施工管理队伍，在繁重复杂的基本建设中，施工管理队伍能否召之即来、来之能战、战之能胜？他们用自己的实际行动交出了满意的答卷。

施工管理伴随着基本建设的全过程，高炉建设的施工员更是长年野外作业，头顶蓝天，脚踩大地，条件艰苦，环境恶劣。在党员干部的带领下，无论是烈日炎炎的夏日，还是大雪纷飞的冬天，每个施工员都始终坚守在自己的岗位上。十几米深的地下基础，百十米高的大烟囱，经常要爬上爬下。有人曾做过统计，一个施工员每天在工地上来回奔走的路程，平均达十五华里。至于说加班加点，打连班，连轴转那更是平常事。施工员的妻子称这些施工员是三没准儿，“吃饭没准儿，回家没准儿，出差没准儿”。这三没准儿确实反映了施工员忘我工作的一个特点。这个处的领导听到这个说法后笑了，“应该补充一点，还有一个有准儿，那就是哪里施工紧张，哪里任务艰巨，哪里有危险，我们的施工员准在哪里！”

这样的身影在改扩建现场比比皆是。

老工人张珠，一心扑在工程建设上，在 22 万伏总变电站安装调试的日日夜夜里，他每天总是第一个来到现场，晚上最后一个离开工地。凭着丰富的实践经验和顽强拼搏精神，解决了一个又一个技术难题，他患有神经官能症，一犯病全身哆嗦，不能动弹，在工作岗位上几次犯病，但他全然不顾，吃点药，刚一好转，马上又投入了工作。

时间就是效益。对于工程管理人员来说，他们更清楚时间的重要，追求快节奏高效率，他们把办公室搬到了工地，和施工单位一起办公，随时出现问题，随时解决，变被动为主动，不等施工单位找上门，夏天要防洪，冬天要防冻。工程的进度、质量、技术、安全、设备、材料供应、设计协调、交工验收及地方关系等无所不管。小事随时办，当天事当天毕，定了今天处理完的事，不处理完，不下班。紧张的施工，需要的就是这种作风，拖拖沓沓，互相扯皮，何年才能出铁？甲、乙、丙三方在统一的大目标下达成了共识。

多少个日日夜夜，一度度春秋冬夏，在晨曦与晚霞的辉映中，在春花与雪花的轮换中，唐钢终于迎来了激动人心、热血沸腾的时刻——

1987 年 2 月，焦炉出焦了！

同年 7 月，连铸机吐出了火红的钢坯！

1988 年 9 月，麦尔兹窑生产的优质活性石灰汇入奔腾的钢水！

是年 4 月，钢渣处理工程竣工，不久便创造了可观的经济效益！

1989 年，棒磨山铁矿献出乌黑的铁精粉！

同年，现代化的高速线材轧机生产出优质的线材！

是年 9 月，宏伟的 1260 立方米高炉喷涌出火红的铁水！

随着“七五”改扩建项目相继竣工投产，唐钢实现了钢铁的初步配套，为企业的生产经营注入了生机和活力。唐钢终于冲破艰难险阻，进入了一个全新的发展时期。

30 多年过去了，作为当年建设的亲历者，每每回忆起这段历程，总是心潮难平，激动不已。建设工地上如火如荼的奋斗场面，至今仍历历在目。老一代唐钢人用自强、奋进、创新、奉献的拼搏精神竖起了一座项目建设的丰碑，铸就了企业钢铁之魂。唐钢人不会忘记第一次起飞，历史会铭记他们的功绩！

执笔人：原计控管理部部长　袁志明

铸机闪耀

一天，翻弄手机，不经意间一条西瓜视频被打开并锁住了我的眼球：“唐钢二炼钢厂区前，彩旗飘扬，鞭炮齐鸣，经过近3年设计施工建成的二炼钢厂连铸一期工程今天举行剪彩仪式并正式投入生产……”短短33秒的画面，让我瞬间穿越时光，仿佛回到那个燃烧激情与火热干劲的年代。

经过“六五”时期的努力，唐钢的生产水平得到较快提高。但由于生产不配套的问题没有很好解决，制约着唐钢经济效益的提升。为摆脱困境，增强企业发展后劲，彻底改变设备陈旧、工艺老化、生产工序不配套的状态，1986年以来，唐钢筹措资金，开展大规模改扩建工程建设，经国务院批准的《唐钢“七五”改扩建总体规划》开始实施。其基本建设项目包括扩建炼铁一期工程，新建1260立方米高炉1座、180平方米烧结机1台，等等。技术改造项目，二炼钢厂一期、二期连铸工程一马当先。

当时的二炼钢厂有30吨氧气顶吹转炉3座，年产钢90万吨，转炉钢水采用地坪模铸锭工艺，生产10英寸、11英寸的钢锭，工人师傅称为“造块”。那时，我是工厂里的一名检修钳工，从没接触过连铸机。

通常来讲，把高温钢水连续不断地浇铸成具有一定断面形状和尺寸规格铸坯的生产工艺过程叫作连续铸钢。完成这一过程所需的浇钢设备、连铸机本体设备、切割区域设备、引锭杆收集及输送设备的机电一体化构成连续铸钢核心部位设备，习惯上称为连铸机。

二炼钢厂一期连铸工程2台连铸机建在二钢原二跨、精整跨东部，南部为30米×126米的出坯跨，建筑面积1398平方米，总投资0.45亿元，施工建设从1986年初至1987年7月，设计单位为重庆钢铁设计院，主机由衡阳冶金机械厂制造，原冶金部二十二冶金公司施工，机型为全弧形4机4流，设备总质量1740吨。

二炼钢厂一期连铸工程与当时的炼铁1260立方米高炉建设相比，虽说不上声势浩大，但也称得上轰轰烈烈，在二钢人的心里是件大事，上上下下极为关注。组建工程指挥部，提前介入工程，设置连铸工程组，成立连铸检修工段，组织工人去外地培训，工程建设如火如荼，让人振奋与激动。

工欲善其事，必先利其器。1986年11月末，我随团队前往上钢三厂培训，学习连铸设备检修维修技术。一去便是40多天，1987年的元旦是在上海一个造船厂招待所过的，负责我们学习培训的技术员是刘吉斌，后来曾任职公司副总经理，那是后话。其间，每天要进厂到班组，和上海的师傅们打成一片，现在说那叫实操培训。下班回到驻地，还要听理论课，结晶器、振动装置、拉矫机等专业术语一下子塞进了脑子里，学习真不是件轻松的事。培训归来，一竿子插到了工程建设中，看图纸、盯现场，了解施工的每个环节，与建设者勠力同心，这为后来投产后的设备维检修奠定了基础。

7 月的蓝天格外壮丽。一年又六个月，拿下了一期连铸工程。“当拉矫机徐徐拉出第一根钢坯时，全场一片欢腾，随着隆隆的机器声，一根根整齐的热钢坯通过连铸生产线。7 月 2 日，公司投资在二炼钢厂新建的 2 台年产铸坯 45 万吨的弧形方坯连铸机热负荷试车成功。”当时的媒体这样报道一期连铸投产的情形。那天很开心，庆幸我是这其中的一部分，向着那红彤彤的钢坯行注目礼。此时，还带着出厂颜色的墨绿色连铸机雄朴坚实，根基稳固，在霞光般色彩的映衬下显得极其夺目。

◎ 1987 年 7 月 2 日，二炼钢厂一期连铸工程 2 号连铸机热试。

征途未尽，紧锣密鼓。由唐钢设计院设计的二炼钢厂二期连铸工程于 1988 年 4 月动工至 1989 年 9 月底投产，历时一年五个月，部分连铸队伍随即移师二期。使命召唤，此时我肩上的担子沉了，责任重了，连铸检修钳工一组组长的称谓，使我成了“兵头将尾”，其感觉很疲惫。设备调试几乎每天都得延时，投产后检修频频，加班成为常态，修振动装置大锤抡得吃饭拿不住筷子。家里也有牵挂，中风瘫痪在床的母亲需要护理，“报得三春晖”的诗句常常萦绕耳畔，愧疚感不时刺痛着心扉。有人说，一个人对国家的忠就是对父母最大的孝，那是种境界，无奈中享受着忠孝两难全之苦涩。那个阶段，我们小组连续两年获评公司先进班组。

一位伟人说过：“人是要有一点精神的。”对党和人民的忠诚精神，对工作岗位的敬业精神，对自己的事业不求回报且全身心付出的奉献精神，让那个年代的人们保留着一份沉甸甸的责任，青山不改。而那些追逐梦想，守望钢铁报国伟大抱负并为之默默奋斗的人，让我钦佩和敬仰。

二期工程建设正酣，我们设备厂长马天骥，率马以骥，办公室搬到了施工现场，足迹遍布工程的各个角落。清华毕业生张洪波为连铸配水配得精准，工人师傅夸赞在全行业堪称一流。他具有朴素的情感，渗透着扎根基层的情怀，实现着人生的升华，后来在公司领导班子成员中有了他的名字。技术员高永春也是从二期连铸车间锻炼走出去的公司高管。这令干部职工倍感自豪。他们精湛的专业技术，严谨的工作作风，优秀的职业素养，感染着身边的人，赢得职工们的尊重。这里还有更多的普通人，我的搭档副组长老李，工友老徐、小郭、建宇……太多的优秀工人成为技术骨干，在不同的岗位发挥着更大作用。

一期期连铸工程，一部部经典作品。1995 年 6 月、9 月，三期连铸工程 6 号、5 号连铸机相继建成投入生产。二炼钢厂拥有了全弧形连铸机 6 台（28 流），具备设计年产连铸坯 150 万吨的能力。是年 12 月 8 日，二炼钢厂实现全连铸，甩掉了模铸生产的旧工艺，使唐钢率先成为全国十大钢中第一家实现转炉全连铸的特大型钢铁企业。

唐钢在业内跨进“全连铸”时代分外闪耀。

……

奋楫扬帆，续写“战斗在金色炉台上”的时代传奇。2020 年 9 月 7 日，唐钢新区正式投产运营。公司由城市走向沿海，从内陆走向深蓝的历史性转变，铺就成一条向海图强的光彩之路。祝愿我们的唐钢在美如画卷的广阔蓝图中，谱写中国钢铁工业更加壮美的时代新篇章！

执笔人：公司史志办公室　王福生

“股事”简记

早在 1867 年，马克思在他所著的《资本论》中提出：“假如必须等待积累去使某个资本增长到能够修铁路的程度，那么恐怕直到今天世界上还没有铁路。但是，集中通过股份公司，转瞬之间就把这事完成了。”这是马克思对股份公司的经典描述，至今仍闪烁着智慧的光芒。

20 世纪 80 年代伊始，改革开放的春风吹拂着祖国大地，上海证券交易所、深圳证券交易所相继诞生。“股票帐户”伴随着唐钢股份公司的成立，走进唐钢人的生活。从此，唐钢“股票帐户”将企业效益与职工收入紧紧联系在一起，“股票帐户”寄托着唐钢人的希望。

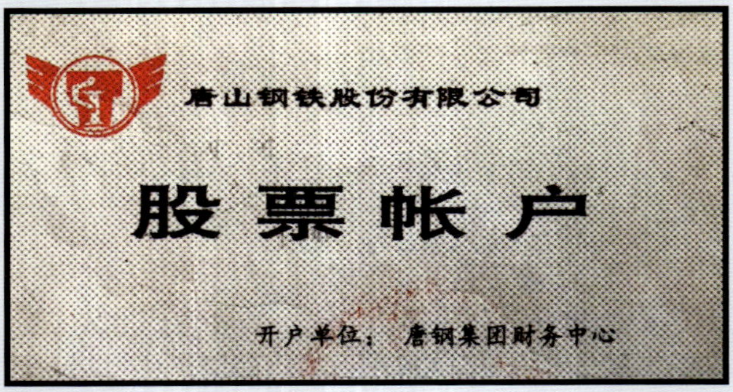

◎“股票帐户”封面上展翅欲飞的红色厂标图案寓意唐钢红红火火、蒸蒸日上（当时深交所上市账户用“帐”，上交所上市账户用“账”）。

回想 1994 年 5 月 10 日，正值唐钢募股第一天，职工购股非常踊跃。职工们纷纷表示：“手里有了股票会使我们同唐钢的命运捆绑在一起，有利共享，有险同担，这不正是联股联心吗！”一名职工冲着正在交款的一位老师傅喊道：“老王，该退休了还买呀？”“买！买了给孩子们留着。”这番对话，足以看出在场职工买股票的热度。

20 世纪 90 年代初，向国有企业投资入股，对于广大职工而言，还是个新鲜事。为提高职工的主人翁责任感，增强企业凝聚力和吸引力，公司在进行股份制改革时，设置了内部职工股和持股会两种方式。1994 年 4 月 26 日，制定《内部职工持股管理办法》，职工每人认购 1000 股，发行价每股 1.2 元，公司补贴 0.5 元，实际每股价仅 0.7 元。同日，出台《唐钢职工持股会章程》，持股会股票由唐钢职工出资认购，根据公司实际情况，认购数额划分为 2000 股、3000 股、4000 股三个档次，与职工股实行同股同价、同股同利、同股同权。是否认购完全由职工自行决定，唐钢职工认购率接近 100%。6 月 10 日，经过一个月的紧张忙碌，募股工作圆满结束，职工个人股共募股份 6040.8 万股，缴付资金 7248.96 万元；职工持股会认购 15382.1 万股，缴付资金 18458.52 万元。

1994 年 6 月 28 日，唐钢股份公司创立大会在公司俱乐部隆重召开，时任股份公司董事长、总经理田锡恩慷慨激昂，庄严承诺：尊重股东权益，接受股东监督，发扬求是创新、开拓奉献的精神，为公司的事业殚精竭虑，鞠躬尽瘁，希望各位股东与公司精诚合作，同舟共济，荣辱与共，利益共享。自此，唐钢这艘钢铁航船乘着股份制改革的东风承载着近 5 万名职工的美好愿景扬帆起航。

1994 年 11 月 18 日，唐钢财务中心与省证券公司联合创办的唐钢证券交易营业部开业，该证券部为唐山市第一家拥有上海、深圳两套交易系统的证券机构。1995 年 9 月 27 日，经公司董事会研究决定，委托唐钢财务中心为每位职工股东开立“股票帐户”。

随即，唐钢广大职工以敢为人先的气魄、敢担责任的勇气，将目标瞄向唐钢股份上市，经过公司领导多次与中国证监会、河北省证券委员会等部门领导研究探讨唐钢股票发行问题，唐钢成功通过上市审批。1997 年 3 月 27 日，唐钢股份 1.2 亿社会公众股在深圳证券交易所上网发行，发行价每股 9.22 元，发行市盈率 13.36 倍。

1997 年 4 月 16 日，唐钢股票成功上市！上午 9:25，伴随着那激动人心的上市开盘的钟声，唐钢股票开盘价 16.8 元啊！这一喜讯像长了翅膀一样飞遍了十里钢城，职工们兴奋地奔走相告。

◎ 1997 年 4 月 16 日，唐山钢铁股份有限公司 A 股股票上市新闻发布会现场。

唐钢股票的成功上市，为企业架起通向资本市场的桥梁，标志着唐钢进入新时期发展的快车道。唐钢先后启动增发股票、配售股份、发行可转债等多种方式从资本市场融资，支撑起一系列改扩建工程，迅速实现装备大型化和现代化，多项钢铁工艺处于世界领先水平，2005年唐钢迈进千万吨级大钢行列，实现了几代唐钢人的梦想。

“唐钢股份”挂牌上市，使全国千万股民知道代码为0709的唐钢股票，吸引更多人关注唐钢的发展，关注唐钢的现在和将来，促进公司不断改善经营机制，实现企业制度上的根本性突破。

秉承厚报股东的理念，唐钢始终坚持稳定丰厚的现金分红政策，使股东充分享受唐钢快速发展带来的经营成果。高比例分红为唐钢在证券市场赢得美誉，1998年1月“唐钢股份”入选深圳证券交易所成分股指数样本，在证券市场树立起“唐钢股份”大盘绩优股的良好市场形象。

唐钢职工在千禧年的春天里又收到了重大利好的喜讯！2000年3月，随着职工股3年禁售期限的结束，唐钢内部职工股全部上市流通。当天开盘价超过9元啊！职工们喜笑颜开，分享着资本市场的盛宴。

2005年，唐钢股份被深交所列为红利指数样本股。2006年12月21日，唐钢授权唐山天辰投资公司减持公司持股会股票，唐钢职工取得超额投资回报。同年6月，“唐钢股份”获得CCTV 2005年中国最具投资价值上市公司50强、最佳投资回报奖第一名。

进入21世纪，随着信息化技术迅猛发展，股票交易、分红在系统自动生成，日交易量过万亿已屡见不鲜，股票账户逐步实现电子化。如今，作为唐钢原始股东凭证的“股票帐户”已较难寻觅，却更显其珍贵，职工们将其作为一个时代的纪念悉心收藏。每当拿起“股票帐户”本，25年风雨历程历历在目，唐钢股票价格最高涨至29元，最低跌到1.7元，那犹如波涛般跌宕起伏的股票曲线，依然让人心潮澎湃，荡气回肠，经久难忘。

虽然说“股市有风险，入市须谨慎”，但拥有从唐钢享有的原始股，心里总是很有底气。望着“股票帐户”那展翅欲飞的红色厂标和一串串年度分红的印记，油然而生一种奋进的力量，劈波斩浪，向上向前。

执笔人：公司史志办公室　张继柱

冶金部最后一份文件

——追忆冶金建设史上一个鲜为人知的故事

【编者按】

在位于河北三河的冶金档案馆，我们打开尘封的历史档案，冶建〔1998〕97号文件展现眼前，它有何历史意义？与唐钢又有什么关系？

带着这个疑问，我们走访了公司退休干部、原唐钢经理助理、计划处（规划发展处）处长张铁铮。他作为这段历史的亲历者，告诉我们这份文件是冶金部《关于唐钢一炼钢易地大修工程可行性研究暨初步设计的批复》。它是冶金工业部签发的最后一份文件，具有很高的历史文物价值。

这份珍贵的文件内容关乎一炼钢改造项目，它记录了唐钢发展的一个重要历史阶段，见证了经济体制改革后，乃至“九五”时期，国家对国有重点钢铁企业的管理。

它为我们梳理了冶金工业部的历史沿革。

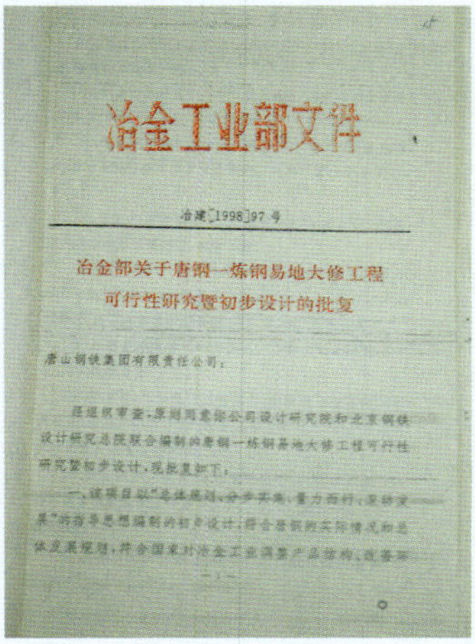

冶金工业部文件

冶建〔1998〕97号

冶金部关于唐钢一炼钢易地大修工程可行性研究暨初步设计的批复

唐山钢铁集团有限责任公司：

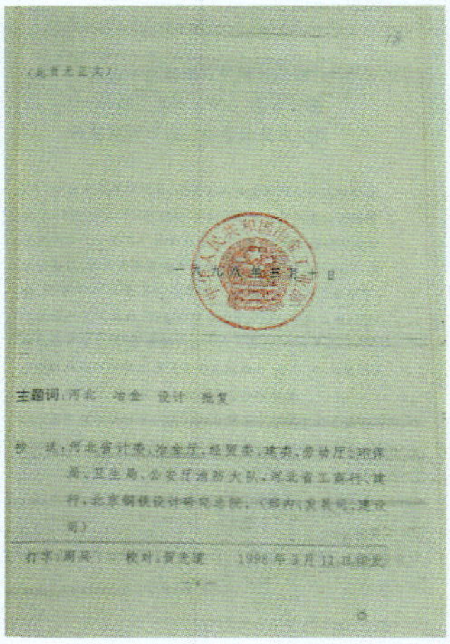

主题词：河北　冶金　设计　批复

◎《冶金部关于唐钢一炼钢易地大修工程可行性研究暨初步设计的批复》文件。

冶金工业部，由重工业部演变而来，负责主管全国冶金行业，从1956年设立到1998年改组为冶金工业局，组织领导了全国钢铁工业的发展壮大。

眼前的这份文件，于唐钢来讲，是重磅的，与唐钢“三步走”发展战略紧密相连；于冶金工业部而言，是其退出历史舞台前的最后一份文件，映射了“九五”期间国内钢铁工业迅猛发展的行业态势。

追忆往事，为我们清晰地呈现了这份文件的来龙去脉，揭开了这个鲜为人知的故事。

20 世纪 90 年代，已经成为全国十大钢之一的唐钢，一炼钢 6 吨侧吹碱性转炉仍在服役（1998 年 5 月陆续退出生产序列）。这不仅限制了唐钢生产能力的发展，也阻碍着唐钢现代化的进程。

计划经济时期，唐钢对国家作出了重要的历史贡献，但由于长期以来缺少必要的投入，也留下了许多缺憾和问题。随着改革开放和市场经济的不断推进，唐钢开始以真正意义上的投资主体的身份直面市场，研究自己的生存与发展。按照“总体规划、分步实施、量力而行、滚动发展”的指导思想，在时任唐钢董事长、总经理王天义的主持下，制定了“三步走”战略规划，先后建成 2560 立方米高炉、150 吨顶底复吹转炉、265 平方米烧结机、超薄带钢生产线等一大批项目，使唐钢生产工艺技术取得明显进步，主要设备实现了大型化和现代化。其中，与这份文件有关的历史事件，就是第二步，即一炼钢淘汰 6 吨侧吹转炉，易地建设 150 吨 ×2 顶底复吹转炉。

围绕“三步走”战略规划，计划处（规划发展处）最着急，也是最重要、最关键、难度最大的是项目的报批。

当第一步的 2560 立方米高炉开工以后，工作重点转向一炼钢易地建设 150 吨 ×2 顶底复吹转炉的报批。

1998 年初，传来国务院机构改革的信息，撤销冶金工业部的动议摆上议事日程。对唐钢的项目来说，时间节点相当紧。为此，处里的工作人员加紧报批，不敢有半点迟误。唐钢计划处（规划发展处）副处长杨春华几乎马不停蹄，来往于石家庄、北京、唐山之间。更多的是在北京做部委工作，跑国家经贸委、跑冶金部，力求尽快得到批复。

是年 3 月上旬，董事长、总经理王天义到北京参加全国人大会议，杨春华副处长住在北京南颂年胡同的唐钢驻京办事处，他们二人第一时间电话沟通进展，只想抢在冶金工业部撤销之前，争取把项目批下来。

特别值得一提的是，时任冶金工业部部长刘淇对唐钢的发展给予了极大的支持，他务实的工作作风令大家为之钦佩。就在第九届全国人民代表大会第一次会议期间，刘淇部长在百忙之中，签批了《冶金部关于唐钢一炼钢易地大修工程可行性研究暨初步设计的批复》这一文件。令在场的人员颇受感动。

至今难忘这一历史性时刻。1998 年 3 月 10 日，刘淇部长签字后，冶金工业部办公厅人员盖上了印章。他们一行人见证了部长签批和盖章，并拿到了盖章后的文件，为“三步走”战略规划的实施铺平了道路。

在唐钢人眼里，这份文件之所以弥足珍贵，其一，随着冶金工业部改组为冶金工业局，使用了 42 年的印章就此封存。落在冶建〔1998〕97 号文件上的印章至此绝迹，被冶金工业局所取代。其二，就是永远难忘“三步走”战略规划实施期间，刘淇部长，王天义董事长、总经理，他们在工作中的风范，至今让唐钢人铭记。

执笔人：原公司总经理助理　张铁铮

一钢厂重生风云

唐钢的发展壮大离不开这片热土上勇敢无畏的唐钢人，在每次时代选择面前，总有业内著名专家、顾问指点迷津。石启荣就是这样的人。

石启荣钢铁科班出身，曾在邯钢当过总工程师，以后任职过鞍钢公司设计院，国务院三峡工程建设委员会稽查组组长，国家发改委顾问，国家投资协会名誉会长。包括宝钢、鞍钢在内的许多大钢企都曾邀请他对项目立项和企业经营进行过指导。曾几何时，化铁炼钢严重阻碍了唐钢的发展，时任河北省委副书记、省长的岳岐峰详细研究了唐钢改扩建方案，最终采纳了石启荣的建议，在 1989—1992 年间在位于贾庵子的唐钢北区建起了两座 1260 立方米炼铁高炉（后来通过改扩建，北区有了两座 2560 立方米高炉和一座 3200 立方米高炉），彻底解决了唐钢的化铁炼钢的历史。终于，铁水问题解决了并出现了富余，然而炼钢能力不足的问题又出来了，唐钢高层便又想到了石启荣。石老真是有本事，在唐钢领导的陪同下，他在厂区里转了一圈，眼睛便瞄上了老硅铁厂和老一机修厂。以石老在业界的地位和性格，人家也没兜圈子，就说你们唐钢现在的转炉容积太小，与其留着这些落后的硅铁炉和机修设备，还不如把这些厂子拆了建个大炼钢厂呢。

唐钢领导立即组织专家和管理人员对石老的建议进行研究，觉得有道理，符合国家淘汰落后产能，调整产品结构的大方向。然后就想到了老一钢。当时一炼钢厂的四座 6 吨侧吹碱性转炉产能低，能耗高，有小道儿消息国家将要对这样的转炉设备取缔（没过两年，就出台了取缔小转炉的政策），一钢的这些老旧设备都成了唐钢跨越为千万吨大钢路上的绊脚石；老一钢地方狭小，扩建几乎不可能；领导最看重的是一钢人的精神，这个厂能人辈出，先后出了两名全国钢铁工人的标杆人物王益元和郑久强，两位全国劳模都上过人民大会堂，都受过国家领导人的接见，王益元凭着韧劲儿，带着炼钢小组在震后 28 天就炼出了第一炉“志气钢”，后生郑久强更是接过前辈衣钵，潜心研究炼钢本领，年纪轻轻就独揽“华夏第一炼钢工”之美誉。还有余景生、肖来潮，带领着炼钢团队不分昼夜研究摸索，发明了侧吹碱性转炉炼钢法，硬生生地让唐钢成为了共和国的转炉发祥地。敢为人先，是一钢人一辈又一辈的传承。唐钢决定把建大炼钢厂的任务交给一钢人，但是在建新厂过程中又不能让老一钢停产，于是就有了拆掉一机修厂和硅铁厂建立一座大炼钢厂的计划，老一钢易地大修的方案诞生了。

1998 年 2 月 26 日由唐钢设计院和首钢设计院联合设计的一炼钢厂易地大修方案在

北京通过审核后，3 月 1 日，下设 15 个专项保障组的一钢易地大修工程指挥部正式成立，拉开了工程建设的大幕。

建 2 座 150 吨的顶底复吹大转炉和两台 8 机 8 流小方坯连铸机，一钢人乐坏了，那时候二钢厂已经有了 4 座 40 吨的转炉，他们一直羡慕二钢厂的大转炉，打心里认为谁家炉子大谁就是炼钢的老大，况且碱性侧吹转炉炼钢就是他们的师傅师爷们发明的，他们本应该就是炼钢的老大。在一钢厂紧锣密鼓地抽调人员去建新厂的时候，一钢厂后院却起火了。原来，大家都愿意先去新厂，毕竟新厂工作环境好，而且先去的就可以更好地掌握新设备的构造，也就更能够成为将来的生产骨干，还能提前占个好位置。职工踊跃报名，甚至有的已经走上了技管岗位的大学生宁可转为操作岗位。经过厂班子研究，决定抽调一批 35 岁以下，以技校毕业生为主，再配上一批年富力强的大学生去新厂参与筹建。厂领导有自己的想法，觉得有文化的年轻人脑瓜活络，接受新鲜事物快，毕竟新厂的新设备自动化程度高，工艺更加先进。可老师傅们不干了，觉得自己经验丰富，而且曾经给一钢厂的发展立下过汗马功劳。有些脾气火暴的老师傅甚至放话“年轻能当饭吃咋地，我们炼钢的时候他们还和泥玩呢,敢让他们先去我们就找公司去！”钢铁人脾气暴是出了名了,唐山盛传“两大暴”，开滦下井的“老板子”脾气暴，出门摔一跤就得待一天，矿长来了都不管用。唐钢炼钢的“黑小子”们脾气暴，那暴脾气是钢水烤出来的，急眼了敢徒手劈钢水，天王老子都不怕。就在领导们犯难的时候，老师傅们突然消停了下来，原来从国内别的钢企冒出来的“这些玩小转炉的干不了大转炉”声音传到了一钢人的耳朵里，这话对一钢人来说是扎心扎肺的，当时就有炼钢工爆着粗口把头号搪瓷缸子摔瘪了，热水烫了工友，自己脑瓜门也被弹起的缸子盖崩了个大包。我们可是玩转炉的祖宗，没有我们往全国各地派 200 多人指导你们，你们连转炉都不认识，要干我们就得干出个样儿来！”然后就有老师傅找到已抽调到新厂的炼钢状元郑久强，“小郑你们尽快吃透新炉子，完了教给我们，这边我们照样创高产，保证不趴窝！”一钢人变得空前的团结。也就从那个时候开始，一钢人憋了一口气，不但要把大转炉做成功，而且要尽快实现达产，捍卫住自己“故乡”的尊严。就在转炉这边的汉子们跺脚表决心的时候，连铸那边的职工也写好了请战书。

1998 年 5 月 18 日，由二十二冶金建设公司、唐钢建安公司和唐钢修建工程公司联合承建的一钢易地大修工程正式动工。

转眼就到了来年 5 月，在三大公司和一钢厂的共同努力下，主体设备基本安装完毕，进入冷试阶段，为了尽快熟悉和使用设备，早日投产达效，心中燃着“一定把大转炉玩好”的怒火的一钢人又犯了“狠劲儿”，他们开始不再回家，日夜守在转炉旁边。讲究团队作战的他们分成两个炼钢小组，每个小组有炼钢工、操枪工、摇炉工等工序的骨干人员，由一个炼钢高手负责，郑久强就是两个小组的“头儿”。这位看着文质彬彬却浑身淬着钢元素的大师级炼钢工时刻保持着清醒的头脑，并时常告诫手下的队员“我们炼钢的都知道炼钢炉就是个大炸弹，150 吨钢水就是 150 吨液体炸药，操作失误我们就成了唐钢的千古罪人。更何况150吨不比我们以前的小炉子，钢水炼废了，损失承担不起。我们玩侧吹炉子是爷，但是这个顶底复吹的炉子没干过，所以我们还是先从孙子做起啊，在热试前必须把设备消化在肚子里！”那时候，这些炼钢的工人们上班基本都骑一辆大马力的摩托车，他们说炼钢的就该威武一些。炼钢的男人总也不回家，家里的媳妇不干了，便组团找到了厂里，到了厂里看不到人，却找到了自己男人被两指厚的尘土包裹的摩托车。她们跟别人打听摩托车的主人，顺着人家指的方向，她们找到了自己的男人。一群穿着脏兮兮的工作服，脸上被油和尘土涂成“大西瓜”的男人们横七竖八地躺在敞着小门的钢区一号门里面的空地上，一个个蜷着身子，“享受”着从小门灌进来的过道风睡得正酣呢。女人们没有惊动他们，带上小门，笑着哭着骂着走了，每人找了一块抹布，给自己的男人们擦起了摩托车。直到今天，郑久强说起这些，眼里还会泛起泪花，“一钢这些炼钢的啥都不怕，就怕说自己炼钢不行，为了争口气他们敢玩命！”

热试前夕，发生了一个小插曲。省外有大转炉钢厂的炼钢团队联系唐钢领导，说你们这个在河北省最大的转炉让一群只干过6吨小炉子的开炉“凶多吉少”，与其冒险还不如请我们的炼钢团队来帮着开炉，当然前提是索要数目不菲的“开炉费”。领导断然否决，也没敢告诉这些脾气火暴的炼钢工，可消息还是传到工人们的耳朵里。这一次他们表现得出奇的冷静，郑久强召集张浩长、许长权、孙宝武，他们四个炼钢工开了个小会，郑久强说：“别人用钱侮辱我们，我们这些炼钢工哪个身价不值百万？（当时有好多钢企高价挖一钢的炼钢工，他们甚至给郑久强开出了年薪100万元），我们不为所动不就是因为我们愿意把命拴在唐钢的炼钢炉上吗？开炉必须由一钢人开，我们就是舍命也要开炉成功！”其余三位炼钢工一句话也不说，使劲咬着出了血的嘴唇。

1999年6月29日是新一钢厂按照计划整体热试的日子。前一天晚上包括公司主要领导和一钢厂领导就都早早地来到了炼钢平台上，时任公司董事长、总经理王天义来到平台第一件事就是找到郑久强，开门见山：“小郑，你们有没有百分之一百的把握？”去过人民大会堂跟国家主席握过手、接受过多次大小媒体采访、经历过多次大场面的郑久强，还是紧张得手心里淌满了汗水，但他坚定地告诉领导：“我们有百分之一百二的把握，因为我们把功夫用在了平常。”虽然他们已经在冷试阶段对设备进行了上百次检查，并且做出了十几套应急预案，但是为了确保开炉成功，所有人还是分头下去又对设备仔细地检查了一遍，并对十几处不是问题的问题进行了最后的完善，在连续推迟了几次开炉时间后，郑久强终于发出了“装铁开炼”的指令。

1999年6月29日凌晨5点25分，由郑久强主操的新一钢1号150吨顶底复吹转炉顺利生产出第一炉合格钢水。5点52分连铸机8流开浇成功。热负荷试车一次成功！整个新一钢厂沸腾了！

当人们平复下喜悦的心情，突然发现郑久强和他的炼钢团队不见了踪影，领导急忙派人去找。在车间一个角落里，人们发现了他们。原来，从不轻易掉眼泪的哥儿几个正脸对着脸，谁也不劝谁，哇啦哇啦哭呢。那一刻，铁血柔肠在这群炼钢的汉子们身上体现得淋漓尽致。

新一钢的2号150吨转炉于1999年10月20日20时20分生产出第一炉合格钢水。为了进一步提高钢产量，后又建起了3号转炉。一钢人并没有沉浸在全自动炼钢的优越感中，这些炼钢人又和技术人员一起大胆对炼钢工艺进行改进，开发出了属于自己的“炼钢模块”，使钢产量和钢水质量都有了大幅度提升。老炼钢工张浩长心里有一本账，也经常会向别人“炫耀”，“原来我们单炉日产10炉钢都费劲，那时候我们对邯钢日产12炉钢羡慕得要死，现在我们达到了日产24炉钢的水平，又成为了别的钢厂同类设备追赶的对象，好多钢厂都派人来向我们取经呢！”

新一钢的建成让唐钢迈进了千万吨大钢的行列，也促成了后来的被誉为唐钢生命工程的“唐钢超薄热带生产线”的建成，使一炼钢厂的装备水平达到了20世纪90年代初的国际先进，90年代末国内领先水平，加快了唐钢淘汰落后装备的步伐，为唐钢实现“铁、钢、轧”大飞跃的“三步走”战略规划谱写了辉煌篇章。

长材事业部　公司史志办公室　供稿

执笔人：王育红　张继柱

把命压在产线上

20 世纪 90 年代初期，在唐钢厂区内经常看到满载着各种型号盘条、螺纹钢等建筑用线材，冒着黑烟，吃力爬行的大卡车。当时唐钢人沉醉在“全国钢铁看河北，河北钢铁看唐山，唐山钢铁看唐钢”的优越感中。不知从什么时候起，上千家生产地条钢的小钢厂如雨后春笋般冒了出来，生产的建筑线材因为生产成本低，利用价格优势对唐钢产品进行着近似疯狂的围剿。此外，由于国内和国际钢铁市场的低端钢铁产品趋于饱和，原材料价格不断上涨等因素，更是让只能生产低端产品的这架庞大的“老爷车”举步维艰。常常以钢铁老大自居，被诸多因为国企改革而下岗的人们羡慕不已的唐钢职工钱包瘪了，甚至以前从不愁“娶媳妇”的唐钢小伙因为配置底气不足也不再扬眉吐气，一缕生存的危机感在职工中间蔓延。很多人发出了“唐钢产品结构单一，单单指望这些低端的螺纹钢、盘条早晚把我们饿死，我们应该制造热销货”的感叹。

热轧薄板在当时就是“热销货”，很大一部分热轧产品完全可以取代冷轧产品。“以热代冷”轧制工艺的运用可以使热轧板不再“二进宫”走冷轧程序，而是直接轧制成薄规格板材，不仅缩短了工艺流程和生产周期，还节省了能源，减少了设备参与数量，大大降低了产品的成本。当时有人算了一下，以厚度 1.5 毫米的带钢为例，即使考虑在生产过程中的工作辊磨损和产量损失等因素，采用热轧的办法每吨仍有 160~240 元的利润。自从 1999 年国内第一条 CSP 板坯连铸连轧产线在珠钢落成后，在短短两三年内又相继有包钢和邯钢引进德国西马克技术，建起了薄板坯连铸连轧生产线，而且也让几家企业赚得盆满钵盈。热轧薄板这块“肥肉”被各大钢企盯上后，纷纷开始上马同类产线。但是，由于产品在速度极限和负荷极限的情况下进行轧制，轧机的振动和噪声非常剧烈，轧制过程的不稳定也会导致波浪形、轧口磨损和剥落等一系列问题，而且高拉速状态下铸坯质量和设备的稳定性也不容易控制。这些因素又让许多企业驻足而观。蓄势已久的唐钢像众多钢企一样开始谋划，震后仅 28 天就能生产出“志气钢”的唐钢人“横刀立马，谁与争锋”的劲儿头又上来了，在 2560 立方米高炉、150 吨顶底复吹转炉项目先后投入达产，钢水有了质和量的保证，万事俱备只欠东风的情况下，建设唐钢自己的热轧薄板生产线便被紧锣密鼓地摆在桌面上。当时在唐钢高层内部有一种说法，那就是“要把这条产线视为生命工程，不但必须要上，而且要不惜重金打造成一条精品产线，特色产线！”他们把产线定位在“以薄为主，以热代冷”的基调上。

2001 年 2 月 28 日，被列为国家“十五”重点工程和唐钢一号工程的超薄热带生产线在五万名唐钢职工的期待中破土动工。那是唐钢人经历的又一个热闹场面，贾家山下，没等鞭炮的硝烟褪去，几十台大型作业机器便迫不及待地轰鸣了起来。唐钢举全公司之力，不惜重金诚邀意大利达涅利、美国布里克蒙、日本三菱、日本石川岛播磨重工和中国二十二冶等国内外知名公司参与建设。人员配备上更是大开绿灯，集中各厂、各领域的优势资源，抽调最优秀的骨干人员助力产线建设，唐钢人把希望都寄托在这条产线上。为这条生产线新成立的热轧薄板厂更是按照公司领导提出的“带一流队伍，建一流工程，创一流业绩”的要求，党政班子和公司签下军令状，把命压在了产线上，竭力投入到这场战役中。

唐钢本部院内有一座小山叫贾家山，1943 年，唐钢的前身“唐山制钢所”就建在贾各庄，而贾各庄这个名字正是由贾家山得来。小山余脉像浮出海面的鲸背一样往东绵延数十米，按照设计要求，超薄热带产线的连铸单元要建在“鲸鱼背”的位置上，建厂房、装设备必须把七八米高的鲸背削平。轰隆隆的爆破声像春雷一样唤醒着唐钢大地，没多久，“鲸鱼背”夷为了平地，建厂房装设备也有条不紊地展开了。

2002 年 6 月，热轧薄板工程从连铸到轧机多点开花，以连铸大包为首，中包为颈，扇形段、摆剪及加热炉为身，轧机为尾的产线就像一条昂首的巨龙横亘在高大宽敞的厂房里，产线初具规模。2002 年 8 月 23 日 17 点 51 分，从加热炉率先传出令人兴奋的好消息：“加热炉以国内同类工程建设工期最短的佳绩实现烘炉目标！”此时，连铸和轧机系统设备已经基本安装完毕，进入了设备调试阶段，产线朝着全线投产的目标迈出了坚实的一步。

眼看着加热炉烘炉成功，加热炉上游的连铸单元职工们感受到了一种巨大的无形压力。连铸单元的设备点多面广，许多设备功能相互连锁，繁多的连锁条件像一张错综复杂的大网，让参加调试的职工有点摸不着头脑。更让人蒙圈的是意大利达涅利方面提供的设备功能操作书都是清一水的英文。尽管连铸单元的 24 名职工都是产线筹建初期从一炼钢厂、二炼钢厂及应届技校生和本科生中经过严格的面试和笔试层层选拔（一炼钢和二炼钢几百人应试才选出 4 人）后脱颖而出的好工匠，并经过一年多的国内、国外理论培训，去邯钢连铸机实习的“淬火”，但是在这些代表着世界最前沿技术的洋设备面前，还是显得畏手畏脚，无所适从。“没有捷径，死记硬背加勤练，哪怕不吃饭不睡觉也得在热试前把设备功能掌握门儿清！”负责设备调试的吴振刚、杨晓江、陈会文、万铁军四位“老师”达成了共识。从那时候开始，他们带着 24 名操作工开始两班倒，可没多久就分不清班次了，上早八点班的本该零点下班，可到了第二天凌晨三四点他们还泡在设备边；上零点班的到第二天下午还在抱着翻译书籍对着设备进行研究。很多职工连续多天不回家，困了累了就找块包装设备的泡沫或者纸箱壳，往地上一铺倒头便睡，吴振刚回来一看，便挨个“踢”醒睡在地上的职工，“地上凉，快回家睡！”“吴老师，我妈睡觉轻，我不回家她就不睡，我睡了她就一宿睡不着了。”“吴老师，我家远，到家睡一会儿就又该上班了，我怕该上班了起不来床。”……五花八门的回答让脾气火暴、硬得像块钢的吴振刚听着听着就眼睛湿润了。后来，看着一个个消瘦下去的职工，吴振刚找到厂里协调，在老武装部的三层小楼里，给这些下班不回家的职工专门开了一间有床有被子的“休息室”。吴振刚本是唐钢技校的一名老师，有着很强的专业理论基础和英语能力，作为特殊人才，筹建超薄热带产线时投入火热的基层实践。产线投产后，他当上了连铸车间主任，是全厂出了名的“护犊子”主任。直到今天，连铸车间的老少爷们儿看见吴振刚还亲切地喊着“吴老师”！

2002 年 10 月 14 日 19 点整，在一片震耳欲聋的鞭炮声中，240 吨天车稳稳地把装有一炼钢厂生产的 150 吨纯净钢水的钢包坐在了崭新的大包回转台的一号大包臂上。随着热轧薄板厂党委书记杨春政激动甚至有些哽咽地发出“浇铸开始”的口令，超薄热带产线连铸系统热负荷试车正式开始。当跳跃着钢花的钢水经由中间包流进结晶器，在世界上最先进的二冷室里的扇形段里“旅游”了一圈儿，变身为火红的铸坯从铸机出坯口像一条红色的河流奔涌而出的时候，连铸平台上沸腾了起来！比计划提前一个月的世界冶金设备安装史纪录诞生的同时，热试一次性成功！唐钢从此有了自己的热轧薄板坯！人们欢呼着，跳跃着，互相拥抱着，意大利的专家把手放进嘴里吹着刺耳的口哨，大瓶的香槟浇在了每个人头上，分不清是泪水还是酒水，整个连铸平台都沸腾了。职工陈国喜直到今天还记忆犹新，“那天，领导和工人相互拥抱，公司领导、厂领导和我们一样哭得稀里哗啦。”

2002 年 12 月 23 日 11 点 58 分，唐钢超薄热带生产线全线设备安装、调试完毕，再创国际同类工程设备安装调试的最佳纪录。

那段时间，好消息让人目不暇接，2003 年 1 月 29 日超薄热带产线建成投产，唐钢没有板材的历史宣告结束。

唐钢超薄热带产线建成后，彻底改变了唐钢产品结构单一，市场缺乏竞争力的现状。随后的几年里唐钢人每天都看到等待装板卷的大型货车从厂里便摆开了龙门阵，一直延伸到厂外，板卷还没冷却就被抢购一空。运输板卷的卡车甚至阻塞了交通，让交警都挠头犯难。该产线圆了唐钢人的梦，也成了名副其实的“唐钢印钞机”！不怕钱多的唐钢人尝到了甜头后还觉得不过瘾，立即开始筹建二期工程。有了经验，二期工程在实现设备国产化的同时，建设速度也大大提高。2004 年 6 月 15 日，二期工程竣工投产，年生产能力达到 250 万吨。到 2006 年热轧薄板厂和一钢厂合并后，钢轧两区的协调性得以极大提升，年产达到 300 万吨。

热轧薄板这块“肥肉”被国内众多大型钢企盯上，短短几年内就建起了 9 个连铸连轧项目，热轧板材市场开始变脸了，唐钢人知道要想让自己的产线不停下“印钞”的脚步就必须在新产品开发和产线升级上做文章。

唐钢人从来就没有停下过这条产线对标创效的脚步，他们把眼睛死死盯住“轧机减薄”和“铸机提拉速”两个环节。2003 年 10 月 9 日在人民大会堂举行产线竣工达产新闻发布会，这让整条产线甚至所有唐钢人都觉得脸上贴了金。之后，唐钢超薄热带生产线首次突破热轧薄板只能薄到 1 毫米的技术难关，而达到了 0.8 毫米，标志着该项技术达到了世界领先水平。这让产线连铸单元的职工觉得轧机职工比他们脸上多贴了一层金，他们暗自较劲，总想找机会“扳回一局”。2019 年初，机会终于来了，经公司研究，唐钢副总经理兼卷板事业部总经理、党委书记高永春挂帅督办的 3 号连铸机安装电磁制动工程正式启动。电磁制动设备是保证板坯在高浇铸速度下表面质量保持稳定的一种设备。电磁制动设备的安装对精度要求极高，比如普通高标准的钢结构零件误差是 ±3 毫米，但电磁制动设备安装要求钢结构零件误差保证在 ±1 毫米,绝不是简单地将它“放”在连铸机上。3 月 18 日，是电磁制动设备及其他设备进行单体试车、联动试车的日子。经过一段时间的紧张筹备，试车一次成功，没有出现任何问题。3 月 26 日，电磁制动系统热试成功，3 号连铸机在生产大断面 1520 毫米 ×70 毫米中碳钢 SS400 时，连铸机最高拉速达到 6 米 / 分，刷新世界同类产线纪录。那一刻，连铸平台就像 16 年前一样再一次沸腾了，平台上的连铸人又一次流下了激动的泪水。

时光列车把我们带入了新的发展时期，“向海图强、转型升级”成为每个唐钢人拼搏奉献的主旋律。这段“把命压在产线上”的过往与豪情，却从未随着岁月的消逝而褪去，而是伴随着公司快速的发展步伐，转化为每个唐钢人特别能吃苦、特别能战斗的精神，以及雄开万里赴征程的底气。

长材事业部　公司史志办公室　供稿

执笔人：王育红　王福生

功勋产线十八记忆

2020 年 2 月 28 日，是一个令人难以忘却的日子。这一天，唐钢一钢轧厂 1810 毫米产线正式停产。壮士断腕，是唐钢人对社会履行的庄严承诺；涅槃重生，是唐钢人决胜未来的豪迈担当。

站在公司历史发展的岔路口，回望来路漫漫，一路走来，1810 毫米产线书写了一个又一个辉煌，是当之无愧的功勋产线。

思绪回到 2001 年，那是一个中国钢铁行业如日中天的年代。热轧薄板厂正是在那个时候开始筹建，在唐钢的历史上，从来没有一次筹建如此受到全公司的瞩目。从棒线到板材，是唐钢产品种类上的重大突破，也是公司发展征程中史无前例的挑战；从领导干部到岗位工人，无一不是个中翘楚，可以说，热轧薄板厂的筹建汇聚了当时全公司各个专业的精英和骨干。

功夫不负有心人。1810 毫米产线在 2003 年投产后接连创造了全国达产最快纪录和世界薄板坯最高年产纪录，而最出彩的是投产当年就收回了全部投资。这个成绩是令人振奋和自豪的，以至于人们送给当时的热轧薄板厂“印钞机”的美誉。是的，当时钢材毛利润高的时候可达 1500 元 / 吨，连铸坯每米重 1 吨，当时的拉速平均是每分钟 4 米，也就是说当时两台连铸机每分钟可生产铸坯 8 吨，利润高达 1.2 万元，印钞机的调侃也不无道理。

丰厚的利润没有让唐钢人止步不前，最大限度地把这条生产线的潜能发挥到极致，用它生产出更多高附加值的产品，是唐钢人不懈的追求。1810 毫米产线集合了当时最为先进的意大利达涅利 H2 长漏斗型结晶器连铸机、美国布里克蒙隧道式加热炉、日本三菱 PC 轧机，代表了 20 世纪 90 年代末最为先进的薄板坯连铸连轧生产线水平，在开发高附加值产品上有着得天独厚的优势。

没有研发经验，怎么办？唐钢人多方查找资料，想尽一切办法找到产品的使用客户，详细了解用户的使用方法及对产品性能等方面的要求。详细记录下客户对产品有哪些特殊要求，结合产线实际情况，研究出可行的生产方案。就这样，日复一日，年复一年，奔波在各个客户之间，忙碌穿梭于生产的每道工序之上。一分耕耘一分收获，几番辛苦换来的是累累硕果：20Cr、40Mn、60Si2Mn、65Mn、75Cr1、集装箱板、薄规格……从品种单一到门类齐全，从低端产品到高级别钢种，从少数规格到极限规格全覆盖，1810 毫米这条薄板坯连铸连轧生产线在唐钢人手中焕发出勃勃生机，“唐钢超薄热带生产线技术集成与自主创新”成果获得国家科技进步奖二等奖，在同类型产线中绽放着流光溢彩！

2012年，一路狂奔的1810毫米产线已经高效运转了近10个年头，设备老化、基础沉降……不时困扰并影响了效率和效益的挖掘。同时，经过10年的发展，薄板坯连铸连轧在技术上也有了许多新的突破，一些先进的理念和控制方法已经得到了广泛应用并逐渐成熟，这让原有的产线设备正日渐落后于国内其他新建的同类产线。如同到了中年的老鹰，欲再展雄风，就必须面临重新焕发生机的再造。经过公司周密组织安排，1810毫米产线设备升级改造工程于2011年正式开始，大量采用了许多新技术和新设备，概算投资逾5亿元。当1810毫米产线如重生之鹰再次回到职工的视野中时，唐钢人意识到，又一个奋进的时代开始了！

设备升级改造让1810毫米产线的功能愈发强大，具备了向更高技术领域攀登的条件。

2014年，依托1810毫米产线开发"薄板坯连铸连轧生产线超薄规格热轧板卷大批量生产技术创新"项目获得河北省科技进步奖一等奖。该项目通过关键技术研发，形成了具有自主知识产权的核心技术，开发了1.0毫米超薄规格热轧板卷生产技术和薄板坯连铸机高拉速生产技术，提升了唐钢FTSR薄板坯连铸连轧生产线高附加值产品的整体制造能力，在同类生产线的技术创新和产品升级中发挥了示范作用，为推动我国薄板坯连铸连轧生产工艺领域的技术进步和技术创新作出了贡献。

2015年，依托1810毫米产线开发的"薄板坯连铸连轧工艺生产无取向电工钢质量提升技术与开发"成果获得河北省科技进步奖一等奖。薄板坯连铸连轧生产线自2013年以来累计生产各牌号无取向电工钢20余万吨，直接经济效益达1.41亿元。同时，在电工钢生产过程中形成的一些技术诀窍应用于其他钢种的生产，大幅度降低了生产成本。生产的高磁性能无取向电工钢进入电机制造市场，用于取代热轧电工钢，提高了电机的综合电能利用率，助推了全社会的节能减排与低碳环保。

丰硕的成果铸就了1810毫米产线的辉煌，但英雄终有垂暮时。

"烈士暮年，壮心不已。"1810毫米产线依然为企业贡献着自己最后的一点光和热。2019年，在全公司对标学习国外先进企业经验的大背景下，公司以意大利阿维迪全无头超薄带钢（ESP）为标杆，开展了以6米/分高拉速为目标的技术攻关项目，围绕连铸机拉速提升这一制约薄板坯热轧生产线效率释放的瓶颈问题，有针对性地实施连铸机电磁制动技术改造，进行了大量的技术攻关，最终在当年3月26日实现了拉速6米/分稳定生产的目标，为公司今后的发展积累了宝贵的技术经验。

终于到了离别之时！在公司主业布局逐步向沿海临港转移的部署之下，功勋产线也迎来了退出历史舞台的那一刻，纵然有万般不舍，但服从大局、责任担当是其一贯的政治站位和政治忠诚。

忆往昔，十八载峥嵘岁月稠！1810毫米产线功勋卓著。看今朝，唐钢扬帆起航，向蔚蓝的大海挺进！等待我们的是2050毫米热轧带钢产线辉煌的书写和创造！

执笔人：教育中心　杜洪波

“世界速度”的冷轧项目建设

2020年10月4日，河钢集团党委书记、董事长于勇来到冷轧薄板厂三镀锌产线。在“锌铝镁产量突破20万吨纪念”钢卷旁，于勇深情勉励干部职工：“唐钢能够依靠技术和创新弥补装备的不足，不断推出高端新品种，这就是企业的领先优势。要充分认识到企业的经营理念和客户之间关系的重要性，面向市场，面向行业技术前沿再接再厉，释放更大的潜能，打造更多‘世界首创’‘国内首发’‘单打冠军’产品。”

此刻，站在一旁的冷轧薄板厂厂长李文田感慨万千。始自2002年春节，他作为冷轧项目筹建组首批成员，开始参与技术谈判，至今已过去了18个年头。冷轧薄板厂从无到有，从弱到强，历经风雨，始终站立在公司改革发展的潮头。牵手德高走向海外，连续多年成为国内出口冷轧产品最多的单体生产厂；酸轧成材率、工序能耗双双跃居行业第一；海尔钢、铝锌硅、锌铝镁……诸多明星产品大放异彩。

在唐钢80年厚重的历史画卷中，冷轧薄板厂无疑是一个年轻的新兵。但这个诞生于21世纪的勇敢战士，却以它与生俱来的使命感和责任感，肩负起公司转型升级和产品结构调整，实现高质量跨越式发展的目标任务。

应运而生：“人才真空”变成“技术高地”

发展才是硬道理。冷轧项目是唐钢产品结构优化调整，实现“三极支撑”发展战略中“老区改造”的关键工程，它的建设初衷是使唐钢的经济效益得到大幅度提高，同时也关系到公司在省内、国内乃至世界钢铁企业中地位的提升。

在跨入新千年的阳春三月，由总经理挂帅，总共包括十几名成员的唐钢冷轧筹建组成立。

此时，正值超薄热带工程紧锣密鼓筹备建设时期，公司各单位大量的优秀技管人员都被抽调到热轧，再加上当时对冷轧工艺缺乏系统了解，可以说，冷轧建设所需的技术力量完全处于“真空地带”。

正是在这种特殊形势下，唐钢冷轧项目创新性地实施了“二级管理”，即将筹建部门的主体责任下沉到生产单元，以生产厂为主体，全面负责技术、商务谈判、工程建设和产品大纲制定的“基建模式”。后来成为冷轧技术首席专家、冷轧薄板厂厂长的李文田即参与了大量与外商的交流谈判。

2003年3月6日，冷轧工程正式破土动工。4月中旬，冷轧项目面向全公司招聘技术人员。作为当时唐钢装备最先进、自动化程度最高的工厂，冷轧薄板厂这颗“新星”自然吸引了众多心怀梦想、渴望在难得的新项目建设中大展拳脚的人。冷轧与高技术可谓相伴相生。

在路北区70号小学考点，来自金恒的李小敬通过了多项面试，顺利进入冷轧。同时被录取的，还有另外2名来自金恒的技术人员，他们均成为冷轧线的骨干成员。那时，产线的一把手不叫车间主任，而是被称作“线长（县长）”，这一颇具喜感的称呼成了冷轧最早的“谐音梗”，一直延续到产线建成。

冷轧项目的人员构成大致可谓“三足鼎立”。其前身一轧钢厂的原班人马经筛选后，留下一部分生产骨干，加上应届大学生和唐钢技校的毕业生，以及招聘和调动而来的技术人员，成为该厂的中坚力量。年轻有冲劲儿、英文功底扎实，且具备一定工作经验的李小敬等人，在边学习生产工艺、边翻译外文资料、边参与基建的同时，兼任了全厂职工的授课教师。

非典时期的冲锋：在全国争第一

2004年3月19日，冷轧薄板厂在公司俱乐部召开2003年度总结表彰暨确保冷轧一期工程建设投产动员大会。参加会议的公司领导要求，冷轧薄板厂要在投产达效方面超过同期新上彩涂线、镀锌线、酸洗线的其他国有企业和民营企业，“在全国争第一”。

事实上，即使没有公司的要求，冷轧薄板厂也在自我“加码”。“冷轧人是唐钢的精英。”这句话从那时就流传在职工中间，并成为延续至今的冷轧文化基因。

2003年，正值非典期间，为减少人员聚集、确保安全，从唐钢职工大学、贾家山下的防空洞一路转战到唐钢党校参加培训的职工被分为2组，实行隔天轮流上课制。但即便如此，冷轧薄板厂仍旧执行严格的工作制度，在公司率先配备了刷卡考勤机，每日“打卡”在那时就成为该厂职工的日常，甚至考试成绩都与奖金挂钩。

按照彩涂、酸洗、冷轧、镀锌的产线设置，全体职工分为四个专业，所学课程从基础的“金属学”“轧钢工艺”到进阶的设备名称、工艺技术英文翻译，不一而足。这对文化水平不高，在老产线上只懂得卖把子力气的老师傅来说并不友好。但令人称奇的是，在对新项目的期待中，绝大多数职工都拿出了高三冲刺的劲头，硬是把那些晦涩难懂的名词术语、英语单词背了个滚瓜烂熟，以至于考试的评分标准从“意思对就行”一路升级到“与标准答案毫厘不差”。这着实给阅卷老师出了一道难题。

夜以继日：从“纸上谈兵”到“真枪实弹”

一边是人才储备快马加鞭，一边是厂区基建如火如荼。随着外方服务人员进厂，中方技术人员也迎来了学习交流的“黄金期”，从设备到货、安装的时间安排，到根据生产工艺向外方提出设备控制方面的需求，再到消化吸收从未接触过的编程，直到建立起从传统机械到自动化程序的逻辑思维。2003 年 10—11 月，冷轧线工艺组去设备供应商克莱西姆学习交流时，技术员刘印忠已对自动化控制有了不少了解，刚到法国 3 天就提出了一个程序上的中肯问题，令外方大加赞赏。

即便如此，冷轧新产线谁也没见过，哪怕是技术人员，也是照着资料、图纸按图索骥，有时候，这看起来更像是盲人摸象。转眼到了 2004 年春天，已经整整一年“纸上谈兵”的冷轧线职工，分别在线长赵林和李小敬等技术人员的带领下，来到远在云南的昆钢实习。此刻，根据文字描述在头脑中想象无数次的产线真实地呈现在眼前，许多怎么也想不明白的问题迎刃而解。

从昆钢回来后，技术骨干带领大学生职工火速“破译”了全英文的附件资料，拿出了冷轧线第一版操作规程。

2004 年 7 月 27 日，冷轧薄板厂终于进入“真枪实弹”的现场操练阶段。经过夜以继日紧张的安装调试，冷轧线即将进行第一次试生产。由于液压系统故障，开卷机芯轴外支撑支不住沉重的钢卷。最后，采用千斤顶顶木头支撑芯轴的“土”办法，终于解决了难题。整整 30 多个小时，班组职工交接班好几次，但厂长、车间主任和技术人员一直坚守在现场。

7 月 28 日 6 时 58 分，唐钢第一卷 1.0×1000 毫米规格冷轧卷在冷轧薄板厂单机架可逆式轧机上顺利下线。现场人员欢呼雀跃，热泪盈眶。

时序轮转，万物更替。2007 年 3 月，这座总投资 30 亿元，厂房占地面积 12 万平方米，年设计产量 240 万吨的现代化工厂，圆满完成了全部产线的建设任务，并顺利实现投产。10 条主生产线在这片热土上相继拔地而起，创造了冷轧项目建设的“世界速度”。

执笔人：公司史志办公室　王研

大步迈向国际化道路

1992 年 8 月，唐钢取得了自营进出口权。自此，公司开启了走向海外的漫漫征途。二十多年后，那个最初仅有屈指可数出口订单的公司，凭着“借船出海”策略，发展成为国内钢企中最具国际化视野的“顶级流量”。从低端产品到高端产品，从单一种类到全面开花，从坐守本土到多点布局，顺应全球化发展趋势——

探路，仍在持续。

前方，未来可期。

微光

新中国成立后，中国逐步开展对外经济贸易交流，但受到当时国际政治环境和国内计划经济体制等因素制约，对外贸易发展相对缓慢。1978 年，中国进入改革开放的新时期。大力发展对外贸易，成为加快现代化建设、改变落后面貌、促进经济发展和提高综合国力的重要途径。然而这一时期，中国货物进出口总额只有 206 亿美元，在世界货物贸易中排名第 32 位，所占比重不足 1%。

中国国有企业改革也在同步进行。到了 1992 年，国企改革进入第三个阶段即改革创新阶段，以产权制度为核心的现代企业制度开始建立，一些政策和改革措施陆续发布，国有企业开始焕发活力。同年 8 月，唐钢取得了国家相关部委授予生产性企业经营本企业自产产品的出口业务和本企业所需的机械设备、零配件、原辅材料的进口业务的权利，即自营进出口权。从次年出口情况来看，出口钢材 7110 吨，虽然数额不大，但这却成为公司出口创汇的一个较为重要的节点，充分契合了国家整个出口商品结构的转变。

起初，公司出口产品以生铁、钢坯、耐火材料等初级产品为主。进入 21 世纪，省对外贸易经济合作厅批复唐钢增加自产自行车、金属结构等机电产品的出口商品目录。经过十几年的发展，在 2004 年，公司出口产品创汇突破 1 亿美元大关，较 1993 年的 282 万美元的创汇数额上涨了 35 倍，可谓实现了翻天覆地之变。

但那时候的唐钢，非常清醒地认识到，近几年在对外贸易方面的快速发展，主要是得益于世界经济较长时期的繁荣、经济全球化深入发展及中国改革开放政策实施等大环境带来的影响。与同行业企业相比，唐钢仍然存在差距，如出口产品销量不高、产品附加值低、订单不够稳定等。唐钢迫切需要一记重锤，解决制约发展的瓶颈问题，打破缓慢发展的步调节奏，大踏步地迈向国际市场新道路，成为行业市场拓展的引领者。

喷薄

机遇总是格外垂青做好准备的人。“十一五”期间，国家提出“走出去”战略，支持央企海外扩张，我国钢铁企业率先开启了国际化的步伐。第一批走出去的钢铁企业在海外主要采取了强攻式的海外战略，以钢材出口、收购资源（铁矿石、煤、其他金属等）及海外建厂等方式为主，以建立海外加工中心、分销公司等方式为辅。中国钢材出口量从2006年开始大幅提升，达到了惊人的4300万吨。中国首次成为钢材净出口国，同时跃居成为全球第一大出口国。在这样的大背景下，随后几年间，唐钢按照国际标准进行生产开发，积极谋求国际认证，获得了产品走向国际市场的“准入通行证”。可以说，那两年唐钢正随着国家“走出去”战略的总体步调，走上了健康且高速发展的正轨，海外拓展的大门徐徐开启。

厚积薄发。2008年，一场国际金融危机将全球钢铁行业拉入低迷时期，我国钢铁企业国际化的实施也因此放缓了脚步，而唐钢恰恰是从2009年开始，在国内外钢材市场不景气的情况下逆势发展，真正开启国际化之路，综合竞争力和国际化方面都取得飞跃式的进步。

成功是必然的，也是偶然当中的必然。如今回过头来遥望当年，唐钢国际化之路的开端，竟是缘起于瑞士德高公司的一笔订单。

“戏剧性”结缘

“我当时正在吃饭，我们厂的一名职工打电话哭着告诉我说：‘厂长，成了！’我当时激动得把饭碗摔在桌子上，二话没说就往现场跑。”冷轧薄板厂厂长李一栋至今回忆起2009年的那一幕，仍难掩内心的激动。

让他如此动容的，是来自全球最大的钢铁贸易商——瑞士德高公司6000吨特殊规格镀锌板订单成功生产的消息。当年10月，公司接到了德高第一笔冷轧产品合同意向单，然而，毫不犹豫接单的背后，却是订单在国内各大钢企“转”了半年，却因生产难度太大无人敢接的残酷现实。唐钢，能成功吗?

“唐钢人讲究‘敢打必胜’。我们敢想别人不敢想的事，敢干别人不敢干的事。”李一栋的叙述，代表了公司融入国际市场的坚定态度。但真正攻下从未生产过的“薄基板、厚锌层”的高难度涂镀工艺，却远不是下定决心这么简单。

基板厚度为0.36~0.45毫米，仅为普通产品的三分之一，而锌层质量150克/平方米，却是普通产品的两倍。虽然产品大纲里有这个规格，唐钢却从未生产过，甚至也没有调试过，可谓白纸一张。不出意料，在实际生产中，技术难题纷至沓来，眼看临近交货期，德高的船只已停泊在京唐港，合格品却迟迟攻不下来。怎一个急字了得！

再急也没有扰乱唐钢人的阵脚，而是把压力转化成了行动力。冷轧薄板厂全体职工都憋着一股劲儿，整整 21 天不回家。面对一般问题，成立攻关小组逐一攻克；面对复杂问题，请教国内著名的冷轧专家，多方“会诊”。经过高频度上千次的技术攻关，在婉拒了德高“愿意接受降级发货”的提议后，唐钢生产出了被赞为“艺术品”的高质量产品，如期交货。彼此信任的良好合作由此开始，德高公司随即追加了一份 2.6 万吨的普通镀锌产品订单。

在全球钢铁行业都面临需求萎缩、效益滑坡的困境时，德高总裁摩根对时任公司董事长的于勇说：“我们是一个散兵坑里的战友。”而于勇的回应是：“请你们把最难的订单交给我们。”相交于危难之际的德高和唐钢人都认为，这是因为“两家企业理念和精神的契合”。

之后，由唐钢生产、德高公司销售的产品源源不断地经过德高的销售渠道供应到全球各地的市场，2010 年，双方签订了每年不低于 30 万吨冷轧产品的供货协议。2011 年仅冷轧产品出口就达 109 万吨，在 2012 年钢铁行业更加困难的形势下出口达到 116 万吨，创造了冷轧单体厂全球出口量最大的纪录，其中高附加值品种占到 80% 以上，出口量占冷轧产品总量的比例超过 50%。2011 年和 2012 年，唐钢产品出口量占中国冷轧产品出口总量的 1/6，出口价格平均每吨高于国内同类产品 10 美元。在此合作中，唐钢与德高公司形成了紧密的合作关系：德高公司对唐钢产品同等条件下优先采购，即只要唐钢设备能生产的产品，唐钢优先承接生产订单；唐钢生产不了或能力无法满足的，再去其他厂家采购，表明了德高公司对唐钢公司所生产的产品在质量和交货时间上给予的充分信任。

唐钢模式

“破解生存困境难题，唯有改革创新。必须加快经营理念、商业模式、体制机制等全面创新，走出一条国际化的强企之路。”这是在环保高压、产能过剩、微利状态等中国钢铁行业普遍遭遇的多重压力下，于勇董事长开出的一剂“良方”。与德高牵手，就是唐钢在这一理念引领下做出的选择。

自艰难的“第一单”顺利交付后，唐钢与德高的合作不断深入。借助这个全球化营销平台，在受到国际金融危机冲击、钢铁行业运行困难举步维艰的时期，公司实现了逆势增长。中国钢铁工业协会将此总结为“借船出海”的唐钢模式。

在国内市场钢材供大于求的情况下，产业升级、加强与国际钢铁贸易公司的合作都是中国钢企避免贸易摩擦的重要手段。唐钢模式无疑为行业树立了一个样板。

行稳才能致远。

短短几年间，唐钢与德高的关系快速发展，从简单贸易，到多元合作，再到战略合作伙伴，一系列颇受业内瞩目的强强联合的杰作，是双方深度合作的必然成果，也标记了一个又一个重要里程碑。

2012 年 6 月 5 日，北京，唐钢与德高签署了 2.7 亿美元钢铁产品出口结构性资金协议。红白色的背景板上，“HBIS 唐钢集团”与“德高 Duferco”的标识醒目，来自德意志银行、荷兰银行、新加坡星展银行、新加坡大华银行、法国外贸银行、汇丰银行及中国银行的代表们见证了这一时刻。于勇用“跨国度、高难度的资金合作方式，开创了中国国内钢铁企业利用海外资金开展国际贸易的先河”来表述这场签约的重要意义。

2013 年 3 月 20 日，仍是在北京，唐钢参股德高国际贸易控股公司举行了签约仪式。唐钢占有德高 10% 的股份，并在技术支持、钢铁产品出口和原材料采购方面开展全面合作。同日，双方再次签订了 12 亿美元钢材出口结构性资金协议。

“这是第一家中国钢铁企业参股德高，此举将使双方在世界范围内把合作伙伴关系变成利益共同体，双方加快了国际化合作步伐。”德高国际贸易控股公司总裁、首席执行官摩根对唐钢赞誉有加。

“没有任何一个发展中经济体在钢铁工业扮演比中国更重要的角色，而唐钢在中国同行业中已经确立了改革和具有前瞻性思维的地位。”从德高对唐钢的评价中可以看出，这个年销售钢铁原料和产品超过 1600 万吨的钢铁贸易和分销巨头对此次合作的期待。

唐钢在国际化过程中开拓思路，与德高创新合作模式。作为第一个吃螃蟹的人，说来容易，操作起来每个环节的艰难程度可想而知，然而唐钢人依靠在德高积累的信誉和自己的执行能力做到了，唐钢模式由此成形，并无限升级。

日升

“今年唐钢的出口目标是 400 万吨，2015 年将达到 500 万吨。”2014 年 7 月，时任公司董事长王兰玉自信地表示，“唐钢的信心来自与德高公司商业模式的创新。”当年 1—5 月，唐钢出口 167 万吨，占生产总量的近 30%，出口比例位居国内第一，与国内销售相比多创效 1.48 亿元。

成功入股后，唐钢借助德高全球销售网络，布局产品出口，加快国际化进程，产品出口英国、西班牙、比利时等 76 个国家，在稳定提高已有欧洲市场投放量的基础上，成功打开了非洲和美国市场。

一枝独秀

冷轧产品无疑是布局全球的先锋部队。

与德高的合作，使公司进一步看清了未来的发展方向。很快，唐钢启动了河北省钢铁行业有史以来规模最大的技术引进。“我们与多家跨国公司签署了技术服务协议，邀请国际顶级冶金专家进行技术交流。”李一栋说。甚至，唐钢还聘用了河北省钢铁行业首位外籍职工——意大利自动化专家劳瑞斯。

消化、吸收、引进，经过 1000 多次的实验和攻关，唐钢建立了全过程的质量跟踪和控制体系，涌现出“冷轧系统工艺优化与创新”等一批具有国际先进水平的成果，形成国家专利 50 余项。

2010—2012 年，在全行业不景气的背景下，唐钢冷轧产品三年蝉联出口全国第一，半数以上销往欧美高端市场。冷轧薄板厂成为当时国内最大单体冷轧产品出口生产企业。

全面开花

看准风口，精准出击，公司出口策略一直与国家政策和国际国内市场形势保持高度一致。2011 年开始，国外经济整体复苏，尤其是东南亚基建投资快速增长，而中国应对国际金融危机的“四万亿”政策效应衰减。表现在钢铁市场，就是除板材产品出口量一直处于高位外，“跷跷板效应”也同时带动了棒线材等其他类钢材出口的快速增长。

因此，在产品出口增量的同时，唐钢积极调整出口产品结构，提升产品档次，深层次挖掘品牌效益。1.0 毫米超薄热带、热轧汽车钢、热轧酸洗汽车钢、结构级镀锌板、药芯焊丝钢、硬线等高附加值产品相继打入国际市场，产品创效能力进一步提升。

此后，唐钢出口品种趋于均衡合理，改变了冷轧产品“一枝独秀”的局面，发展为冷轧、热轧、长材、中厚板材四大系列“全面开花”，并扩展到包括附属产品在内的多个领域。

——2013 年 10 月，公司 1360 吨牌号 HRB400B、规格直径 22~32 毫米大规格螺纹钢首次出口非洲。质量一贯制管理，确保了产品按期保质保量下线。

——2014 年 5 月，公司 660 吨中厚板材首次出口巴基斯坦，成功开拓南亚市场。唐钢以“卖产品也是卖服务”的理念提高售后服务水平，凭借临港优势巩固和发展日韩传统市场，逐步拓展东南亚、南美等新兴市场。

——2016 年 2 月，唐钢 8.03 万吨水渣超细粉出口到美洲、中东地区用于基础建设。在做精钢铁主业的同时，公司将产业链条上的每个环节都变成创效单元，将水渣作为绿色环保的新型混凝土掺合料和部分替代品出口。唐钢水渣超细粉登上世界第一高楼迪拜塔，俯视着远离祖国的广袤大地。

——2019 年 10 月 7 日，载有公司 1000 吨优质钢板桩产品的货船，在菲律宾港口顺利停泊靠岸。国庆长假最后一天，唐钢将在业内被称为“型钢之王”的钢板桩首次出口到“一带一路”沿线国家，产品将用于菲律宾河道护堤、港口、桥梁等基础设施工程建设。

正午

如果说第一次的订单是一个不可复制的机遇，那么伴随着第二个订单开始的技术支持和管理经验交流是双方的交心。德高公司有一个技术团队，自 2009 年至今长期服务于唐钢的各个产线，多的时候20人，少的时候14~15个人，都是来自世界各国的技术、管理专家，专业覆盖了从各工艺环节到产品规格设计，从市场分析到资源配置等各个方面。随着唐钢与德高公司合作的深入，从2011年开始，专家团队改为一部分是常驻，另一部分是根据需求安排。除了直接的指导和传授，在遇到双方都不能够解决的问题时，德高还把其他优秀的合作伙伴介绍给唐钢，鉴于德高的市场地位和国际视野，这样的引荐对唐钢来说也是另外一种财富。唐钢在2011年与德高公司建立半年一次高层互访关系、达成每年固定贸易量框架协议的基础上，2012年2月，唐钢又与瑞士德高公司签订了为期两年的技术合作协议，德高公司将帮助唐钢改造生产工艺流程，确定品种开发方向，这标志着唐钢与德高公司的合作已经从一般贸易层面的合作，拓展到包括技术、管理、服务等方面的全面战略合作，为进一步提升唐钢参与国际市场竞争的“软实力”奠定了坚实基础。

借助德高公司成熟的技术服务和网络渠道，唐钢品牌在国际市场上的竞争力与影响力日益增强。在深化与德高公司合作的基础上，唐钢拓宽国际销售渠道，与德国奥特沃夫、蔻依林特、德国BE、芬兰远东等其他国际钢铁贸易集团建立了长期合作关系。

随着国际化的深入推进，公司加大对国际化合作业务人才的培养。现在每年公司选派10名高级技术管理人员到瑞士德高总部学习技术管理，为公司在其他国际合作或者分厂分部储备力量。

这种开放的态度，也正体现了于勇的理念：“当前，中国钢铁企业的转型发展是20年前西方钢铁企业所走过的路，我们应从全球的角度看待自身的发展，积极借鉴，取长补短。融入国际大环境，打造全球有影响的企业才是真正具有国际竞争力的企业，这也是企业实现可持续发展的必然选择。”

步伐越来越大，越来越快。

2013年6月22日，唐钢高强汽车板项目开工仪式在开平工业园区举行，唐钢与德高将合作开发高强汽车板。一时间，业内瞩目。公司一改以往钢铁企业“走出去”多是购买国外矿山，从上游入手的传统思路，而是从销售渠道入手，通过与世界头号钢铁贸易商的合作，来进一步打开国际销路。这无疑成为中国钢铁行业的又一次崭新创举。

合作建厂，使唐钢的高端产品制造和销售迈上了新的台阶。这个唐钢进入“十二五”后的第一个重大产业升级工程，完全采用国际化模式进行建设和生产运营。各条生产线的技术集成和关键设备均由世界一流的冶金设备供应商提供。西门子奥钢联为品种开发作保障，德高销售网络为产品进行全球市场推广。从汽车板首次出口西班牙，到低合金高强钢广泛占领欧洲市场，背后是唐钢由产品制造商向综合服务商的深刻转变。

2016年，河钢与塞尔维亚政府签约，收购斯梅代雷沃钢厂，成立河钢塞尔维亚有限公司。唐钢在先期派出技术团队完成技术改造初步方案和项目投资可行性分析报告，为深入合作打下基础的同时，组建9人管理团队奔赴多瑙河畔。发挥中方企业营销服务网络优势与挖掘塞方企业内部潜力的有机结合，使河钢塞钢仅用半年时间即扭亏为盈、重获新生，成为塞尔维亚就业人数最多的企业和第一大出口企业。2019 年 4 月，河钢集团塞尔维亚公司管理团队被中共中央宣传部授予“时代楷模”荣誉称号。

从老挝钢铁项目、印度尼西亚钢厂项目调研筹建，到运营管理“一带一路”建设和国际产能合作“标志性工程”河钢塞钢，唐钢的国际化资源越来越丰富，国际化经营领域越来越广阔，国际先进技术和管理经验应用越来越广泛。持续做大全球“朋友圈”，唐钢的国际化之路必将无限宽广。

执笔人：公司史志办公室　王研

奏响多元发展“变奏曲”

“纵观世界钢铁企业，要经历初步发展、量的积累和质的提升三个阶段。”2020 年进博会召开之际，河钢集团党委书记、董事长于勇直言，作为重资本的钢铁行业，在发展中形成的巨大体量势必带来物流、能源、机电等产业链的高质量发展。

这些产业链伴随着钢铁主业转型、经济转型所沉浮，跟随产业的升级、技术进步慢慢孵化蜕变，从环绕钢铁、依附于主业的辅助业务或附属业务，逐渐成长为一个与主业齐头并进、走入市场经营创效的盈利板块。发展至现代，一个专属于钢铁辅助行业的词语诞生了——非钢。蒂森克虏伯的电梯服务业、新日铁的焊材技术、奥钢联的装备技术等国际知名钢企的工业技术服务公司，无不脱胎于非钢产业。

为适应在社会主义市场经济条件下企业积极参与市场竞争的需要，20 世纪 90 年代初，钢铁企业进行了“精干主体,分离辅助”的改革,从那时起非钢产业加快了发展步伐。此后，以发展第三产业增效为目标，承担着职工福利等任务，并为深化改革、服务市场做好准备。随着我国与世界经济的联系程度逐渐加深，快速发展的步伐愈发有力，非钢发展战略由此确立。

非钢产业雏形

唐钢的非钢发展，可以追溯至建厂之初的负责物流、医务及后勤的“总务课”。当时的食堂仅容纳 40 余人，供干部使用，医务室不接待普通工人。冶炼业的坩埚炉窑需要消耗大量的耐火材料，1943 年日本侵略者觊觎唐山得天独厚的钒土矿资源，建立华北炉材公司与唐山制钢所相配套，开始生产耐火材料。此时的工人在烟尘遍布的恶劣的环境中劳动，直至解放后才进行防尘改造。

新中国成立后，一大批服务职工的单位建立，而后“五年计划”推行，国内开始中央统购统销的计划经济时代。集中带来了管理上的便利，企办社会的特点逐渐显现，国企就像一个小社会，承担着医疗卫生事业建设、职工及子弟教育、宿舍住房建筑等涉及衣食住行的多项职能，由于社会主义的先进性，唐钢光荣地承担了发展福利文教事业的职能。

这一时期，职工生活大为改善，不再受帝国主义和资本家的剥削，职工进入厂房有休息室，走出车间便有职工浴室、图书馆，此时家属宿舍、托幼机构和单身宿舍也开始兴建。

彼时，并没有非钢产业的概念，唐钢的主体生产车间与相关的辅助领域共生并存，有了生产辅助和职工服务两方面的雏形。

1956年6月8日，国务院总理周恩来到唐山钢厂视察，旧中国民众的苦难让他特别关心职工的生活，在唐山钢厂指示“不要只知道抓生产，还要了解关系广大职工生活的副食品价格”，并建议食堂不要离车间太远以方便就餐。在计划经济时期，食堂数量最高时达到30个，2.8万名职工在食堂就餐；职工宿舍达到800间。

新中国成立之初，全国文盲率达80%，只有不到20%的人上过小学。唐山解放后，党工委在不到4个月的时间内便成立了工人文化补习班，当家作主后的职工学习积极性非常高。后来，唐钢的教育事业随着企业的发展，不断满足职工对文化的需求，通过企业财政资办加教育部门指导的形式，逐步建立了包括职工教育及子弟中小学的完整教育系统。共建立了7所小学、2所中学和技工学校、职工大学各一所。为了保障规模逐渐扩大的职工队伍的身体健康，唐钢将医疗机构一扩再扩，由建厂时只有三名医护的医务室扩为保健科，再由卫生处发展为唐钢医院，为职工及家属提供医疗服务，并降低职业病比例、提高治愈率。

通过“企办社会”这棵巍巍大树，养料输送给了每位职工，最大程度上保障了职工的生活后勤、教育医疗等需要。2003年12月，在深化国有企业体制改革的基本框架下，公司剥离企业办社会职能，将中小学普通教育移交市、区政府，办理了分离龙华中学、税东中学、七十号小学、税钢小学、龙华小学、七十七号小学、张西小学、河茵小学、大庆九号小学、石人沟铁矿子弟学校等10所普通中小学的移交手续。

居安思危，催生非钢大发展

2008年全球金融危机过后，我国钢铁企业在产量、产值方面复苏较快，经济效益也有所好转，到2010年，唐钢实现挖潜增效额36.8亿元，那时唐钢的日子过得还不错，但数次带领唐钢于危机中走出并获得新生和发展的领航者们深知“居安思危，居危思进”的道理，彼时，唐钢董事长于勇代表公司作出了“钢铁企业放弃规模增量，寻求新发展思路”的重要决策。

于是，2010年5月12日公司召开的第一次非钢工作会议，首次将发展非钢提到与钢铁主业比肩的位置，开始全面酝酿和布局非钢产业发展工作；是年，公司创新管理模式大会上提出“做精主业、做大非钢、适度多元、持续创新”的战略方针，将发展非钢提升到公司战略层面，进一步加快了非钢产业发展进程。后来，公司成立非钢事业部，全面布局非钢产业，推进非钢单位走专业化发展道路和进行高效市场化机制创新。

2011年5月31日，公司召开2011年非钢工作会议，此时公司非钢系统已形成六大产业集群管理架构，组建或新成立了22个非钢单位，完成了始于2010年10月唐钢历史上规模最大的一次人力资源优化，共转移了 1 万名唐钢老区职工充实到非钢产业，公司的吨钢人均劳效显著提升，能源综合利用等指标进入行业领先水平。

不仅如此，为了促进非钢步伐稳健扎实迈进，唐钢还将非钢产业的发展分“三步走”落实：第一阶段是公司内部资源整合与高效利用；第二阶段是把非钢产业与公司的钢材产品增值服务紧密结合在一起；第三阶段是整合社会资源，培育新的竞争优势，全面参与外部市场竞争。

整合，是非钢系统最初的“关键词”。如今的检修分公司正是成立于那段时期，作为完全的新建单位，该公司吸纳了各单位维检人员，与原自动化公司共同承担了整个唐钢的设备维护和检修业务，实现了机、电、仪等设备及维检队伍的专业化和集中化。整合后，检修分公司员工人均劳效由之前的 4 小时提高到了 6 小时，在没有新增一人的情况下充分释放了人力资源潜力，也为公司节省了大笔外委费用。检修分公司拉开非钢系统业务整合的序幕，2017 年公司完成能源、动力系统资源整合，成立能源科技分公司；同年，整合既有的物联宝、智慧物流、城市智慧服务 3 个“互联网 +”平台成立惠唐物联公司，使公司 ICT 业务（信息与通信技术）初显规模。

增值，在非钢单位生存与发展的同时，紧密服务于公司钢材产品增值，是非钢长远发展的必解之题，业务范围的明确、业务流程的梳理成为第二阶段的工作重心。鉴于整合后许多单位组织架构出现了较大变化，业务梳理环节近似于打破存量、再造流程，以整合物流链条上的资源后成立的物流分公司为例，仅梳理这一家单位的业务清单就用了近半年时间，最终清单上的业务数量足有上万条，一家如此，全部皆然，气体公司、钢源公司等非钢单位也实现了对钢铁主业四大平台的集中服务，虽然经历了极为烦琐的过程，但各单位清晰、透明的业务清单就此建立，为实施集中管控、提高人均劳效、减少外委费用创造了

◎ 坐落在氧气北路的气体公司。

条件，也为制定价格体系，乃至之后公司化、市场化的推进打下了牢固基础。

竞争，即为参与市场竞争，意味着非钢经营理念和运营模式必须以市场为导向。非钢管理部部长商丽阐述非钢与主业区别时说："如果说钢铁主业重在执行的话，那么非钢系统最大特点就在于'经营'二字。市场化运营，首先必须把这种'经营'的管理思维贯彻下去。"发展非钢产业，根本目的在于分担钢铁主业经营风险，另辟途径提高公司竞争力和生命力，唐钢要求各非钢单位不断扩大既有优势，培育和打造自己的品牌。自动化信息公司、创元方大公司、气体公司、唐龙（唐昂）公司等单位的技术或产品在一定区域具有知名度和影响力，已有产品成功打入国际市场并应用于西气东输、奥运会场馆、核电站等国家重点工程；气体公司于 2020 年实现港股上市、微尔自动化公司 2021 年成功引入战略投资者，为公司下属企业混合所有制改革提供了实践范例，也为非钢系统加强对国内外相关技术、资金等各项资源的整合利用，充分激发全体职工的能动性和战斗力，培养企业核心竞争力优势，助推企业飞速发展奠定了坚实基础。

全力提升非钢产业创效能力

非钢要成为最大的创效板块，这是一幅宏伟蓝图，更是唐钢非钢系统干部职工的行动目标。

2013 年 5 月，《唐钢非钢产业"后十二五"发展规划》正式出台，这个非钢产业首个战略规划中提出了"推动非钢单位公司化、市场化进程，迅速提升非钢产业营业收入和利润水平"的发展主线，当年 11 月在推进非钢产业跨越式发展年度专题会议上，又提出了"将非钢板块打造成为公司的半壁江山，成为最大的创效板块"的目标任务。

由此，非钢板块所属企业经营管理各项工作，更快地由内向型、服务型向外向型、市场化转变，充分利用多种方式、策略加快非钢单位市场化、公司化进程，以加快实现非钢板块效益增长与企业发展双赢。唐钢提出通过体制和管理创新，建立新型管控体系，催生新的有效机制，激发企业发展的内生动力和永续活力，提高企业经营意识和经营水平，极大提升资产创效能力和盈利水平。同时，加快非钢企业与市场的对接，加大外部市场开发力度，并强化合资合作，借助外部资金、技术、市场等力量，实现快速发展，打造出唐钢品牌。

在市场上选择有丰富行业经验和卓越管理才能的高素质人才担任一个企业的主要经营管理人，这放在过去的国有企业是想都没想过的事。但是，2017 年 3 月，唐钢就率先在惠唐物联公司引入职业经理人制度，成为了非钢系统的"先行者"。随即，曾任职 NEC 公司、惠普公司的石少峥成为该公司首位职业经理人，其运营团队也是通过选聘组建而成，市场化选聘、市场化运营、市场化考核，伴随着用人、薪酬等方面市场化独立运营的尝试，让惠唐物联公司驶入了新兴企业发展的快车道，当年实现交易额 10 亿元。此外，还将市场化原则引入绩效管理中，将外部收入作为考核重点内容，在气体公司和唐龙（唐昂）公司探索试行工资总额预算管理制，利润较上年分别增加 3500 万元和 600 万元。

有资源就能创造价值，唐钢盘活每个非钢企业的各种资源，为全产业链创效提供强力支撑。为了实现能源和动力系统的集中化、专业化、市场化管理，运营能源科技分公司，次年即实现创效 1.7 亿元；微尔云计算中心作为河北省唐山市首个云计算中心，拓展苹果公司、浪潮集团、腾讯公司、招商银行、唐山市互联网产业研究院等国内外知名企业、机构展开合作，主动融入“智慧唐山”建设，为用户提供基础设施、宽带资源、数据中心、云服务、智能运维等立体化、一站式解决方案，多领域云计算产业链条逐步形成，聚集效应初步体现。

2017 年度，非钢板块取得营业收入 226 亿元，利润 4.26 亿元的优异成绩；外部收入 73 亿元，远超集团下达的 43 亿元外部收入指标；消化人工成本 17 亿元，提前完成集团要求消化人工成本的目标。

近年来，伴随着公司退城搬迁启动和推进，在老区、不锈钢公司等相继停产，大部分非钢单位直面唐钢新区增量业务难抵原有业务缩减或流失的问题，非钢系统加快调整业务布局，为新区持续稳定运营做好相关介质、物料和服务支撑，同时加快布局发展新兴产业，蓄积非钢产业创效新动能，如大数据、5G+ 工业自动化等新一代信息化技术产业，建筑和矿山等固废处置、节能环保项目等新兴产业，逐步打造非钢板块新的效益增长点。

2020 年 6 月，微尔自动化公司的“5G+ 工业自动化”项目，攻克了 5G 与 PLC 之间数据互联的技术障碍，其技术应用于主打超薄微结构导热片生产后，产量创新高、质量大幅提升，助力更新一代 0.5 毫米导热片试制。

◎ 2018 年，唐钢开发的钢城春邑项目正式向公众开放。

2021年，智能天车系统推广24部，安全双控信息平台推广至3家用户并拓展至医疗行业，市场反响良好。钢源公司固废资源化项目是对城市建筑垃圾和矿山固废处置利用新的尝试，年总产值可达1.37亿元。气体公司2021年外部市场收入达2.9亿元，全年实现创效1.2亿元。

2022年，气体公司攻关稀有气体提纯技术，氪、氙等高附加值产品产量、生产能力实现跃升；创元方大公司紧凑型电缆型线优化改造及应用项目批量生产；微尔自动化公司抢抓钢铁行业碳达峰碳中和发展趋势，创新研发双碳智慧管理系统；物流分公司分别与大秦物流、大唐热电开展闲置机车租赁、电煤接卸项目，全年创收超2000万元。

路漫漫其修远兮，吾将上下而求索。我们有理由相信，经过风雨洗礼的唐钢人，定能肩负起时代赋予的新的历史使命，推动非钢产业的腾飞，实现“百年唐钢”的宏伟目标。

执笔人：公司史志办公室　靳志伟　王福生　张卫华

让多瑙河畔“金色名片”更加闪亮

历史的维度，铸就了格局的宏阔。

2022年2月5日，国家主席习近平在会见塞尔维亚总统武契奇时指出，要持续发挥河钢斯梅代雷沃钢厂等项目经济社会效益，将中塞传统友好转化为更多务实合作成果。

习近平总书记自2016年视察河钢塞钢（即河钢斯梅代雷沃钢厂）以来，多次点赞河钢塞钢。高度关注、殷殷期许，为河钢集团注入了强大的精神动力和发展动能。河钢集团党委书记、董事长于勇说：“河钢将牢记习近平总书记的殷殷嘱托，满怀信心奋进新征程、建功新时代，以加快高端化、绿色化、国际化发展的优异成绩，迎接党的二十大胜利召开。”

美丽的多瑙河畔，河钢集团向世界展示着中国企业的开放自信与气度担当，加快将河钢塞钢打造成为欧洲极具竞争力钢铁企业。2021年，河钢塞钢销售收入同比增加85%，平均售价同比提高84%，产值和效益双双创出历史纪录，进一步巩固了塞尔维亚第一大出口企业的市场地位，交出了一份无愧于历史、无愧于祖国、无愧于时代的优异答卷。

◎ 河钢塞钢厂区。

突破，把河钢塞钢发展推向新高度

2021 年 6 月 7 日，32 岁的唐钢财务经营部赵雯在河钢集团派驻河钢塞钢海外工作人员的竞聘中脱颖而出。不久之后，她将奔赴新岗位为企业发展贡献自己的力量。

此时，远在万里之外的河钢塞钢，有着 32 年工作经验的唐钢技术专家丁国伟，正以三维动画的形式，对新员工进行有关步进梁式加热炉技术的培训。

新生力量快速成长、老员工做好传帮带，河钢集团加速构筑多元互动的人才交流格局，为河钢塞钢发展提供更加坚实的人才基础和持久动力。

自 2021 年以来，“一带一路”高质量发展面临的环境日趋复杂：世界百年未有之大变局加速演变，新一轮科技革命和产业变革带来的竞争日益激烈，气候变化等全球性问题带来的影响前所未有。

迎难而上，探寻突破路径，是一份厚重的历史担当。河钢集团深入贯彻落实习近平总书记在第三次“一带一路”建设座谈会上提出的新发展理念，以高标准、可持续、惠民生为目标，推动共建“一带一路”高质量发展不断取得新成效。

于勇对河钢塞钢等河钢海外企业的发展提出拼搏竞进的目标：“面对新的挑战，要继续保持昂扬的斗志，满怀信心迎难而上，进一步巩固河钢国际化领先优势，以实际行动担负起重大责任。”“改变外部环境，不是靠别人给予，关键靠自己的力量。眼睛向内，依靠积极主动工作对冲外部不利因素，把自己的工作做到最好。”

理性洞察、把脉定向，“一带一路”倡议的“河钢解读”不断发展、深化，也让河钢塞钢的发展方向更明确、路径更清晰——

统筹考量，精准推进。不再单纯追求产量、产值，把战略原材料、产成品及备件材料库存水平保持在合理水平，将提高现金流作为企业生产经营首要任务。

前瞻预判，周密部署。密切关注俄乌冲突局势变化，提前拓展原料来源，锁定储备部分原料，保障生产稳定；准确预判市场，组织双炉生产，抢抓市场机遇实现利润增长。

科学防控，精准施策。每周组织中高层管理人员参加新冠疫情防控沟通会议；加大疫苗科普宣传力度，鼓励员工接种疫苗；坚持定期消毒，并嵌入生产组织管理流程。

理念转化为行动，举措转化为能力，河钢塞钢在实践中不断创新创造，处处激荡着奋进的足音。

2021 年 9 月，苏伊士运河堵船事故影响还未消退，多瑙河流域又受异常天气影响，导致部分河段断航，物料运输遭受巨大冲击。当时，河钢塞钢生产运营及采购总监魏东明和同事们积极开拓新的物流路线，采用从 Izmail（伊兹梅尔）港海运至黑山 Bar（巴尔）港，再由铁路运输到钢厂新通道等联运方式，保证了原材料供应链的连续稳定。

关键时刻挺身而出，重要关头践信守诺。河钢人不畏难、敢迎难、善克难，以坚定的河钢行动为共建“一带一路”贡献河钢力量，描绘出更加壮丽的图景，在“一带一路”编年史上镌刻下闪亮的印记。

创新，以技术升级构筑硬核竞争力

河钢塞钢热轧车间里，机器轰鸣、钢花飞溅，带着金属光泽的产品陆续下线；成品区里，产品按品类规格整齐摆放……

这样的场景，让河钢塞钢生产执行总监弗拉丹·米哈伊洛维奇兴奋而踏实：“虽然全球新冠疫情仍处于高位流行的水平，但我们从未停止生产，不仅延续了稳定的生产态势，而且完全有能力满足客户需求。”

将时间的镜头拉长，更能理解米哈伊洛维奇的感慨。

进入后疫情时代，全球贸易环境发生深刻变化，欧盟配额措施再延长三年。受疫情和各国政府应对措施影响，原燃料、天然气等的价格大幅上涨，仅电价一项每年就增加成本近 3000 万美元。

地处欧洲腹地的河钢塞钢，该如何前行?

河钢集团技术升级新发展阶段的战略部署指明了方向——“必须全面推进技术升级来降成本，真正向产品要效益。”“更加注重用户体验，把追赶客户、追随客户作为核心工作，主动追随更有生命力的客户，把企业发展推向更高的高度。”

依托技术升级提升竞争力和盈利能力，河钢塞钢推进一系列举措扎实落地——

开展全工序技术攻关，持续降低工序成本。优化高炉烧结比、综合燃料比等技术指标；创新能源管理模式，降低生产类费用。

持续优化生产组织，提高运营效率。全方位强化效率效益意识，优化资源配置，打造最优路径；严格质量标准，提升产线匹配度，构建高效、低耗的生产组织模式。

深入开展市场研究，提高产品盈利能力。结合欧盟对不同产品的配额，制定详细的销售策略；合理分配产品，动态优化市场资源分配；对客户评级进行分类以便提供更优质服务。

Alfa（阿尔法）公司，河钢塞钢的 A 级客户，2021 年之前的平均月度采购量约为 900 吨。河钢塞钢在与该客户对接中发现，其对 DC01、DC04 和 DC04EK 产品有较大使用量，其中 DC04EK 是河钢塞钢重点推进的高端产品。

河钢塞钢销售团队多次拜访 Alfa，提出请对方试用 DC04 系列产品的建议，并承诺优先保证客户需求。Alfa 试用该产品后，对产品和服务质量高度认可，不断增加订单量。2022 年 5 月，Alfa 的月度采购量近 3000 吨，其中 DC04 系列产品月度采购量近 800 吨。

自上年以来，河钢塞钢在塞尔维亚国内销售比例由上年的 25.8% 增加到 32%，创历史新高；直供客户比例达 95%，提升了有限资源下吨钢创效能力；中欧市场月度投放量达到近 3 年最好水平……

一个又一个快速发展的故事，一组又一组充满活力的数字，勾勒出河钢塞钢昂扬的发展曲线。后疫情时期，河钢塞钢成为“一带一路”建设最具韧性和最有活力的场景之一，精彩诠释着“河钢方案”“河钢智慧”的卓越引领力和强大实践性。

绿色，让低碳发展充分释放新动能

这段时间，对于在烧结厂工作了近 20 年的河钢塞钢电气维修副主任米兰来说，是职业生涯中难忘的一段时光。自 2021 年 11 月起，米兰每天都要进行两次理论培训和实践，为新烧结生产线投产做好技术准备。

“这台新烧结机的生产能力可达到原有 4 台烧结机的生产能力，能耗水平和环保指标将达到甚至优于欧盟标准。”米兰说，“毫无疑问，我们向前迈出了一大步。”

米兰的话语，折射出河钢塞钢绿色低碳发展的成功实践，更传递出鲜明的时代价值。

2022 年 3 月，中华人民共和国国家发展改革委、外交部、生态环境部、商务部 4 部门联合印发《关于推进共建“一带一路”绿色发展的意见》。其中，绿色、合作等关键词贯穿全文。

比利时布鲁塞尔时间 3 月 3 日，世界钢铁协会发布新版《可持续发展宪章》，河钢集团凭借在环境、社会、管理和经济领域的优异表现，获权签署新版宪章。于勇表示：“河钢将秉承‘人、钢铁、环境和谐共生’的理念，做世界钢铁行业低碳绿色可持续发展的推动者、引领者、示范者。”

绿色是河钢集团不变的价值底色，也是鲜明的比较优势。河钢集团切实发挥具有自主知识产权的几十项先进技术的支撑作用，并通过工艺匹配，升级改造工艺装备，从整体上提高河钢塞钢工艺、循环利用、能源效率和绿色制造水平。

目标，更明确。优先实施兼顾生产效率与环保提升的重点项目，实现企业效益与社会效益最优；深度改造环保设施，实现更多社会效益。

装备，再升级。安装烟气连续排放测量系统（CEMS），更好监测炼钢脱硫作业区；对转炉除尘系统进行改造，加强炼钢脱硫控制，时刻监控石灰管路压力。

技术，更先进。烧结料面点火采用全高炉煤气点火自动控制技术，可实现低热值高炉煤气的高效利用；烧结烟气采用干法流化床脱硫技术，可对烟气中的污染物进行综合、深度净化。

截至目前，烧结机、煤气柜已经投用、运行顺利。烧结机全年预计可降低固体燃料消耗 1 万吨以上；煤气柜在投用之后，能够对放散的高炉煤气进行回收利用，全年可回收高炉煤气 1.75 亿立方米，有效减少了能源浪费及天然气的使用……一座欧洲领先的节能、绿色现代化工厂加速崛起，绿色发展优势不断积蓄。

不止如此。在河钢集团的支持下，河钢塞钢向塞尔维亚环保部门捐赠两套粉尘在线监测设备；河钢塞钢在塞尔维亚中资企业商会成立大会上，向与会企业介绍了“绿色、环保和可持续发展”的先进经验……

河钢集团以大国企业的担当，向世界展示了中国钢铁工业致力于可持续发展的信心和决心，也获得更多的期待，新的发展力量不断凝聚：

“近年来，我们一起为更优质的环境和企业发展而努力，我们做得一年比一年好，温暖与光明将与我们同在。”

“按照工龄算，我该退休了，但是按照法定年龄我还可以继续工作，我更愿意留下来。看到工厂新的改变、新的进步，这对我来说，才是最美好的。”

这是河钢塞钢员工心底最真实的感慨和共鸣，也成为对共建“一带一路”倡议的初心回响。

“追求的是发展，崇尚的是共赢，带来的是希望。”在高质量共建“一带一路”大格局中，河钢集团奋勇前行，让多瑙河畔的“金色名片”更加闪亮。

执笔人：河钢集团党委宣传部　刘双媛　佘天门

作业长制：让运营管理更稳健

“管理是领导的事，与我无关。”“节约了成本，对我有什么好处？”……多年前偶尔会从一线传来的消极声音再未出现，取而代之的是有章有法的班组管理和认真负责的职工风貌。细数这几年一线的变化，可谓处处惊喜。职工们的主人翁意识更强了，在日常维护、消缺中更加认真了，比学赶帮超的氛围更浓厚了……历数这些喜人变化，离不开唐钢的一项管理制度——作业长制的成功引入、落地生花。

作业长制源于日本新日铁，1985 年由宝钢引入国内，经 30 余年的探索，宝钢形成了一套以作业长制为中心的“五制配套”基层管理模式。经实践检验，这个新模式在加强企业基层管理方面效果明显，广受其他企业关注，引进的成功案例不胜枚举。2014 年，在钢铁“严冬”之际，唐钢加大了管理创新的步伐，一系列改革方案有序落地，其中推进作业长制成为当年改革创新举措的一个“重头戏”。如何引入、如何学习、如何吸收、如何推进，是摆在公司面前的发展难题，同时也成了公司打破传统、寻求发展的重要突破口。

一场举公司之力的“大工程”

2014 年 10 月，作业长制推进工作正式启动。调研组先后对宝钢、马钢、梅钢、邯钢、首钢京唐等单位的作业长制实施情况进行了调研。结论是：一方面推行作业长制适应特大型钢铁联合企业连续化、高效化特点，适应现代企业基层管理扁平化要求，对公司深化管理机制创新、提升产线的适应能力与市场反应速度具有十分重要的意义；另一方面，推进作业长制需打破公司几十年来传统管理模式，从零开始建立全新的管理机制，是一个覆盖面广、涉及人多，全面而彻底的管理变革，是一场举公司之力的“大工程”。

推进作业长制绝不是车间主任换个称谓这么简单，它涉及机构设置、人员配备等诸多敏感问题，牵一发而动全身，这让许多“一把手”心存顾虑。怎么推才能推得彻底？这是最初公司面对的最大难题。

火车快不快全凭车头带。作为推进工作负责部门，人力资源部自项目启动之初，利用各种途径对公司中高层领导干部进行作业长制相关知识理念的导入培训。“我们聘请外部专家来公司讲课，组织相关人员赴宝钢、马钢等单位进行对标，通过各种形式的集中学习和理论强化培训，使中高层领导干部对公司推进作业长制的重要意义有了全新认识，坚定了他们的信心和决心。”时任人力资源部部长张小帅介绍说。

“推行作业长制，在本质上是企业管理重心下移，进一步降低管理成本，提高工作效率和管理水平的重要途径，是对传统管理流程的再造，更是唐钢持续深化内部改革的现实需要！”时任唐钢中厚板公司董事长刘铁力对作业长制推进工作的重要意义有着深刻的认识。

随着作业长制培训的强化和理念认识的提升，各职能部室的工作内容和对作业区的服务意识发生了明显的变化。“作业长制推进工作是一场公司上下共同参与的‘全面战役’，没有其他职能部室的全力支持、相互配合，仅靠我们人力资源部的力量根本无法完成。”谈到自推进工作开展以来其他职能部室对推进工作的支持，唐钢人力资源部副部长任艳琳深有感触。

打造业务精、素质强的作业长队伍

作为作业长制推进体系中的核心，作业长是企业最基层的管理者。打造一支懂业务、会管理、素质过硬的作业长队伍，是作业长制成功推进的关键。

2015 年 1 月 27 日，时任唐钢党委书记、董事长王兰玉在作业长制推进启动会上说道：“宝钢产品一直以来被业内广泛认可，其强大的核心竞争力靠的不是装备水平和研发能力，而是一支严格按照标准化作业的职工队伍，这是其他企业无法复制的核心竞争力。我们要打造具有唐钢特色的核心竞争力。”

为了稳步推进作业长制，公司确定了中厚板公司、不锈钢公司、热轧部和冷轧部高强汽车板项目等 4 家单位为试点单位。

2015 年初，4 家作业长制试点单位的 158 名“准作业长”经过 3 个批次的全脱产知识培训，第一批拿到了唐钢作业长资格证书。5 月，公司组织 30 名作业长分 3 批赴同类企业进行为期一周的现场学习与实践，了解作业长在实际生产中的工作内容；6 月，对各试点单位的后备作业长进行业务培训，140 余名后备作业长经过严格考评取得了作业长资格。

除了公司统一组织的培训外，各试点单位还纷纷开展了“中层领导上讲堂”“职能部门上讲堂”等活动，围绕“五制配套”管理、作业长制理念等相关内容，对作业长、值班作业长、后备作业长进行强化培训。“目前，我们对值班作业长的培训强度达到了两天一次、每月一轮。”中厚板公司综合办公室主任刘燕飞说。

要想让作业长制在唐钢的“土地”上真正地“生根发芽”，除了各类集中培训，还要有一系列的常态化措施作为“养料”，使作业长制成为一个可以创新发展、持续提升的基层管理体制。

为了使作业长培训工作形成常态化，公司从人力资源部、运营改善部、生产制造部等6个职能部室中选拔出80余名专业人员进行系统化、专业化培训，担任作业长制的专业内训师，负责“五制配套”相关制度和内容的培训。为了给作业长搭建一个互动交流的平台，组织成立了作业长研修分会，通过定期开展作业长之间、研修分会之间及与外部企业之间的经验交流，促进作业长业务水平和管理技能的持续提升。为提升作业长的工作积极性，专门出台《作业长制推进管理程序》《作业区及作业长队伍管理标准》等文件，建立作业长上岗制度，彻底打破了传统的干部、工人身份界限。

高强度、多层次、专业化的培训与实践，以及开创性的制度体制，不仅极大地提升了作业长的业务素质和工作积极性，更使他们对作业长这一角色有了更新的认识。

中厚板公司轧钢车间二线轧机作业区作业长白斌，是该单位的作业长研修分会会长，同时也是该单位作业长创新工作室的课题组长。对于推进作业长制的认识，他坦言道：“作业长就是作业区的‘一家之主’，作业区内的安全、生产、成本、质量等所有工作都要管起来。推进作业长制，说到底就是要打破原有的管理模式，实现管理内容的细化和管理重心的下移。这样的质变可以极大提升作业区管理的自主性和执行效率。”

打破只为自身考虑的“行政指挥链”

推行作业长制改变了唐钢几十年来的传统管理模式，公司将原有车间按照工艺性质和过程产品链特点，拆分成作业区，建立起工序服从、专业搭接的扁平化生产组织模式。4家作业长制推行试点单位将人、财、物等各种资源全面向产线配置，使管理重心进一步下移，实现了机构精简、人员精干，大幅度提高了管理效率和对市场的反应速度。

打破区域界限，服务下道工序。工序服从是作业长制的一项重要内容，是规范上道工序服务下道工序的关键。自作业长制推行后，试点单位值班作业长以上人员从只关注生产到更多关注工序服从，管理理念有了明显变化。现在影响作业区正常运行的任何一个环节，都成为他们一直追到底的目标。

“生产中，我们落实公司作业长制要求，打破作业区区域界限，关注工序服从，大家围绕高端产品一体化全力以赴搞生产，产品质量和售价都有所提高。”中厚板公司作业长制推进办负责人刘燕飞如是说。2015年11月25日，唐钢中厚板公司为中建二局生产一批高层建筑结构钢，为了满足用户对产品不平度的严苛要求，二线轧机作业区需要加热炉作业区提高出炉温度，而就加热炉作业区而言，产品出炉温度越低越利于自身成本指标的完成。过去可能会出现各自为政的情况，但在推行作业长制后，上道工序必须服从下道工序，这些问题都迎刃而解。

辅助服务主体，提高产品质量。工欲善其事，必先利其器。设备是生产高端产品的基础。如何让设备发挥更大功能？“我们通过建立设备辅助工序对主体生产工序的服务机制，实现生产稳定顺行和工艺指标提升。”高强汽车板公司副厂长周国平说。

2015 年 10 月 27 日，高强汽车板生产线调度室内，生产制造部、技术中心等管理部门与生产线倒班作业长一同召开“海尔钢”的生产准备会，共同根据用户需求制订生产方案。看似普通的一次会议，高强汽车板生产线酸轧作业区作业长王琛却有着更深刻的解读：“倒班作业长和公司管理部门一同参加生产准备会，是高强汽车板生产线管理层级简化的一个体现。这样，职能部室直接通过作业长将用户需求及时、准确地传递到产线上，还可以快速讨论、制订出产品最佳生产方案。”

高强汽车板公司按照辅助工序服务主体工序的要求，加强对设备功能的优化管理，提升设备精度，采取机电与工艺一体化方式，加大对主体工序的服务力度。在作业长制试行的第一个年头儿，汽车板、家电板重点合同兑现率达到 100%。

工序横向协作，实现互利共赢。在唐钢，工序之间横向协作，实现了互利共赢，这是深入推行作业长制带来的成效。

“作业长制的推行，最大的变化就是横向协作意识更强，大家再也不是单兵作战，而是合心、合拍、合力地共同分析产生的问题和可能的原因，共同商议解决办法。”唐钢不锈钢公司转炉作业区作业长邢金栋感叹道，“我觉得我们最大的变化就是横向协作意识更强了，不再是单兵作战。”

不锈钢公司生产的含铝产品如 SAE、MRT 系列、SPHC 系列，按照工艺要求需加入铝铁，若换成含铝量为 100% 的铝线，吨钢成本可降 1 元左右，每月就可降低成本近 18 万元。有了这个想法的邢金栋立即找到精炼作业区技术员、转炉点检员和安全员商议，大家一起定方案、改造设备，经过两个星期共同努力，铝铁改铝线工艺改造顺利投入使用！

一次次看似简单的横向协作，却使一个个困扰生产的问题迎刃而解。每一项工作成功的背后都有大家共同的努力。通过推行作业长制，试点单位实现扁平化管理，改变了过去各部门只对上级负责，只为自身考虑的“行政指挥链”，实行“工序服从，横向协作”，减少了管理层级，上下道工序衔接更顺畅，企业的管理运营效率得到大幅提升。

激发岗位新活力

作业长制推行以来，自主管理活动显示出了强大的生命力。调动了一线职工自觉干好工作的主动性和积极性，为降低成本消耗、提高质量效益、生产稳定顺行作出重大贡献。

作业长制的实施让公司职工自主管理的积极性有了跨越式的改变。结合职工培训、5S、TPM、精细化管理四大平台，职工工作责任感和自觉性大大提高，现场环境得到改善，职工自觉维护使用设备，自主解决现场问题，节省了大量上报与下达指令的过程，沟通更顺畅，工作效率大幅提升。

“自主管理是作业区管理提升不可缺少的有效手段，是职工素质提升的基础。自主管理有效开展，有力地促进作业区工作效率提高、成本消耗降低、综合效益最大化。”马亮当上中厚板公司轧钢车间加热炉作业区作业长后的第一个发力点就是做好自主管理工作。

在中厚板公司，加热炉作业区作为衔接炼钢车间和轧钢车间的重要工序，拥有四座加热炉和与其配套设备组成的庞大的设备体系，作业区点多、面广，管理难度相当大。作业区自主管理，就是把相关权力下放，充分发挥自身主动性，及时化解生产中遇到的问题和矛盾，管理效率大幅提升。

自推行作业长制以来，在生产和处理事故过程中，大家主动超前协调解决问题的意识强了，推诿扯皮现象大幅减少，能够充分拥有现场自主管理权，第一时间做出判断，让“了解现场的人真正有权指挥现场生产”，也是中厚板公司推行作业长制的重要目的之一。作业长制强调横向协调和自我了结，减少了组织层级，降低了管理成本，带动了管理水平的整体提升。

作业长制是公司继5S管理、TPM管理、全员绩效管理之后，推行的一次组织机构、业务流程优化和管理模式的重大变革与创新，是落实集团“企业竞争力的核心在产线”“企业管理的落脚点在产线”的重要举措，从2016年的试点推进，到2022年覆盖31个单位、385个作业区的全面铺开，历时“自下而上、自上而下、吸收固化”三个阶段，彻底改变了各单位延续数十年的生产组织架构和基层管理模式，通过运用体系思维和先进管理工具深化作业长制管理，实现了“四个推进目标”，强化管理重心下移实现基层管理水平提升，强化业务协同和优化实现职能部室专业管理水平提升，培养和造就了一支作风过硬、勇于创新、富有匠心的作业长队伍，充分激发产线的效率和活力，助推了公司总体业绩提升，为公司实现“两个结构优化”、打造“五个高地”、实现“五个一流”提供强力的基础支撑。

事实证明，没有扎实的基础管理，再先进的工艺技术也不可能得到充分有效的实施和应用。面对结果，原来想不通的人，想通了；原来需要推着干的人，变成了主动干的人。

随着管理创新氛围的日益浓厚，作业长制、全员绩效管理、一贯制管理体系等一系列管理创新和变革颠覆了陈旧和传统，为唐钢高质量发展开辟出一片崭新天地。

人力资源部（组织部、离退休职工管理部） 公司史志办公室 供稿

执笔人：高彬 王静

“混”出活力　“改”出天地

国企混改是一道必答题，唐钢不断交出新的答卷。在迈向高质量发展之路上，公司坚持走改革创新之路，以混合所有制改革为突破口，在国企改革方面不断提速加力，出思路、定政策，不回避、不搁置，专啃“硬骨头”，创建了富有自身特色且符合市场化改革方向的体制机制，呈现出高质量发展的新活力，“改”出了一片新天地。

顶层破冰：“改”出发展新活力

混合所有制改革（简称混改）是国有企业改革的基本方向，它不仅是产权的简单混合，更主要的是治理机制的规范。从根本上讲，是引入其他所有制资本参与国有企业产权制度的改革和治理结构的完善。混改最早于20世纪90年代提出，目的是引入民资促进国有企业发展，经过实践证明，混改能够有效激发国企活力，是国有企业可持续发展的有效途径。

几十年间，唐钢一直走在国企改革的前列。从1994年开始，唐钢作为河北省建立现代企业制度试点单位，按照现代企业制度的要求实行规范的公司制改革，深化三项制度改革、管理体制改革，合资合作创办了不锈钢公司、中厚板公司、司家营铁矿和曹妃甸大钢等企业，实力进一步增强。2004年对汽运公司、设计院、建安公司、耐材公司和轧辊公司5个辅业单位进行了分离改制，公司组织结构和产权结构进一步优化。2006年与宣钢、承钢联合组建唐山钢铁集团有限责任公司，2009年底完成上市公司重组，唐钢股份、邯郸钢铁和承德钒钛三家上市公司通过证券市场吸收合并组建河北钢铁股份有限公司。

2010年以来，唐钢在“做精主业、做大非钢、适度多元、持续创新”的发展理念下，一边大力发展非钢产业，一边积极从中寻找混改突破口，加强多元产业引资合作，企业呈现出勃勃生机。2014年唐钢副总经理姚力在接受中国冶金报社记者采访时说道：“唐钢很早之前在非钢领域就开始与民企和外企进行合作了。麦尔兹窑炉料项目，民营资本出资49%，另外51%由唐钢出资。唐钢也和一些跨国企业开展合作，在引入技术的同时引入资本、引入合作方式、引入商业运行模式。比如与世界钢铁服务商哈斯科合资成立钢渣公司，用钢渣路基料在唐山修建了好几条公路。今年，我们还和浦项钢铁合资成立了唐钢浦项（唐山）新型光源有限公司。”2015年，唐钢混改又添一项成功案例。唐钢医院与中信集团旗下的北京弘慈医疗管理有限公司合资合作，成立唐山弘慈医院，成立后唐钢持股30%，弘慈医疗公司持股70%。通过引入发展资金、国内优质医疗资源，激活了体制机制，使医院得到了较快发展。

混改是新一轮国企改革的一大亮点。2018年国务院国资委推出了“双百行动”，混改成了其中的“执牛耳者”，至关重要。此次“双百行动”，国务院国资委共选取442户中央企业子企业和地方国有骨干企业，利用三年时间全面落实国有企业改革“1+N”政策要求，深入推进综合性改革，唐钢作为河北省唯一入选的钢铁企业参与其中。对于唐钢来说，这是一次难得的发展机遇，在以混改为核心的“双百行动”中，通过完善制度、创新机制、强化管理，利用政策红利，推进国企改革在攻坚期加速破冰。

基于这一历史背景，国企混改是唐钢面临的一道必答题。

2018年8月3日，唐钢列入国企改革“双百行动”试点单位。公司高度重视此次改革机会，以混改为契机，抢抓机遇，完善制度、创新机制、强化管理。成立了由董事长、总经理任组长，由公司副总经理、党委副书记任副组长，运营改善部为牵头部门，各主要管理部室为成员的改革领导小组，按照河北省国资委、河钢集团关于“双百行动”的工作部署和任务安排，全面开展以混合所有制改革为核心的“双百行动”改革工作。

混改不是为混而混。分管此项工作的公司领导曾多次在推进会上强调，深学笃行做好表率，履职尽责推动混改，通过混改释放企业活力，建立一套现代企业管理制度，要“混”出活力，“改”出动力。在企业生产经营过程中，必须坚持一切工作以效益为中心，把提升效益作为企业决策的出发点和落脚点，将效益思维贯穿到各项工作之中，让企业的经营业绩成为检验工作的首要标准。

自2018年“双百行动”号角吹响以来，公司作为首批“双百行动”企业，按照深化改革的要求，以人事、劳动和分配三者改革为突破口，完善制度、创新机制、强化管理，主动作为、综合施策，在改革重要领域和关键环节取得了一系列重大进展：推进股权多元化与混改，公司17家全资子公司中，半数以上企业有序实施了混改，气体公司2020年成功实现境外上市；大力推行职业经理人制度，中厚板公司、惠唐物联公司等企业所选聘的职业经理人按照任期制和契约化管理，薪酬方面基本实现市场化；强化市场化激励约束机制，自动化信息公司等企业通过开展员工持股等中长期激励，企业活力得以激发、改革红利得到释放。

突围攻坚：“改”出市场新动能

高质量发展需要企业跟上时代的脚步，融入时代变革的洪流。深化国有企业改革，建立现代企业制度，实现企业治理体系和治理能力现代化，是国家对国有企业的要求。对唐钢来说，一边要紧跟时代奔跑，一边要调整好自己的呼吸和节奏。

与谁混？怎样混？这是推进这项改革时首先要面对的问题。

唐钢属于主业处于充分竞争行业和领域的商业类国有企业。唐钢母公司为管理型公司，主要业务在下属全资和控股公司，从操作实务出发，经与省国资委沟通并得到同意，唐钢可自下而上进行混改，即通过对各级全资子公司进行混改的方式来完成国资委下达的混改任务。

混改不仅仅是实现股权多元化，在这其中更为关键的是以“混”促“改”。通过引进战略投资者，推动企业内部机制发生根本性变化，在企业资质、业务体系、质量管理、人才队伍、区域拓展与客户开发等各方面，为企业未来发展聚集资源，奠定基础。

在“双百行动”的强劲号角声中，唐钢混改之路虽千难万难，却越走越宽，无限风光。一系列改变呈现眼前。与德国普锐特合资设立了普锐特唐山公司，开展连铸机维修业务，唐钢持股40%，普锐特持股60%。与美国哈斯科合资设立了哈斯科唐山公司，开展钢渣处理业务，唐钢持股35%，美国哈斯科持股65%。与法国威立雅合资设立了威立雅唐山公司，为唐山滦州司家营循环经济园区内的项目提供水务服务，唐钢持股40%，威立雅持股60%。

而后，微尔自动化公司引入唐山创微自动化设备有限公司作为战略投资方，唐钢持股60%，唐山创微自动化设备有限公司持股40%。混改后的微尔自动化公司，聚力钢铁自动化、智能化、数字化领域，持续推动技术研发和转化落地，呈现出焕然生机。新事业公司引入金恒总公司作为战略投资方，促进市场化机制创新，盘活企业资产，创效能力得到提升。

在唐钢积极推进混改的过程中，中厚板公司一直走在前列。着力转变用人机制，一批工人身份的优秀人才走上科级岗位，表现突出的派遣制员工直接与中厚板公司签订劳动合同。完善治理结构，修订“四会一层”议事规则，规范各治理主体的权责边界，实现公司治理的现代化。通过选聘职业经理人制，将国有企业和民营企业的优势有机融合，同时进行一系列对标挖潜、机制体制改革创新，推动了铁前、炼钢、轧钢系统各项生产指标水平的大幅提升，企业活力显著增强。

混改效果如何？业绩是最好的回答。经过体制机制的市场化变革，中厚板公司经营业绩焕然一新，从2017年8月至2021年12月底，混改四年零四个月时间，企业面貌发生巨大变化，资产负债率不断降低，由2017年8月的88.67%降至72.88%；2018年不仅扭亏为盈，而且全年实现利润总额16.34亿元；营业收入逐年提高，2021年在政策性环保限产、限电的影响减产近40%的情况下，营业收入实现138.3亿元，比2017年提高23亿元，是子公司生产经营效益最好的企业，成为唐钢公司乃至河钢集团的标杆企业和改革明星。

纵深推进：“改”出多元共赢新局面

混改宏观层面主要是提高国有资本配置和运行效率，优化国有经济布局，增强国有经济活力、控制力、影响力和抗风险能力，主动适应和引领经济发展新常态。微观层面主要是通过国有企业股权的“混”实现机制的“改”，以“混”促“改”，解决国企深层次的体制机制问题，提升国有企业运营效率。

唐钢建立现代企业制度，将企业打造成选人用人最灵活、薪酬激励最灵活、资本调整最灵活和干部管理最灵活“四个最灵活”的市场主体，真正把企业推向市场，让企业在市场中求生存谋发展。

“按需引进、公开平等、竞争择优、精准招聘”“能上能下”“好中选优、优中选强”“全体起立，合格者坐下”这些提法，高频出现在唐钢市场化选人、用人等方面，形成了良好的改革氛围。2022 年的四个“百分百”是成为打造市场化选人、用人机制方面实现新突破的最有力证明。员工公开招聘比例 100%、管理人员公开竞聘上岗 100%、公司及控股子公司经理层《岗位聘任协议书》《年度、任期经营业绩责任书》签订率 100%，同步拓展覆盖行政职务厂部级干部 100%。

在改革过程中，公司贯彻落实河钢集团“以管理创新推动流程优化”的指示精神，健全现代企业制度、强化激励机制，尤其是灵活的独立用工机制和薪酬激励分配机制为发力点，充分激发广大员工的创业奋斗热情，也是激发企业活力的重要保障。本着以点带面的思路，唐钢选取了中厚板公司、微尔自动化公司作为试点，以“业绩与薪酬双对标”为理念，本着“三个相近”原则，进一步完善职业经理人市场化薪酬决定机制，首创“唐钢职业经理人市场化薪酬”评估模型，促进了经营团队积极性显著提升。在试点单位得到成功经验的同时，非试点单位的经理人选聘工作也在采取“条件成熟一家，推进一家”的改革方式有序推进中，唐钢市场化用人机制逐步完善成熟。

同时，公司以“坚持党管干部与落实董事会的各项职权”为原则，通过修订公司章程，从企业“根本法”的层面夯实党委法定地位。对公司章程进行再修订，将新时代党的建设总要求纳入其中。推进“双向进入、交叉任职”，构建了党委会、董事会、经理层高度融合、职责明确、有效制衡、密切合作的公司治理体系。截至 2022 年底，唐钢各子公司党委前置研究讨论重大经营管理事项 100%，董事会 100% 做到“应建尽建、配齐配强”，具备条件的子公司董事会 100% 下设专业委员会，引入外部董事并 100% 实现外部董事占多数，董事会向经理层授权 100% 实现清单化。

雄关漫道真如铁，长风破浪会有时。混改很难，但它促改革、显成效，未来发展尤可期。它不仅解决了老难题，更赋予了唐钢钢铁主业和非钢发展的新动能。

执笔人：公司史志办公室　王静　徐帅　张卫华

炉火熄灭，致敬火红岁月

——写在炼铁厂北区3号高炉停产之际

对于52岁的蒙俊聪来说，炼铁厂北区这片220万平方米的土地有着太多不舍和难忘的故事，自从1986年炼铁筹建处开始，他便把自己的青春年华都付诸这片火热的土地之中，也深深地眷恋着这块曾经奋斗过的热土。如今，即将面临退城搬迁，火红的高炉将熄火停产，他的内心五味杂陈，一种说不出的恋恋不舍萦绕心怀。

2020年的唐钢走过了77年的奋斗历程，蒙俊聪已然有34年的时间奉献给这里，他曾经在三座高炉都当过炉前工，喜欢爱尔兰诗人罗伊·克里夫特在诗歌《爱》中所表达的"我爱你，不光因为你的样子。还因为，和你在一起时，我的样子。我爱你，不光因为你为我而做的事，还因为，为了你，我能做成的事。"他常常把自己和高炉联系在一起，因为他太爱高炉。

一号高炉：铁梦成真的岁月

由于历史上的种种原因，唐钢的生铁产量能力严重不足，一直处于无矿无焦缺铁的局面，虽然炼钢能力早已突破了100万吨，而炼铁能力却只有14万吨，当年一炼铁厂的4座100立方米的小高炉产量不断攀升，利用系数达到2.482，位居全国第一，但仍不能满足炼钢生产的需要。缺铁成为制约唐钢发展的一个瓶颈。

时间的年轮转到了1985年，这一年是农历牛年，唐钢人凭借着一股牛气冲天的劲头，开始了新的旅程。

——1985年10月22日，国务院批准了国家计委《关于唐山钢铁公司改扩建总体规划和扩展炼铁工程修改设计任务书的审查报告》，报告确定新建1260立方米高炉，选址在唐山北郊贾庵子村。

"七五"建设是唐钢历史上规模最大、最宏伟的时期。

唐山市北郊，一块古老而富庶的土地——贾庵子，它的历史同这古香古色的名字一样遥远，留给人们许多遐想……

1986年8月，贾庵子179万平方米的沃土被圈在了高大石头墙里。

这里，唐钢扩建炼铁一期工程即将拉开序幕。

这项工程是冶金部“七五”期间重点建设项目排在国内“七五”期间仅有的4座高炉建设之首，河北省政府也把这项工程作为重点工程之一。

让许多人终生难忘的是1986年10月15日这天，湛蓝的天空之上点缀几朵云，唐钢扩建炼铁一期工程奠基典礼如期在贾庵子工地隆重举行。

由当时河北省省长解峰题词的“唐钢一二六〇立方米高炉奠基纪念”的黑色大理石奠基石，披彩置放在高炉基础坑，当时冶金部和河北省领导同志挥锹为基石填土。

此情此景让在场的广大建设者和唐钢职工心情多么激动，掌声、乐曲声融为一体。

这是唐钢人铁梦成真的新的起点。

唐钢第一座1260立方米高炉的建设，正值国家建设管理体制改革，国家对建设项目由直接拨款改为贷款，变过去国家承担风险为企业承担风险之时，公司顺应形势要求，建立了以甲乙丙三方密切协作的建设管理体制，一改过去的“钥匙工程”模式。工程设计边准备、边施工，到1987年5月形成施工高潮，8月建设闯过千万大关，1988年底建筑安装基本结束。1989年3月工程全面进入调试阶段。

1260立方米大高炉是唐钢改革开放的骄子，是千万人汗水凝聚的结晶，是一首艰苦奋斗的诗章。

1260立方米高炉建设浸透了万人建设大军的辛勤汗水。

从1986年5月，蒙俊聪通过招工来到了刚刚成立的唐钢炼铁筹建处，到1989年他已经在这块火热的建设工地工作了三年，每当谈起1260立方米高炉第一次出铁时的场景，他都显得兴奋不已。

秋天是一年中最美好的季节，也是丰收的季节。

1989年9月26日，蒙俊聪换上了一套崭新的白帆布工作服，跟着几名师傅一起，用开口机打开了铁口，一股火红的铁水喷涌而出，在现场的人们爆发出热烈的掌声，此时祝贺的锣鼓使劲地敲起来，唐钢历史上第一座千立方米高炉顺利开炉出铁，用时任冶金部副部长徐大铨的话说：这是唐钢历史上一个具有重大意义的时刻。

二号高炉：见证新奇迹

机遇总是眷顾有准备的人，就在1号1260立方米高炉达产达效的同时，唐钢也一直在不停地奔走呼吁，要彻底改变缺铁的历史就必须再建一座1000立方米以上的高炉。

当日历翻到1991年，全国计划工作会议批准唐钢扩建炼铁二期工程项目建议书。1992年4月这一工程成为国家“八五”期间重点工程项目，总投资7.9亿元，新增建设能力85万吨的唐钢扩建炼铁二期工程全面开工了。

唐钢扩建炼铁二期建设在一片荒凉的地方摆开了战场。

他们打破几十年一贯制的旧模式，实行项目业主责任制，建设第二座1260立方米高炉采用倒排工期方式，唐钢瞄准国内同等高炉最短设计周期，最后确定用 20 个月建成二号高炉的目标。

唐钢扩建炼铁二期工程建设是一部雄浑交响乐，四千多名建设者在这个工地上拼搏奉献，工程建设快于一期，工程质量优于一期的目标实现了。

历史将会永远记住这一天，已经成为一名出色的炉前工的蒙俊聪也不会忘记这一天，1993 年 12 月 11 日 22 点 40 分，国家“八五”重点建设项目，唐钢扩建炼铁二期项目流出第一炉铁水。那一天蒙俊聪的脸上始终洋溢着会心的笑容，从此他便和这座高炉结下深深的情缘，直到今天他依然在这里工作。

有资料记载，至 1994 年底，唐钢铁钢产量分别达到 202.63 万吨和 200.05 万吨，彻底告别了化铁炼钢的历史。

从 1993 年 12 月 2 号高炉开炉到 2002 年底的九年时间里，共产生铁 798.8 万吨，为适应工艺配套和发展的需要，唐钢决定对 2 号高炉进行扩容大修，采用新建高炉本体整体推移方案，高炉本体由 1260 立方米扩容到 2000 立方米，推移质量 4450 吨，推移高度 34 米，推移距离 46 米，创全国冶金建设历史之最。2003 年 1 月 1 日，经过 45 天的艰苦奋战，扩容后的 2 号 2000 立方米高炉第一次流出炽热的铁水，蒙俊聪又一次见证了这次奇迹。如今他已经是这座高炉的炉前大班长，也是高炉历史的见证人。

三号高炉：在艰难中腾飞

1996 年 12 月 18 日，对于蒙俊聪来说，无疑是他人生之中最难忘的日子，这一天他参加了二炼铁厂 1 号高炉易地大修工程的开工典礼。

冬日的二炼铁厂厂区披上了节日的盛装，开工典礼现场彩旗飞扬，锣鼓喧天，冶金部副部长王万宾、河北省副省长何少存来了，唐山市的领导也来了，这次开工典礼由河北省计委副主任师荣耀主持，足见重视程度之高，在唐钢发展史上是罕见的。

◎ 建设中的二炼铁厂 2560 立方米高炉。

新扩建的 2560 立方米高炉是河北省第一座超过 2000 立方米的高炉，这是一座采用许多先进设备的高炉，它的热风炉采用了荷兰霍高文改进型内燃式热风炉，当时参加砌筑指导的荷兰专家给他留下很深的印象，每天这些专家同砌筑工人一道钻进热风炉内，对工作一丝不苟、精益求精的精神，让蒙俊聪十分佩服。这座热风炉从使用效果上可以证明，安全可靠性强，风温提供能力一直保持较高水平。

1998 年 9 月 26 日，一个秋高气爽的日子，历经 21 个月的紧张施工，唐钢二炼铁厂 1 号高炉易地大修工程——2560 立方米高炉提前 3 个月投入试生产。

◎ 炼铁厂北区 3200 立方米高炉。

2007 年 9 月 24 日，唐钢根据生产经营需要，已经运转了 9 年的 2560 立方米高炉要进行一次扩容大修，将原有容积扩容到 3200 立方米，这是一次与以往大修不同的形式，采取高炉本体推移的方式，前期边生产，边在高炉南侧进行本体砌炉。3 号高炉炉体由 2560 立方米扩容至 3200 立方米高炉，这在当时国内是最大容积的高炉本体推移大修，重达 8000 吨的高炉本体，在轨道上，经过 45 天的推移和安装，11 月 12 日点火开炉，14 日流出第一炉铁水，创造中国冶金史上一个新的奇迹。到 2007 年底，炼铁厂南北区开始进入四座大高炉生产的新模式，也标志着唐钢炼铁生产能力进入了快速发展的轨道上。

新区高炉：向海图强再出发

时间的列车隆隆地开进了 2020 年，唐钢在京唐港的一个崭新钢铁基地，正在拔地而起。此时炼铁厂的三座高炉也开始进入生产倒计时的时刻。

2 月 18 日 2 号高炉正式宣布停产，许多职工陆续去往 3 号高炉和正在建设的唐钢新区。8 月 15 日是一个值得纪念的日子，这一天已经生产了 25 年的 3 号高炉将正式停炉。临近子夜，随着中控指令长的一声准备休风的命令，此时在现场的人都屏住了呼吸，静静地等待着这一刻。这里有早早赶来的厂领导，有和高炉朝夕相伴 20 多年的老工人，还有刚刚毕业不久的年轻大学生，那是怎样的一种场景，现场安静得掉下一个针都能听到。就在这样的氛围里，3 号高炉静悄悄地停了下来。

半个月以后的 9 月 1 日南区高炉停炉，至此唐钢正式开启向海图强谋求更大发展的新篇章。

执笔人：原炼铁厂　张立新

钢花冷却，铸就时代匠心

——那些二钢人沉淀的珍藏记忆

“铁水成分、温度正常，准备加废钢……”2020年9月1日凌晨，唐钢二钢轧厂转炉作业区转炉平台生产现场一片繁忙，炼钢工解振明正在有条不紊地进行着HRB400B钢种冶炼作业，该厂副厂长崔耀辉、冯涛、郝华强，转炉作业区作业长刘善喜及各科室领导和主要技术人员都聚集在生产现场共同见证二钢轧厂历史上最后一炉钢水冶炼。

当日3:28，3号转炉停炉，6号连铸机随即关停；3:55，1号转炉停炉；5:00，5号连铸关停；5:08，棒材产线停车，至此二钢轧厂按照公司退城搬迁整体部署全部关停，该厂最后一天的生产日期定格于此。这一天，对于每一位二钢人来说，都是值得铭记的历史时刻，它标志着一座62年的老厂即将跟随公司走向深蓝，迈开向海图强的脚步，迁往新的制造基地，开启一段新的历史征程。

铭记过往　奋斗不止

翻开历史的画卷，二钢轧厂点点滴滴的变化，仿佛就在昨日。1958年10月，9座10吨高架式涡鼓型空气侧吹转炉和9座25吨/时化铁炉破土而出，二炼钢车间建成投产，二钢轧厂初露雏形。从此刻起，二钢人便开始了不断突破自我的改革创新之路。从最初的年产钢4.46万吨到2006年合并前的年产钢400万吨，一代又一代的二钢人扎根一线，投身技改，用汗水与坚持创造了一个又一个奇迹。

1964年9月，在技术人员匮乏、技术相对落后的条件下，二炼钢车间建成了5座8吨侧吹转炉和4座45吨化铁炉，完成了设计产能40万吨/年的重大技术改造，1973年，该厂的炼钢水平第一次达到设计生产能力。

产量的突破并未阻止二钢人前进的脚步，1975年3月，该厂2号、3号转炉改为全氧侧吹转炉。1976年2月，1号转炉改为全氧侧吹转炉，结束了二炼钢厂空气侧吹转炉炼钢的历史，同年3月10日，该厂2号转炉炉龄达到1043炉，刷新全国全氧侧吹转炉炉龄最高纪录。

1976年7月28日，一场地震，使二炼钢厂在顷刻之间化为一片废墟，生产设备受到严重破坏，多名职工重伤、罹难。但多年的锤炼，让该厂职工形成了一种“特别能战斗”

的企业精神，在这一精神的指引下，该厂职工在百废待兴的条件下，擦干了身上的血迹，掩埋了亲人和工友的尸体，毅然投入到抗震救灾、恢复生产的战斗之中，实现了在最短的时间内全面恢复生产，主要产品产量很快达到震前水平。

“我是 1987 年入厂工作，一走上工作岗位便见证了二炼钢厂第一条连铸生产线建立、试车，从此踏入由模铸向连铸转变的新征程！”该厂生产室副主任廖志海回忆道。

的确如此，二炼钢厂改革创新的脚步从未停止，1995 年 12 月 8 日，二炼钢厂实现全连铸，甩掉了模铸生产的旧工艺，使唐钢率先成为全国十大钢中第一家实现转炉炼钢全连铸的特大型钢铁企业。

“九五”期间，唐钢在党的领导下，抢抓机遇，科学决策，以创新精神加快淘汰落后和结构调整步伐，全面提升企业技术装备水平，从 1996 年到 2002 年全力实施“三步走”发展规划，使公司实现了历史性的跨越发展。在此期间，二炼钢厂 4 号 40 吨转炉工程完工投产，生产能力达到 240 万吨 / 年，6 套具有国内先进水平的连铸生产全自动定尺剪切装置正式投入使用，改变了以前为保定尺率被迫人为延长钢坯长度，再人工切割的状况。ϕ16 毫米、ϕ20 毫米、ϕ25 毫米、ϕ28 毫米、ϕ32 毫米、ϕ36 毫米、ϕ40 毫米七个规格优质碳素圆钢的成功开发及四线切分技术改造竣工投产，使公司棒材轧制工艺达到国际先进水平。

2003 年 8 月 23 日，随着公司组织机构变更，棒材厂、高速线材厂、三轧钢厂正式合并，棒线材厂应运而生，开始了当时国内最先进的连轧棒材生产模式。2006 年 2 月 8 日，二炼钢厂与棒线材厂合并组建第二钢轧厂。同年 3 月 31 日，原中型轧钢厂与二钢轧厂整合为第二钢轧厂，钢轧系统一体化生产模式正式形成。此后多年，该厂充分发挥整合优势，不断适应市场形势变化，积极打造市场竞争新优势，实现了工艺、装备、技术的持续优化提升。

2020 年，公司深入贯彻落实习近平总书记关于“坚决去、主动调、加快转”重要指示精神，按照省委、省政府指示，加快推进河钢乐亭项目建设，区位调整让二钢轧厂再次迎来了历史性转折。时任公司党委书记、董事长王兰玉，总经理田欣多次强调，要继续保持良好的工作势头，稳生产、提效率、增效益，在满足河钢乐亭人员需求的前提下，做好现有人员匹配和业务平衡，千方百计确保老区稳定生产、有序关停。二钢轧厂停产工作正式进入倒计时。

历尽千帆　初心不改

“我们不能左右市场，但我们能左右自己的工作。”是口号、更是二钢人的工作态度。无论市场环境变迁还是产线改革、工艺创新，甚至是如今面临的公司区位调整，二钢人奋斗的初心不改。

“二钢是我钢铁梦开始的地方，在这里我从一个初出茅庐的大学生逐渐成长成才，每一条产线上都留下了我奋斗的痕迹！”现任唐钢新区长材事业部技术室主任的刘善喜至今对在二钢轧厂奋斗的点滴仍记忆犹新。

2016 年，二钢轧厂技术科科长刘善喜承接了该厂“向产线要效率，向工艺要效益”的成本优化课题。一系列涉及炼钢、轧钢的工艺优化制度先后付诸实施，却没有太大的突破。突破点在哪呢？他寝食难安，为了寻找那个突破点，刘善喜白天扎在产线分析生产，晚上埋头在数据报表中搞对标。正当他苦苦思索而不得其解的时候，一份棒材的强度质检报告引起了他的注意。他强烈地感觉到工艺突破的希望就在这炉材上。

他立刻着手组建专题项目组，在排除各类确定因素后，刘善喜把目光聚焦到转炉，钢水——肯定是钢水问题。在对试样进一步研究和金相分析后，对比检测结果，刘善喜翻阅各类资料和书籍，发现试样的氮含量较高，竟高达 0.0135%，多余的氮元素是从哪里来的呢？带着这个问题他反复观看当时操作视频监控，分析冶炼关键数据，终于确定钢水中的氮元素来源于操作工人在补吹时的一次氮氧切换的误操作。得到这个结果时刘善喜茅塞顿开，兴奋中，一套工艺方案的初稿在他脑中浮现出来。

工艺方案研讨、计算、制定、试验，再反复修改优化，那一个月刘善喜像着魔一样“赖”在转炉平台上不想走。最后经过项目组和转炉作业区全体职工的努力，氮氧混吹工艺终于初试成功。实验批次浇铸、轧制全部正常，取样检验性能稳定提高，走访用户满意度 100%，无一质量异议。经历两个月的时间，这套工艺果然发挥了重大作用，冶炼综合吨钢成本降低 11.63 元。

“为了改进工艺努力的日子仿佛就在昨天，可如今随着最后一炉钢水冶炼完毕，二钢轧厂的时钟已经停摆，但我将带着我的钢铁梦继续在新区的舞台上大展拳脚！”回忆起在二钢轧厂奋斗的日子，刘善喜除了感慨，更多的是对工艺探索的执着。

炉火情深　匠心传承

马上要对工作了二十多年的转炉平台说再见了，二钢轧厂炼钢工马熙的心情是复杂的，留恋、期盼多种情绪反复交织。凝望着最后一炉钢红红的炉火，他仿佛又释然了：“无论走到哪里，都要怀揣一颗‘匠心’。”马熙想到了师父——炼钢操作专家王振刚经常对他说的这句话。

23 年寒暑 8000 多个日日夜夜，马熙在红红的炉火和耀眼的钢花中展现着自我，转炉平台就是他的战场，冶炼每一炉钢都是一次不能输的战役。他的眼里只有钢水、数据，多年来他所在炼钢组各项指标始终保持着作业区第一，直到转炉停炉的前一天马熙还在检查着设备状态、备料情况，只为二钢轧厂能够完美谢幕。

看着炉火渐渐熄灭，马熙的思绪逐渐飘远。“操作一定要精准。”“咱们是经验炼钢，观察火焰颜色是炼钢工的基本功，必须掌握。”……入厂时，师傅的话语仿佛又在耳边响起。在王振刚的言传身教下，马熙早已蜕变成为一名优秀的炼钢工。

自 2016 年，公司明确提出“大力弘扬执着专注、精益求精的‘工匠精神’”倡议后的第一时间，二钢轧厂立刻行动起来，在全厂传达公司倡议精神。他和炼钢组职工一起依托“王振刚创新工作室”平台，围绕优化炼钢工艺、提升钢水品质和降低冶炼成本三个方面，制定“稳定转炉煤气热值”“提升 H08 钢水纯净度”等 6 项攻关课题，按照“工匠标准”把控好炼钢作业的每一个环节。为了将煤气热值达到攻关目标，降低冶炼成本，他创新工艺技术方法，科学改进炼钢脱碳速度、风机流速和空炉等待时间等参数，稳定了煤气回收的质量和数量，为打造精品奠定了基础。

“匠心”是接力，是传承，它体现在最普通的工作中。每次更换不同的钢种时，马熙就特别重视冶炼前期准备工作，精确掌握炉底状况，对复吹气眼进行细致检查，确认气眼、出钢口达到使用要求，挡渣锥、脱氧剂准备到位，根据铁水硫成分调整废钢加入比例，精确脱氧剂和含铁冷料使用量。从提高钢水纯净度和钢水收得率入手，按照“工匠标准”对装铁工、摇炉工、配料工的每一个操作步骤进行精化、细化，从铁水成分和冶炼期间碳、氧反应速度，到终点控制、优化脱氧，都做到时时关注和掌控。强化出钢作业操作精度，提高品种钢水纯净度。

“到了新区不知道我还能不能继续干‘老本行’，我服从安排，只要怀揣一颗‘匠心’，一切困难都不再是困难。”烂熟于心的操作要领、对工匠精神的执着追求，让马熙在离别的这一刻又变得坦然了。

如今，二钢轧厂关停，60 多年的辉煌和成就便留在了几代钢城人的记忆之中。这承载着几代人梦想的地方，留给职工最多的便是不舍，在最后几天的生产时间里，职工们纷纷自发组织在岗位上拍照留念，纪念曾经奋斗过的地方，纪念曾经朝夕相处的每一台设备、每一条产线，纪念曾经一点一滴的付出……

结束意味着又一次全新的开始，站在公司退城搬迁的历史新起点，二钢人满怀梦想和憧憬，对未来充满期待。

“据说生产同样的产品，新区的设备精度要高很多，产品质量一定会更好。”每次和建设者们谈论新区的情况，还未调走的职工都异常兴奋：“真想快一点到新岗位，试试新设备！”

高度自动化的生产设备，先进的生产工艺，“绿色化、智能化、品牌化”的发展理念……与老厂区相比，新区的诸多变化，无一不在吸引着二钢人的目光，而这也正是每一位唐钢人所向往的新钢城。

执笔人：公司史志办公室　刘珊

最后一炉钢，完美收官！

凌晨近 1 点，一钢轧厂专家郑久强从生产现场回到办公室后草草和衣而卧。一夜辗转反侧，一夜思绪难歇。

这是 2020 年 8 月 16 日，一钢轧厂转炉停炉前夜。郑久强又想起了 20 多天前跟领导的“请战”。“最后一炉钢，一定要让我炼！”这是请求，也是在炉前炙烤了 31 年的钢铁硬汉仍在坚持的倔强。

再华丽的舞台，终有谢幕的一刻。但此刻的灯火熄灭，却是为了另一场大戏登场铺垫的短暂留白。事实上，唐钢转型升级的序幕早已拉开，这场跨越 77 年的长久剧目，就伴随着炉火的熄灭和升腾，高潮迭起，渐入佳境。

作为转炉的故乡，唐钢在中国钢铁工业发展史上的书写可谓浓墨重彩。解放初期，我国炼钢使用的是传统侧吹酸性转炉，工序多、成本高、产量低。1950 年，唐钢技术人员研究出转炉—电炉“双联炼钢法”，开辟了炼钢原料来源的新途径。为了更好地节约成本和能耗，于 1951 年成立了以余景生、肖来潮为首的侧吹碱性转炉炼钢攻关小组，经过 166 炉的冶炼试验，技术不断完善。翌年 1 月，侧吹碱性转炉开始小规模生产，11 月全面投入生产。这是我国炼钢史上具有划时代意义的技术进步，被国家科委命名“国家级发明”。此后，侧吹碱性转炉炼钢法在全国广泛推广应用，成就了唐钢转炉炼钢发祥地的美名。

77 年的历史进程中，荣耀和丰碑始终伴随着唐钢炼钢能力的一次次重大突破。但当今人回望，无论足迹如何闪光，都离不开公司做大做优做强的长远规划，和一代又一代炼钢人艰苦不懈的奋斗攀登。

1989 年，技校生郑久强毕业后来到一炼钢厂。6 吨的小转炉前，他被安排做了炉前工。郑久强工作后的几年间，正是唐钢实现第一次大跨越，跻身全国先进企业行列的时代。被批准为特大型钢铁企业，跨入全国百强，他看到了身为唐钢一分子，将来的发展和希望。

巨变来得如此之快。1999 年，唐钢建成了“新一钢”，已经成为公司有史以来最年轻炼钢工的郑久强，第一次亲眼见证了炉火的熄灭。无暇回顾，他义无反顾地投入到新炉的试产工作中。望着从未见过的 150 吨顶底复吹转炉，他在感叹自身渺小的同时，却也生发出“再度出发、再上征程”的无尽力量。此时的郑久强并不知道大转炉的钢究竟该怎么炼，可他明白，这个炉子是公司发展进程中的一个里程碑，他一定要亲手让炉火燃起来、旺起来。

三个星期安装调试，30 多套应急预案。第一炉火红的钢水汩汩流出时，郑久强流下了眼泪。他的思绪飘到天边，飘到未来，他甚至以为，这里将是他一生都会守护的地方。

也是在此后的这些年里，唐钢在“三步走”发展规划和“三极支撑”发展战略的引领下，迅速步入发展快车道。铁钢材配套综合生产能力从 500 万吨，到 1000 万吨，再到 1800 万吨，飞跃式的前行速度让人目不暇接。

已成为唐钢新区转炉作业长的徐伟没有赶上一钢轧厂最后一炉钢。这是公司历史上第一个“大学生炼钢工”常常感到遗憾的地方，但他又无疑是幸运的。2008 年，徐伟成为公司特招的第一批定向培养炼钢工。从目测钢水温度的双眼红肿胀痛，到过程导向下原料到成品每一环节的严格受控，徐伟亲身经历了公司技术装备水平在短短几年间令人难以置信的进步。乘着绿色转型第三次“大跨越”的东风，唐钢鼓起一系列重要技术创新的风帆，登上了通往世界一流钢企的航船。“经验炼钢”变成“一键炼钢”，在老一辈炼钢人心中连想都不敢想的遥远梦想，从此照进了现实。

进入 2020 年，唐钢转型升级再次来到历史性的路口。布局沿海，走向深蓝，公司按照省委、省政府指示，深入贯彻落实习近平总书记关于“坚决去、主动调、加快转”重要指示精神，加快建设河钢乐亭项目。区位调整进入攻坚阶段，公司对老区退城搬迁进行了充分的谋划准备。公司党委书记、董事长王兰玉和总经理田欣屡次强调，要继续保持良好的工作势头，稳生产、提效率、增效益，在满足河钢乐亭人员需求的前提下，做好现有人员匹配和业务平衡，千方百计确保老区生产稳定。

一钢轧厂厂长助理王瑞明显感觉肩上的担子更重了。众多生产技术骨干抽调到新区，但老产线还要站好最后一班岗。坚持低库位运行，降成本、保交期、提售价，生产组织紧锣密鼓；梳理问题关键点，定措施、严防范、保安全，强化管理自查自纠；多关注职工动态，鼓士气、强志气、提站位，统一思想坚定信心。让通红的炉火燃烧到最后一刻，全厂上下铆足了劲儿。

识大体、顾大局，28 天炼出抗震志气钢的唐钢人，再一次以无比的勇气和智慧，接下了这场艰难的挑战。

“师傅，你也快来新区吧！”耳畔响起徐伟电话中急切的召唤，往事如电影般在脑海中回荡，似梦非梦，似幻似真。微亮的天光中，郑久强向炉台走去，他要把这一切再好好看一遍。

“最后一炉钢，必须成功！”8 点钟，来到操作室的郑久强给弟兄们下了“死命令”。在大转炉的 21 年间，“传帮带”早已固化为标准作业，这里已不再需要他的指挥。但郑久强坚持在操作台前坐定，从第一炉，到最后一炉，是责任，也是荣誉，是句号，也是开端。

炼钢工李文彬这一天成了“操枪”的副手。面对领导“有没有把握”的询问，他点头说“有！”字重千钧。自 9 点 18 分开始，短短 25 分钟，吹炼、提氧枪、倒炉，一切按部就班，根据工艺路线正常操作。碳含量 0.06%，磷含量 0.016%，钢水温度 1665℃，终点氧位 0.0571%，炉号 0106399 的温度、成分全部命中。

从铁水包向炉内兑铁，到钢包被天车缓缓吊起，转炉作业区资深操作专家刘爱国盯着、看着，眼都没眨一下。气氛紧张又平静。当“不再装铁”的宣布声传出，刘爱国终于抑制不住哽咽：“咱们老区一钢最后一炉钢已经炼完了，心情非常激动，有点不舍……”

宽阔的炼钢平台从未像此时一样吸引如此多的目光，闪光灯下，一幅幅画面被定格。熊熊的炉火熄灭了。最后一炉钢，完美收官。

◎ 2020 年 8 月 17 日，一钢轧厂 1700 线轧制最后一块板坯时的生产现场。

郑久强保留了两块钢样。那是两块小小的、凝固成钥匙状的坚硬物体。他细心地给它们贴了标签，放在办公室的文件柜。看得出来，钢样的主人不时把玩，白色标签都留下了抚摸的痕迹。两个月来，郑久强仍旧保持着每天到炉台走走看看的习惯，固定的路线，熟悉的设备，即使喧嚣已归于永久的平静。他从不觉得工厂已经停了，烦闷的时候，这里就是让他重获安宁的心灵良药。

他仍时常想起炉火熄灭之时，身边众多工友的热泪。但他的眼泪始终没有掉下。“这是又一次崭新的开始。”他不无感慨地说。因为这一刻，他想到了渤海湾畔新的希望在升腾，新的号角在吹响，唐钢向海图强正当时。虽有不舍，有留恋，却更加憧憬明日的我们更强大。

执笔人：公司史志办公室　王研

第六章

钢铁情怀

最忆是唐钢

我在唐钢工作了36年，从风华正茂的入厂到花甲之年的退休，对于企业的热爱与眷恋始终铭刻在心，难以忘怀。我们这一代人承载着发展唐钢的历史责任，担当了壮大唐钢的历史使命。面对曾有的挫折和困扰，我们从不言放弃，执着地艰辛前行，不遗余力地追求心中美好的梦想，在工作过的唐钢厂区留下了我们的足迹、汗水和希冀。

犹记1970年8月，我从大学毕业分配到唐山钢厂。那一年，钢产量的奋斗目标是38万吨。生产设备陈旧、工艺落后，工人们的工作条件艰苦，劳动强度繁重。特别是唐钢经历了大地震后恢复生产的岁月，几多艰辛，几多困苦，于今依然历历在目。

记忆的闸门一经打开，回望那些曾经，总会有些往事在心底激荡。最难忘、最清晰的一段经历是1986年开始的唐钢大规模改扩建项目。

1976年对二炼钢厂进行了改造，建成三座30吨全氧顶吹转炉。尽管钢产量大大提高，但仍停留于化铁炼钢的落后生产流程。

为迅速解决唐钢无矿、无焦、少铁的状况，1985年10月国家批准了唐钢改扩建总体规划。决定在北区建设1260立方米高炉及烧结等配套设施。同期，还有高速线材厂、麦尔兹窑、炼焦制气厂、棒磨山铁矿、二炼钢连铸等工程项目纷纷上马。这是唐钢有史以来基建规模最大的工程，也是唐钢发展的“生命工程”，关系企业在改革开放以后的起飞速度和发展质量。这样大规模的工程建设对唐钢人来说是第一次。与以往不同的是，建设资金由国家拨款改为企业贷款，并由建设单位负责全过程管理，对唐钢人来说也是尚属首次。

当时，唐钢在高额利息的重压下，高炉晚投产一天，就意味着要付利息16万元，少创利润28万元，相当于每天白白扔掉了40多万元。我当时所在的基本建设处，是公司基建管理的统筹部门，是站在项目前沿上的人。我拜访过全国多家大型钢铁企业，感受到了对方成功的喜悦和教训的痛苦。尽管我千方百计地查找国内外资料，一时间仍然难以理出头绪。决策上的毫厘之差，就等同于数以百万、千万的损失，这个学费唐钢可交不起啊！我深感肩上担子的沉重。

困惑中，我冒着寒风冰雪，风风火火地赶往我的母校——天津大学求教。母校毫无保留地提供了第一手信息：甲方可采用网络计划技术，尝试管理大型基建工程。据此，公司主抓基建的副经理赵林根和处长黄庆元，与天津大学讲师张乃汝反复深入探讨后，决定采纳这一管理建议，尽管当时这在全国尚属首次。

为了让唐钢人在最短时间内认识、掌握、应用网络计划技术，我们特邀请时任天津大学基建管理系主任赵铁生和讲师张乃汝来唐钢讲学。将基建投资、计划、合同、预算、设计、设备、施工、人员培训、生产准备等均纳入网络计划，依此实施，久久困扰的唐钢人，心中豁然开朗了。1986 年 2 月 27 日，我陪同黄庆元处长去天津大学签订了“唐钢改扩建项目总体进度计划网络及其经济评价”课题研究协议。同年 3 月 8 日，张乃汝讲师带领天大科研组进驻唐钢，与唐钢人开始了夜以继日的研究设计。当时仅有工程的初步设计，要搞好大型项目的网络计划还需要大量数据，设计院、财务处、设备材料处、筹建处、施工单位等倾力配合，参建各方废寝忘食、殚精竭虑地搜集资料编制网络计划。

记得那一年的 4 月 13 日正值星期日，在公司经办二楼会议室，由张乃汝讲师向唐钢及其基建系统各处室的两级领导汇报了该网络计划的特点及其控制调整方法，得到领导们的一致认可和赞许。时任经理的田锡恩说：“过去我们搞计划也是面条计划、本本计划，现在的改扩建项目，必须用网络计划统起来。”当时已身居二线的党委书记刘永保也参加了这次会议，他对我说：“想法把那位小伙子留下吧。”我说：“他（刘峰）是今年毕业的研究生，是赵主任培养的助手。”只要是人才，哪里都稀缺。经过课题组人员的齐心努力，于 5 月底完成了全部网络计划的编制任务，并经百余名专家鉴定验收。

现代化的管理方法一经被唐钢人所认识、所掌握，就以超出预料的效力展示在大家面前。根据网络计划提供的要求，5 月 12 日成功进行高炉、高线工程的综合费率招标，选择出最佳施工队伍。5 月 5 日以网络计划指导了设备订货。应用网络计划使高炉工程于 1987 年底追回了因种种因素拖欠了半年的工期。赵铁生主任和张乃汝讲师，在高炉建设中多次来唐钢帮助调整网络，协助追踪整体进展。1988 年 3 月 10 日和 10 月 13 日《中国冶金报》两次报道了唐钢采用总体网络计划管理工程。1988 年 7 月国家教委为表彰网络计划在唐钢的应用，特颁发了科技成果二等奖证书，这是唐钢人和天津大学师生们在项目实践中共同的收获。

唐钢的改扩建工作历尽坎坷，克服了诸多困难。但每当看到高炉耸立、高线飞转时，总是让人想起那一张张网络计划图背后的故事，它承载了公司首次艰难起飞时的梦想，实现精彩蓝图的历史印记。

虽然已退休多年，但我一直关注着唐钢的生产经营和建设发展。现在，网络计划已得到广泛的推广和应用，唐钢后来相继建成了 2560 立方米和 3200 立方米的高炉。唐钢是新唐钢，从设备、工艺到管理都是现代化。

唐钢绿色转型起始于 2008 年的金融危机。公司在大规模厂区环境治理完成之后，设计院组织公司老领导张永昌和部分退休老同志到厂区参观。综合治理后的唐钢，旧貌换新颜。整个厂区绿树成荫、道路顺畅整洁，生产环境和生活环境优美舒适，是名副其实的花园式工厂。新一代唐钢人打造了绿色、生态、科技、效益、和谐的唐钢。这是唐钢发展历程上浓墨重彩的一笔。看着唐钢翻天覆地的巨大变化，对唐钢新一届领导班子和新一代唐钢人的深爱和敬意油然而生。

站在京津冀协同发展的高度，为落实河北钢铁产业转型升级和结构调整规划，公司在乐亭经济开发区建成了唐钢新区。2020年9月7日，我在视频上看到河钢集团党委书记、董事长于勇宣布：“河钢集团唐钢新区投产。”那一刹那，备感欣喜和骄傲。

同年10月18日，设计院领导组织公司老领导张永昌和原基建系统部分领导到老厂区观览。集团领导王兰玉、王新东全程引领，在中心会议室收看了唐钢情况介绍的短片，参观了南、北厂区和高强汽车板公司。老厂区没有了往日机器的轰鸣声，灰白相间的厂房高高矗立。看到熟悉的拱形厂门，曾工作过多年的综合楼、宿舍楼，依依不舍，流连忘返。想到此刻是告别的观览，口中默念着“再见了，老唐钢”，心中感慨良多，一股浓情暖意涌上心头。

在唐钢工作的36年，是我的全部经历，那是几代人在穷困中奋斗的年代。当年，我是书生气十足的青年学生，带着青春的梦想和未来的憧憬，远离故土，走出校门步入唐钢。今天，已是年过古稀满头华发。轻抚岁月的印记，风中的跋涉，雨中的前行，是我们那一代唐钢人信念的成长和责任的登攀。久违的钢城生活，如微风温暖拂过，心绪泛起阵阵涟漪。

经历过计划经济时代的我饱尝了在基建中缺钢少材的困扰。听闻我国钢产量占世界总产量的百分之五十以上超过了十亿吨，我倍感激动。唐钢新区的建成投产，标志着一个集绿色、智能、品牌的现代化钢铁材料生产基地——唐钢，屹立于冀东沿海。我深爱作为国家支柱产业的钢铁业，更在心底深爱唐钢。是唐钢让我学到了知识，得到了锻炼，受到了教育，感到了温暖，是自强、奋进、创新、奉献的唐钢精神始终激励我砥砺前行，将我这一介书生，培养成一名共产党员、电气高级工程师、公司中层干部和党务工作者。我以唐钢人而自豪，时至花甲退休，我难舍工作岗位，但初心不忘，情系唐钢，关注唐钢。因为无论何时我都是唐钢人，唐钢是我一生的情结所在。

古稀痴翁，党在心中，离岗志存，牢记初衷。

执笔人：原公司医院党委书记　渠玉震

钢城春晚

“爆竹声中一岁除，春风送暖入屠苏，千门万户曈曈日，总把新桃换旧符。”北宋王安石的这首《元日》,描绘出新春佳节热闹、欢乐和万象更新的动人景象。云水千年,物换星移,总有一些美好沉淀下来，就好似曾吹暖屠苏的春风，穿越千年，温暖依旧。你看，这春风将年味儿也吹到了钢城，一年又一年，福泽于这片热土；一阵又一阵吹暖了代代勤劳质朴、自强奋进的钢城职工。

跟着春风走入钢城，我们在欢庆活动中同乐

20 世纪 80 年代，每逢新春佳节，钢城一片欢乐景象，在蓝天白云的衬托下，一盏盏大红灯笼格外醒目。在旁路过的职工们，也是一脸喜悦。谈笑中，除了聊一聊备年货、走亲戚的这种家长里短，也有对即将走过的这一年的万千感慨。大家有太多的情感需要表达，有对佳节的期盼，有对家人的感激，有对公司的祝福，也想对自己及身边的同事们道声辛苦！

这段时间，一系列迎庆春节的活动应接不暇，钢城上下一片繁忙热闹景象。根据职工倒班的工作特点，公司在活动编排上灵活多样。时间安排，有白天，有夜晚；活动环节，有互动，有观赏；地点选择，有公司俱乐部，也有职工生活的社区。凡此种种，只为尽量做到人人参与，同欢同乐。提起 1983 年的除夕春节游园晚会，很多老职工至今记忆犹新。这次活动安排在 70 号小区内。活动的选址非常贴心，70 号小区是唐钢自建小区，在这里居住的几乎都是唐钢职工，而且这里距离其他自建小区非常近，这给职工们观赏晚会提供了便利。晚会还没开始，已经有很多职工及职工家属来到了现场，三五成群，边交谈边等待。下午四点半晚会正式开始时，台下已是座无虚席，而且里里外外围了好多圈。第一个节目是最受大家欢迎的——有奖游艺活动。这是一个系列互动游戏,有套圈、钓鱼、猜谜语、气枪射击等十多个项目，台下观众踊跃报名，积极参与，现场喝彩声、笑声此起彼伏，不绝于耳。晚会还穿插了一些由民间艺术队表演的高跷、跑驴、狮子舞等民间传统节目。尤其是狮子舞，在锣鼓声的助威下，为春节增添不少喜庆气氛，很多小孩子也忍不住在台下扭了起来，引得观众笑声一片。将晚会推向高潮的是一个“重头戏”——篝火晚会！公司邀请了业余歌手和文艺工作者演出独唱、独奏、二重奏、相声等节目，现场掌声阵阵，喝

彩连连。演出结束后，点燃节日烟花、爆竹，五彩斑斓，整个钢城沉浸在节日的气氛中。晚会已近尾声，观众意犹未尽，久久不愿散去。有位职工说:“我们单位通知了，表演队明天去东工房；后天去税务庄，今儿上班没赶上的可以补上啊！”另一个声音道:“我想再看一场去！还有机会不？”场下又是一片笑声。“哈哈哈，去吧，管你够！”接连不断的欢庆活动逐渐将钢城的年味儿愈染愈浓，职工们在欢声笑语中，释放着一年的疲惫。

除了现场晚会演出，职工们还可以自由选择参与其他文化娱乐活动，享受公司提供的节日福利。可以去观影室观看电影，可以去图书馆看书，可以去棋牌室下棋，可以去参加联欢舞会……“干群同乐舞会”上的精彩舞姿，工会小楼里上演的皮影《五峰会》，公司俱乐部晚会上的一段评剧《宝龙山》，一曲曲，一幕幕，深烙于那个时代的新春，令职工们怀念至今。

跟着春风走入钢城，我们在电视春晚中共情

从 80 年代到 90 年代这 10 年，正是电视机走入千家万户，逐渐普及的 10 年。晚饭后，一家人坐于电视机前，观看电视节目，成为当时最受欢迎、最流行的休闲方式。特别是节日期间，精彩的节目很多，但是越来越多的职工却觉得，总有那么一点儿遗憾，如果在唐钢电视台上能看到公司的春节晚会，那将会是一件多么开心的事情啊。

职工的心声，公司总是关切并有回应。1989 年的 12 月，公司宣布了一个好消息：广大职工及职工家属热切关注的 1990 年春节联欢晚会，将首次在唐钢电视台录制播放！这次春晚别看是首次录制，但是公司上下都给予了高度关注，各部门积极配合，精心准备，舞台装饰、节目编排、影音效果的质量非常高。晚会现场设于公司武装部地下会议室，那里被装饰一新，各色彩灯花环交相辉映，富有民族特色的喷泉宫灯悦人耳目，充满了欢快热烈的节日气氛。年三十儿晚上，激昂的旋律配着钢花飞舞的画面，“春满钢城”四个大字跃然于电视屏幕上，唐钢首届春晚正式与大家见面了。节目精彩纷呈，欢快喜庆，催人奋进。唐钢三代人表演舞蹈《生命的旋律》给观众们留下了深刻印象。唐钢二小少年舞团、唐钢艺术团、退休职工舞蹈队员用优美的舞姿，演绎了生命理想的旋律。“我叫欢欢。”“我叫笑笑。”“我们欢欢笑笑祝愿钢城的爷爷、奶奶、叔叔、阿姨和小朋友们，新春吉祥、身体健康、阖家欢乐！”钢城春晚，就这样，跟随着职工的心声走进了大荧幕。

随后几年，钢城春晚就如同职工们的一个老朋友，每到春节便如约出现在电视中，为大家送去祝福，带去惊喜。1991 年电视台录制的羊年唐钢电视春晚，在一曲《今夜星光灿烂》悠扬的旋律中，拉开了序幕。那次春晚的《现代京剧大串烧》，京腔京韵，余音绕梁，成为了经典。1992 年的春晚，时长延至 100 分钟，内容丰富多彩，结构形式新颖。以演播室节目主持人的即兴表演、生产一线外景队的现场采访和精彩的文艺节目三条主线穿插呼应。特别是将镜头对准了那些奋战在一线的职工，深入矿山、炉台和职工家中进行外景采

访，让这些为公司发展建设流过汗水的职工们通过屏幕诉说心曲，深深打动了屏幕前的职工观众。等到1998年的春晚，公司已举办了第8个年头儿，演员水平和节目品质越来越高，人人都能“压轴”，个个都是“精品”。唐钢龙华幼儿园小朋友表演的《健康歌》，活泼生动、稚气可爱，征服了每一个观看的职工及家属；王东霞演唱的一首《火里夺钢就是我》，唱出了唐钢炼钢人的气魄和胸怀；王建华女声独唱《在中国大地上》，民族唱法表现出钢城优秀工人歌手的雄浑底蕴。

那些年，春晚是每一位职工喜悦的源泉，看着熟悉的身影出现在春晚电视里，看着他们载歌载舞，同欢同乐，职工们的笑声从没有停过。

跟着春风走入钢城，我们在希望与祝福中同行

跨世纪的春风，温暖如故，且充满了变化与力量。“九五”“十五”时期的唐钢，不断探索、提升能力、自我完善，释放了职工创造的积极性，空前解放了生产力，呈现出日新月异的繁荣景象，成就了千万吨级大钢的突破。2001年春节前夕，公司举办了“唐钢明天更美好”大型综艺联欢会。演出在欢快的歌舞《祖国，你好》中拉开帷幕。公司董事长、总经理王天义代表公司向广大职工及职工家属送上了新春祝福，他动情地说：“今年是跨世纪的一年，也是“十五”计划的第一年，各项任务都很艰巨，相信在全体职工、广大离退休职工和职工家属的支持、努力、帮助下，我们一定会完成各项预定任务，唐钢在新世纪实现新腾飞！”那些由职工自编自演的节目，充分体现出广大职工爱企业爱岗位的主人翁精神，表现了跨世纪的唐钢职工勇往直前的精神风貌，道出了全体职工祝唐钢明天更美好的共同心愿。

一年又一年，春节联欢会乘着春风如约而至。2012年的新春，在大家的期待中迎来了新一届的春节联欢会。“唐钢，我为你骄傲”是联欢会的主题，更是职工们的心声。鼓声响起，伴随着激昂的乐曲，一条金色的游龙在舞台背景LED显示屏上腾空跃起，整台演出就此拉开帷幕。由基层职工自编自导的红火、喜庆的开场舞《钢城之春》结束后，显示屏上打出“于勇、王子林向唐钢职工及家属拜年，祝全体职工及家属工作顺利、身体健康、生活幸福、龙年吉祥”的大红字幕，为演出增添了浓浓温情。在主持人的介绍下，讲述了公司自2002年起开展的“金秋助学”活动，对考入大中专、高中、技校的困难职工子女进行资助，让广大职工特别是困难职工及子女感受到公司各级领导的关怀和企业的温暖。音舞诗画《大写的忠诚》带领职工回顾了2011年公司在严峻的市场形势面前，众志成城，不断创新，转变生产组织模式，大力减少非计划品，各项工作实现新跨越的光辉历程。情景剧《以青春的名义宣誓》、小品《向幸福出发》、表演唱《幸福唐钢我的家》等多种形式，讴歌了公司巨变，表达了公司关爱职工、职工奉献唐钢的鱼水深情。

2019年5G网络进入商用时代，极大地丰富了职工们对于娱乐信息的获取渠道。每到春节，网络平台包罗万象，各种迎庆节目应有尽有，不光可以随时随地观看，还可以任意

© 2013 年迎新春联欢会现场。

点播曲目。钢城职工不再冷呵呵地赶场去社区看演出，也不必专门守在电视机前等候春晚。手机轻点“唐钢公司”公众号，便能看到最及时的祝福和最精彩的节目。职工心里有想说的话，可以在公众号上留言；职工心里有惦念的朋友，可以将祝福转发分享。

时代在发展，新春中的钢城也在悄然发生变化，变得越来越丰富，越来越灵活，越来越先进。如今，唐钢正值高质量发展的历史机遇期，站在了新的起点，肩负起新的使命，开启向海图强的新征程。展望未来，其路正长。唐钢的每一个寒暑，每一步脚印，都将集结四万名职工的希望与祝福。又是一年春来到。听！那是春风款款，又到钢城。瞧！那是新桃烁烁，换了旧符。

风过无痕，才到钢城，便暖了心窝。

执笔人：公司史志办公室　王静　许文昊

钢魂·回眸我的三八度青春

1970 年，初中毕业的我，分配到了钢厂当工人，我为此分外高兴。接到学校通知的那一刻，逢人便讲，“我要当工人了！我要当工人挣钱了！”

同年 10 月 21 日，我和同期全市 2000 多名同学到钢厂俱乐部报到。记得厂领导给我们这批人员讲了厂史和发展历程，赠给每人一套四卷的《毛泽东选集》。和我一批的 400 多名同学分配到了炼铁车间，参加了三天的学习班，内容大致就是车间历史和炼铁工序的工作任务、工作性质等。

学习班结束后，我到机修工段当了一名电焊工，成为炼铁车间有史以来第一批女电焊工。我暗下决心，必须当一名合格的女电焊工，虚心向老师傅请教，认真刻苦练技术。初拿焊把，一点火就粘在铁板上，心里很是害怕。听师傅讲了焊接点火原理，再拿起焊把反反复复练习，直至成功。逐步开始学习各种焊接技术，盼着早点掌握焊接技能，和师傅们一起走向建设工地，好大干一番。最初承担一些简单好掌握的焊活，每完成一项，心里都是喜滋滋的。经过一段时间的苦练，终于掌握了基本的操作技能。

犹记一次炉腹出现开焊，需要及时补焊，否则会影响高炉生产。师傅带我和另外两名焊工迅速赶到现场。为了不影响生产，在高炉不停炉的情况下进行焊接。焊口的位置很难作业，加之焊口冒出的全是煤气，每个人只能焊 2 根焊条就得换人，否则就会煤气中毒。作业过程中，我曾两次被工友抬到炉下沙堆中，醒后再上去干，直至送往医院。

在五年焊工生涯中，参加了无数次大大小小的日常维修和检修。记得某次高炉热风阀损坏，现场急需更换，无备件，外购时间上不允许。为了不影响高炉生产，我们加班加点赶制新热风阀，全组齐上阵，铆工下料，焊工焊接，大家整整干了一天一夜。翌日，圆满地把新制的热风阀安装到热风炉，不仅保证了正常生产，还给单位节约了 2.4 万元成本费用。还有一次，参加了氧气管道改装焊接任务。焊口要求极为严格，而且管道高度在空中 3 米以上，一处就要使用 4 种焊接方法，平焊、竖焊、仰焊及爬坡焊口四种。我们几个女工，一个个趴在管子上，胆大心细，专注坚定地完成了这次急难险重任务。

五年间，作为检修女工，我不怕苦累，哪里有困难，就向哪里冲，埋头苦干，从无怨言，受到师傅和领导一致好评。1971—1975 年，年年被评为公司级青年标兵和劳动模范。

新岗位的转变，发生在 1974 年末。在全国各行各业新生事物不断涌现，我厂食堂女工田绍华提出了一个大胆的设想，响应那个时代的要求，提出了走向炉台，当一名现代炼铁女工的想法，并得到了厂党委的支持，发出了关于成立三八炼铁班的倡议书，号召全厂女工自愿报名。

当时的我特别纠结。一来我是一名电焊工，正处在提高和深钻的阶段，放弃未免可惜。

二是自己是劳动模范，事事要走在前列，三八炼铁班是新事物，应该敢于尝试。思来想去，我主动报名，厂领导在众多报名的女工中，选出了12名吃苦肯干的女铁人，组建了三八炼铁班。这在当时全国钢铁企业称得上一大新闻，连世界联合国杂谈也刊登了中国女炼铁工的报道，内容就是我们唐钢三八炼铁班的女铁人。

1975年元旦，顺利地走进1号炉一班。由男工友传教我们炉前各项技术，掌握提高出铁的操作技能。当时高炉操作仍比较落后，出铁依靠大锤钢钎开铁口出铁，堵铁口靠人工,危险系数大。出一次铁只开铁口一项就得用大锤砸钢钎百次以上,这只是男工友的力量，女工就得增加一倍多。12名姑娘为了掌握抡大锤的技术，抓紧一切可用的时间，拿钢钎，抡大锤，一刻都没停歇过，和师傅们认真探讨炉前操作技术、冶炼操作技能。最主要、难度最大的是开铁口出铁，出铁口打开的快慢直接影响铁水的成分变化，出铁时间慢了就会给其他3个炉造成影响。锻炼抡大锤是一项关键任务。其中大锤砸钢钎的准确度和力度，较难掌握。每双手都抡出了血泡，却没有一人喊疼喊累。在大家的共同努力下，炉前的各项工作就绪，顺利接入三八班的岗位职能，一个月后，完全接替下一班炉前的全部工作。

考虑到炉前安全和铁水质量，现场保留3名老师傅，撤走了9名男工友。那时炉前工岗位定编12人。自此，三八炼铁班正式开工！真不愧是当代女铁人！一班下来，每个人的后背都是汗碱，走下炉台进了更衣室，都非常疲惫，但谁也不喊累不叫苦。赶上下午4点的中班，总是干到后半夜两点才出厂门回家。那时的班前班后都要开会，学毛选，是政治任务。一次遇到八点倒零点的紧班，十姐妹全到我家吃饭，我母亲为大家做了一大锅馒头，还有2斤挂面和一大盆汤。姐妹一席大吃后，就躺在炕上睡着了。我母亲负责守点，晚间11点叫醒睡梦中的我们，一起骑自行车上班上岗。那时的工作虽累但很愉快！唐山大地震后，三八班随之解散，姐妹们一个都不差。

震后，幸运的我赶上全国最后一批工农兵学员招生，保送去北京钢铁学院炼铁专业学习。1979年9月,毕业后分配到科技处,从事炼铁组技术工作。在此期间,做技术攻关工作，把书本中学到的知识运用到实际工作中。曾记得有一次高炉炉况失常，停炉检修，发现炉体结瘤，当时我已怀孕7个月，带着视工作如命的铁娘子精神，在身体笨重的情况下，仍艰难地爬到炉顶探瘤，分析结瘤原因，讨论解决方法，并将整理的数据报送组领导，为专业论文提供了第一手的数据，获得领导和同事们的赞誉。

1981年9月，我由技术岗位转入管理岗位，来到总计控室工作。做过工会干事，服务好基层职工。之后，担任支部书记十余年。37年的工作履历，我做到了无愧于党，无愧于本职工作，无愧于企业的培养和教育。

如今的我，已经退休。不管何时，不管在哪里，我都会为自己曾是钢城铁娘子感到自豪，定义自己曾在炉火前度过的韶华奋斗时光为三八度青春!

回眸我曾走过的岁月年华，总比别人多一度，那就是对钢城、对岗位的无限热爱，深植并传承于唐钢人骨子里的钢魂，它时时刻刻鼓舞激励我前行，领航唐钢人为钢铁行业的进步发光发热。

执笔人：原计控管理处　刘翠云

外籍专家的唐钢缘

“唐钢的转型发展，离不开国际化的高端人才。”多年来，唐钢重视引进国外智力人才，一个个外国专家与公司情缘绵长，他们在这里寻找到了施展才华的舞台，也为我们公司的发展增添了动力。

首位外籍专家的引入是在2012年11月19日，来自意大利的自动化专家劳瑞斯接受了唐钢首席外籍专家聘书、入厂证和胸卡，成为了唐钢历史上的首位外籍员工。劳瑞斯曾在国际著名企业意大利达涅利公司供职15年，是一名经验丰富、技术精湛的自动化专家。其间多次以自动化高级工程师身份，到世界各大钢企进行技术支持与服务，足迹遍布秘鲁、波兰、西班牙、土耳其、比利时和中国等国家，为多个钢铁厂的数十条热轧生产线、热镀锌生产线和酸洗生产线等进行现场安装调试工作。

◎ 2012年11月，唐钢聘用首位外籍专家劳瑞斯成为公司职工。

一位国际知名公司的资深专家辞掉原本很不错的工作，来到远隔万里的中国并加入唐钢团队，这是真的吗？面对这样的疑问，劳瑞斯的回答毅然而坚定：“是唐钢优美的环境、优秀的团队和出色的管理吸引了我，选择唐钢，我不后悔！”

早在2012年7月，劳瑞斯来到唐钢进行技术服务，这一次，与他2005年第一次服务唐钢时不同，他被眼前的情景震撼了：当年那些杂乱无章的建筑早已不见踪影，取而代之的是片片公园和绿地；卡车、自行车络绎不绝的马路变成了宽阔、漂亮的标准化公路；服务区停车场上，一辆辆小汽车整齐地放置着；放眼远眺，天更蓝了，树更绿了，空气更清新了……走进昔日他曾经洒下劳动汗水的冷轧厂，设备一尘不染，地面光可鉴人，整洁靓丽的一排排钢卷全部采用了精包装，其中大部分都是出口国际的高附加值品种，紧张操作的职工脸上都洋溢着专注与忘我的神情……

所见所闻，都彻底颠覆了他记忆中对唐钢的印象，巨大的变化增强了他对唐钢的信心，劳瑞斯毅然做出了加入唐钢的决定。

同在唐钢参加技术服务的还有弗朗西斯科，他既是劳瑞斯的同事，也是很要好的朋友。2012 年 8 月，弗朗西斯科因为水土不服而生病了。冷轧厂领导得知这一情况后，立即指派专人送他去唐钢医院检查、治疗，并在住院期间专程去医院看望他……这样一个细节让弗朗西斯科感觉格外温暖，更让他体会到了“幸福”“感恩”的含义。2013 年 2 月 8 日，他也毅然加入了公司，成为唐钢第二名外籍员工。弗朗西斯科毕业后就供职于意大利 3EM 公司，通过与世界上顶尖的退火炉技术专家合作，他逐渐成长为具备独立操作和技术开发实力的高级工程师，不仅曾为意大利多个地区的钢铁厂提供技术支持和服务，更被选派与达涅利公司合作，到西班牙及中国的常熟、天津等地进行技术服务。正式签约唐钢后，他坦言“唐钢未来必将迎来一个大的发展，我会把个人的发展和唐钢的大发展融合在一起，和唐钢同事们一道，奉献自己全部的能力与经验，实现自己的价值，为唐钢的发展进步作贡献。”

2017 年 5 月 23 日，唐钢再次举行了一场特殊的签约和聘任仪式，意大利自动化专家马西姆也正式加盟唐钢。他也是继劳瑞斯、弗朗西斯科之后引进的第三位外籍专家。马西姆是来自意大利的自动化专家，曾供职于国际著名的意大利达涅利公司，负责工业自动化系统二级软件的开发与调试，参与过多家知名钢铁企业产线软件调试工作。

马西姆表示：将把国际先进的控制理念和高端的技术引入唐钢，为唐钢提升智能制造水平作出应有的贡献。

短短几年时间，唐钢已完成了 3 位外籍专家的引进，同样的自动化专业，不同的主攻方向，让三位专家能够互通有无，在推进市场开发、产品升级和客户结构调整等方面努力攻关，使产线自动化、智能化程度越来越高，力促产品快速打入国际高端市场，为企业树立品牌形象作出了贡献。

也许有人会问，是什么吸引一个个洋专家，不远万里漂洋过海，来到唐钢，带领创新工作室创造出一个又一个闪亮成绩的？“中国也是我的家，我被河钢集团与唐钢公司的开放、包容、国际化所感染，这里一定能够让我发挥所长，实现我的人生价值。”劳瑞斯斩钉截铁地说道。

执笔人：公司史志办公室　王静　徐帅

一个读者眼中的《唐钢报》和新闻人

“1993 年 5 月 29 日，我们永远铭记这一刻。《唐钢报》告别铅与火、迎来光与电，实现激光照排胶版印刷。精美的印刷、清晰的图片、抢眼夺目的用语，让我们面对自己的‘孩子’，爱不释手、怦然心动，自豪感油然而生……”

这是在 2020 年记者节上，由公司党委宣传部贾成宁创作，刘玉华、耿月明、孟磊、赵辉四位新闻人共同演绎的诗朗诵《为企业发展鼓与呼——纪念〈唐钢报〉创刊 70 周年》，让我们重温了《唐钢报》的历史变迁和迭代升级，随诗跃动的采编场景仿佛就发生在昨天，强烈的时代代入感扑面而来。

70 年，唐钢新闻人一直在路上。一代又一代采编人员为之奋斗，奉献了数不尽的青春和汗水。这段历史，他们是参与者，是亲历者，最有发言权。而我，一个从事多年文字工作的人员，从第三视角记录了这段历史的艰辛与困苦，见证了它的每一步发展与进步。

犹记第一期《唐钢工人》诞生于 1950 年岁末。如今的它静默在公司档案馆书柜之上，泛黄的纸张、模糊的繁体竖排铅字，让习惯于现代阅读方式的我们有种穿越时空的恍惚之感。创刊词必不可少，就像与大家初次见面时的打招呼。彼时黄墨滨厂长的贺词，道出了对企业报发挥作用的期许和希望。版面刊发了抗美援朝生产竞赛的报道，如《我厂抗美援朝宣传队普及深入抗美援朝爱国教育七天以来获显著成绩》，是当时革命传统教育的一个缩影，时代的印记跃然纸上。

◎ 创于 1950 年 12 月 12 日的《唐钢工人》。

我们总能在自己的报纸上找到历史的回音和现实的意蕴。带给唐钢人最值得骄傲的一份喜讯，来自 1952 年 6 月 29 日，一封上书毛主席的喜报重磅刊发——《报告唐山钢厂侧吹碱性转炉炼钢成功一年可给国家节约五百亿元》。最值得唐钢人自豪的莫过于此，转炉炼钢的发祥地是我们特有的历史底蕴和文化渊源。

从《唐钢工人》到《唐钢通讯》，从《唐钢报》《新唐钢》到如今的《河钢 · 唐钢版》，从四开小报到对开大报，5000 多期信息内容，承载了公司 70 多年的厚重历史，忠实记录了唐钢人走过的每一步。无论是在社会主义革命和建设时期，还是在改革开放以后，每一个历史时期它都发挥了党报的主阵地作用和文化构建的价值。

唐钢通讯
学理论　促大干　创造优异成绩迎"五一"
唐钢报
TANG GANG BAO
贺电
唐钢发展史上又一个重要里程碑
2560m³高炉建成并投入试生产
新唐钢
XIN TANG GANG
号外
超薄热带工程胜利建成全线试车成功

◎ 不同时期的《唐钢通讯》《唐钢报》和《新唐钢》。

在唐钢，每个热爱文字的人，都会对《唐钢报》情有独钟，对唐钢新闻人怀有深深的敬意。

唐钢新闻人与《唐钢报》一起成长进步，共同见证了企业从 200 万吨到 500 万吨的跨越，从 500 万吨向 1000 万吨的飞跃，从“傻大黑粗”到“世界最清洁钢厂”的巨变，从城市走向沿海、从内陆走向深蓝的历史性转变。

在融媒体发展时代，唐钢新闻人让“精神食粮”日臻完美。在新区成立一周年之际，推出《渤海之滨崛起的未来工厂》《续写向海图强的华彩乐章》《走进“未来工厂”》《奋力打造产品新高地》等一系列多媒体联动作品，为读者奏响了“向海图强”的主旋律和最强音，传播即时性、互动性和引导力、影响力同步提升。

唐钢新闻人是带我走上文字道路的领路人，感念一字之师的点拨和提携。至今记得自己的第一篇消息见报，变成向往已久的铅字的那份激动与荣耀，离不开多位前辈新闻人的带教，鼓励我不断采写出更多更好的新闻作品。

犹记第一次作为气体公司宣传干事、《唐钢报》基层通讯员，采编中国气体工业投资控股有限公司（花旗银行亚洲投资公司）高管来访唐钢的新闻报道，在现场实践中亲身理解了即时新闻的快速反应和第一时间的新闻价值。

在文字岗位工作多年的我，有幸见证了杨瑞光、史绍辉、孙学君、赵寿强、孙英杰、贾成宁等前辈，为唐钢新闻事业作出的种种努力。无论是热轧薄板成功下线的号外加刊，

◎ 2007 年 8 月笔者首次采访用非专业相机拍摄的第一张新闻照片。在唐钢老区空分装置现场，时任唐钢副总经理兼任气体公司总经理王兰玉接见外方高管。

还是“世界最清洁钢厂”的形象宣传，他们为打磨新闻精品的执着和奉献一直深深感染着我，激励着我努力向前。

作为读者，我目睹了唐钢新闻人策划主题、甄选稿件、规划版面、修改小样，对每一篇稿件、每一段文字、每一个标题都高度负责、一丝不苟、精益求精，正是因为他们甘为他人作嫁衣的坚守，殊为不易的付出，才成就了今日宣传思想和企业文化工作的出彩局面。

“历史是昨天的新闻，新闻是明天的历史。”都说历史与新闻有如隔世兄弟，一脉相通。我所在的党史厂志办公室与新闻中心大抵关系如此。新闻中的片纸只字皆是史料，为公司历史的浓笔重塑提供了原生性的核准依据。

传承，铭记，追寻。愿《河钢 · 唐钢版》和唐钢新闻人继续奋进在建设最具竞争力钢铁企业的路上，为广大党员与职工群众鼓好劲，加好油，担当好引领舆论导向的使命，为公司生产经营和改革发展目标任务的实现保驾护航。

执笔人：公司史志办公室　张卫华

时光里的唐钢味道

时光荏苒，流光中冲淡了世间百味，然而如若能静心细品，总能感受到一种独特的味道，这味道来自时光的沉淀，专属于每一名钢城职工，被绵长的岁月酿造升华。细细回味，不知不觉，仿佛穿越到三十多年前的岁月，回到了那个烟火暖人的职工食堂。

这味道来自浓浓的年味儿！

20 世纪八九十年代的春节，年味十足。在职工心中，办年货、走亲戚、吃大席一样不能落下，样样都要安排好。可是那个时代，物质并不丰富，采买清单拉了一大串儿，能买到的像样年货却少之又少。每次年货采办，都是当时职工最挂心的家务事儿。每到此时，唐钢行政福利处已然是一片繁忙景象，因为他们正在集公司力量，为职工们采办年货，努力让职工过一个安心圆满的春节。

"不仅要物美价廉，还要品种丰富"，行政福利处给自己定下了这个年货采买目标。从 9 月底开始，采购人员着眼于全国大市场，先后到三十多个厂家摸底调查，货比三家。佳节前夕，一车又一车的过年食材从全国多地运送而来，有来自山东的小驴肉、有运自上海的大红虾、产自内蒙古的鲜牛肉……30 多个品种，2800 多吨的年货，极大地满足了职工的年货需求。为了更好地利民惠民，在西门广场上，公司组织举办多场年货展销活动。这样职工们足不出厂，工余时间便可完成"一站式"采买，不仅品种多样，而且平均价格低于市场价 20%。下班时间，只见职工们骑着自行车，载着丰富的年货，三五成群，说说笑笑。有的夸着公司发放的年货品质太好，有的聊着展销会新买的带鱼物美价廉，还有的在认真介绍着自己做大餐的经验，一张张洋溢着幸福的笑脸，让人感觉着春节仿佛提前到来了。

◎ 1987 年春节生活处年货展销。

大年夜，必然是年味儿最浓的时候，飘出来的，则是热气腾腾的饺子香。菜要新，肉要鲜，量更要足。大年三十儿的食堂，从早到晚，师傅们各司其职，调馅、和面、擀皮、包饺、忙得不亦乐乎，井井有条。“饺子出锅了！”这是那些坚守岗位的职工，在这个特殊的夜晚，听到的最好听的声音。吃着香喷喷的饺子，大家相互道着平安喜乐。这时的味道，有着阳光的温度，也有着家庭的温馨，萦绕于钢城之上久久不散，温暖了一个又一个冬季。

这味道来自餐桌上的菜香！

时光流逝，食堂大楼变了又变，职工也是来了又走，不管周围环境发生着怎样的改变，食堂工作人员那颗“为职工做出满意的饭菜”的初心未曾变过。餐桌上的饭菜，始终在变化中保持着稳定的好评。

越来越好的生活，自然也会带来越来越高的用餐需求。为此，公司食堂常年放着一本“职工意见簿”，收集着职工们的意见和建议；食堂工作人员也会时不时走近用餐的职工，近距离地问一问哪个菜品更受欢迎，还有哪些菜品需要改进。通过采集信息，菜品更新得“恰是时候”，且“深得民心”，时不时成为职工们的聊天热门。“今儿中午，食堂新添了黄焖鸡米饭，肉多，味儿正，还便宜。”“太好了！我看好多饭店都有这菜，正想尝尝，明天安排！”不断变化的菜品，让越来越多的职工体会到了满满的幸福感，真是看在眼里，尝在口中，甜在心里。

不光菜品推陈出新，用餐形式也发生着变化。单炒一直是比较“小众”的选择，只有个别窗口提供，品种最多不过十几种，且菜品比较固定。随着职工用餐需求越来越多样化、个性化，从 2006 年 11 月开始，单炒窗口变成了职工餐厅。就像去厂外的饭店一样，四五十种的菜品可以任意挑选，点餐后便可坐在餐椅上悠哉地等着上菜了。只见职工们三三两两，边吃边聊，花了不多的钱，吃了很好的菜，也一起度过了美好的用餐时光。2017 年 5 月，还开启了时下非常流行的“自助餐”，十几元钱，便能从西点品到中餐，从水果尝到饮品，可谓味美量足，好评如潮。

一道又一道可口的饭菜，映照出一张又一张满意的笑脸及一个又一个用心的服务。这来自餐桌上的菜香，承载着历史，寄托着情怀，演绎着幸福的企业文化。

这味道来自寒冬里的守护！

2019 年的冬天，唐钢新区建设如火如荼，由于建设需要，公司决定将临时指挥部迁入办公楼。建设阶段，每一分钟都是宝贵的，每个环节都是重要的。公司深知“粮草先行”的重要性，对生活后勤系统提出了一项重要任务，那就是要在 48 小时内，使新办公楼具备职工用餐的条件，让临时指挥部的每一位职工都能吃到可口的饭菜。当时参与食堂筹备工作的行政福利处的职工对那48小时依然记忆犹新。据食堂工作管理人员王文功介绍："当时我们带领食堂的骨干立即奔赴现场，从设备搬运到物品规整，冬天的夜晚，什么都是冰冷的，我们连最基本的醒面都做不到。后来我们利用微波炉加热等办法让面醒好。困难可不止这一件，还有用水用气这些关键问题。当时我们心里全是一个目标，那就是务必让职工们用上早餐。最后我们成功了，感觉所有的劳顿都一下子没了，真开心啊！"48小时后的早上，职工们一如往常，走进了食堂，吃着热气腾腾的早餐，可很多人却并不知道，在这些早餐的背后，在这48小时间，有多少人的付出和多少默默的坚守。

犹记十几年前工地上的"移动食堂"，至今依然会为职工们所津津乐道。在中厚板公司筹建过程中，工地上出现了一个特别的食堂。这个食堂是由一辆班车改造的，为的是在食堂大楼建成前，可以通过"移动"服务，让工地上的更多职工及时吃上热乎的饭菜。每到用餐时间，这辆"移动食堂"总会出现在工程现场，将热乎乎的饭菜送到职工手中。在工程最紧张的时候，货车也加入过"移动食堂"的队伍，工作人员考虑到货车的保温性差，就提前准备了加热装置，每到一处，便用它给饭菜加加热，送到职工手中的饭菜从未凉过。

2020年春节，新冠疫情突然暴发，打乱了人民的生活。就餐期间，职工食堂是人群高度密集的公共空间，是必须严防死守的"前沿阵地"。为此，职工食堂迅速采取措施，尽最大努力为职工健康保驾护航，为打赢疫情防控阻击战提供坚强保障。

为了让职工明晰责任义务，食堂门口张贴了温馨提示，提醒用餐职工做好自我防护，注意个人卫生，保持安全距离；为了降低感染风险，食堂调整供餐方式，提前配好食物，并以盒饭的方式提供给职工；为了创造健康的就餐环境，食堂更是下足了功夫。售餐结束后，紫外线消毒灯全部打开；餐厅洗手池在原有洗手液配置的情况下增加除菌皂，并配有文字提醒职工正确洗手……要知道那时候，职工对于在外就餐顾虑重重，很多餐馆店铺也纷纷关门歇业，但是在这里，一个又一个美味健康的盒饭，成为职工们心中最安心的用餐选择！

如今的唐钢人，心中有一个梦想，那就是要不畏艰辛，向海图强，为党为国熔炼一炉又一炉好钢；而公司一代代味道的守护者也有一个梦想，那就是要为奋斗在工作岗位的职工做出最可口的菜肴，吃得及时、吃得安心、吃得暖心，助力他们以更加旺盛的精力投入到钢铁事业中去。

贴心的年货、潮流的自助餐、安全的盒饭、热乎乎的早餐，唐钢味道从始至终初心不改。味道来源于一代代钢城人的坚守，清淡致远、回味悠长，沿着时光将唐钢人心里暖洋洋的味道杂糅在五味之中，并以此沁人心田，流于时光，经久弥香。

执笔人：公司史志办公室　王静　许文昊

多彩的钢城　美丽的印记

在我们职工眼里，钢城是多姿多彩的，它的颜色随季节更替而变化，随情感交融而焕新，随理念转变而升华，在不同的时代留下了美丽的印记。

我和钢城的初相遇是我8岁的时候。我家住在唐钢北门附近，距唐钢仅隔着一条马路，那时的唐钢叫钢厂，那时的钢厂是红色的。每天，我凝望着厂里那一座座轰响的高炉，喷着红火吐着黑烟的土堆（土烧结），心里总在琢磨，那不时升腾起的红光和红霞的地方，一定有不少好玩的去处和故事。我暗下决心，一定要进入这座每天都在发着巨大响声和腾起红霞的工厂里面去看看。

终于机会来了。那是1957年的一个秋日，我随村里隔壁的大叔去钢厂里的贾各庄探望亲戚。走进厂内，儿时的我第一次感到钢厂是这么大。瞥一眼生产车间好像火焰山一样，到处都在喷烟吐火。小火车拉着一串铁斗在奔跑，感觉很有意思。大叔说，这叫“762”小火车。当时不明白，后来长大参加工作进了钢厂，才知道“762”指的是铁路轨距。从唐钢西大门出来，看到大门两边围墙很高，不过只有几十米就变成了黄土垒成的大埝。有一条空中的粗大索道从陡河西边的大城山盘过来，空中运行着料斗。大叔说，那是钢厂运石料烧白灰用的。环顾四周，从未见过的工业设备设施在我的视线里都是新奇的。

初识钢厂，感到厂里很乱，走路让人害怕，不是怕脚下绊倒就是怕头上掉东西。很可惜我的白衬衣，落了一层灰乎乎的铁渣子，貌似很难彻底清洗干净。印象最深的是在厂里看到成群结队的工人敲锣打鼓，欢呼产钢创了新纪录去到党委报喜讯的场景。听说是产钢23.89万吨，是解放前的65倍。这一幕深深定格在脑海里。在厂里转了一圈回到家，累得我躺在炕上倒头便睡，梦的前奏好似都是招展的红旗和大红喜报……

1969年10月，又是秋季。这一次走进钢厂，成了一名正式职工。报到那天，我特意从钢厂的西大门进入。作为从农村走出来的钢铁工人，我深感自豪和骄傲。那个热血年代，大家一言一行诠释咱们工人有力量，工人阶级是高大的、光荣的，是很受人们尊重的。迈进当时用砖石垒成的大门向里走，迎面又是一座门，高高的化铁炉喷吐着正旺的火苗，那是老一钢厂。右边一排排平房是钢厂机关办公区。向左走不远是原料厂油砖车间、料场。再往北是老二钢厂、供应处。沿着相对行车时难以错开的小马路，走到了当时的运输部，那是我最初工作的地方。运输部的铁路遍布全厂，沿着铁路跋涉干活的日日夜夜，让我日益熟悉着钢城，感受着自己赖以生存的家园。

那时候，我对环境保护没有概念，只是认为天上冒黄烟、地上腾烈焰是钢城的本色写照，是生产蒸蒸日上的映像，也是我采访写作的灵感源泉。1972年4月下旬，我所在的运输部正开展职工技术练兵活动，火车司炉挥锹加煤的娴熟技巧，让爱好快板书的我赞叹不已。领导和师傅们都说："一鸣，快写一篇。"于是，我连夜创作了长达200多行的快板书《师徒练兵》，投送《唐山劳动日报》。不到一周时间，即同年5月4日，《唐山劳动日报》第三版以大半个版的篇幅刊登了。当时，工友们都轰动了，夸我给技术练兵加了一把火。这之后，我开始主办《红色运输》小报，发挥我的特长，用手中的笔报道运输战线的新闻。

在我业余创作40年的历程中，每一步都离不开钢厂领导的关怀和培养。我先后工作过的运输部、公司团委、公司党校、公司宣传部、公安处，每一处的党政领导都在时间上、业务上、物质上给了我无微不至的关怀，送我上学、参加培训、列席或参加各种会议，参阅各种材料，可以说，没有领导给予的鼓励、关怀和把关定向，就没有我创作的机遇和条件。从青年到中年，在我的眼里，钢城就是红色的，就是火热的。当然，钢城人更是红色的、火热的。

我爱钢城，爱她的一切，不管她是否脏乱差，是否傻大黑粗。在那个火红的年代，在地动山摇的大地震后从废墟中崛起的年代，我从未有过动摇和彷徨。我热爱写作，工作之余用手中的笔和心中的情歌颂钢城，也见证钢城的巨变。1979年，我进厂10周年，公司钢产量从60万吨闯过100万吨大关，跨入了全国十大钢行列。1989年，我进厂20周年，公司钢产量从100万吨增到150万吨。

进入八九十年代，神州巨变。在经济大潮和市场剧变的冲击下，钢城的颜色从红色开始渐变为蔚蓝色。我看到，钢城儿女发扬"自强、奋进、创新、奉献"的唐钢精神，从1986年打响了"七五"改扩建战役，把负债经营的巨大压力变成强大的动力和实现历史性飞跃的活力。在大高炉建设的日日夜夜，我奔跑在建设工地，编辑《高炉周报》，亲眼见证唐钢在"七五""八五"期间，累计投资40多亿元引进国外先进设备和技术，先后兴建了炼铁、轧钢、炼焦、矿山等80多个工程项目。随着两座1260立方米高炉的建成投产，唐钢人"铁梦成真"，结束了51年化铁炼钢的历史，实现了转炉铁水全热装生产工艺的重大突破。1995年底在全国十大钢中率先实现转炉炼钢全连铸，彻底结束了延续50多年的模铸钢锭历史。在二炼钢厂摘掉化铁炉烟罩的激动人心的时刻，在公司电视台工作的我瞬间感慨万千。由于唐钢采取节约能源、废除高污染项目、加强环境治理，使厂区环境发生了根本性转变，那些喷吐红烟和铁渣子的现象得到了根治，天变蓝了，地变干净了，树木和花草也呈现出本该就有的颜色，而不再是红色和黄色。姹紫嫣红、多姿多彩的钢厂变成了花园式工厂。

进入21世纪，钢城的脚步越来越快，钢城的颜色更加绚丽多彩，同时，钢城人的理念也在快速提升。那是2008年市场临近严冬的日子，公司新一届领导班子高瞻远瞩、开拓创新，从创建科学发展示范企业和打造"生态唐钢、绿色唐钢"出发，以"壮士断腕"

◎ 2008 年，改造后的唐钢厂区发生了翻天覆地的变化。这是新建的唐钢滨河门。

的气概，对公司老厂区进行了大刀阔斧的改造和重建。

伴随着挖土机、打夯机的轰鸣，原有的钢城内部大都改变了位置和形象。大门周围的生活建筑和生产车间被毫不留情地推倒、推平。接着，一排排崭新的车棚和鲜亮的机动车停车场被莹白的围栏圈起，一座座新颖别致的浴室、饭堂亦拔地而起。高大的厂房重新粉刷了钢铁灰和雅致白，这是过去几十年不敢想象的。在唐钢东西南北四个方向的大门，分别设置了五个生活服务区。当新的一年开始的时候，唐钢人发现，自己再也不能骑着自行车、开着摩托车和私家车随意进厂了，再也不能如入无人之境般进出厂区大门了。因为进出公司要凭证明自己身份的“智能卡”，在门口刷卡，证明了自己是唐钢职工才能进入厂区。初始，有的员工嫌麻烦，絮絮叨叨，可是随着厂区发生的崭新变化，心境就变得越来越开阔。现在的钢城，厂区没有闲杂车辆、没有闲杂人员，一切都变得井然有序。一座充满生机和活力的现代化钢城矗立在唐山市陡河东岸，矗立在市民的眼前，唐钢成了困境中的钢铁花园。从此，火红的钢城变成了绿色的钢城。

听闻 2020 年 9 月，位于乐亭的新区高炉点火。若不是年岁已至古稀，定要去亲眼看看新的唐钢是什么样子，什么颜色。与 20 世纪 50 年代的钢厂相比，定是翻天覆地的巨变。但唯独不变的是一脉相承的钢铁情怀。我相信，在向海图强的路上，这一次的她经历了全新的蜕变，是深蓝的，广阔的，她高耸于云端，有新的高度，新的厚度，新的气象，新的生机，新的未来。

钢城是我一辈子的牵挂，给了我永恒的记忆。红色的、绿色的、深蓝的钢城给了我一生的向往和信心。不管是“脏乱差”的红色年代，还是“美如画”的绿色年代，再或是“启新程”的深蓝年代，这些绚丽多彩的钢城颜色都深深熔铸进了记忆的年轮。这就是我深爱的钢城啊。

执笔人：公司史志办公室　靳一鸣

嘀嗒，嘀嗒……20 年

翻开 20 世纪 90 年代出版的《唐钢沧桑》，映入眼帘的第一张照片，就是唐钢西门综合楼，楼正中上方的那座大型时钟，格外醒目，引人遐思，见证了唐钢 20 年间的发展历程，那段历尽艰辛而又催人奋进的创业史仿佛就发生在昨天。

说起这时钟的来历，要追溯到 20 世纪 80 年代，缘起于唐钢连续 4 年蝉联河北省第一利税大户，被省委、省政府命名为"经济效益好、社会贡献大"企业这一殊荣。1988 年 2 月 8 日省政府召开表彰大会，嘉奖 1987 年为省经济发展作出突出贡献的 17 个利税大户，唐钢实现 2.65 亿元的突出业绩独占鳌头，奖励大锦旗一面，公司主要负责人获承包绩效奖 1 万元。在那个年代，1 万元可不是个小数目，当时职工月工资也就 200 元，"万元户"可称得上"富翁"了。这"1 万元"奖金该如何分配？一时间，领导班子成员都犯了愁。面对这一"大奖"，作为议题，公司领导决定在 2 月 12 日的经理办公会上专门进行研究讨论，为职工办一件公益事情。时任唐钢党委书记袁瑞新代表领导班子表态："这钱不能装进我们领导自己的腰包，要办一件对公司今后发展有意义的事！"几经研究，一致同意在公司西门综合办公楼上方，安装一块电子钟表，由全体职工共同分享这一奖励成果，以此与四万余名职工共勉，进一步确立时间就是生命、时间就是效益的时间观念。

该钟表为康巴斯微机塔钟，由济南康达时钟表发展有限公司制造，表盘直径达 3 米，足有一层楼那么高，采用石英电子技术，走时、报时准确可靠，于"国庆节"前夕镶嵌到公司综合办公大楼上方。

醒目的钟表，立刻引起了职工们的关注，一道消息不胫而走："听说省里奖励公司领导的钱，领导没要，安装的这表，领导风格高啊。"

"这表在提醒我们要有时间观念，珍惜时间，时间就是金钱，时间就是效益啊。上班可别迟到了。"

……

这钟表还寓意着什么？

"表是表率。"公司机关工会张玉龙充满深情地说，"领导给大家做出表率，鼓励职工为唐钢发展建功立业。"

这钟表是唐钢奉献精神的写照，彰显了"自强、奋进、创新、奉献"的唐钢精神，成为公司企业文化底蕴的载体。

这钟表是激励的警钟，他时刻鞭策唐钢职工分秒必争，奋发努力，他增强了企业的凝聚力和向心力。

这钟表见证了对唐钢产生重大影响的历史瞬间——

在唐钢发展的关键时刻，时任国务院副总理朱镕基、邹家华、吴邦国，曾先后来唐钢视察，并现场办公，对唐钢结构调整提出具体要求，为唐钢发展指引航向，为唐钢的腾飞勾画出宏伟的蓝图。

这钟表见证了唐钢在市场经济大潮中的创业历程——

唐钢干部职工在改革发展之路上越走越宽广。1988 年被授予“全国先进集体”,荣获“全国五一劳动奖状”。1991 年国务院生产委员会批准唐钢为国家一级企业。1992 年 9 月，与河北省政府签订第二轮承包合同，合同期限长达 15 年，为唐钢的长久发展提供了广阔空间。

这钟表见证了唐钢在与时间的赛跑中做大做强——

1994 年 6 月 29 日，唐山钢铁股份有限公司正式成立。

1996—1999 年，每年实现利润总额均在 2 亿元以上，始终保持全行业前四名。

1996—2007 年，落实“三步走”发展规划和“三极支撑”发展战略时期，唐钢成功晋级千万吨级大钢行列。

2006 年 1 月 23 日，唐山钢铁集团有限责任公司完成工商变更登记。

2008 年 6 月 24 日，由唐钢、宣钢、承钢组成的唐钢集团和邯钢集团联合组建的河北钢铁集团有限公司注册成立。自此唐钢成为河北钢铁集团有限公司的骨干企业之一。

……

此外，这钟表还见证了唐钢人多姿多彩的生活——

这钟表伴随我们欢度唐钢举办的青年文化艺术节、企业文化艺术节和重大庆祝活动。

◎ 1999 年大型时钟见证唐钢庆祝新中国成立 50 周年活动。

2009 年，伴随着唐钢人走过 20 个春秋的钟表光荣“退役”了，如今它虽然不在人们的视线中，但它已深深地植根于职工们的心中。每当回忆起那个奋发图强年代，那段艰苦创业的岁月，这钟表就能给人以前行的力量，仿佛每时每刻都在提醒我们，唐钢今天的成就，得益于历史传承，惜时如金，明天的飞翔更需要与时俱进，扬帆起航。

执笔人：公司史志办公室　张继柱

父辈的钢城旧事

大浪淘沙，百炼成钢。唐钢这座有着 70 多年历史的钢城，在风雨征程中迎来巨变，如凤凰涅槃般绽放迷人风采。在日新月异的钢城里，代代唐钢人创造着历史，也见证着历史。在这钢铁“家庭”的奋斗史中，不仅记录了钢铁人披荆斩棘的光辉足迹，还蕴藏着中国钢铁业砥砺前行的时代密码。我的父亲，曾经是钢铁“家庭”的一员，从青春到暮年，逝去的是年华，留下的是对钢城愈加深厚的情感，以及那永远抹不去的火红记忆。

我的父母都是 1968 年进厂。作为 20 世纪 60 年代的青年，能为国家发展建设贡献力量，是他们的梦想与荣耀。当时唐钢生产设备陈旧、工艺落后，工人们的劳动环境差、强度大。就是在这样艰苦的条件下，我的父母及他们的工友们，挥洒着青春的汗水与激情，在火红的钢城建设中留下了他们奋斗的身影。

父亲和母亲都曾是二炼钢厂转炉车间的职工，父亲是炉前工，母亲是车间的统计员。我们的家住在单位职工住宅区，楼房外墙斑驳的青苔，诉说着悠悠岁月。

父亲是一个严于律己、爱厂如家的人。我小的时候看到父亲整天忙于工作，几乎天不亮就走，天不黑不回家。作为女儿，很想能像其他孩子那样，跟父亲一起去公园玩，与父亲一起聊聊天。但他实在太忙了。时间久了，我开始习惯了他的忙碌，对他充满了敬畏。我也在很多场合中听到过一些关于父亲的评价，既敬业又呆板，也算那代人的普遍形象。由于父亲一直从事炼钢生产工作，因此对炼钢生产有着特殊的感情，平时不善言辞的他，聊起自己的工作却是如数家珍，神采飞扬。

父亲所在的二炼钢厂当时称二炼钢车间，是 1958 年 10 月建成投产的，当年产钢只有 4.46 万吨。到我父亲入厂时，已经是 10 年后了，那个车间在时代大背景下经历了厂房加固、技术改造、停产复产、人员精简等各种变化。在他扎根唐钢的时候，唐钢正处于突破逆境，坚持生产和改造的发展建设时期。1973 年 8 月，唐钢改为公司建制，二炼钢车间改为二炼钢厂，当年钢产量突破 40 万吨。1976 年，随着 1 号转炉改为全氧侧吹转炉，结束了二炼钢厂空气侧吹转炉的历史，大大地提高了炼钢效率。

当年工作的场景，父亲至今难忘。他回忆说：“那时的浇钢作业需要在距离三五米处手动将钢水浇进模子里，面对的可是近 1700℃的高温，稍有不慎就可能被钢水溅到。那时候我们半小时就得换人，要不然精力和体力根本顶不住。”聊着聊着，父亲的形象逐渐立体起来，仿佛见到了他工作的模样：工作服是厚厚的白色帆布，很厚很硬，汗湿后可以竖立；头上还戴着一顶藤编的安全帽，帽子上有一块玻璃护目镜；手上戴着厚厚的石棉手套，防止烫伤。时光转场到 80 年代末，那时父亲正值中年，在 20 年的一线生产中，他积累了丰富的经验。当时唐钢正处于大规模改扩建工程建设时期，二炼钢厂陆续新建弧形方坯连铸机 4 台，钢产量已达 107.5 万吨。时代在变迁，公司在发展。父亲追求进步的脚步也从未停歇，他开始学习新技术、了解新装备。那时，父亲的床前堆满了书和笔记。有人问他:“都这个年纪了，还看什么书啊，记得住吗？”父亲的回答特别朴实:“我是钢铁工人，唐钢在进步，我也不能落后，我得学在前面，干在前面，这样才能不掉队，厂子总用得上我。”

20 世纪 90 年代，父亲从工作岗位退了下来，但他一直没有间断对企业发展的关心。每次我回家看他，他会主动跟我聊起唐钢的话题，最爱听我聊唐钢的新变化、新成绩。我告诉他：如今唐钢被誉为“世界最清洁钢厂”，成为全行业关注的焦点，被国家工信部命名为全国“第一批绿色工厂”，被列为“中国制造 2025”智能制造试点示范企业……每到精彩之处，父亲的眼中都会闪现出光彩，那是掩盖不住的骄傲与喜悦，仿佛在听我聊起他深深挂念的家人。2020 年 9 月 1 日，父亲主动打电话给我，让我陪他聊两句。那天是型线事业部二钢轧厂按照公司退城搬迁整体部署全部关停的日子，我知道，他心里一定有着万千感慨。二钢轧厂算是唐钢的老厂了，已经栉风沐雨 62 载。在那里，有我父亲的火红青春，有他几十年的记忆，是他总也放不下的牵挂。他对我说：“企业历史的路上，总会有告别，有重生，最重要的是我们给企业留下了什么，什么是企业更好的选择。我有不舍，但更多的是期待，你们这代人赶上好时候了，好好干，我相信未来的唐钢会更好！”

是的，企业发展和不断壮大，是父亲那一代人总也放不下的情结，也是千千万万钢城建设者一直未曾变过的心愿。作为新时代的钢城人，对钢城几十年前的历史，以及前辈们的付出，并未亲见，但是这座钢城确确实实是从他们手上的一砖一瓦搭建起来的，也是从他们艰苦奋斗中逐渐强大起来的。我们在接下他们手中的接力棒时，在锚定目标奋起奔跑时，定要把那些久远的记忆承接过来，在一件又一件旧事重提中，记住老一辈钢城人付出的心血和汗水，传承老一辈钢城人的精神与气质。让我们的企业在一代又一代钢城人的奋斗中，不断发展壮大，向着更高远的目标奋进，续写明天全新的灿烂与辉煌。

有人说，爱上一座城，是因为城里住着某个喜欢的人。我说，爱上我们的钢城，是因为这里有我们用汗水和勤劳建设起来的家园，有我们一心向前蓬勃发展的梦想。众城里，最忆钢城。

执笔人：能源科技分公司　刘丽红

文化广场为市民幸福加码

“双凤山下，陡河岸边，煌煌唐钢，于此发端。西拱京津，东临列港，铁路纵横航道宽。又‘三大矿带’居一，优质原煤在侧，物华之赐，人杰之襄，‘中国鲁尔区’在唐山……”唐钢文化广场主题墙上，一段《唐钢赋》，道出了唐钢 80 年深厚的文化底蕴，述说着那些年唐钢辉煌发展的历程。

沿着滨河路一路前行，在唐钢西门和滨河门之间，屹立着一座文化广场，成为唐山水系沿线 18 个城市公园之一，也是唐山人休闲娱乐的地方。

谈到唐钢文化广场，还得从唐钢置换的土地说起。2011 年，唐钢以原所属企业自行车厂厂区置换了唐山建筑陶瓷厂，占地面积达 26 万平方米，相当于 36 个足球场，偌大一片土地用来干什么？一石激起千层浪，有的说“搞投资，应对金融危机”，有的说“开发新项目”，众说纷纭。然而，唐钢决策层却独树一帜，作出历史性抉择，建设文化广场。

诚然，在寸土寸金的主城区，这片土地如果用来上一些延伸产业链项目，能给唐钢带来巨大的经济效益。然而，在唐钢人的眼里，行业危机只是暂时的，为社会创造和谐、创造幸福才是唐钢的职责，建设文化广场是深层次的转方式、调结构，比增加产值效益意义更加重大。

“宁可牺牲产量、效益，也决不牺牲环境”，这是企业秉承的宗旨也是行动的理念。当年 4 月 15 日，唐钢自掏腰包 1 亿元，遵循“尊重场地要素，重塑生态环境；关注钢铁元素，展示地域文化；设计空间要素，体现人文关怀”的设计原则，开始兴建唐钢文化广场，并请北京华清安地建筑设计事务所有限公司和原唐山钢铁设计研究院有限公司联合设计，当年 7 月正式建成免费对外开放，绿地面积达 23.18 万平方米，占总面积的 88%。

经过环境治理与改造，公司原有生产、生活环境已然消失，灰头土脸的厂房、破旧的建筑物也不复存在，取而代之的是一座崭新的现代化工业公园，干净整洁、绿色成荫、布局紧凑的休闲场所，宽阔的场地被分割成一块块草坪，一棵棵婀娜的柳树、秀丽的银杏树、高洁的玉兰、朴实的槐树，各种植物高低错落，花团锦簇，相映成趣。

文化广场建成后，周边市民多了一个休闲娱乐的场所，每当茶余饭后，这里总会引来很多人流连驻足，享受其带来的愉悦。

下班后的职工总是特意从这里经过，欣赏她一年四季的美景，感受这里的悠闲和怡然。

附近小区居民出门遛弯的次数也越来越多了，以前遛弯的地方离得远，天太热就只能

◎ 2011 年 7 月 1 日，面向全市开放的唐钢文化广场。

早晚过去转转，现在家门口就有个小公园，转角遇到绿很是惬意。

享受周末的孩子们，也三五成群、相约来到广场，追逐奔跑，做游戏放风筝，释放连日来紧张学习的压力，体验宁静的美景。

摄影爱好者也钟情于此，在这里举行模特外拍活动，抓拍人像，定格花絮，录制视频，满载而归……

不仅是休闲娱乐，文化广场还兼具展示工业特色、科普教育的功能，内设唐钢简史立柱群、主题文化墙、钢铁工艺实物展示，体现了唐钢悠久的历史和深厚的文化底蕴，展示了独具特色的钢铁文化。

为给职工休闲健身提供便利条件，唐钢再一次大刀阔斧，以 1700 万元的投资额，在文化广场内西侧建设了体育活动中心，内设多媒体影音播放设备和近 600 个电动座椅，满足职工日常运动健身的需求，成为公司组织各类体育赛事、举办文艺演出的主要场所。

自从有了文化广场，每当假日来临时，这里便成为职工载歌载舞的地方，斑斓的衣装，绚丽的灯盏，动感的旋律，甜美的歌声，欢快的笑语，无不汇聚着一种向上的力量。享受爱情的青年们在这里举行集体婚礼，新人们通过简朴、文明的婚礼仪式走向人生新的起点。羽毛球、篮球爱好者，在这里竞技比赛……

低眉处，遍是花红柳绿；高天里，不再酿雾飘烟。行走在唐钢文化广场内，感受着企业的社会担当，沿途小路上，几个具有代表性的实物黝黑铮亮，挥动着象征公司钢铁主业和非钢产业的红、蓝羽翼振翅高飞的蝴蝶雕塑，1943 年的矿石粉碎机，记录唐钢非凡智慧的转炉与功勋轧机，年代感十足的火车头……向人们诉说着钢城的光荣，这光荣的背后有技术先锋和钢铁战士的辛勤付出，见证了钢城的日益繁荣昌盛。

2020 年，唐钢再一次站在风口浪尖上，立足京津冀一体化发展，退城搬迁拉开帷幕，高炉、转炉及棒材、型钢等生产线全部关停。唐钢文化广场作为一道风景，将继续诠释新时代钢铁内涵，敞开胸怀，迎接四面八方的人们。

附：唐钢赋

双凤山下，陡河岸边，煌煌唐钢，于此发端。西拱京津，东临列港，铁路纵横航道宽。又“三大矿带”居一，优质原煤在侧，物华之赐，人杰之襄，“中国鲁尔区”在唐山！

昨日双凤呜咽兮，陡水汩潸，日寇猖披兮，掠我资源。制钢开办，岁在四三。旧日神州满目疮痍，钢铁梦夜半凋残。幸有镰刀锤头，砸烂枷锁；催雄鸡一唱，钢花亮天。发明碱性侧吹，成转炉故里；独创立式连铸，领行业之先。自此凤鸣九霄，彩翼羽添！

然命运多舛，恸乎蓝光一闪，双凤翅折，陡水浪翻。资产损头惨重（固定资产损失三分之一），英灵伤殁三千（震亡一千七百八十八人，重伤一千二百四十一人）。嗟乎！赖英雄气在，更党旗高展。铁臂擎梁，挽兄弟双手；浩气成钢，仅二十八天。又逢改革开放，春风化雨，推唐钢之雄起，正鸾凤之涅槃。闯股市听一棒锣响；搞重组竞繁花吐艳。“化铁炼钢”一页，终成历史；千万吨级规模，跻身列前！

双凤醒目兮，当惊巨变，陡水欢歌兮，礼赞新颜。低眉处，遍是掀红涌绿；高空里，从此风清天蓝。关停全部地下水，负能炼钢节能源。精细管理，能做到极致；优质钢材，销欧美高端。提升理念，敢向蟾宫折桂，直面市场，勇于潮头扬帆。打造精品凭科学发展；追求卓越抢世界前沿！励精图治，建成全球最清洁钢企；勠力同心，共创职工更幸福家园。喜看今日钢城，碧草茵茵铺十里；嫣红姹紫竞一园。

携一片唐钢羽凤舞九天，汇千缕唐钢风虎啸重峦！

凌顶多胜境，矢志再登攀！

执笔人：公司史志办公室　王静　张继柱

安得广厦千万间　唐钢永在我心房

1991 年 7 月大学毕业的我迈入唐钢大门，分配到唐钢建安公司安装处。我清晰记得第一天上班去工地，站在河茵小区一栋在建高楼的顶层，“我的工作就是建房子吗？”环顾周边低矮的楼群，心中油然而生“一览众山小”的豪情。是的，我的工作就是建房子。我要与同事们一起，建造千万间舒心漂亮的新房，成就千万家幸福的烟火。一想到这里，这份豪情和憧憬，瞬间化成了青春奋斗的力量。而后，跟随着公司发展的步履，我经历了单位解体合并重组，先后调到北区动力厂和炼铁厂技术科，岗位从最初的安装锅炉，到后来的检修锅炉，再到最后的锅炉运行技术管理。寒来暑往十九载，年龄长了、环境改了、岗位变了，可最初站在楼顶俯瞰的豪情依旧，初心未改。

2010 年 9 月，我听闻唐山唐钢房地产开发有限公司成立的喜讯，在为公司开心之余，也想到自己的未来。房地产公司成立之初，应该正是用人之际，我在建安公司时的工作经验，或许可以得以施展。对于刚步入不惑之年的我，既是机遇，也是挑战。经过深思熟虑，我毅然决然地走进了房地产公司。2011 年 3 月 29 日，是我第一天报到的日子，在大家彼此介绍中认识了新同事，瞬间融入了这个新的大家庭。我被分到了“前沿阵地”——工程部，与刘部、卢工组成了“三叉戟”组合，分别负责土建、水暖、电气 3 个专业。随后，我们三人一起来到公司的第一个项目现场——原唐钢冷库。拆除冷库建小区，安置唐钢河茵小区的拆迁户。真的是机缘巧合，房地产公司第一个开发项目，也是我最初上班的两个工地：河茵小区和唐钢冷库工地。20 年前自己亲自参与建造的两个项目，20 年后全部推倒重建，我也从当年的施工单位转身成为如今的建设单位，故地重游又有了角色的转变，让我感慨万千，激动不已。我仿佛回到了过去的日子，充满了斗志与期待。然而，随着项目的推进，我深感作为开发商甲方与施工方乙方的不同，除了需要有扎实的施工管理技术和经验外，更多的还是协调勘察单位、设计单位、施工单位、监理单位等各方责任和关系，确保施工质量和进度有序推进。另外还要处理协调好住建局的质监站和安监站、路北城管、人防站、消防中队等众多管理部门日常管理和监察。相比过去只在唐钢内部各二级单位穿梭，不仅要“独当一面”，更要练就“三头六臂”的功夫。然而，这些单位和部门对我都是陌生的领域，真正是摸着石头过河。我负责水暖专业的项目管理，除了协调总包单位和分包单位的给排水及热力管道安装工程的项目管理，更重要的是与自来水公司、热力公司、煤气公司等市政工程管理单位紧密结合，协调这些单位施工队伍的有序高效施工。这也是整个项目验收的关键所在。而拆迁户渴望尽早回迁的压力，成为摆在公司面前的重任。那时候，从领导班子到每一个职工，各领重任、共同奋战。可每日每夜的忙碌，并没有接近目标，反倒是随着各项工作的全面推开，很多问题接踵而来。当时，我开始忐忑不安，这么紧的工期、这么高的标准，谈何容易，如何收官？这种情绪刚上来，便被我们老总发来的一条短信彻底振奋起来。短信内容简单明了，提醒我一定制定好自来水外网管道的冲洗方案，做到万无一失。收到短信时，已是深夜，我刚从工地返回家中，想到此时老总及很多同事仍在工地上坚守着，估计又是要熬上一个大夜了，一种身为地产人的自豪感和使命感油然而生。在这种领导率先垂范、部门通力配合、职工拼搏奉献的氛围中，那个曾让我感觉遥不可及的既定工期如期实现了。

2013 年 8 月 31 日是钢城水岸小区给业主交钥匙的日子，我们公司开发的第一个项目——钢城水岸小区至此完美收官。我清晰地记得业主拿到钥匙时喜悦的神情，当我看到那一张张洋溢着幸福的笑脸，在建设时期的所有艰辛与疲惫被一扫而光，我也跟着他们一起笑了起来。真是开心啊！我想当时所有的地产人都能感受到那份成就感和自豪感。每每带孩子走在环城水系旁边，远远望见那高高耸立的高楼，孩子总会自豪地说："爸爸，那是你建造的钢城水岸小区。"听到这些，我心里总是美滋滋的。

第一个项目的成功，极大提升了房地产职工的信心。然而，面对持续低迷的房地产行业的严峻形势，新项目开不开，何时开工？成为摆在单位领导和唐钢领导面前的难题。最终唐钢领导经过深思熟虑和慎重考虑做出了更具挑战性的开工决定。

2017 年 4 月 8 日，期盼已久的第二个项目钢城春邑一期项目正式开工。有了第一个项目的经验积累，自然可以少走许多弯路。与此同时，一些暴露出来的问题，也提醒我必须改进。就拿我的工作内容来说，首先在设计阶段，我对各种管路进行了不同程度的优化和完善。针对随着居民生活水平提高，食用油量偏大，厨房排水管道管壁内易存油形成堵塞的通病，适当增加一层厨房为独立排水管道，同时增加一个检查井，利于堵塞后的管道疏通。另外在施工阶段，针对防水施工分项等关键工序，我们都是主动参与其中，既是学习，更是监督。随着环保治理成为国家的重中之重，如何解决环保治理与项目施工的合理推进，成为摆在项目部面前的新课题。扬尘治理从一定程度上影响了施工进度，因此被迫停工也是屡见。为此在大气质量良好的阶段，我们积极严密合理组织，制定切实可行的有效措施，承诺的竣工日期已是指日可待。

然而，突发的新冠疫情，让所有人始料未及。环保治理的压力未减，疫情防控的重任又压在了肩头。基于严峻形势的研判，公司承诺给广大业主的工期顺延了半年，也赢得了业主的充分理解。而我们每个地产人都清楚，这顺延的半年难度和压力有多大。一方面特殊时期很多资源无法如期到位，另一方面我们承载着 2254 户业主的期待，形势再难，质量和工期也要保证。在此期间，我承担了每户内水表的安装任务。这可不是简单的设备安装，在安装前需要对所有住户的室内管道进行彻底冲洗。合格的标准不只是肉眼可见的水质透明、无颗粒，而是由自来水公司水质处现场随机分区取样，用专业仪器进行标准检验，只有全部合格才能安装。在安装阶段，管井空间狭窄给安装工作带来了很大困难，由于准备充分，并与自来水公司施工人员积极沟通，我们如期高质量完成安装任务。

又是一个难忘的日子——2020 年 6 月 30 日，在地产人共同努力下，小区前期四栋楼进入“交钥匙”环节。为了早日完成自来水系统的正式移交，结束以往总表计量收费，公司需要为每位业主多负担 1 吨近 4 元水费差价。在单位领导的大力支持下，我积极与自来水公司各主管部门沟通配合，于 2021 年 5 月完成了自来水系统的整体移交。这种移交效率在整个唐山市也是首屈一指。与此同时，有关煤气供应等事宜也在紧锣密鼓地推进，2021 年 9 月开始小区供气点火，至 11 月完成了全部业主 2254 户供气，至此该项目配套各项设施全部到位，体现了唐钢房地产开发有限公司的项目开发能力和水平迈上了一个新台阶。全部 2254 套房子早早地销售一空，除了得益于战略决策阶段的科学研判，还与该项目的用料实在、定位合理、环境优美密不可分，一期项目的成功向我们展示了一个更加成熟的地产公司。

每天上班，我会穿过这个小区，高楼、绿树、草坪、跑道、喷泉、音乐，身不由己地陶醉其中。看着身边微笑路过的人们和在那里嬉戏玩耍打闹的孩子们，我感觉自己最初的心愿已然实现：这不就是我曾经最想看到的幸福的人间烟火吗？

2021 年，房地产公司推出新举措，成立了唐钢地产经纪公司，服务于房屋信息咨询和房屋租赁，打开了新的领域与市场。与此同时，钢城春邑二期项目也在积极推进中。相信不久的将来，唐钢房地产公司定会给我们带来更多的惊喜。

执笔人：房地产公司　孟志明

西门：留住时空记忆

大城山脚下，穿过车水马龙的滨河路，与公园艺境小区隔路相望的唐钢西门，总是最先映入人们的视野，灰白色的墙壁和蓝天下的白云、绿树融为一体，犹如一幅靓丽的风景画。

在这幅有底蕴、有意境、有故事的画里，承载着唐钢跨越时空的发展历史和成就，记录着一代代唐钢人奋斗的足迹和汗水。在这幅画里，唐钢职工炽热情感如同火红钢水奔流涌动，运往平津战役前线支援抗美援朝战场的优质弹簧钢工具钢经此启程，三峡角、耐火砖、低合金螺纹钢、高强汽车板相继问世……

说起企业的发展变化，最耀眼、最体面、最讲究的就是企业的大门。80 年寒来暑往，80 年沧桑风雨，唐钢西门刻下了诸多无法磨灭的“钢城记忆”。夏天是防暑降温的牛奶雪糕，冬天是在澡堂里洗一个热腾腾的澡，节日里是发放的花生油、大米各种福利……那些出生于 20 世纪八九十年代的唐钢子弟的记忆尤其微小而具体，在他们眼里，这种关爱就像公司暑期“送清凉”发的一个个西瓜，“沉甸甸的，透着甜”。

西门作为进出唐钢的主要通道，是唐钢特有的符号和地标，是唐钢的窗口和形象，承载着一方热土的信任和情感，承载着数万职工的荣耀和自豪。伴随着公司的改革发展，西门也随之不断升级变更。20 世纪 70 年代，唐钢西门略显简陋，是砖和石块垒成的两个门垛，门口只有五六米宽，仅可通过两辆汽车。90 年代，由砖和石块垒成的大门被钢筋水泥搭建的拱门所替代，那时的唐钢西门气势恢宏，门口变成了十几米宽，两个门垛变成了四个门垛，左门垛上“唐钢”两个大字金光闪闪。

◎ 20 世纪 70 年代的唐钢西门。

◎ 20 世纪 90 年代的唐钢西门。

进入 21 世纪，随着城市的清洁化建设步伐加快，唐钢的“傻大黑粗”与城市发展显得格格不入，一时间，唐钢陷入了要环境还是要发展的两难局面。在多次开会反复讨论后，唐钢决策层做出了一个大胆的决定——全面改造新唐钢。从打造“生态唐钢、科技唐钢、效益唐钢、和谐唐钢”和创建科学发展示范企业出发，以“壮士断腕”的气概，对公司老厂区进行大刀阔斧的改造和重建。

2008 年 6 月，唐钢拉开了翻天覆地大改造的序幕，同时围绕企业重要标识之一——钢城大门的“大变革”也开始了。伴随着挖土机、打夯机的轰鸣声，西门周围落后的生活建筑和生产车间被推倒、推平。随着日历一页页地翻去，一座金属焊接的钢城西大门拔地而起，大门上沿镶嵌着“唐钢”两个大字，整个大门显得刚劲有力，气派宏伟。大门周围也变得更加宽阔、更加敞亮。与门内的“七一广场”旗帜基座及矗立的旗杆、综合楼相辅相成、浑然一体展现在职工面前。

◎ 2010 年的唐钢西门。

当新的一年开始的时候，一座靓丽的、具有高科技监控管理的现代化唐钢西门矗立在唐山市陡河东岸，映入唐山市民眼帘，根本感觉不出一点工厂轰鸣和烟尘的气息，成为唐钢一道靓丽的风景线，也成了唐山陡河东岸旅游观光新的工业景观。

无论是上班的职工，还是外来办业务的人员，都不能随意进入唐钢西门了，每个人都需要亮出“身份证”——职工出入卡。治理后的唐钢，厂区没有闲杂车辆、没有闲杂人员，一切都变得井然有序。

几多变幻，几多容颜，钢城西门始终是钢城儿女心中最难忘、最神圣的地方。不管是新入厂的年轻人，还是退休离开公司的老员工，都喜欢在钢城西门前留个影，留下对唐钢如钢水般滚烫的爱恋，留下对唐钢如钢花般美好的记忆。

冬去春来，每日进出钢城西门，每日都有不一样的情愫。每个唐钢人的时空岁月里都会有第一次、无数次与唐钢西门相遇时的场景，留下不同的工作意义和情感记忆。而今，随着公司区位调整的深入推进，高质量发展成为公司的主旋律。然而，无论企业怎样改变，唐钢西门留给职工的情感温度不变，峥嵘岁月里的工作激情不变，打造“绿色唐钢、生态唐钢”的决心不变，钢铁报国的初心不变。

◎ 2021 年的唐钢西门。

唐钢西门，延续着企业与职工之间永不褪色的钢铁情缘。走进它，油然而生的是作为唐钢人的骄傲与自豪。让我们从西门的回忆中汲取能量，最美的风景永远在前。

执笔人：公司史志办公室　王静　张琴

久别重逢贾家山

贾家山，又称亮甲山、晾甲山，是唐山市“一脉五山”体系中最东的一座，位于大城山主峰东侧，据记载其占地约 10 万平方米，海拔 80 米。山名来自唐朝，传说唐太宗东征高丽在此地晾晒过铠甲。曾经的她与大城山东西相守，将陡河夹在中间，形成一个山口，风景秀丽，地势险要。从地质学的角度来讲，贾家山为奥陶纪孤立小山。奥陶纪为地质上古生代第二纪，距今约有 4 亿年。

前世的印记

上古时代的贾家山水草丰美，孕育出了繁盛的生态。1930 年，“北京人头盖骨发现者”裴文中先生曾受邀来到贾家山，在紧张的发掘过程中，他发现了大量的古动物骨头化石，通过对它们的分析，他认为陡河沿岸的贾家山、大城山、弯道山一带物种丰富，具备多种生物繁衍生息的环境。也就是说贾家山一带在 100 万年至 45 万年前，有动物群在陡河边生存，而贾家山的沉积物在地质年代下限上又与周口店同源。

贾家山与大城山隔河相望，史学家称其延续了大城山的古代唐山人的居地，实证了唐山的历史文化，将唐山市的历史向前推进了近 3000 年。20 世纪 50 年代，一次意外的考古大发现让贾家山闻名全国，震惊历史学界。而这一发现，又将贾家山的人类文明史向前追溯至周汉时期。1950 年秋天，有人在贾家山一带发现了古陶和铜器。时隔一年，又有人挖出了一个完整的“狩猎纹铜壶”，轰动全国，此事再度引起文化部的高度重视。

1952 年 5 月，中央文化部社会文化事业管理局邀请中国科学院考古研究所派人来调查，着手研究发掘事宜。不挖不知道，一挖吓一跳。发掘期间的一个月内，在贾家山西坡高地上，共发掘古墓 36 座，其中战国墓 22 座、西汉墓 8 座、东汉墓 3 座和时代不明的墓 3 座。发现文物有陶、铜、石、玉器及古币近千件，以铜器数量为多，称“贾各庄（贾家山坐落在贾各庄）铜器群”，货币有大泉、货泉、五铢、莽币等。这些发现堪称民族瑰宝，对研究战国铁器特性，燕国地方文化特性产生了巨大作用。在贾家山战国墓葬出土的文物中，陶器占绝大多数，主要有鼎、豆、壶。这些陶器是战国时代常用的器具和随葬的冥器。

在战国墓中，最耀眼的当属出土的铜器，它们可以分为三类：容器方面，有鼎、豆、壶、敦、盘、匜等物。形态都是标准的战国式铜器，有的还具有丰富的地方色彩。这些铜器，除了战国时代常见的花纹以外，以兽形纹较为显著。

贾家山下的陶器、燧石斧、骨针、五铢钱，以及汉砖、汉瓦等无一不述说着唐山的历史文化和沧海桑田的变迁。1952 年 6 月 25—29 日，这批出土文物曾在唐山市工人文化宫展出，五天的展览，观众达 3.39 万人，平均每天 6000 人左右。现如今这批珍贵的文物绝大部分已经被存放在中国国家博物馆，成为国宝。

民间传说唐太宗率军东征高丽时曾途经此地，将士遇雨，在此山晾晒铠甲，故名。后来这里的居民改山名为贾（甲的谐音）家山。据清光绪修《滦州志》记：山上有药王庙（纪念唐朝医药学家孙思邈），前有石佛洞。

贾家山的发现有何分量呢？据时任唐山地方史志办公室主任历史学家高金山先生介绍，当年他曾到中国历史博物馆（今中国国家博物馆）参观，博物馆接待人员不说唐山的人到了，而说贾家山的人到了，可见贾家山的出土文物在文博界占有多么重要的地位。如今的唐山博物馆陈列复制品。

近代的宝地

贾家山既是一座陵墓遍布的风水宝地，同时也是一座富集铁矿的“金山”。到了近代，唐山周边煤电铁资源发展起来，1943 年日本帝国主义资本在这里设厂，唐山制钢株式会社成立。山逐渐变成厂内山。贾家山成为华北钢铁工业的发祥地。抗日战争胜利国民党接管后，改称为华北钢铁有限公司唐山制钢厂。自建厂至解放前，月均产钢仅为 68.2 吨，仅够造一节火车。

贾家山在唐山解放时的战斗岁月里有一段鲜为人知的故事。1948 年 12 月，东北野战军乘辽沈战役大胜雄威，挥师南下。国民党华北守敌成惊弓之鸟闻讯慌忙收缩。敌铁甲列车往复巡视，一看见想过铁路的人就疯狂扫射。公司职工曹明当时参加了党的地下活动，至今仍然记得从缸窑沿着贾家山赶往市区接受任务时，厂内响起的枪声。当月 12 日，贾家山一扫帝国主义和国民党资本家压榨的愤懑，迎来了解放。国民党八十七军全线向天津撤退前，高炉已经被铸死，生产艰难进行。

贾家山为唐山的钢铁工业倾其所有，见证荣耀。解放后，在中国共产党的领导下工人们的生产热情释放，生产规模不断扩大。特别是 1952 年侧吹碱性转炉炼钢法的试验成功，在我国炼钢史上具有划时代的意义，重工业部对此予以通报表扬。唐钢因此成为中国转炉炼钢的发祥地，被誉为“转炉的故乡”。

贾家山东南麓有村落贾各庄。随着唐山钢厂的不断扩大，1958 年为满足发展用地需要，贾家山脚下的贾各庄全体村民举家外迁，生活了几代人的村庄从此消失。60 年代末 70 年代初全国上下深挖洞、广积粮，贾家山的人防工程于 1969 年开始建设。1979 年建成一个地下医院和与市辖主干洞相连的防空洞。1980 年以后补建了贾家山工程，1987 年路北区移交唐钢部分人防工程。人防工程管理以平放结合为原则加以开发利用，1981 年以后用来发展种植业。1987 年，贾家山指挥所地下会议室建成使用。

后来的贾家山常年被封闭在老区院内，非唐钢职工的普通居民已经难以得见。带着一丝遗憾，贾家山只留下尚不完整的遗迹。但贾家山遗存的历史文化和钢铁印记，却早已载入唐山乃至冀东发展的史册。

今生的见证

2008 年，贾家山再一次焕发新的生机，唐钢实现了脱胎换骨的巨变。是年，国际金融危机爆发。面对严峻考验，唐钢以超前的眼界和气魄，破旧革新。唐钢总经理于勇向时任唐山市委书记赵勇承诺："拆除的面积我们不用做新增设备产能，全部用作绿化！"山周围，包括 3 座小高炉在内的占厂区五分之一的面积被拆除，形成了"四园一山一带"。山下，斥资亿元建设的唐钢文化广场，成为陡河环城水系公园中建设标准最高的一个景观。

2012 年，贾家山主峰南侧被开发成唐钢展示厅和景观瞭望台，当年 9 月完成。而山北侧则依然保留着防空设施和民兵训练基地。

过去因开采石料，造成了贾家山严重的山体破损。建设文化广场的同时，对山体进行修补，并采用挂网喷播方式用 8490 株各类植被全面修复，新增草坪、野花组合，绿地面积达 3.67 万平方米。

自此，贾家山告别了那一层缭绕了多年的工业灰沙，露出了青山底色：从山顶看绿带环绕、灵燕飞舞，厂区一半面积被各色绿植所覆盖，山下，老区厂区的主干道迎宾路绕山而行，连接唐钢西门和滨河门，如银练贯穿于一片绿海。不远处的水处理中心每年相当于 1.5 个西湖的淡水还给大自然。野鸡、野兔、戴胜、喜鹊出现在职工们的朋友圈相册。

2012 年，唐钢董事长于勇邀请多年支持唐钢建设、中国冶金行业著名专家石启荣来参观治理后的唐钢。当时，石老一度认为搬离市区是最好的选择。石老不相信，这个打了几十年交道"看着长大"的唐钢会有什么新变化。

登上贾家山，俯瞰新唐钢的石老被震撼到了，惊喜之中，他连连向国内多家企业介绍唐钢从传统钢铁企业的转型与在科学发展上的先进做法。此后，从中国宝钢到韩国浦项钢铁，慕名前来"取经"的国内外企业络绎不绝，钢协领导更是评价唐钢为"世界上最清洁的钢厂"。

同样是一座山一条河，远在东欧的多瑙河与斯塔拉山脉旁，河钢集团与塞尔维亚政府正式签署斯梅代雷沃钢厂合作协议。2016 年，唐钢团队受集团委派负责河钢塞尔维亚公司的运营管理。自此这座东欧钢城与唐钢有了共同命运，曾经连续 7 年亏损、生产经营陷入困境，在唐钢派出的 9 名管理者接手后仅用不到半年时间就实现扭亏为盈，桥头堡的胜利背后不仅是团队的支撑，也是中国"一带一路"倡议的强大赋能。2017 年 5 月 19 日，"一带一路”国际合作高峰论坛闭幕后，塞尔维亚总理、当选总统武契奇，专程访问唐钢。

在贾家山，武契奇看着展示厅玻璃幕墙外的满目苍翠，掩映下的白色的厂房出神。他问河钢集团董事长于勇：“塞尔维亚公司何时能够达到这样的水平？”于勇回答：“未来的河钢塞尔维亚公司也会像现在的唐钢一样。”武契奇动情地说：“‘一带一路’不仅是中国的梦想，也是塞尔维亚的梦想。”

2020 年 9 月 1 日，3200 立方米高炉炉火正式熄灭，钢铁巨人为了重生筑梦，老区主体装备停在了战争、动荡、地震、经济危机都未曾使它停下的第 77 个年份。这场“断舍离”，是向自己的昨天告别，尽管有无尽的不舍，但热爱是永驻的，只有离别时才会显露。不远处矗立的贾家山默默地见证着唐钢的前世与今生，沧桑与辉煌。

告别不舍，重生不易。在这片曾经流淌着钢铁与几代人热血青春的沃土之上，以后依然会演绎更多一座山与一座城的精彩故事。我想这段唐山与唐钢、唐钢人共同的记忆是不会被轻易遗忘的，因为我们有新的奔赴，会在贾家山的注视下不断迈出铿锵的脚步，在向海图强的新征程上赓续长青基业。

执笔人：公司史志办公室　靳志伟　张继柱

钢城四季

当历史舞台的聚光灯聚焦于2020年的秋天，照亮这座钢城，在宣布唐钢新区投产的那一时刻，具有70余载历史的唐钢，以绿色制造企业的靓丽身姿，向世界展示了中国钢铁企业的全新形象，转型升级、向海图强成为每一个钢城人的使命与荣光。

在送走第一班通向新区的班车，唐钢本部的迎宾路上，静谧而美好。秋风习习，道路两旁的树叶，跳动着身姿，翻动着波浪，像在争先恐后地诉说着它们眼中的风景，和在一次次寒来暑往中留下的钢城故事。

钢城四季，美如画卷。春日，粉桃妆，绿轻裳，百花竞放，万紫千红，争奇斗艳。夏季，绿树成荫，蝉鸣悠扬，如丝竹悦耳，随风回荡。秋天，流金溢彩，硕果累累，蜿蜒的铁道上，橙红色的火车拉响汽笛，仿若驶入金色的未来。冬来，绿意更加厚重，白雪纷飞的日子里，墨绿的冬青陪伴着湛蓝的天空，演绎着一幅水墨丹青。

钢城三季有花，四季常绿。管网、料场入地，物流畅达有序，坐落在市区，十里钢城成为唐山市一道靓丽的风景线。钢铁花园、主题生态绿地、水系生态园、厂区立交桥、贾家山……一处处景观，彰显着钢城的工业文脉、历史文脉和文化精髓。

转身回首，钢城在四季流转中，在美如画卷的风景里，将无限的活力、魄力、收获与希望深深刻入每一段时光，成为唐钢走向深蓝，决胜未来的强大底气。

春播：绿色转型的出发

春风十里，陌上花开，赤橙黄绿青蓝紫，所有的颜色都如期上演大地的风采。走在钢城，丛丛新绿布满了树梢，簇簇花朵挤满了枝头，宛如置身于画中一般。

这是一个充满生机的季节，它象征着从新开始，象征着又一个新起点的来临，它和着杜甫的好雨、陆游的春雨、白乐天的春风，给钢城人带来新的希望、梦想与追求。

犹记2009年的春天，公司以全新的面貌展现在世人眼前，钢铁灰和洁净白，颜色相间相融，一排排现代化厂房错落有致，宽阔的马路一尘不染，昔日的老旧面貌荡然无存，让工作其间的我们置身于绿海。目之所及的环保、生态、绿色、和谐，触动的是思想，改变的是理念，影响的是企业转型的出路。

忆起2013年那个春天的故事。入股德高公司暨12亿美元钢材出口结构性资金签订协

◎ 钢城之春。

议，形成制造业和钢贸商之间协同效应，开启后钢铁时代新的商业模式；启动全流程一贯制管理，各项专业管理纵向延伸、一管到底……春天里的创新动作，打开了唐钢人增效创利的新思维、新路径。

春天里的钢城花香怡人，幸福满满，从昔日的“脏乱差”到如今的“绿净美”，这里已连续十余年成为公司举办青年集体婚礼和拍摄婚纱照的背景地，很多青年职工都期盼着在这里度过一生最难忘的时刻，走进幸福的婚姻殿堂。外籍员工弗朗西斯科和他的中国妻子参加了公司 2013 年青年集体婚礼，十里钢城见证了他们的跨国爱情。

经历了冬的寒冷，迎来了春的脚步。公司顺应国家政策，主动融入“互联网 +”思维，大力发展“互联网 +”项目。2016 年的春天，“互联网 +”项目正式上线运行，实现了非钢企业扩大服务、走向社会，利用社会资源快速发展壮大的目标。

夏耕，打开新的天地

◎ 钢城之夏。

时光漫步，走过了春天的旖旎绚烂，迎来了夏日的蓬勃明媚。钢城的夏日繁花似锦，美不胜收；钢城的夏日绿树成荫，芳草遍地；钢城的夏日鸟鸣蝉唱，热闹无比；钢城的夏日忙碌热烈，高炉上、转炉前、轧机旁，火红的产线，火热的干劲儿……

这是一个生命燃烧的季节，激荡人心、催人奋进，它赋予了钢城人发奋图强的动力和超越自我的力量。

2008 年的夏天至今难忘。唐钢以破中求立、立中求新的勇气，打响了大规模厂容环境综合治理攻坚战，分厂区系统、生活服务系统、车间系统、管理系统 4 个系统进行改造，自此开启了绿色唐钢、生态唐钢的转型序幕。

2009 年的夏天铭记于心。时任国务院总理的温家宝到唐钢视察，走进巨变后的钢城，烟尘和蒸汽都不知去向，总理说:“唐钢技术改造有进步，节能减排搞得好，职工福利有提高。”

2016 年的夏天充满荣光。唐钢人离开家乡，远赴塞尔维亚，毅然担负起历史的使命，让“一带一路”建设及中国与中东欧国际产能合作样板工程闪耀多瑙河畔。

2020 年的夏天赋予了科技的魅力。5G+ 局域网”正式投入运行，实现了无线局域网由工业 Wi-Fi 覆盖提升为 5G 信号覆盖，标志着公司局域网成功由 4G 提升为 5G，成为行业领先，集团首例。

秋实，一路芳华一路歌

春华秋实，落叶知秋，送别炎炎夏日，迎来了硕果累累的金秋。钢城的秋色如同一幅色彩斑斓的画卷在眼前徐徐展开。无论是宛若翡翠一般的“水立方”,抑或是高耸的冶炼炉，还是贾家山上的层林尽染，让你仿佛置身于多姿多彩的画境……

钢城的秋天不仅美在丰硕的果实，更美在钢城历经汗水浇灌后那开出的一朵朵成功之花。

◎ 钢城之秋。

2009 年的秋天，公司建成华北地区最大的水处理中心，被职工们亲切地称为唐钢的“水立方”，实现废水零排放。后来，水处理中心作为“城市中水替代地表水、深井水作为钢铁生产唯一水源”项目成果，代表河钢集团获得 2016 年度世界钢铁工业可持续发展卓越奖。

一份成果，是数载夜以继日四季耕耘的结果，钢铁行业水资源综合利用的典范是充分肯定和最大褒奖。

翌年金秋，唐钢确定了“做精主业、做大非钢、适度多元、持续创新”的发展思路。自此，非钢产业翻出主业“围墙”，多元开发，全面发展，开拓新业务，走向市场化，逐步由内向服务型向外向效益型转变。经过多年努力，非钢产业充分发挥产业优势和自身潜力，在集团内走在了前列。

历经春播夏耕，迎来累累硕果。2020 年的秋天，唐钢新区正式投产，公司自此拥有了世界级现代化沿海钢铁基地，实现了从城区走向沿海、从内陆走向深蓝，更意味着告别过去走向未来，推动公司实现更好更快发展。2022 年的秋天，再传捷报，公司登榜“智能制造示范工厂”，上榜“国家级”榜单，彰显出公司在数字化、智能化转型之路上的强劲创新力、持续拓展力和对高质量发展的卓越追求。

冬藏，只为春的伏笔

深秋已暮，岁至新冬，漫天的飞雪让钢城披上洁白的外衣，在白雪的映衬下，钢城显得更加多姿，没有喧腾、热闹，清新古朴，打下春的伏笔。雪后的钢城碧空晴朗，暖阳高悬，给寒冷的冬日带来温暖。春生夏长，秋收冬藏，这是一个蛰伏惊鸣，只为藏守后蓄势待发，为新的蓬勃发展孕育生机的季节。

◎ 钢城之冬。

奋战冬三月，唐钢人的心里有火、眼里有光。2012 年伊始，“两个转变”“两个提升”经营方略首次在唐钢职工代表大会工作报告中权威定义。“两个转变”、实现“两个提升”作为这个冬日最响亮的词语，成为做强做优企业的基本方略。走进市场、服务用户，不丢掉一分一秒，不放过一丝一毫，趁着风华，赶着日茂，只为让产品和市场走进客户的内心。

从冬藏走向春生，一冬储存的能量蓄势待发。2015 年的冬天，全面实施的作业长制；

2016年的冬天，启动的以产线为独立市场单元的组织结构扁平化变革，从做“加法”到做“减法”，一次次管理变革让我们在酷冷中独领风骚，蓄积了来年的能量。公司在改善厂区生态环境、创建和谐共融的绿色钢铁企业道路上勇毅前行。2022年一条喜讯，打破了冬的沉寂。唐钢新区获批环保A级绩效企业！这是吹响创评国家环保A级企业号角以来，公司在环保创A工作结出的崭新成果、书写的优异答卷。

十里钢城，阳光明媚，花开锦绣。这条迎宾路见证了公司的春播、夏耕、秋实、冬藏，四季轮回，留下了唐钢转型升级、高质量发展的每一分力和每一分光。在这朝朝夕夕、寒来暑往中，这座钢城积累了有历代唐钢人的豪情与梦想，如今成为唐钢向海图强新的征程的无限能量。

走进发展的春天，唐钢步履坚定，铿锵前行。最美的四季，留在路上，留在远方。

执笔人：公司史志办公室　徐帅　王福生

第七章

基业长青

旗帜领航：从第一次到第十一次

——唐钢历次党代会回顾

从 1961 年到 2021 年，唐钢历史上共召开 11 次党代会。每一次党代会，都是交流思想、总结经验、提出新的政治任务的重要时刻。探寻回顾公司党代会的历史，能够让我们对历次党代会有全面的了解，找到公司发展的一个个“路标”，串联起一幕幕辉映过去、昭示未来的红色记忆。

公司党代会是庄严且神圣的会议，是唐钢每一次起飞的“加油站”。召开的时间间隔多则 10 年，少则两年多。即第一次党代会和第二次党代会间隔时间为历史最长，这是由于 1966 年“文化大革命”开始后党委、监委工作瘫痪所致；第四次党代会和第五次党代会间隔时间为历史最短。1993 年召开的第七次党代会出席代表人数为 503 名，是历史上代表人数最多的一次；2021 年召开的第十一次党代会出席代表人数为 198 名，受新冠疫情影响，是历史上代表人数最少的一次。

不同时期的党代会召开的历史背景、确立的目标任务，映照了时代特征和唐钢特色。第一次党代会召开在国民经济调整时期，会议中心议题是贯彻中共中央在庐山召开的政治局扩大会议精神和《工业七十条》，总结建党以来，特别是“大跃进”以来的经验教训。随着时代的发展，社会的进步，唐钢发展理念也在提升，逐步转型升级，驶入发展的快车道。第十一次党代会提出打造“五个高地”、实现“五个一流”，以高质量党建引领公司向海图强新征程的战略目标和任务规划，绘出了未来发展的美好蓝图。

唐钢历次党代会简要情况

第一次党代会（1961 年）

召开时间：11 月 28 日

参会代表：251 名

代表的党员人数：1660

党委书记：李大朴

党委副书记：赵文仕、张子彦、穆忠

中心议题：贯彻中共中央在庐山召开的政治局扩大会议精神和《工业七十条》，总结建党以来，特别是“大跃进”以来的经验教训，确定今后的任务。

第二次党代会（1971 年）

召开时间：11 月 23 日

参会代表：375 名

代表的党员人数：2560

党委书记：邓庆祥

党委副书记：李继江、刘文全、王春生、胡广金

中心议题：总结唐钢开展学习毛泽东思想和工业学大庆的群众运动，全面落实各项政策，加强党对经济工作的领导，做好备战工作。

第三次党代会（1974 年）

召开时间：12 月 24 日

参会代表：460 名

代表的党员人数：3258

党委书记：徐时杰

党委副书记：刘文全、李大朴、王春生、赵文仕、马洪臣、王益元

中心议题：总结办好社会主义企业的经验，加强党的一元化领导，深入开展“学大庆、赶开滦”运动，掀起生产建设新高潮。

◎ 中共唐山钢铁公司第一次代表大会会场留影。

第四次党代会（1983 年）

召开时间：12 月 29 日

参会代表：405 名

代表的党员人数：4513

党委书记：刘永保

党委副书记：郝久岚

中心议题：以党的十二大精神为指针，总结唐钢在党的建设和坚持办好社会主义企业等方面的经验教训，深入开展创建“六好”企业活动，为开创唐钢各项工作新局面而奋斗。

第五次党代会（1986 年）

召开时间：5 月 15 日

参会代表：457 名

代表的党员人数：6101

党委书记：袁瑞新

党委副书记：张学

中心议题：审议和通过上届党委会的工作报告，确定唐钢“两个文明”建设的指导方针。

第六次党代会（1989 年）

召开时间：6 月 2 日

参会代表：493 名

代表的党员人数：7256

党委书记：袁瑞新

党委副书记：张学

中心议题：以党的十三大精神为指导，总结三年来党的各项工作经验和教训，提出今后三年的努力方向和工作任务。

第七次党代会（1993 年）

召开时间：9 月 16 日

参会代表：503 名

代表的党员人数：1.32 万

党委书记：袁瑞新

党委副书记：张学、刘纯明

中心议题：以党的十四大精神为指导，认真回顾总结 1989 年第六次党代会以来的工作经验和教训，讨论通过今后四年的工作任务和奋斗目标。

◎ 中共唐山钢铁（集团）公司第七次代表大会会场留影。

第八次党代会（1998 年）

召开时间：5 月 30—31 日

召开地点：公司俱乐部

参会代表：338 名

代表的党员人数：9600

党委书记：张永昌

党委副书记：王天义、刘纯明、刘玉印

指导思想：以邓小平理论和党的十五大精神为指导，深入贯彻“抓住机遇，深化改革，扩大开放，促进发展，保持稳定”的方针，动员各级党组织和广大党员为公司“两个文明”建设再上新台阶而努力奋斗。

◎ 中共唐山钢铁集团第八次代表大会会场留影。

第九次党代会（2006 年）

召开时间：10 月 19 日

召开地点：二钢轧厂俱乐部

参会代表：302 名

代表的党员人数：1.13 万

党委书记：王子林

党委副书记：刘义生、周贺云、郭爱恒

指导思想：以邓小平理论和“三个代表”重要思想为指导，坚持和落实科学发展观，加快“三极支撑”发展战略的落实，为建设和谐快速发展的新唐钢而努力奋斗。

第十次党代会（2015 年）

召开时间：3 月 19 日

召开地点：公司俱乐部

参会代表：298 名

代表的党员人数：1.4 万

党委书记：王兰玉

党委副书记：田欣、刘亦兵、王春东

指导思想：坚持以科学发展观为指导，进一步解放思想，凝聚力量，为建设最具竞争力钢铁企业、促进集团转型升级、开创企业科学发展新局面而努力奋斗。

◎ 中共唐钢公司第十次代表大会会场留影。

第十一次党代会（2021 年）

召开时间：11 月 16 日

召开地点：会议中心

参会代表：198 名

代表的党员人数：1.18 万

党委书记：谢海深

党委副书记：张弛、王文德

会议主题：坚持以习近平新时代中国特色社会主义思想为指导，抢抓机遇、迎接挑战，打造“五个高地”、实现“五个一流”，以高质量党建引领公司向海图强新征程，奋力谱写转型升级和高质量发展新篇章。

◎ 中共唐钢公司第十一次代表大会会场留影。

（本文内容摘自《唐钢沧桑》《唐钢年鉴》《唐钢报》）

抗震救灾　中流砥柱

——记在7·28抗震重建中集结奋战的唐钢党组织

1976年7月28日，唐山发生强烈地震，毁灭性的自然灾害，给唐山人民带来深重的灾难，也把唐钢这个经过30年建设的老企业变成一片废墟，损失极其严重。全公司1.82万名职工中，有1788名职工震亡，1241名职工受重伤。职工家属7万人，震亡8602人，重伤2307人。幸免于难的公司职工，几乎人人有小伤，家家有亲人伤亡。缺医少药，断水断电，生活极端艰难。

生产设施破坏极其严重。厂房倒塌，设备被毁，风、水、电、铁路、公路线路全部报废，公司各处疮痍满目，一片废墟。所有幸免职工都陷入恐惧、悲伤之中。是唐钢党组织，在上级党委政府及全国人民的大力支援下，在极端困难的艰苦环境中，动员广大职工开展了声势浩大的抗震救灾、恢复生产的斗争，最大限度将地震灾害带来的损失降到最低限度，在灾难中汲取了强大力量，震后28天就炼出了第一炉“抗震志气钢”，在一片废墟瓦砾上重建起家园，让党旗飘扬在抗震救灾一线。1978年邓小平同志视察唐钢时高度称赞“唐钢工人阶级是地震震不垮的、困难吓不倒的队伍”。

第一时间的特殊党委常委会

天摇地撼的地震刚过，人们还没从惊恐中镇定下来。灾情就是命令！唐钢党委副书记李大朴、赵文仕等领导同志，从各自的居所第一时间赶到公司来。公司内到处是残垣断壁，人们如惊弓之鸟惊慌地跑动，因为余震不断，许多房屋仍在坍塌发出巨大的响声。他们在广场上不期而遇，因为军代表党委书记徐时杰在市里居住，生死未卜，革委会副主任刘永保出差在外。在其他领导又无法联系的紧急情况下，三人站在广场的东南角开了一个特殊的党委常委会，决定暂由他们三人担负起应对紧急情况的责任，并且安排党委、行政办公室人员，日日夜夜坚持在露天广场现场办公，提出三项措施。一是通知从广场通过的厂处级干部及相关人员立即回本单位组织职工排险救人，同时组织力量到家属区抢救被压的居民，尽量减少人员伤亡；二是尽快把伤员集中到广场上来，以便集体救治和等待转移；三是适当掌握了解各厂的震灾情况，为下步抗震救灾决策提供依据。

正因为有这样一个既没办公室又没办公桌的临时办公点，在地震后的极度混乱中，向

◎ 1976年8月25日，炼出震后第一炉『抗震志气钢』。

全公司职工证明：地震虽然震垮了我们的厂房和办公楼，但是党的领导还在，还有充分的力量领导抗震救灾工作。从而增强了职工群众战胜自然灾害的信心和决心。相继其他领导，有的身负重伤也来到公司，很快担负起指挥公司抗震救灾重任。在公司党委领导下成立抗震救灾指挥部，分为救治伤员、恢复生产、搭建简易住房等几条战线，开展声势浩大的抗震救灾斗争，让职工群众深感党组织就是大家的“主心骨”。

第一时间集结力量的基层党组织

地震使广大职工陷入群龙无首恐惧慌乱之中，公司基层党组织在无法与上级和外部联系的情况下，不等不靠，积极主动担负起组织群众抢险救人的责任，使人员伤亡和经济损失降低到最低限度。唐钢各级党组织第一时间集结力量，投入抗震救灾工作当中。当时共有 218 名厂处级党政领导干部，震亡 35 人，重伤 31 人，很多人也都不同程度受到伤害，但他们不顾家人安危，拖着伤体第一时间赶到单位，坚守岗位，安抚群众，使职工从恐惧慌乱中镇定下来，积极投入到排险救人，保护重要设备和要害部门的战斗中来，极大地减少了人员伤亡和国家财产损失。二炼钢厂综合楼倒塌，把正在一楼用餐的近百名夜班职工压在里面，二炼钢厂党委领导班子成员当机立断，组织在厂职工全力抢险救人，手搬肩扛，手被磨破，脚被扎伤，随时都有被砸被压的危险，但无一人后退。经过两小时拼命抢救，救出全部被压职工。

生产车间及班组所在的党支部，在地震和抗震救灾恢复生产的过程中也都发挥了坚强的战斗堡垒作用，作出了不可磨灭的贡献。一炼钢厂二班党支部，在厂党委书记带领下，组织全班职工撤出车间后，发现一名修包工人和一名天车司机没有跑出来，支部成员就带领部分职工冲进车间，搬开倒塌的废墟，在余震中把身负重伤的修包工人救出来，随后又冒着余震危险爬上 15 米高的天车把天车工解救下来。接着，组织全班职工到倒塌的职工宿舍楼抢救被压职工，他们用手扒开碎砖瓦，用肩顶起水泥梁，把压在废墟下的 40 多名女职工解救出来。

从磨难奋起的共产党员

公司广大党员不仅在生产建设中发挥了先锋模范作用，在地震的严酷自然灾害面前，也不愧为共产党员这一称号。不论是抢险救人，还是恢复生产，都能临危不惧、舍己为公、克己为人，时时处处严格要求自己，充分表现出共产党员的高尚品质。

有的不顾个人安危抢险救人光荣负伤；有的忍受丧失亲人的悲痛，积极投入抗震救灾恢复生产的工作；有的先人后己，为群众穿衣、吃饭、建房投入全部身心；有的不怕艰难险阻，为早日恢复生产夜以继日，忘我劳动。可以说所有危难险重的任务，都离不开共产党员，都有共产党员发挥模范带头作用，从而团结带领广大职工，经过努力奋斗，以最快的速度完成电、风、水、氧系统工程的修复。

在抢救伤病职工，基本安排好职工生活的基础上，1976 年 8 月 10 日，公司党委作出全面恢复生产的决定。公司和二级厂矿成立了恢复生产领导小组，经过对主要生产厂矿的建筑、设备受损情况进行调查，提出分三期开展恢复生产工作的安排意见，震后不到一个月便炼出了第一炉“抗震志气钢”，受到党中央、国务院的表扬。到当年 10 月底，仅两个多月的时间，便有中型轧钢厂和第一、第二、第三轧钢厂，以及铁合金、耐火材料、铸造、原料等厂相继恢复生产。是年 11 月底，唐钢全部恢复生产，被冶金部等上级领导机关赞誉为“抗震精神创造的奇迹”。

执笔人：公司史志办公室　王福生　徐帅

“创先争优”让科学发展观落地生根

2012 年 10 月 15 日，《经济日报》记者雷汉发来到唐钢采访，在冷轧薄板厂的南门入口处，被一幅清晰生动的创先争优路线图所吸引。图上所示的创争目标、活动措施一目了然，最上端则挂着“建设世界级冷轧工厂”的大幅标语。一位职工自豪地对他说：“通过开展创先争优活动，我们企业许多技术指标已经达到了国内领先、国际一流水平。”

当年 6 月 28 日，唐钢党委被中共中央组织部授予“2010—2012 年全国创先争优先进基层党组织”称号。这是唐钢在党建领域获得的最高荣誉，公司也因此成为河北省获此殊荣的唯一一家钢铁企业。雷汉发看到，轰轰烈烈的创先争优活动并未因荣誉的取得画上句号，而是在一次次热潮迭起中更加深刻、更加务实地贯彻下来。

自上而下的红色风暴

创先争优活动，即创建先进基层党组织，争做优秀共产党员活动。早在 2007 年，党的十七大在关于党的建设的部署中，就曾明确提出开展两项活动，一是在全党开展深入学习实践科学发展观活动，二是在党的基层组织和党员中深入开展创先争优活动。2010 年 4 月，中央正式作出决定，至 2012 年 11 月十八大召开前，历时两年半，在全国党的基层组织和党员中，深入开展创先争优活动。这既是对十七大深入开展学习实践科学发展观活动的拓展和延伸，也是对即将到来的十八大的铺垫和迎接。

党旗飘扬，猎猎生风。在唐钢几十年的发展历程中，正是得益于党的坚强领导，才能在复杂多变的市场形势下，挺过寒冬，愈挫愈强。此时，距离全球金融危机刚刚过去不到 2 年，钢铁工业正处于 21 世纪以来生产经营最困难的时期，钢材价格震荡频繁，出口大幅萎缩，供大于求矛盾突出，生产成本面临巨大压力。这场自上而下、席卷全国的创先争优活动，恰恰给公司跨过黑暗时刻，走出行业低谷注入了崭新动能。

星星之火成燎原之势

炼铁厂党委强化开展“学先进、跨台阶、百日争先”活动，树立了“当好公司各项工作的排头兵”的创争目标。冷轧薄板厂党委“用钢铁般意志打造世界级精品工厂”活动，助推“唐钢品牌”“中国制造”叫响国际市场。动力厂党委秉持“以创争促党建，以党建筑堡垒”理念，在水处理中心生产现场已达到同行业最高标准的基础上，再次提出“创建无瑕疵站室”的口号，将其打造成为公司最靓丽的窗口……

这是2010年5月12日，唐钢党委下发《关于开展创先争优活动的实施方案》后，基层党组织迅速行动的真实写照。在此后2年多的时间里，公司董事长于勇提出的“营造氛围、结合实际”要求，与党委书记王子林关于“以‘四个创建’为载体，具体组织和开展创先争优活动”的动员讲话，在十里钢城掀起了一场紧扣科学发展主题，实现精品唐钢目标的红色风暴。

联系实际，注重实效，不流于形式，是党中央对创先争优活动的严肃要求。唐钢党委深入领会这一精神，围绕提高企业发展定位、拓宽企业发展思路、建立科技创新和人才支撑体制机制、提高职工幸福指数、全面活跃党的工作5个方面，引导基层单位因地制宜，开展各具特色、丰富多彩的创争活动。

从2010年5月21日到9月25日，公司共召开8次推进会，通过广泛深入动员，充分营造出了创先争优的浓厚氛围。“七一”前夕举行的庆祝建党八十九周年大会上，120名优秀共产党员齐声唱起《钢铁航母起雄风》和《祝福唐钢》，热泪盈眶中，闪烁着全体党员团结带领职工，用钢铁般意志和敢打必胜的气魄，全力打造精品唐钢伟大实践的光芒。此时此刻的七一广场花团锦簇，歌声激昂，已经进入“全面争创、扎实推进”第二阶段的创先争优活动，将以更加深入人心的方式，向今后的广阔时期延伸。

1400多个“党员精品岗位”，如星星之火散布在各个角落，燃起了创先争优的熊熊烈火。不锈钢公司转炉作业区炼钢工、党员于斌感慨地说：“我所在的岗位是首批党员精品岗位，形象展牌就放在操作台上，它既是荣誉也是责任。大家都盯着呢，必须高标准好好干！”

炼铁厂高炉一车间主任、党员段新民面对厂部对该车间经济技术指标“要走在全厂4座大高炉前面”的要求深感责任重大。通过对标学习，他创新炉况调整措施，使喷煤比和综合焦比名列全厂各炉之首，能源指标向前跨越了一大步。气体公司党员马明杰更加记得，为响应“稳峰填谷 扩大直销比例”的创争号召，争取更多优质终端客户，他匆匆探望过刚刚分娩的妻子和孩子后，就踏上了开发客户的列车。当年10月，在销售战线党员们的努力下，气体公司液氩直销比例达到80%以上，为销售淡季的到来做好了充分准备。

一项活动就是一面旗帜，一个党员就是一个螺钉。创先争优，让唐钢的党组织更加活力迸发，让党员更加奋勇争先。2011年，公司累计完成挖潜增效36.2亿元，实现利润10亿元；2012年1—5月，完成挖潜增效17.21亿元，实现利润1.8亿元。在市场异常严峻的形势下，如此骄人经营业绩的取得殊为不易。

美好未来的精神指引

创先争优只有“进行时”，没有“完成时”。

创先争优、永葆先进，不仅仅是一次主题实践活动，更难能可贵的是精神的延续和永久的扎根。2019 年，中厚板公司党委围绕公司强化成本控制、加强服务能力建设等要求，不断创新创先争优活动载体，引导广大党员在全面提升企业市场竞争能力中发挥先锋模范作用，为实现“双过半”目标保驾护航。仅在二季度，该公司重点用户销量即增长了 17%。2020 年 10 月，物流分公司党委创建“创先争优质量提升小组”，提升物流质量管理等级，全力打造全流程物流质量管控体系。而在飞速崛起的渤海之滨未来工厂，在时不我待的投产达产重大任务中，唐钢新区基层党组织 47 个党员突击队、38 个党员示范岗，通过开展“保投产、促达产”创先争优活动，打通了“最后一公里”。

2021—2022 年，唐钢党委分别开展“创最佳的业绩 做最好的自己”“降成本提售价 技术升级当先锋”主题先锋赛，创新推出“五思维五融入五先锋”活动载体，活动开展以来广大党员自觉树立先锋意识，自我加压制定更高的岗位标准，争创更好的工作业绩，促进公司各项工作全面提升。

从红色热土到走向深蓝，从科学发展到高质量发展，融进血液的创争精神指引一代又一代唐钢人奋勇前行，向着梦想扬帆远航。

执笔人：公司史志办公室　王研　王静

定向引航 行稳致远

——唐钢党的建设工作综述

2015—2021 年，唐钢党委团结带领各级党组织和广大党员、职工，凝心聚力、奋发进取，紧密围绕公司生产经营和改革发展目标，扎实开展党的各项工作，推动公司党的建设整体提升，为进一步推动公司转型升级和高质量发展汇聚磅礴力量。

如何加强党的领导和完善公司治理相统一，发挥党委“把方向、管大局、促落实”作用？如何强化党建基础管理，更好地服务企业生产经营？如何在“红色堡垒”的辐射之下，激活企业发展动力源？回眸这六年，公司党委深入学习贯彻习近平新时代中国特色社会主义思想，按照中央和上级党委决策部署和工作要求，进一步加强企业党的领导和党的建设，夯实党建根基，将党建工作全面融入生产经营，各级党组织和党员用实际行动推动党建工作焕发强大的生机与活力，为公司高质量发展凝聚起了强大力量。

加强企业党的领导，发挥党委“把方向、管大局、促落实”作用

“党的领导，定向引航。”党的领导是公司事业发展的方向。党的十八大以来，以习近平同志为核心的党中央高度重视国有企业党建，提出了一系列关于加强国企党建的新理念，为做好新形势下国企党建工作提供了根本遵循。这六年，公司从制度建设、干部选拔等方面，进一步发挥国有企业党组织领导作用。

加强对党内制度建设的领导。结合贯彻落实党的十九大精神，组织修订完善《公司党委工作规则》并严格执行，保证了党的大政方针政策、重大决策部署在公司的贯彻执行。落实党委研究讨论是董事会、经理层决策重大问题前置程序的要求，制定公司党政《贯彻落实“三重一大”决策制度实施办法》，规范了党组织参与重大问题决策的基本程序。制定实施公司《党建工作三年规划》《党建工作责任制实施办法》等指导性文件，进一步压实了党建工作责任，明确了党组织在公司治理结构中的法定地位。

严把干部选拔标准，扎实推进高素质专业化干部队伍建设。把握国企领导人员“20 字”标准，构建干部胜任力素质模式，通过规范和严格选人用人程序、标准，健全完善干部选任制度，坚持做好干部教育培训、监督管理和考核评价，促进了干部管理的制度化和规范

化。以“干部能力提升年”“学习强企”等学习活动为抓手，开展学习贯彻党的十九大精神、习近平生态文明思想等多层次、多形式、全覆盖的学习培训1000余人次。

规范所属各独立法人单位的党委班子设置，将“双向进入、交叉任职”和“一肩挑”要求嵌入到领导干部配置和外派董事管理程序中，实现党委成员通过法定程序分别进入董事会、监事会和经理班子，保证了党委决策。目前，公司所属独立法人单位全部实现了党组织书记和董事长一人兼，或董事长由上级负责人兼任，党组织书记按规定设置，确保党的领导在体制机制上得到保证。

固本强基，扎实推进党建标准化、规范化

“求木之长者，必固其根本。”党的工作最坚实的力量支撑在基层。公司党委加强顶层设计，完善体制机制，全面夯实基层基础，深入推进“党建质量提升年”“基层党的建设三年规划”等活动，这六年，公司基层党建标准化、规范化不断走向深入，切实推动基层党组织全面进步、全面过硬。

坚持强基固本，提升党建基础管理。2016年10月，公司党群系统绩效管理与考核信息化平台上线运行，实现了党群系统工作日志的录入、自评、考核等工作痕迹化管理，打破了空间限制，实现了党群系统点对点交流和工作的深度对接，促进公司党群系统整体工作效能的全面提升。2019年，卷板事业部党委进一步强化党建基础管理，将现代化管理工具运用到党建工作中，运用“PDCA+党建”模式，建立了一套完善的党建考核评价体系，扎实的党建工作有力地促进了生产经营各项目标任务完成。

深入推进党群系统网格化治理体系建设工作，提升基层治理能力。2020年9月，公司坚持以党建为引领，以服务职工为出发点，以服务生产经营、服务企业发展为落脚点，搭建起“四横八纵”党群系统网格化治理体系，全面构建党群系统网格化治理体系，将党群系统服务职工职责有效延伸至基层末梢，把公司的关心关爱送到班组，送到职工身边，以此构建起共建共治共享基层治理模式，为公司区位调整、转型升级、高质量发展奠定了基础。坚持线上线下相结合，精准解决职工诉求。一方面发挥三、四级网格的作用，深入基层一线，了解职工急难愁盼问题，及早发现问题，化解矛盾；另一方面在电脑端和手机端搭建“党群系统网格化治理平台”和“职工心声”平台，畅通网格内信息由上至下、由下至上的传达，实现“数据多跑路，职工少跑腿”，进一步提高服务职工效率。成立党群服务工作站31个，党群服务工作室269个，党群服务工作点1207个，目前，各试点单位线下接到职工诉求454件，线上党群网格化平台和职工心声平台共接到职工诉求285件，均已及时给予合理解决和满意答复。

深化党建研究，建立企业党建高端智库。以确立重点课题为抓手，强化党建课题研究过程管理，增强课题研究规范性和严谨性，提高党建课题研究的整体水平。2017年，公

司成立党建研究会，开展党建课题研究，以《钢铁先锋》为载体，打造企业党建特色专刊，专刊从无到有，从有到优，栏目日益丰富，逐渐成为对内对外展示公司党建研究成果和党建工作风采的重要平台。自成立之日起，公司党建研究会组织公司党群部门、二级单位党组织，以及公司党建专家完成党建课题研究 255 项，7 项党建课题在省国企党建研究中获奖，党建研究成果创出省内评比最好成绩。

筑牢“红色堡垒”，服务生产经营大局

“红色堡垒”作用的发挥，靠的是各级党组织的凝聚力和战斗力，靠的是广大党员干部的创造力和执行力。这力量来自公司 1.2 万名党员和 400 多个基层党组织。眼下，一个个“红色堡垒”正在建成，在“红色堡垒”的辐射之下，基层党组织战斗力不断加强，广大党员先锋模范作用进一步彰显。

完善基层党组织设置，推动党内组织生活经常化、制度化、常态化。结合调整事业部制运营模式，按照“有利于发挥党组织作用、有利于开展党建工作和党员教育管理、有利于促进企业发展”的原则，及时调整基层党组织设置，推动独立法人单位及时成立党组织，保证了全公司党组织设置的全覆盖。落实基层组织生活制度，组织两级班子成员召开政治性警示教育、巡视整改等专题民主生活会，推进落实领导干部双重组织生活会制度，公司党内组织生活更加扎实、规范，进一步加强了企业党的领导和党的建设，为公司生产经营和改革发展、为促进集团综合竞争力全面提升提供了坚强保证。

打造特色党建品牌，助力生产经营提升。近年来，围绕区位调整和转型升级，在全体党员中先后开展“三亮三比”“创最佳的业绩 做最好的自己”主题先锋赛等主题实践活动，充分调动党员积极性，企业经营水平显著提高。2019 年，物流分公司党委打通党建与生产经营融合的“最后一公里”，着眼于效率物流、效益物流，深入开展“双效物流党员先锋行”主题实践活动，助推物流分公司由费用单元向价值创造单元转变。该活动开展以来，基层支部共策划开展了提高周转量竞赛、班组节油竞赛等 20 余项特色活动，2019 年实现创效 500 余万元。2020 年，高强汽车板有限公司党委、党支部分层级开展“扛红旗 树品牌 打造红旗党组织”“创先争优 打造高端 为党旗添风采”等多个活动，2021 年，该公司锌铝镁产品订单量实现历史新高，宝马钢月均供货量较去年提高 27%。

回首过去，成绩来之不易；展望未来，目标催人奋进。新时代、新征程，发展大幕已经全面开启，公司党的建设工作必将以坚实有力的步伐，昂首阔步迈向新的辉煌。

执笔人：公司办公室　邢斐

筑牢思想根基　激发奋进力量

——唐钢宣传思想工作综述

2015—2021 年，唐钢宣传思想工作始终把“围绕中心　服务大局”作为基本职责，自觉承担起举旗帜、聚民心、育新人、兴文化、展形象的使命任务，在企业转型升级、区位调整的关键历史时期，通过理念引领、舆论先行来凝心聚力，充分激发了推动公司高质量发展的正能量，为企业向海图强、迈向崭新征程提供了强大的思想保证和精神动力。

坚持正确方向　高举旗帜立潮头

六年，在唐钢历史长河中只是一段简短的篇章。但这六年，实实在在地在公司发展的宏伟画卷上留下了浓墨重彩的一笔。“两个结构优化”实现质的飞跃，智能化生产整体提速，区位调整取得阶段性胜利……这一切都离不开坚定的政治方向的引领。

六年来，唐钢党委坚持常态化制度化开展政治理论学习，充分利用党委理论学习中心组学习制度、第一议题制度、“学习强国”平台开展学习活动，有效提升了党员干部的政治理论水平。在学习中树立观念，在落实中见到效果，高高举起的旗帜时刻指引着唐钢这艘大船的航向。

党的十九大首次提出“高质量发展”的表述，为全社会指明了方向。唐钢紧跟国家战略和形势发展，一系列助力企业高质量发展的“新招”“实招”纷纷出台。与此同时，形势任务宣讲同步全面铺开，厂处级领导、科级人员、各级骨干深入班组，与职工面对面，讲形势、明任务，让职工充分了解公司发展方向，引导职工积极投身改革大潮之中。宝马、海尔、格力、天津大桥、巨力索具，各领域知名企业纷纷与唐钢牵手，达成深度合作；北京城市副中心、雄安新区、港珠澳大桥，各类国家重点项目、工程都打上了唐钢的品牌烙印。六年来，唐钢产品和客户结构得到显著优化，创效能力增强，许许多多“扛红旗产品”“国内首创产品”登上舞台。越来越强的自豪感，又不断反哺着广大职工的执行力和战斗力，升华为螺旋上升的正向循环。

六年来，公司始终与国家的大政方针同向同行，深入贯彻落实习近平生态文明思想，使之成为深植在职工基因中的绿色文化。公司广大职工积极融入企业生态文明建设进程，以实际行动奋力书写绿色答卷。厂在林中、林在厂中，这一幅景美人和的画面，正是公司绿色转型的生动写照。从“傻大黑粗”到“世界最清洁钢厂”，公司在绿色发展上的努力和投入获得了职工的认同，更成为行业瞩目的闪亮名片。

2020年9月，唐钢新区正式投产。拥有70多年历史的唐钢将钢铁产能退出城市中心区，开启了临海临港发展的新篇章。正是由于深刻的文化认同，数万钢城职工告别城市向沿海转移，只为了一个愿景，那就是化解城市与钢厂的矛盾，为城市发展腾出空间，为企业谋求更加有利的生存条件。强大的思想支撑，造就了这场悄无声息的“万人大迁徙”，有效保证了职工队伍稳定，也为之后新区快速投产达产奠定了坚实的基础。

培育先进理念　凝心聚力塑品牌

理念是企业的灵魂。先进理念的背后，体现的是企业文化和精神文明的软实力，这也是企业长远发展的关键与核心。

这六年，公司积极宣贯集团发展理念并融入企业战略发展，实现了用理念规范行为、以精神鼓舞士气。紧随国家发展步伐，紧贴改革发展总体目标，大力加强企业文化和精神文明建设，职工凝聚力和向心力不断增强，品牌美誉度和市场影响力稳步提高。

2018年底，一场轰轰烈烈的“解放思想，对标赶超，实现2019年整体工作快速提升”主题活动，在钢城上下全面铺开。站在行业发展前沿的高度，对照领先水平，深入查找分析在思维模式、理念标准、工作思路等方面制约唐钢发展的问题——“五破五立”使全公司的思想获得了空前解放，从而带动了工作的全方位提升。1810产线连铸小断面最高拉速达到5.5米/分，创国内FTSC同类产线连铸拉速最高纪录，这样在以前“想都不敢想”的事，随着标准的提升成为现实。打破常规的理念与生产经营紧密结合，凝聚的思想成为各项指标全面突破的保障。

“受控、严谨、无缺陷出厂”，醒目的红色条幅悬挂在产线检查台。无论是光伏用钢、门业用钢，还是汽车钢、家电板，都以同样的严格标准来生产和检验。唐钢打造的汽车钢质量文化，通过落实责任、精益生产、标准化作业、强化基础管理等多种形式，渗透到生产、技术、设备、研发、营销、包装、物流等方方面面，全系统、全流程都为将零缺陷产品送到客户手中作为终极目标。

六年来，从“我们不能左右市场，但可以左右自身工作”，到“做就做到最好，干就干到极致”，再到“把自己的工作做到最好”，公司将先进理念内化为广大职工的思想意识和行为习惯，让文化理念更好地转化为促进企业发展的强大力量。

而今，刚刚一岁的唐钢新区，已经向世人展现出蓬勃的发展活力。铁钢轧系统快速达产，创造了同类沿海钢铁企业达产速度最快的纪录。高级别管线钢、大梁钢、马口铁、低合金高强钢、药芯焊丝钢等产品迅速打开市场，以2吉帕高强钢为代表的低碳绿色材料批量供货。打造“五个高地”、实现“五个一流”的全新理念已深深扎根在全体职工心中，成为唐钢人依靠自身努力跨越历史，让钢城迸发全新活力的深刻共识。

做好新闻宣传　强根铸魂展形象

思想是行动的先导。六年来，唐钢党委领导下的新闻宣传工作，向社会、向市场、向职工讲述精彩的唐钢故事，以极强的“方向感”实现了舆论“领航”。打造新闻宣传“中央厨房”，及时传播公司两个文明建设成果和阶段性成就，对外展示形象，对内强根铸魂，传递出唐钢的响亮声音。

“‘退’一步海阔天空，搬出去再添活力。”《人民日报》头版头条文章《河北：绿色转型书写新篇章》如是描述唐钢优化布局，开辟转型“新蓝海”的意义；新闻视频《渤海之滨崛起“绿色钢厂”》被新华社播发，播放量达到46.2万次。唐钢转型升级、高质量发展的案例纷纷登上央视《焦点访谈》《新闻30分》《经济半小时》等金牌节目，以及《经济日报》《工人日报》等主流媒体，充分展现了公司在绿色发展中的大局意识和责任担当。

与此同时，新媒体在“软文化”上的展示，也为公司着力打造良好社会形象增添了重要砝码。出资助建唐山市第一座立交桥启新立交桥，缓解市区交通压力；北戴河职工休养所为职工提供优质服务；建设职工住宅解决住房困难……拥有2.5万关注量的唐钢电视抖音号发布的作品，勾起了众多唐山人的回忆，在另一个维度映射出唐钢承担国企责任，积极参与城市建设，关心关爱职工的温暖弧光。

六年来，唐钢宣传思想工作秉持创新理念，加大外部宣传力度，在不断探索中为企业树立“金字招牌”。专注高质量发展，奋力实现“两个结构优化”，多媒体联动的资源优势，使公司对外树立了优质品牌形象。集团发稿量持续保持第一名，彰显了公司作为集团排头兵的良好形象。

抓住重大时间节点，精准实施专题策划，唐钢内部新闻宣传工作以强根铸魂为己任，树立先进典型，引领发展方向，为职工了解唐钢大政方针，奔向共同目标搭建了良好平台。

塞尔维亚总统武契奇到唐钢访问的报道，“时代楷模”精神的持续宣传，为外部文化输出和内部精神激励树立了样板。2017年，学习多法斯科钢厂经验的新闻策划，使模型化在公司广为人知，直接推动了这一先进做法在产线的应用。2018年，“河钢十年”纪念集团成立10周年报纸电视微信多媒体联动，充分展现了唐钢取得的历史性成就和变化，更抒发出身为河钢人的骄傲自豪之情。2019年，共和国成立70周年之际，唐钢版推出“壮丽70年　奋斗新时代”“我的名字叫建国”等专版、专栏，精美的图片与厚重的稿件，无声诉说着钢城与祖国共成长的辉煌历程。2021年恰逢建党百年，唐钢版“奋斗百年路　起航新征程”专版，“回望红色经典”专栏中的故事，无不唤醒、感染着钢城人爱党爱国爱企的共同记忆。

用壮美画卷，描摹唐钢转型升级的细致脉络；以涓滴细流，诠释职工对企业深沉的爱。新闻宣传依靠有温度、有态度的报道工作，凝聚心灵，凝聚智慧，凝聚出助推公司高质量发展的磅礴力量。

执笔人：公司党委宣传部　王研

清风正气满钢城

——唐钢纪检监察工作回眸

党的百年历史，是不断保持先进性和纯洁性的历史。2012 年党的十八大召开后，在以往从严治党的基础上，习近平总书记提出“全面从严治党”，并为全面从严治党殚精竭虑、运筹帷幄，取得新进展。党中央以党章为遵循，修订准则、条例，对党风廉政建设和反腐败工作提出了新的更高要求与任务。对于国有企业来讲，只有清风正气，干部职工的凝聚力才会强，发展才会更有动力。基于此，唐钢纪检监察系统突出政治站位，坚守职责定位，紧紧围绕生产经营建设，聚焦全面从严治党，把纪律建设作为主线，充分发挥监督保障执行、促进完善发展作用，使党风廉政建设不断取得新成效，全力营造干事创业的清风正气，为公司转型升级、区位调整和高质量发展提供坚强的纪律保障。

关键词：清廉

崇廉尚廉氛围越来越浓厚

“理论学习不放松，警钟长鸣不懈怠。”筑牢党员干部的思想防线是党风廉政建设的第一道关卡。公司纪检监察系统不断创新教育方式、丰富教育载体，增强“四个意识”、坚定“四个自信”、做到“两个维护”，使廉政文化深入人心，筑牢反腐倡廉思想阵地。

近年来，公司纪检监察系统坚持平时抓、经常抓、重教育、常警醒，开展形式多样的廉洁教育活动。坚持“抓好党风廉政建设是本职，不抓党风廉政建设是失职”的工作理念，注重在干部职工思想上构筑廉洁堤坝，开展党风廉政专题学习，组织领导干部观看《巡视利剑》《一抓到底正风纪》《警醒中奋进》等 20 余场次警示教育专题片，以各领域重大违纪违法案件为反面教材，强化党员干部警示教育，让党员干部深切感触腐败问题的根源，对纪律永心存敬畏，筑牢拒腐防线。结合“不忘初心、牢记使命”主题教育和党史学习教育，依托李大钊、潘家峪纪念馆等红色基地，组织开展党性教育、红色学习，赓续红色血脉，传承红色精神，筑牢党员干部理想信念的思想根基。

公司纪检监察系统利用新媒体，探索构建立体多样、融合发展的党风廉政建设媒体宣传平台，方便全体党员随时随地进行学习，打造网上廉政文化阵地；依托“清风唐钢”微信群、纪检监察网站，加大党风廉政建设和反腐败斗争形势任务、成效经验宣传力度，打造指尖上的廉洁从业课堂、互联网上的廉洁文化园地。借助《清廉钢城》报纸专栏，做好电子显示屏、展板、橱窗和长廊等廉政文化阵地建设，及时传递上级政策规定，推送发布80余篇党纪条规、工作信息，形成学法纪、守纪律的氛围。举办“清廉河钢”书法、绘画、摄影作品征集活动，60件作品获得集团嘉奖。创建4个具有唐钢特色的廉洁文化园地，组织参观廉洁文化示范园地986人次，得到集团纪委肯定，成为集团首批命名挂牌的示范园地、示范点，打响了唐钢廉政文化品牌，营造了清正廉洁的政治生态。

此外，公司纪检监察系统抓节点、织密网，在各个节前、重要节日到来之际，通过召开节前廉洁提醒会，对节期廉洁自律工作进行强调，对党员干部、风险岗位人员开展廉洁从业警示教育，落实“七个一”要求，发放“七个一”廉洁礼包，进行对新提职干部组织集体廉政谈话、廉政考试，发放制度、书籍、家书等廉洁教育，引导广大党员反腐倡廉思想根植于心，争做廉洁人，凝聚起崇廉尚廉的清风正气。

关键词：“三早”

预防效果越来越好

预防大于治疗。党风廉政建设是一项长期、复杂、艰巨的政治任务，公司纪检监察系统坚持打好“预防针”，抓好早预防、早发现、早处理的“三早”活动，用好以学倡廉、以德养廉、以督促廉“三廉”模式，助推党风廉政建设向纵深发展。

近几年，公司纪检监察系统结合公司具体实际情况，对党风廉政建设各项制度适时进行修订完善，推进了党风廉政制度和公司管控体系建设。加强对党风廉政建设和反腐败工作的统一领导，制定落实“两个责任”实施意见、考核办法和“一岗双责”清单，扎实推进“一岗双责”制度落实，强化责任主体，紧盯关键少数，深化以案促改，强化日常监督，构筑起不敢腐、不能腐、不想腐的防线。以生产经营为中心，紧盯重点人、重点事、重点领域、关键环节，严格执行纪律处分制度，对苗头性、倾向性问题，早发现、早提醒、早纠正，防止“小毛病”转化为“大问题”，用纪检监察有力武器，剔除腐败现象滋生的土壤和条件，从源头防治腐败，形成发现问题、纠正偏差、精准问责的有效制度管控机制。每年组织开展立项监察，制定落实监察方案与工作措施，参与工程项目、设备采购、环境管理等方面监督，避免和挽回经济损失2000余万元，强化抓早抓小“治未病”，做到“五个一”，实现“两提一促”监察目标。

公司纪检监察系统加大谈话函询和抽查核实力度，建立“一调查双见面”工作机制，用约谈提醒、谈话函询等方式进行受处分人员回访教育，推进重点问题线索初核，对如实说明的予以采信，对欺瞒组织的严肃处理，体现了惩前毖后、治病救人、严管厚爱。建立“四责协同”工作格局，健全完善了各负其责、齐抓共管的工作机制，实现了党风廉政建设与企业经营管理相互促进、协同发展。

关键词：长效

反腐防线越来越坚实

作风建设永远在路上。公司纪检监察系统始终坚持纠“四风”与树新风“两条腿”走路，持之以恒正风肃纪，凸显责任担当与从严监督，努力营造风清气正的工作氛围。

公司纪检监察系统持续释放从严信号，拧紧不敢腐的“发条”，协助党委抓好全面从严治党各项工作，充分发挥常态化监督保障作用，推动正风肃纪反腐与公司生产经营同向发力、同频共振。以钉钉子精神打好作风建设持久战，一个节点一个节点坚守，建立教育提醒、明察暗访、处置通报常态化制度，深挖细查顶风违纪、隐形变异问题，以优良党风带动作风整体转变。

公司纪检监察系统持续构建党风廉政建设长效机制，以“把纪律和规矩挺在前面”试点和经验推广工作为契机，坚持“立改废”并举，全面清理各项制度文件，扎实开展内部巡察全覆盖，构建上下联动的巡察网络，并以制度建设为牵引，建立健全合规管理常态化运行机制。建立跟踪督导、挂账督办制度，强化督导检查等领域100余项问题整改，形成10余份专项报告，制定300余项整改措施，推动建章立制100余项，进一步扎紧不能腐的制度笼子，形成治标治本一体推进，激浊扬清两手并重，全方位形成不敢腐、不能腐、不想腐的长效机制。

监督是纪检监察工作的首要职责，走深走实是关键。公司纪检监察系统对发生在职工身边、侵害职工利益的“微腐败”和不正之风深入调查核实，对发现的问题严肃处理，同时扩大审查范围、加大惩戒力度、增加曝光频率，让监督执纪的触角深入基层、深入职工。紧盯节期等重要节点，研究制定纠风工作方案，全面开展廉洁从业教育，从一杯酒、一顿饭等“小事”着手，围绕违规收送礼品礼金、公车私用、“酒杯上的奢靡之风”等问题，开展明察暗访800余次，走访职工群众3000余人次，查处违反中央八项规定精神和职工身边“微腐败”典型问题10件，树立起新风正气。

砥砺奋进新时代，风清气正好扬帆。唐钢纪检监察系统亮剑作风顽疾，驰而不息纠“四风”，以“行百里者半九十”的清醒，做执纪监督问责的先锋，奋力谱写党风廉政建设和反腐败斗争的新篇章。

执笔人：公司史志办公室　张卫华

充分发挥工会组织作用
凝聚职工队伍奋发有为力量

在唐钢转型发展、退城搬迁过程中，公司各级工会组织充分发挥桥梁纽带作用，统一职工思想，保障职工权益，调动职工积极性，有力推动了唐钢新区的建设和顺利投产、达产，安全稳定实现老区关停。

保障职工合法权益，当好职工的“知心人”

企业搬迁不仅是工作地域的变化、职工岗位的调整，主要涉及职工安置等切身利益。唐钢工会以加强职代会建设为抓手，以提升职代会建设水平为重点，创新开展“3S型”职代会创建活动，充分发挥各种民主管理平台作用，认真维护职工合法权益，保障职工队伍稳定，为企业区位调整、转型发展奠定了坚实的基础。

创建“3S型”职代会，搭建完善、规范的民主管理平台。职代会建设是工会工作的重要组成部分，面对企业区位调整、退城搬迁的新课题，提升职代会建设水平，适应新形势要求，就是唐钢工会未雨绸缪、提前着手开展的重点工作。唐钢工会在推进职代会建设过程中，不断拓宽思路、创新机制，以制度化（Systematism）、规范化（Standardization）、科学化（Scientization）为建设标准（即“3S型”职代会标准），重新修订职代会工作标准，明确检查和考核程序，健全考核体系，建立了会前申请、上级审批、规范召开、会后报告、监督检查和考核评价的工作程序，坚持把握方向、定期检查指导，有力保障了职代会召开的组织合理、程序合法、操作规范，职代会建设水平进一步提升，职工的知情权、参与权和监督权进一步得到有效落实。

职工安置政策提前公开，充分听取职工的意见、建议。在退城搬迁初期，唐钢工会将职工群众最关心的《唐钢改造调整和转型发展项目职工安置方案》和唐钢新区建设规划等公司重点、职工关心热点事项以厂务公开的形式提前告知广大职工，让《安置方案》在职工群众中充分酝酿，不断完善。同时公司各级工会组织深入开展形势任务教育，解读《安置方案》，充分关注和掌握职工思想动态，广泛征集职工群众的意见建议，最终《安置方案》获得了职工群众的普遍认可，为企业启动退城搬迁工作奠定了坚实的群众基础。

组织召开职代会专题会议，充分履行民主程序，维护职工切身利益。唐钢工会专门组织召开了第二十二届职代会第一次专题会，组织职工代表对涉及职工切身利益的《唐钢改造调整和转型发展项目职工安置方案》进行充分讨论和审议，最终提交大会表决的《安置方案》是：无职工下岗，无提前退休，全员安置。经全体职工代表投票表决，获得全票通过，充分体现了职工意愿，保障了职工的合法权益。

搭建职工之家，当好职工的“娘家人”

坚持职工在哪里，工会组织就建在哪里，始终保持工会组织的全覆盖、无盲区。在唐钢区位调整和人员流动中，工会组织与产线同步建设，会员关系与职工同步流转，工会工作与职工需求同频共振。

及时建会，时间上无空档。在退城搬迁筹备阶段，工会筹建组与新区项目筹建组同时设立，并不断接转调入新区职工的会员关系，实现了工会组织的无缝对接。在项目投产之前，唐钢新区各基层单位依法依规，及时组织召开工会会员代表大会，正式建立工会组织，保障了工会工作的连续性，从根本上避免了职工找不到工会组织的现象。

创建星级“活力职工小家”，织密工作网络、激发工会活力。围绕发挥职能作用、激发工作活力，唐钢工会在全公司范围内开展创建星级“活力职工小家”活动，建立工作制度和考核标准，将基层工会划分为金、银、铜三个星级，实施每年评审、每年复审的动态管理。各基层工会组织踊跃参加，公司工会加强工作指导，荣获金星“活力职工小家”的基层工会组织达 60% 以上，基层工会潜力得到有效释放，工作水平获得提升，工会活力得到进一步激活，更好地发挥了工会服务党的中心工作、服务职工的作用。

选优配强工会干部，夯实工作基础。干部队伍是做好一切工作的前提和基础。唐钢坚持精选工会干部，按照组织程序，通过层层选拔，先后为唐钢新区各级工会配备专兼职工会干部 49 人，同时加强工会干部业务素质培训，尽快提高工会干部的业务水平和能力，夯实了工会工作基础。

创建竞赛体系，激发职工主力军作用

职工是企业最宝贵的财富，是推动企业发展的根本力量。调动职工积极性，发挥职工的聪明才智，在推动企业退城搬迁、转型发展中发挥主力军作用是工会组织的重要责任。在唐钢新区建设发展过程中，工会组织努力为职工群众搭建建功立业平台，引领职工积极投身新区建设，为企业转型发展多作贡献。创建了以劳动安全监督、“六保”和“达产达效”及多领域专项竞赛为主体的“1+2+X”劳动竞赛体系（1 是安全监督竞赛，2 是“六保”和“达产达效”竞赛，X 是多领域专项竞赛），激发广大职工创新创造热情，有力推动了新区的建设发展。

开展职工劳动安全监督检查评比竞赛，让“安全”成为工程建设和投产达产的主基调。安全是做好一切工作的前提和基础。在新区工程建设、投产、生产过程中，工会组织以安全监督检查评比竞赛为载体，围绕“强意识、查隐患、促发展、保安康”主题，深入进行劳动保护监督检查，全面提升职工自我保护意识，强化职工劳动安全，为新区顺利完成项目建设和投产、达产奠定安全基础。

开展“六保”和“达产达效”竞赛，让唐钢的传统在新区发扬光大。在新区建设发展中，工会组织团结发动广大职工，继承和发扬“志气钢”精神，分别围绕“保安全、保进度、保质量、保投资、保廉洁、保现场管理”的“六保”主题和铁钢轧全工序“达产达效”主题，深入开展劳动竞赛，唐钢新区于2020年9月7日顺利投产，同年10月18日，新区已投运产线顺利实现达产。

开展多领域专项竞赛，让清洁绿色生产成为钢铁企业的底色。唐钢始终坚持绿色发展理念，先后入选“国家清洁生产示范企业”和2017年国家首批“绿色制造体系示范工厂”，被誉为“世界最清洁的钢厂”。在唐钢转型发展过程中，工会组织以“绿色发展”为主题，瞄准产线能源介质消耗和污染物排放等能源环保指标，组织开展了“节成本、降消耗”“保环境、降排放”“推进超低排放、争创A类企业”等竞赛活动，全面推动清洁生产和绿色制造，接续传承绿色制造是钢铁企业的底色，助力2022年唐钢新区成功获批环保A级绩效企业。

在唐钢转型升级、向海图强进程中，公司工会始终保持了工会组织100%全覆盖，始终保持了职代会制度的100%落实，职工流动平稳有序，企业内部环境和谐稳定，唐钢人的大局意识和担当精神得到充分体现，为河北省钢铁企业转型升级树立了标杆和榜样。

执笔人：公司工会　李良播

释放青春活力，阔步新征程

2016 年 2 月，我由公司办公室（党委办公室）调任公司团委任副书记。那一年，对于集团践行“走出去”发展战略是非常重要的一年——集团完成了对塞尔维亚斯梅代雷沃钢厂的收购，建立了我国钢铁行业首个海外全产业链生产制造基地。我亲历并见证了集团与公司发展历史上的这一重大事件，至今想来，仍然让我激动、振奋，难以忘怀。

2016 年 6 月 15—19 日，我随公司青年代表团 10 人赴塞尔维亚斯梅代雷沃钢厂进行了访问、参加挂牌仪式，同时肩负着公司交派的一项重要任务——参与筹备和参加国家主席习近平视察河钢塞钢的系列活动。

“一定要认真做好每一项准备工作，让习近平主席真切感受到新一代河钢青年的风采！”这是那段时间里，我日思夜想的唯一的事，既紧张，又激动。

6 月 17—18 日，整整两天，我们对主会场进行了反复精心布置，国旗、标语牌、条幅安置在哪里，每一名青年做什么……事无巨细，为迎接习近平主席到来做好一切能够想到的充分准备。而我最担心的事情，不在于接待事项的准备上，而是这些青年面对这样的“大场面”，尤其是面对面和主席交谈时，是否有足够扎实的专业能力和强大的心理素质。

事实证明，唐钢青年经得起考验！ 6 月 19 日上午 10 点 30 分，习近平主席一行如期出现在我们的视野中。当天，我们青年团队当中郝占全、夏明生、周明作为中方员工代表分别到精轧机主控室、卷曲区域、职工食堂与习近平主席进行了面对面交流，其余 7 名青年代表在主席台前手举标语牌，代表河钢职工表达对习近平主席到访的热烈欢迎。这支青年团队展现的专业素养、蓬勃朝气让现场的每个人为之眼前一亮。

在唐钢向海图强的波澜征程中，我们每一名职工都是推动者、见证者，广大青年职工更是奋进在这场征程中的先锋队、生力军。这次经历，让我真切感受到了公司青年青春担当的热情和风采，感受到了企业优质平台对于促进青年成长成才的重要意义，更让我对于如何在公司党委领导下开展好青年工作有了更加准确的认识。

共青团干部不单单是一个身份、一个岗位、一份工作，更是一份责任。把青年紧紧凝聚在党的周围，为他们实现进步指明方向，为他们成长成才搭建平台，让他们在经历实践锻炼、岗位磨砺中建功立业，对企业产生深厚的归属感、自豪感，用“生力军”的行动助推公司高质量发展。这便是我作为一名团干部应尽的职责。

当公司青年大军以建设者的姿态涌向唐钢新区，共青团为他们加油鼓劲、摇旗呐喊——

坚定不移听党话、跟党走，将企业打造“五个高地”、实现“五个一流”、向海图强的战略部署转化为青春行动。我们通过大力开展主题团日活动、党史团史教育，学习“时代楷模”精神，让青年时刻保持跟党奋斗的理想信念；通过组建“青年讲师团”，发动团干部、青年代表进车间、进班组、进网络，把公司的形势任务及时传达到一线青年；通过选树青年典型，宣传青年典型事迹，用青年榜样的引领带动作用感召青年立足岗位奋斗奉献；通过加强联系青年，倾听青年心声，让共青团始终成为青年有诉求、有困难时想得起、找得到、靠得住的组织力量。

企业的发展离不开青年的奋斗贡献，青年的成长同样离不开企业的强大支撑。在公司转型升级、向海图强的征程中，为青年综合素质提升不断“充电赋能”，让青年在融入企业发展大潮中练就扎实本领，是公司共青团组织价值和“贡献度”的直观体现。我们通过着力聚焦公司中心工作、把握阶段性重点工作，分类施策、广搭平台，以广泛开展“挖潜增效”“指标竞赛”“标准化操作竞赛”等活动引导青年岗位建功；通过打造青年“五小”创新登高项目工作品牌、推荐青年到更高“青创”大赛平台接受历练，强化青年创新意识、创新能力塑造，以青年“五小”创新助力公司全员创新不断纵深推进；通过开展“青安杯”竞赛、“安全月”主题实践活动等，深化基层“青安岗”作用发挥，强化青年在维护企业安全生产工作方面的担当作为；通过打造青年喜闻乐见的阵地活动、演讲比赛、专业素质能力培训活动等，着力拓展青年视界，锻造青年的综合素质能力；通过举办青年集体婚礼、青年联谊活动，把企业的关怀和共青团的温度传递给青年；通过引领青年开展、参加丰富多彩的青年志愿服务活动，让青年在服务一线、服务职工、服务社会中感受助人的快乐，彰显青春风采。

在实践这些工作的过程中，让我感触最深的就是，共青团事业是青春的事业、育人的事业。在工作中，我会因为发现一名青年身上独具的“闪光点”感到兴奋，会因为帮助一些青年解决了思想、工作、生活中遇到的困难感到快乐，还会因为得知一些曾经参加过共青团的活动为企业创造了价值、在单位受到了重用感到无比欣慰。

青春正当季，成长进行时。与青年为伴，永葆初心，为青年服务，让我始终感到收获满满。把青春的力量凝聚到助力公司向海图强的波澜征程，初心不忘，使命不渝！

执笔人：公司团委书记　姜丽丽

抗击疫情 挺起钢铁脊梁

2020年初，面对突如其来的新冠疫情，唐钢在集团的坚强领导和统一指挥下，提高站位，迅速行动，主动作为，统筹生产经营和疫情防控各项工作，用速度、力度和温度在钢城构筑起一道道坚固的抗疫防线，努力确保零发生、零感染、零输入。抗疫行动中的唐钢，彰显出国有企业对职工生命至上的关怀与社会责任的使命担当。

新冠疫情是百年来全球发生的最严重的传染病大流行，是新中国成立以来我国遭遇的传播速度最快、感染范围最广、防控难度最大的重大突发疫情。这突如其来、传播迅猛的疫情形势，给职工生命安全和身体健康带来严重威胁，给企业发展带来巨大冲击。这如同一场突如而来的大考，考验着这个具有七十余年历史的大型国有企业——唐钢的应变能力、应急能力和执行能力。

审视自身，唐钢干部职工深知责任重大。在册职工3万余人，遍及全市五区十县，纳入疫情防控的单位与部室多达54家。一方面，要众志成城筑起钢铁长城，确保职工群众生命安全和身体健康；另一方面，也要在反复的疫情冲击下，尽量减少疫情对企业效益的影响，保证生产的正常进行，全力保障抗疫防控和生产经营双线作战两不误。

全力抗击疫情——成为2020年那个冬天，唐钢压倒一切的任务！

抢时间，突出一个“快”字

疫情突袭而至，来势汹汹。唐钢人深知，若想赢得抗疫的主动，取得最终胜利，须得迅速行动，以快制快，即做到早启动、早应对、早落实。

唐钢党政主要领导第一时间贯彻落实集团安排部署，成立疫情防控领导小组。同时明确各单位、部室疫情防控的责任主体和第一责任人，确保责任到人。2020年1月23日，发布排查工作紧急通知，制定并发布疫情防控工作计划，确定建立各单位联系人和四类人员日报告制度，迅即从人员防控、应急值守、防控物资等各方面全方位做好各项准备，吹响公司战“疫”集结号。

为确保疫情防控计划快速落地，公司实时对54家单位实施监管，严格落实24小时值班制，做好登记排查、重点监测、宣传引导、关爱帮扶、安全防护等各项相关工作，切实做到四类人员摸排到位、发热人员持续跟进到位。特别针对保卫、食堂、浴室、医院等人员流动密集场所的管理单位和对外窗口单位，以及涉及外委施工项目的单位，重新梳理并分析工作要点，重点做好对外接触人员和外单位人员信息摸底和防控监测工作，确保疫情防控无漏失。

在那被按了“暂停键”的冬天，公司的抗疫行动却开启了“快进键”。疫情防控工作群的指令接连不断。防控最新通知、疫情实时信息、防疫相关知识等不断发出，防疫物资筹集、人员旅居情况排摸、职工返岗复工等一系列防控工作高效运行。

正因为“立足早”，争分夺秒，唐钢及时遏制了疫情局势，抢占了抗疫主动权，使公司平稳过渡到疫情防控新常态，为常态化持久战奠定了基础。

抓督导，着眼一个“实”字

一分部署，九分落实。在全面深入细致抓好疫情防控各项工作落实的同时，唐钢加大疫情防控工作督查，压紧压实疫情防控“责任链”，确保各项工作落在实处。

2020 年 1 月底开始，公司相继下发《关于做好对新型冠状病毒疫情防控督导巡察的工作方案》《关于组织新冠肺炎疫情防控措施督导检查的通知》等文件，成立 14 个督导小组，提出生产单位、机关部室分类督查清单，深入疫情防控第一线，及时发声指导，及时掌握疫情，及时采取行动，确保公司疫情防控一盘棋、零失误。其间，督导小组走进产线，对照作业区 24 项标准、机关部室 16 项标准，逐一核查，对疫情防控工作落实措施、职工上岗测温登记情况、疫情防控宣传教育、应急预案、公共区域消毒情况、外地职工返岗台账及重点人群跟踪等问题一一督导检查。深入一线与职工沟通交流，解疑释惑，做好职工思想稳定工作；现场办公协调解决问题，了解掌握防护物资采购、职工住宿等实际困难，并及时予以解决。

2021 年，公司疫情防控进入常态化阶段，在动态完善疫情防控管理体系的同时，坚持不懈从严从细落实常态化防控措施。针对扫码测温、口罩佩戴、核酸检测、外来人员登记、人员密集场所消杀、应急物资储备等重点环节，突出餐厅、宿舍、生产车间、集中办公大楼等重点场所，定期开展督导检查，及时发现问题并立行立改，确保了常态化防控措施落实到位。

随着疫情防控工作的持续推进，特别是保持“零输入、零疑似、零感染”的态势下，为防止侥幸心理和松劲心态的出现，公司坚持扛稳扛实疫情防控责任，采取网上办公、走访调研、电话查办及工作群督导等多种方式，进一步提高了督导检查的精准性和有效性。对于纳入唐钢疫情防控范围的 54 家单位，有因外部区域车辆无法入内、外市暂时无法现场督导的两家单位，采用网上办公督导、随机电话查办的方法落实督查，其余单位均用“现场 + 多媒介”方式督导巡查，严格把关各单位疫情防控措施质量及成效，提出了部分单位缺少直观醒目的标语、门禁管理不够严格等整改建议，并在下一轮督查中跟踪整改落实情况，确保了疫情防控全面彻底，不落一处、不丢一人，做到实时、在线监控全覆盖。

强服务，体现一个“暖”字

在疫情防控中，唐钢不管形势如何严峻、措施如何严格，始终秉承着以人为本的理念，不断提升服务温度，尽最大努力守护职工的生命健康安全。

加强宣传引导，使职工更上心。公司积极做好疫情防控宣传教育引导，及时通过报纸、微信、网格化平台等形式，选树疫情防控工作先进典型，推广疫情防控经验，大力倡导“戴口罩”“不聚集”“少外出”等新风尚。开展防疫知识培训、印发防疫知识手册、设置展板提示牌，围绕疫情防控主题开展职工书法、美术、摄影比赛，大力营造科学防疫、依法防疫氛围，克服麻痹松懈思想，提升防控能力水平。

提倡健康用餐，使职工更放心。食堂，是人员密集的场所，是疫情最容易传播的空间。食堂不仅要做好疫情防控，更要保证职工餐饮供应安全。为了保证良好的环境卫生，公司对食堂工作人员进行多层次全面健康监测和个人卫生控制，同时加强对餐具、炊具用具等物品的洗消管理。在疫情初期，食堂将班中餐食全部改为盒饭，并采用单位统一订餐专人取餐的模式，关闭集中用餐场所，同时为了配合各单位“无接触交接班工作方案”，食堂根据各单位需求调整了供餐时间，避开职工集中取餐的风险。

推进疫苗接种，使职工更安心。为全力构建职工免疫屏障，有效阻断新冠病毒传播，自 2021 年 3 月下旬起，公司稳妥有序推进新冠疫苗接种工作。为提高职工对疫苗接种重要性的认识，开展了多形式的疫苗接种宣传工作，通过制作新冠疫苗接种手册、张贴标语等方式加强科普宣传、营造氛围，广泛发动职工“应接尽接、应早尽早”。与此同时，提早谋划疫苗接种的各项准备工作，在接种现场做好功能区域划分，并安排专人配合疫苗接种小分队开展信息登记、药品发放、医疗废物处理等工作。接种期间，针对疫苗紧缺、职工排队等候时间长的问题，组织协调医院流动接种队到企业开展接种服务，减少职工排队等候时间，确保职工“随到随接”，在极大便利广大职工的同时，快速提升了公司疫苗接种覆盖率。截至 2021 年末，公司第一针、第二针疫苗接种人数均完成 3.2 万余人，一针剂接种率 100%。

建机制，重在一个“稳”字

随着各单位生产趋于稳定，疫情防控进入常态化阶段。基于疫情防控的长期性和艰巨性，公司持续推进疫情防控机制化、制度化，确保措施的可行性、稳定性，为疫情常态化防控保驾护航。

2020 年 2 月，根据国家卫健委和省市一系列文件，公司制定下发《新型冠状病毒肺炎疫情防控工作指南》，涵盖六个方面 38 项举措，囊括了组织保障、职工思想稳定和群体心理疏导、生产区域应对举措等指导内容，注重工作实效性，全力支持各单位顺利复产复工。随后出台《新冠肺炎疫情防控期间保产方案》，强化无接触交接班方案制定及落实、涉外人员的防控管理措施，确保非常时期生产运行万无一失。在基层疫情防控中，严格落实“两计一枪工作法”“推门报平安”两项新经验，护航全体职工健康。

2021 年，疫情防控进入常态化阶段，公司持续完善常态化疫情防控的新机制，确保疫情防控稳妥有序，实现“三个零”总体目标。毫不放松加强人员流动管理。严格禁止高中风险地区人员往来，不接待高中风险地区来访人员，不安排职工前往高中风险地区。减少非高中风险地区人员来访和交流，能通过视频方式实现的原则上使用视频开展交流访问。非必要不外出、不出差、不旅行，确需外出或来访的，严格执行人员流动审批制度，层层签字审批后方可流动。在此基础上，凡是从外省返岗或来访人员，务必出具 48 小时内核酸检测阴性报告，否则不予批准返岗和来访。搭建应急处置和健康监测平台，实现疫情防控数据统计、疑问诉求逐级提报、职工厂内轨迹有据可查。网格化 + 信息化手段的运用，极大提高了应急处置、流调排查的工作效率，有力推进防风险、护安全、战疫情、保稳定各项措施落实。

两手抓，重在一个“硬”字

2022 年，面对跌宕反复、复杂多变的疫情形势，唐钢干部职工认真履责、不畏艰辛、勇毅坚守，战胜了前所未有的困难和挑战，有力维护了企业生产秩序稳定和职工身体健康，真正做到了疫情防控、生产经营，两手抓、两手硬。

特别是 2022 年 3 月 19 日唐山市突发疫情后，唐钢立即吹响了从常态化疫情防控转入应急处置状态的号角，站在维护公司生产经营秩序和职工身体健康的高度，统筹一切力量，密切与属地政府沟通，坚决果断做好突发疫情紧急处置、封控期间涉及生产生活的各项统筹协调、解封返岗人员组织确认等工作，为生产经营稳定顺行创造了良好条件。4 月，铁、钢、材产量大幅提升，特别是下旬以来，铁、钢产量均创出自搬迁投产以来的日产新高，铁、钢、材产量同比分别增长 22%、17%、17%，实现了逆势高产，交出了“高分答卷”。11 月，面对再次汹涌来袭的疫情，唐钢在继承应对处置经验基础上，结合新形势新要求，积极承担起风险人员的核酸筛查、隔离处置、后勤保障等工作，避免传播风险外溢，为属地政府减轻负担，彰显了国有企业责任担当。2022 年，厂区封控累计 83 天，坚持组织核酸检测 240 余天，构建完善了公司业务覆盖面最广的管理体系，风险排查 90 余轮次。

时至 2023 年，随着病毒变异、疫情变化、疫苗接种普及和防控经验积累，我国已具备将新型冠状病毒感染由“乙类甲管”调整为“乙类乙管”的基本条件。面对新形势、新变化，公司优化调整疫情防控举措，强调更加科学、精准、高效做好疫情防控，守护好每一名职工的生命安全和身体健康。

事非经过不知难。回首三年战疫，唐钢不断调整措施，做好统筹兼顾，构筑了职工健康平安的坚实屏障，最大限度减少了疫情对生产经营的影响，用最小代价实现了最有力防控。三年来，世纪疫情所带来的所有冲击与磨砺，强化了这座钢城的钢筋铁骨，催生了钢城职工奋进动力，推动着唐钢这艘航船，在向海图强的新征程中，劈波斩浪、行稳致远，再谱华章……

执笔人：公司史志办公室　张卫华

编后语

历经1000个日夜的努力，经过反复推敲易稿、多次增删整理，《向海图强》一书终于在建厂80周年之际付梓，令人欣喜。这本新书回顾唐钢80年发展历程，突出展现新区建设之路，是公司史志办继《唐钢大事记》《唐钢沧桑》《唐钢年鉴》之后，又一部反映唐钢文化传承的新作。

2020年9月，在公司主要领导的大力支持与指导下，史志办拟定《向海图强》的撰写方案和整体框架。彼时，新区高炉成功点火，老区产能有序退出，唐钢退城搬迁、区位调整取得实质性进展。受此鼓舞，《向海图强》的编纂任务正式启动。初始书名《从“新”出发》，定位于“新起点 新家园 新征程”，后几经推敲，更名为《向海图强》，以图文并茂方式为职工呈现多侧面、多维度的公司历史镜像与人文底蕴。

本书撰写期间，史志办翻阅23个档案室、26个资料室，涉及51家部室和单位，归档了大量弥足珍贵的厂史资料。四次前往冶金档案馆、国家图书馆、中国冶金报社档案室，查阅搜集唐钢自1943年建厂以来各重要发展阶段鲜为人知的历史资料。同时搜集市政府地志办、市委党史研究室、地方文献室涉及唐钢历史的有关书目及画册，整理档案1112件、161卷，电子文件292件，保证了80年史实有证可查、有据可考。

新区建设史料的征集与项目调研同步展开。最初的撰写任务三头两绪，涉及28个工序区域，组织开展了两轮新区建设项目调研和主题征文，并以微信问卷形式搜集新区建设过程中发生的重要事件、感人事迹等信息素材，收集

◎ 编辑人员前往冶金档案馆等处查阅搜集的唐钢历史资料。

整理新区职工问卷1700余份。以此为基础，确定全书主线脉络和各章节的重点内容。同时，借鉴由中国作协指导、专业报告文学作家采写的反映大搬迁题材的“首钢三部曲”之《曹妃甸》等一系列书籍,并与宝武史志办主管领导、湛江钢铁史志办人员进行了沟通学习，开展内部采编实务培训，扎实做好前期工作。

根据新区各类资料，史志办对各个工序和区域的资料信息进行逐一分析研究，分类整理、加工提炼其中有历史价值的内容。经反复研究讨论，先期采写信息自动化部、特钢事业部、热轧事业部等单位，深入采访项目负责人、知情人，从不同角度深度挖掘建设亮点及重点事件，加工打磨样稿。按照主体框架对7章内容进行责任分工，细化分解到各个责任编辑，明确撰写标准、要求、时限和作业流程，从源头抓起，确保进度与质量。

在两年多的时间里，由于编辑人员多次变化、新区机构与老区机关单位重组整合，很多书稿定稿后或重新立意书写，或持续跟进完善，数易其稿的章节屡见不鲜。史志办克服了时间紧、任务重等诸多困难，分章节拟定采编题目，有计划推进采编进程，以周计划促月计划，以月计划保年计划。为客观还原建设者披荆斩棘、攻坚克难的过程，各个编辑每周至少联系七八家单位沟通建设史料的现场细节。他们无论是在编还是借调，从始至终一丝不苟工作。为了采编新区建设史要，编辑参考大量的红头文件与汇报材料，尽可能多地吸纳各方信息，并与各项目负责人与知情人反复核准史实，力求书稿内容客观翔实。尤其是启动初期的沟通难度、后期的统一体例文风，总纂编辑都会产生并分享新的心得与思考，注重在生动性、可读性上下功夫，营造了传帮带的良好氛围。

结集出版的过程是对唐钢历史发展经验进行总结的过程。围绕铁、钢、轧不同工序采访，其初衷就是从不同视角呈现新区基地建设、投产、达效历程，全体干部职工在区位布局调整中所做的努力和发生的一系列变化，展示唐钢走向深蓝、决战未来的崭新面貌和钢铁报国情怀。不同层级的亲历者予以很多帮助，提供了颇多原始文件，为突出决策层领导高质量发展思维给予了佐证。不少离退休人员参与了自身经历的重要史实的采写，他们为此专门学习了打字，对唐钢的深厚情怀令我们备受感动。

新区建设，是唐钢人珍藏的记忆，难忘的日子。向海图强的历史，注定会为公司转型升级和高质量发展提供历史参照。重温唐钢集体记忆，定会激发公司干部职工知史爱党、学史力行，在建设最具竞争力钢铁企业的长跑之路上永不停息。

承蒙中国工程院院士殷瑞钰对书稿的审阅，并为本书亲自作序。感谢中国钢铁工业协会、冶金档案馆、中国冶金报社、唐山市委党史研究室、唐山市政府地方志办公室等上级机关领导人员的倾力支持。

◎ 2023 年 8 月中国工程院院士殷瑞钰为本书作序并签名。

◎ 2023 年 8 月中国工程院院士殷瑞钰与唐钢党委书记、董事长谢海深一行合影留念。

一段旅程总有驿站和终点，但历史文化的积淀总会传承接力。由于史志办人员时间、精力、水平所限，书中难免有不足之处，敬请广大干部职工批评指正。

知所来，明所往。谨以本书献给为唐钢发展和进步矢志不渝、一往无前的唐钢人！谨以本书致敬新时代的奋斗者！

公司史志办公室

2023 年 8 月